질서 너머

질서 너머

인생의 다음 단계로 나아가는 12가지 법칙

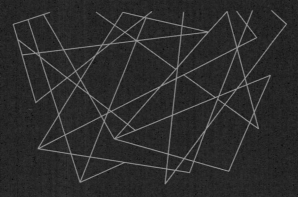

조던 피터슨 지음 | **김한영** 옮김

웅진 지식하우스

[일러두기]

1. 이 책에서 인용한 성경 구절은 대한성서공회 『성경전서 개역개정판』을 따랐으며, 가독성을 높이기 위해 행을 구분하고 마침표를 첨가했다.

2. 그리스도교(기독교) 인명이나 텍스트는 대한민국 종교 인구 비율상 가장 많은 사람이 속한 개신교의 표기법을 기준으로 삼되, 필요한 경우 국립국어원의 외래어 표기법을 참고했다.

3. 본문의 괄호 중 독자 이해를 돕기 위해 옮긴이가 덧붙인 내용에는 '옮긴이'를 표시했다.

사랑하는 아내, 태미 모린 로버츠 피터슨에게 이 책을 바친다.
나는 아내를 50년 동안 깊이 사랑해왔다.
아내는 모든 면에서, 모든 이유를 떠나서
그저 존경스럽다.

팬데믹 시대에 저자가 띄운 편지

코로나19가 불러온 전 세계적 위기 상황에 책을 내는 심정은 참으로 복잡하다. 이 어려운 시기에 코로나가 아닌 다른 어떤 것을 생각한다는 게 가당키나 한 일인지. 그렇다고 지금 팬데믹에 관한 생각을 책에 가득 담아내는 것 또한 썩 탐탁지 않다. 언젠가는 정상적인 삶의 문제들이 최전선으로 복귀할 것이기 때문이다. 따라서 현재 글을 쓰는 작가라면 어쩔 수 없이 두 가지 실수 중 하나를 범하게 된다. 언제 사라질지 모르는 팬데믹에 너무 집중하는 실수, 아니면 코끼리를 카펫 아래에 숨겨놓고 시치미를 떼듯 팬데믹을 무시하는 실수.

이 점을 고려해 출판사와 여러 차례 상의한 끝에 나는 몇 년 전에 세워둔 계획에 따라 『질서 너머』를 쓰고, 현재에 국한되지 않은 주제들을 다루기로 마음먹었다. 첫 번째가 아닌 두 번째 실수를 감수하기로 한 것인데, 이 책을 통해 독자들이 코로나바이러스와 그것이 일으킨 재난에서 잠시라도 벗어나 삶의 위안을 얻을 수 있기를 바란다.

서문

2020년 2월 5일 나는 많고 많은 도시 중 모스크바의 어느 집중치료 병동에서 깨어났다. 눈을 떠보니 두 팔이 짧은 밧줄에 묶여 침대 양옆에 고정되어 있었다. 의식이 없는 상태에서 집중치료 장치에 연결된 카테터가 빠질 정도로 팔을 하도 휘저어서였다. 여기가 어딘지도 모르는데 딸 미카일라와 사위 안드레이는 보이지 않고 낯선 언어를 쓰는 사람들이 주위를 둘러싸고 있었다. 딸 부부는 허락된 면회 시간이 워낙 짧아 내가 깨어난 순간에도 곁에 있을 수 없었다. 화가 나고 혼란스럽고 짜증이 났다. 나는 몇 시간 뒤 찾아온 미카일라에게 한바탕 해댔다. 전혀 사실이 아니라는 걸 알면서도 배신당한 듯한 기분을 참을 수 없었다. 사람들은 낯선 나라에서 치료받을 때 발생하는 온갖 잡다한 요구를 부지런히 들어주면서 나를 간호했다. 최근 몇 주 동안 내게 일어났던 일들은 하나도 기억나지 않았다. 내가 사는 캐나다 토론토의 한 병원에 입원할 때인 12월 중순부터의 일들 역시 거의 기

질서 너머

억나지 않았다. 2019년 초를 돌이켰을 때 그나마 기억나는 몇몇 일 중 하나가 이 책을 쓰고 있었다는 것이었다.

『질서 너머』의 집필과 편집을 거의 다 마쳤을 무렵 우리 가족은 바통을 이어받듯 잇달아, 때로는 동시에 심각한 건강 문제에 시달렸다. 많은 문제가 이미 알려졌으나 조금 더 자세히 설명할 필요가 있을 듯하다. 우선 2019년 1월에 내 딸 미카일라가 10년 전에 심은 인공 발목 관절을 교체하기 위해 외과의를 찾아야 했다. 처음 심었던 관절에 문제가 많아 미카일라는 심한 통증에 시달렸고, 움직일 때마다 불편을 겪다가 나중에는 걷기조차 힘들어했다. 스위스 취리히의 한 병원에서 나는 미카일라가 수술을 받고 회복하는 걸 지켜보면서 일주일을 함께 보냈다.

3월 초에는 나의 아내 태미가 치료가 쉽고 흔한 질병으로 알려져 있는 일반적인 신장암 진단을 받고, 토론토에서 까다롭지 않은 수술을 받았다. 의사들이 문제의 장기를 3분의 1 정도 떼어낸 뒤 한 달 반이 흘렀을 때 우리는 태미의 병이 실은 아주 드물게 발생하는 악성 종양이라는 걸 알게 되었다. 1년 이내에 사망할 확률이 100퍼센트에 가까운 암이었다.

2주 후 태미의 담당 의사들은 남아 있는 신장과 복부 림프계의 상당 부분을 제거했다. 그 수술로 암의 진행이 멈추는 듯했으나 이번에는 손상된 림프계에서 체액이 하루에 4리터까지 흘러나와 다시 위험한 상태가 되고 말았다. 우리는 필라델피아로 건너가 다른 의료진을 만났다. CAT·MRI 촬영용 염색제를 주사한 뒤 96시간 만에 아내의 체액 손실은 완전히 멈췄다. 이 기적 같은 일이 일어난 날은 우리의

30번째 결혼기념일이었다. 태미는 빠르게 회복해서 예전과 같은 모습으로 돌아왔고, 아내 특유의 강인함과 인내도 되돌아왔다. 이 행운이 없었다면 우린 둘 다 살아 있지 않았을 것이다.

　이런 사건들이 발생하는 중에 내 정신이 문제를 일으켰다. 2017년 초부터 나는 항불안제를 복용하고 있었다. 2016년 크리스마스 휴가 중에 어떤 음식을 먹고 자가면역반응을 일으킨 게 그 발단이었다(미카일라의 병도 면역계와 관련이 있었으며, 내 아내 역시 비슷한 관절염 증상이 있었기 때문에 나 또한 면역 반응의 문제라고 생각했다). 이후로 나는 계속해서 극심한 불안에 시달렸고, 옷이나 담요로 겹겹이 몸을 감싸도 몹시 추웠다. 게다가 혈압이 심하게 떨어진 탓에 자리에서 일어서면 순간 눈앞이 흐려지면서 열에 다섯 번 이상은 소파에 도로 주저앉았다. 뿐만 아니라 거의 완벽한 불면증이 찾아왔다. 우리 가정의는 수면제와 함께 벤조디아제핀을 처방해주었다. 수면제는 몇 번 복용하지 않고 끊을 수 있었다. 하지만 불면증을 포함하여 나를 괴롭히던 끔찍한 증상들이 벤조디아제핀을 복용하면 즉시 사라졌기 때문에 벤조디아제핀은 3년 가까이 계속 복용했다. 그 기간은 대학교수이자 임상심리학자로서 누렸던 조용한 삶이 소란스러운 유명인의 삶으로 바뀐 시기였다. 당시에 나는 스트레스를 너무 심하게 받고 있었고, 또한 이 약이 알려진 대로 비교적 안전하다고 믿었다.

　하지만 2019년 3월에 아내의 치료가 시작되면서 상황이 돌변했다. 앞서 말한 딸의 일이 있고 나서 내 불안은 두드러지게 높아진 상태였다. 그래서 나는 가정의에게 벤조디아제핀의 양을 늘려달라고 말했다. 내 불안을 나 자신이나 남들이 걱정하는 게 싫어서였다. 불운하게도 복용량을 조정한 뒤로 부정적인 감정이 눈에 띄게 증가했다. 나는 다시 한번 용량을 늘려달라고 요구했다. 이 무렵 우리는 태미의 두 번째 수술과 합병증을 견디고 있었고, 나는 갑자기 심해진 불안이 그 때문이라고 생각했다. 하지만 그 뒤로도 불안은 약해지기는커녕 더욱 심해졌다. 나는 이 모든 것이 약의 부작용인 줄 모르고 몇 년 전에 앓았던 우울증이 재발했다고 생각했다(나는 거의 20년간 항우울제를 복용했으나, 2016년 초부터 식습관의 변화로 약이 불필요해져서 복용을 중단했다). 어쨌든 나는 그해 5월에 벤조디아제핀을 완전히 끊고, 정신과의사의 처방에 따라 일주일에 두 번 케타민을 복용했다. 비표준 마취제이자 환각제인 케타민은 종종 우울증에 즉각적이고 긍정적으로 작용한다고 알려져 있다. 하지만 내겐 아무 효과가 없었고 오히려 90분 동안 지옥을 선사했다. 지나온 모든 일이 뼛속 깊이 부끄럽고 미안하기만 할 뿐, 긍정적인 경험은 아무것도 없는 것만 같았다.

케타민을 두 번째 복용하고 며칠이 지나자 벤조디아제핀 금단 현상이 찾아왔다. 정말 참기 힘들었다. 한 번도 느껴보지 못한 강한 불안, 억누를 수 없는 초조와 좌불안석의 상태(공식적인 이름은 정좌靜坐불능증이다), 물밀듯 밀려오는 자기파괴에 관한 생각들, 행복이란 행복은 모조리 빠져나간 듯한 쓰디쓴 느낌이 한꺼번에 몰려왔다. 내과의 친구는 벤조디아제핀을 갑자기 끊었을 때의 위험성을 일깨워주었다. 그래서 예전보다 용량을 줄여 벤조디아제핀을 다시 복용하기 시작했다. 전부는 아니지만 많은 증상이 완화되었다. 남은 증상을 해결하기 위해 과거에 큰 효과를 보았던 항우울제도 함께 복용했다. 하지만 그때부터 피로감이 몰려와 하루에 잠을 네댓 시간 더 자야 했다.

그마저도 태미의 상태가 한창 위중할 때는 도움이 되지 않았다. 식욕은 두세 배나 늘었다.

지독한 불안, 억제할 수 없는 수면 과잉, 고약하기 짝이 없는 정좌불능증, 그리고 과도한 식욕에 3개월가량 시달린 끝에 나는 미국으로 건너가 벤조디아제핀 금단 증상 전문이라는 병원에 입원했다. 그곳 의사들은 벤조디아제핀 용량을 아주 조금씩, 천천히 줄여나갔다. 하지만 의도와는 달리 이미 약의 부정적인 효과를 겪고 있던 나에게는 별 소용이 없었다. 약의 부작용은 전혀 줄어들지 않았고 줄어들 기미도 보이지 않았다.

하지만 나는 태미가 수술 후 합병증에서 회복하고 고작 며칠 뒤인 8월 중순부터 두 달 넘게 그 병원에 머물렀고, 11월 말이 되어 지칠 대로 지친 채 토론토로 돌아왔다. 이제 정좌불능증은 어떤 자세로 앉든 간에 불편해서 못 견딜 정도로 심해졌다. 12월에 나는 토론토의 병원에 입원했고, 거기가 내가 모스크바에서 깨어났을 때 기억이 끊긴 지점이었다. 나중에 알게 되었지만 2020년 1월 초에 내가 그 병원에서 퇴원한 건 딸 미카일라와 사위 안드레이 덕분이었다. 아이들은 거기서 받는 치료가 나에게 도움이 되기보다는 오히려 해롭다고 판단했다(나 또한 동의하는 바다).

러시아에서 의식을 되찾을 당시의 상황은 내가 캐나다에서 폐렴에도 걸렸다는 사실 때문에 복잡해졌다. 모스크바의 집중치료실에서는 그 폐렴을 발견하지도 치료하지도 못했다. 내가 모스크바에 간 목적은 기본적으로 벤조디아제핀 금단 증상을 완화하기 위해서였고, 북미에서는 아예 모르거나 너무 위험하다고 여겨지는 치료법에 의존할

질서 너머

예정이었다. 몇 달 전 처음 줄였을 때와는 달리 이제는 복용량을 조금만 줄여도 견딜 수 없었기 때문에 의사들은 금단 증상이 가장 심한 기간에 나를 의학적 혼수상태에 빠뜨려 무의식 상태로 있게 했다. 그 요법은 1월 5일부터 9일간 계속되었고, 그동안 내 몸은 호흡을 일정하게 유지할 수 있도록 기계 안에 눕혀져 있었다. 1월 14일에는 마취와 삽관에서 벗어났다. 기억에는 없지만 깨어 있는 몇 시간 동안 딸에게 정좌불능증이 사라진 모습을 보여주었다.

1월 23일에 나는 신경 재활을 전문으로 하는 집중치료실로 옮겨졌다. 그리고 26일에 잠시 깨어난 기억이 있고 앞서 말했듯이 2월 5일에는 더 완전히 깨어났다. 그 10일 동안 생생하고도 강렬한 섬망(의식이 흐려진 상태에서 착각과 망상을 일으키는 의식 장애―옮긴이)을 경험했다. 이렇게 모든 요법을 마친 뒤 나는 모스크바 외곽의 한결 안락한 재활 센터로 옮겨졌다. 그곳에서 걷는 법, 계단 오르내리는 법, 단추 채우는 법, 혼자 침대에 눕는 법, 컴퓨터 자판 위에 손을 똑바로 놓고 타이핑하는 법을 다시 배웠다. 처음에는 사물이 제대로 보이지 않는 것 같았다. 더 정확히 말하자면 지각되는 사물과 상호작용하려면 팔다리를 어떻게 써야 하는지를 알 수가 없었다. 몇 주 후에 기본적인 지각과 조응 문제가 나아지자 나는 딸네 가족과 함께 플로리다로 향했다. 모스크바에서 춥고 음산한 겨울을 보낸 터라 태양 아래 평화로운 요양 생활이 무척 기대되었다. 코로나19가 팬데믹으로 폭발하여 전 세계를 근심에 몰아넣기 직전이었다.

플로리다에서도 왼손과 왼발에 마비는 계속 왔고, 이마 근육이 떨렸으며, 발작과 심한 불안이 계속되었지만 나는 모스크바 병원에서 처방받은 약을 시험적으로 줄여보기로 했다. 그랬더니 모든 증상이 뚜렷이 되살아났다. 나는 그 시점에서 실험을 포기하고 약 두 달에 걸쳐 러시아에서 처방받은 용량으로 되돌아갔다. 거의 결정적인 패배였다. 호전되었으리라는 일말의 기대마저 산산조각이 났을뿐더러 오히려 비싼 대가를 치르면서까지 제거하려 했던 과거 상태로 되돌아간 것이다. 하지만 그 시절 고맙게도 가족과 친구들이 내 곁을 지켜주었다. 그들이 있었기에 나는 괴로운 증상, 특히 아침만 되면 참기 힘들 정도로 극심해지는 증상에 굴복하지 않고 버틸 수 있었다.

5월 말, 러시아를 떠난 후 석 달이 지나도록 나는 나아지기는커녕 분명 더 나빠지고 있었다. 그렇다고 내가 사랑하고 나를 사랑해주는 사람들에게 계속 의존할 수도 없는 일이었다. 미카일라와 안드레이는 세르비아에 전화를 걸어 새로운 방법으로 벤조디아제핀 금단 증상을 치료하는 병원에 입원 문의를 하고 나를 그곳으로 데려가기로 했다. 세르비아가 팬데믹 봉쇄를 푼 지 고작 이틀 뒤의 일이었다.

나는 나와 아내 그리고 우리 둘의 치료에 깊이 관여한 많은 사람에게 닥친 그 모든 일에 결과적으로 유익한 면이 더 많았다고 주장하려는 게 아니다. 아내에게 일어난 일은 정말로 끔찍했다. 아내는 반년이 넘게 2~3일에 한 번 꼴로 죽을 뻔한 위기를 겪었고, 그런 뒤에는 내 질병과 부재를 견뎌내야만 했다. 나는 또 어땠는가? 50년 동안 친구였고 30년 동안 아내였던 사람을 잃을지도 모른다는 생각에 괴로웠고, 우리 아이들을 비롯해 처가 식구들이 끔찍이 슬퍼하는 모습을 보았으며, 나도 모르게 걸려버린 약물의존증의 두렵고 끔찍한 결과를 온몸으로 느끼고 있었다. 우리가 그 모든 시련을 이겨내 더 좋은 사람이 되었다는 주장으로 그때의 고통을 값싸게 취급할 마음은 추호도 없다. 하지만 이렇게는 말할 수 있다. 죽음의 곁을 그렇게 스치듯 지나갔기에 내 아내는 자신의 정신적·창조적 발전에 더 일찍, 더 열심히 주의를 기울이게 되었다고. 나 역시 극한의 고통을 경험하면서 이 책에 의미 있는 말들만 담으려고 노력할 동기를 얻었다고. 우리가 지금 살아 있는 건 분명 가족과 친구들의 공이 크다. 하지만 나 역시 쓰고 있던 책에 의미 있게 몰입하고, 러시아에서 무의식 상태로 보낸 약한 달을 제외하면 언제 어디서나 생각의 끈을 놓지 않으려 노력했기에 살아갈 이유를 잃지 않았고, 더 나아가 어렵게 거머쥔 생각들의 생존력을 시험할 수 있었다.

나는 분명 전작에서든 이 책에서든 내가 제시한 법칙에 따라 산다면 '100퍼센트' 충분할 거라고 주장한 적이 없다. 나는 다음과 같이 주장했다(또는 주장하고 싶었다). 혼돈이 당신을 끌어들여 집어삼킬 때, 자연이 당신이나 당신이 사랑하는 사람에게 질병을 내릴 때, 부패한 권력이 당신이 이룬 가치 있는 어떤 것을 갈가리 찢어놓을 때 그 이야기의 나머지 부분을 알면 유익하다. 그런 불행은 존재를 구성하는 이야기의 쓰라린 반쪽에 불과하다. 거기에는 구원의 토대가 되는 영웅적인 요소 또는 어깨 위에 책임을 짊어지는 인간 영혼의 고상함은 한 줄도 없다. 따라서 이야기의 나머지 반쪽을 무시하는 건 위험을 자초하는 일이다. 인생은 결코 쉽지 않아서 나머지 반쪽에 담긴 영웅적인 이야기를 잃어버리면 모든 것을 잃을 수 있다. 누구도 그런 일이 일어나길 원하지 않는다. 그러니 우리는 마음과 영혼을 곧추세우고 우리에게 주어진 새로운 방식을 실천하며 살 필요가 있다.

우리에겐 힘들 때 기댈 수 있는 힘의 원천이 있으며, 설령 그 원천이 풍족하지 않을지라도 그 정도면 그럭저럭 부족하지 않을 때가 있다. 우리에겐 실수를 인정하는 순간 그로부터 배울 것이 있다. 우리에겐 약국과 병원이 있으며, 우리를 일으켜세우고 우리가 하루하루 버틸 수 있게 도와주는 성실하고 훌륭한 의사와 간호사가 있다. 또한 우리 자신의 성격과 용기가 있다. 만약 의사가 더 이상 방법을 찾지 못하고 우리가 흰 수건을 던질 준비가 되었다 할지라도, 우리가 돌보거나 우리를 돌봐주는 사람의 성격과 용기에 기댈 수 있다. 그래서 어쩌면, 혹시라도, 그 모든 걸 이겨낼지 누가 알겠는가. 나는 지금까지 무엇이 나를 구했는지를 여러분에게 말할 수 있다. 나와 가족 간의 사랑, 내 친구들이 건네준 용기, 나에게 의미 있는 일이 있었기에 나는 지옥 같은 심연에서도 쓰러지지 않고 한 걸음씩 내디딜 수 있었다. 나는 억지로라도 컴퓨터 앞에 앉아야 했다. 그리고 두려움과 공포에 사로잡힌 그 길고 긴 몇 달 동안 정신을 집중하고, 호흡을 가다듬고, 말로나 생각으로 "다 개나 줘버려!"라고 외치지 않아야 했다. 실은 거의 그럴 뻔했다. 여러 병원을 전전하며 이제 곧 죽을 거라고 믿은 시간이 족히 투병 기간의 절반은 넘을 테니까. 이제는 이렇게 믿는다. 만일 내가 억울함이나 분함에 사로잡혔다면 나는 영원히 소멸했을 테지만, 천만다행으로 그런 운명은 피했다고.

혹시 우리가 더 훌륭하고 용기 있는 사람이 된다면 비록 두려운 상황에서 매번 벗어나지는 못하더라도 삶의 불확실성, 자연재해, 문화의 독단, 우리 자신과 타인들의 악의를 더 잘 해결할 수 있을까? 만일 우리가 더 높은 가치를 위해 분투한다면? 우리가 더 진실하다면? 경험의 유익한 요소들이 우리 주변에 더 많이 꽃피우지 않을까? 만일 우리의 목표가 고상하고 우리의 용기가 부족하지 않으며 우리의 방향이 정확하게 진리를 겨누고 있다면, 그렇게 해서 쌓인 선善이 공포에 굴복하는 걸 막을 수 있지 않을까? 완벽하게 그 일을 해내지는 못해도 비슷한 상태에 도달할 수는 있을 것이다. 그런 태도와 행동이 모인다면 우리는 삶의 충분한 의미를 확보하고, 우리가 공포와 두려움에 맞닥뜨렸을 때 적어도 주변 세계를 지옥과 아주 흡사하게 만드는 일은 멈출 수 있으리라.

왜 『질서 너머』인가? 그 답은 어찌 보면 간단하다. 질서는 탐구된 영역이다. 우리가 적절하다고 여기는 행동으로 목표하는 결과를 얻을 때 우리는 질서의 영역 안에 존재한다. 우리가 그런 결과를 긍정적으로 여긴다는 것은, 목표를 이룸으로써 욕망하는 것에 더 가까이 다가갔으며 세계에 관한 우리의 이론이 여전히 흡족할 정도로 정확하다는 뜻이다. 하지만 질서정연한 모든 상태는 비록 편하고 안전하긴 해도 나름의 결함이 있다. 세계에서 어떻게 행동해야 하는가에 관한 우리의 지식은 영원히 불완전하다. 우리 인간은 광대한 미지의 세계에 관해서는 아무것도 모르면서 고집스러우리만치 맹목적인 데다 세계가 엔트로피의 법칙에 따라 끊임없이 예상 밖으로 변하기 때문이다. 게다가 세계에 질서를 부여하면서 우리는 경솔하게도 모르는 모든 것을 고려 대상에서 제거해버리는 까닭에 그 질서는 곧 딱딱하게 굳어버린다. 그런 시도가 도를 넘는 순간 전체주의가 고개를 내민다. 전체주의는 원칙상 완전한 통제가 불가능한 곳에서 완전한 통제를 이루려고 할 때 동력을 얻는다. 그러고는 쉼 없이 변하는 세계에 적응하는 데 없어서는 안 될 모든 심리적·사회적 변화를 가차 없이 제약한다. 그러므로 우리는 어쩔 수 없이 질서 너머 혼돈의 영역으로 나아갈 필요에 부딪힌다.

우리가 힘들게 얻은 지혜에 따라 행동할 때 원하는 것이 자연스럽게 드러나는 것이 질서라면, 혼돈은 우리를 둘러싼 잠재적 가능성들이 우리의 예상이나 시야 밖에서 뚫고 튀어오르는 것이다. 어떤 일이 과거에 여러 번 일어났다 해도 그 일이 같은 방식으로 계속 일어나는 것은 아니다.[1] 알고 예측할 수 있는 것 너머에는 어떤 영역이 영원히 존재한다. 혼돈은 파격·새로움·예상치 못함·변화·붕괴이며, 심지어 추락일 때도 허다하다. 그로 인해 우리가 당연시하던 것을 이제는 믿을 수 없게 되기 때문이다. 혼돈은 때로 서서히 모습을 드러내면서 신비를 경험하게 하고 호기심, 충동, 관심을 불러일으킨다. 특히 이해되지 않는 것을 향해 우리가 신중한 준비와 훈련을 마친 상태에서 접근할 때 그럴 가능성이 크다. 하지만 예상치 못한 혼돈이 갑자기, 끔찍하게, 우발적으로 튀어나올 때도 있다. 그러면 우리는 얼어붙고 당황스러워하며 정말 힘들게 노력하지 않으면 정신을 되돌리지 못한다.

질서의 상태와 혼돈의 상태는 본래 어느 쪽이 더 좋다고 말할 수 없다. 그걸 따지는 건 잘못된 관점이다. 그럼에도 『12가지 인생의 법칙』에서는 어떻게 하면 과도한 혼돈의 결과를 바로잡을 수 있는지에 더 많은 비중을 뒀다.[2] 갑자기 예상치 못한 변화에 부딪힐 때 우리는 생리적으로, 심리적으로 최악의 상황에 대비한다. 이 최악의 상황이 어떻게 펼쳐질지는 오직 신만이 알기 때문에 우리는 무지한 상태에서 모든 가능성에 대비해야 한다. 이렇게 끊임없이 준비할 때의 문제는 지쳐 나가떨어질 수 있다는 점이다. 하지만 전작에서 거듭 강조했듯이 미지의 것을 신중하게 관리할 필요가 있긴 하지만, 그렇다고 혼돈을 제거해야 한다는 뜻은 절대 아니다. 새로운 것과 접촉하지 않으면 정체되기 마련이다. 미지의 세계로 우리를 잡아끄는 본능, 곧 호기심이 없는 삶은 바람 빠진 풍선처럼 쪼그라든다. 새로운 것이 어느 정도 섞여들어도 존재가 참을 수 없이 흔들리고 불안정해지지 않는다면, 그것은 흥분과 매혹과 격정을 부채질한다.

『12가지 인생의 법칙』과 마찬가지로 이 책도 질의응답 웹사이트 '쿼라Quora'에 처음 공개되어 대중에게 알려진 42가지 법칙에서 몇 가지를 뽑아 설명한다. 하지만 전작과는 달리 안전과 통제가 지나쳐서 발생하는 위험을 어떻게 피해야 유익할 수 있을까를 핵심 주제로 삼는다. 주변에서 우리가 통제하려는 것들이 엉뚱하게 흘러가는 것을 자주 보는 것처럼, 우리의 이해는 불충분하기 때문에 한 발은 질서 안에 놓고 다른 발로는 그 바깥쪽을 디뎌 시험해볼 필요가 있다. 그 변경에서 아직 화해하거나 적응하지 못한 것들과 마주했을 때 당황하지 않고 안정을 유지하면서 두려움을 통제하고 배움을 계속할 수만 있다면, 우리는 가장 깊은 의미를 탐구하고 발견할 힘을 얻는다. 여기서 의미란 단순한 생각보다 훨씬 더 깊은 어떤 것이며, 이를 향한 본능이 인생을 올바르게 이끌어준다. 의미를 따라가야 우리는 우리 너머에 있는 것에 압도되지 않고, 시대에 뒤처졌거나 너무 편협하거나 너무 과시적인 가치와 믿음 체계에 바보처럼 현혹되거나 지배당하지 않게 된다.

구체적으로 나는 무엇을 썼을까? 법칙 1에서는 예측할 수 있는 안정적인 사회구조와 개인의 정신건강의 관계를 설명하고, 더 나아가 창의적인 사람들이 그 구조를 지속해서 업데이트할 필요가 있다고 주장한다. 법칙 2에서는 수백 년이 된 연금술 이미지를 분석하고, 고대와 현대의 몇몇 이야기를 빌려와 통합된 인격과 그 발달에 관해 이야기한다. 법칙 3에서는 통증·불안·두려움 같은 부정적인 감정이 암시하는 정보를 외면할 때 어떤 위험이 발생하는지 살펴보고, 그 정보를 숨기지 않는 것이 정신을 건강하게 유지하는 데 매우 중요함을 보여준다.

법칙 4에서는 힘든 시기를 견디게 해주는 의미는 순간적으로 사라지는 행복이 아니라 자기 자신과 타인을 자발적으로 책임지는 성숙함에서 찾아야 한다고 주장한다. 법칙 5에서는 내가 임상심리학자로서 경험했던 사례를 통해 개인적으로나 사회적으로 양심의 명령에 귀 기울일 필요가 있음을 밝힌다. 법칙 6에서는 개인과 사회의 복잡한 문제를 성, 계급, 권력 같은 단일한 변수 탓으로 돌리는 것이 왜 위험한지를 설명한다.

법칙 7에서는 한 방향으로 참을성 있게 매진하는 태도와 역경 앞에서 다시 일어서는 성격이 얼마나 깊이 관련 있는지를 이야기한다. 법칙 8에서는 참된 것, 선한 것, 지속적인 것을 가리키는 안내자로서 미적 경험이 갖는 막대한 중요성에 초점을 맞춘다. 법칙 9에서는 여전히 아프고 두려운 과거의 기억을 스스로의 말로 탐사하고 다시 생각해봄으로써 그 공포를 떨쳐낼 수 있다고 말한다.

법칙 10에서는 부부 사이에서 진정한 낭만을 유지하고자 할 때는 선의와 상호 존중, 진심 어린 협조에 기반을 둔 명시적인 협상이 중요

질서 너머

하다고 충고한다. 법칙 11에서는 흔하지만 정말 위험한 세 가지 심리적 반응 패턴이 어떻게 시작되는지를 설명하고, 그런 패턴의 노예가 될 때 맞게 되는 비참한 결과들을 열거한 뒤 대안이 될 수 있는 길을 제시한다. 법칙 12에서는 인생의 불가피한 비극에 맞닥뜨렸을 때조차 감사한 마음을 갖는 용기 있는 사람은 힘든 오르막에서도 계속 행진할 수 있다는 점을 말한다.

이 책은 독자적인 토대를 갖고 있지만, 전작과 합쳤을 때 도교의 음양처럼 한 세트를 이루도록 기획되었다. 이 두 번째 12가지 법칙은 4년 전의 첫 번째 12가지 법칙보다 조금 더 현명하게 제시되었기를 바란다. 내가 생각을 체계화하는 과정에서 전 세계 독자들이 개인적으로, 유튜브로, 또는 팟캐스트와 블로그를 통해 훌륭한 피드백을 보내주었다.[3] 그 덕분에 전작에서 미진한 상태로 남겨두었던 몇 가지 주제를 더 명료하게 풀어냈을 뿐 아니라 독창적인 생각도 많이 제시할 수 있었다. 마지막으로 사람들이 첫 번째 12가지 법칙을 발견했을 때처럼 이 책 역시 쓸모 있다고 느끼기를 바란다. 내가 뭐라도 되는 양 떠들고 나눠준 생각과 이야기에서 수많은 사람이 힘을 얻었다고 말해준다면 두고두고 깊은 만족을 느낄 것이다.

법칙 1

기존 제도나 창의적 변화를
함부로 깎아내리지 마라

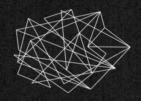

THE FOOL.

외로움과 혼란

나는 혼자 사는 어느 내담자를 여러 해 동안 상담했다(환자의 사생활 보호를 위해 일부 내용을 수정했다). 그는 독신으로 사는 것 외에도 여러 면에서 고립되어 있었다. 가족 간 왕래는 거의 없었다. 두 딸은 외국으로 나갔고, 아버지와 누이가 있으나 남과 다를 바 없었으며 다른 친척도 전혀 없었다. 아내와는 여러 해 전에 사별했다. 게다가 새로 만난 연인이 교통사고로 세상을 떠나면서, 우리가 15년 넘게 상담하는 동안 그가 유일하게 노력을 쏟았던 관계마저 비극적으로 종결되었다.

그와 함께 상담을 시작했을 때 우리의 대화는 어색하기 짝이 없었다. 그는 일상적인 사회적 상호작용에 서툴렀다. 그의 언어적·비언어적 행동에는 사교성이 풍부한 사람에게서 느껴지는 춤추는 듯한 리듬과 조화가 빠져 있었다. 어릴 적에 부모는 그를 철저히 방임했을 뿐만 아니라 학대도 일삼았다. 집에 없을 때가 많았던 그의 아버지는 성향이 태만하고 가학적이었으며, 어머니는 만성 알코올의존자였다. 학교에서는 끊임없이 괴롭힘과 따돌림을 당했고, 그에게 진정한 관심을 보이는 교사도 없었다. 이 모든 경험이 환자에게 우울한 성격을 각인시키거나, 적어도 그쪽으로 끌리는 생물학적 경향을 악화시켰다. 결과적으로 그는 퉁명스럽고 흥분을 잘했으며, 대화 중에 상대방이 잘못 이해하거나 갑자기 끼어드는 것 같으면 즉시 발끈했다. 그런 반응으로 보건대 성인이 돼서도, 특히 일하는 곳에서 계속 괴롭힘의 표적이 된 게 분명했다.

하지만 나는 곧 중요한 사실을 깨달았다. 내가 최대한 침묵을 지키면 상담이 순조롭게 진행된다는 것이다. 그는 1~2주에 한 번 상담실에 들러 그의 신경을 곤두서게 한 일들을 털어놓았는데, 한 시간 상담에서 처음 50분 동안 입을 다물고 열심히 귀를 기울이면 남은 10분 동안에 비교적 정상적이고 순조롭게 대화할 수 있었다. 10년 넘게 이 패턴을 반복하면서 나는 점차 침묵하는 법을 터득했다(내게 그리 쉬운 일은 아니었다). 세월이 흐를수록 그가 부정적인 일들을 말하는 시간이 줄어들었다. 그의 독백에 가까운 우리의 대화는 항상 그를 짜증나게 했던 일들로 시작했다. 하지만 상담실 밖에서 그는 열심히 노력했다. 친구를 사귀고, 예술가 모임과 음악 페스티벌에 가고, 다시 곡을 쓰고 기타를 연주했다. 사교적으로 변하면서 그는 나에게만 털어놓고 상의하던 문제의 해결책을 스스로 찾기 시작했고, 나중에는 간혹 삶의 긍정적인 면을 말하기도 했다. 진행은 느렸지만 조금씩, 꾸준히 발전해갔다. 처음 나를 만나러 왔을 때만 해도 그는 커피숍, 아니 공공장소라면 어디서든 대화는커녕 완전히 얼어붙어 한마디도 하지 못

질서 너머

했다. 하지만 치료를 마칠 즈음에는 여러 소모임에서 자신이 지은 시를 낭독하고, 심지어 스탠드업 코미디를 시도했다.

임상심리학자로서 20년 넘게 마음을 치료하면서 깨달은 진리를 그보다 더 잘 보여준 개인적·의학적 본보기는 없었다. 그 진리는, **사람은 타인과 끊임없이 대화하면서 마음의 질서를 유지한다**는 것이다. 우리 모두는 생각을 통해 만물의 질서를 유지하지만, 생각하기는 주로 말하기를 통해 이뤄진다. 우리는 과거에 관해 얘기할 필요가 있다. 그래야 우리를 괴롭히는 사소하고 때늦은 근심에서 벗어나 진짜 중요한 경험에 집중할 수 있다. 우리는 현재 상태와 미래 계획에 관해 얘기할 필요가 있다. 그래야 우리가 지금 어디에 있고, 어디로 가고 있으며, 왜 그곳으로 가는지를 알 수 있다. 우리가 짜낸 전략과 전술은 다른 사람들의 평가를 받아야 한다. 그래야 그 효율성과 적응력을 검증할 수 있다. 말을 하는 동안에는 자신의 말에 귀를 기울일 필요가 있다. 그래야 우리의 신체적 반응·동기·감정을 어설프지 않게 조율하여 명료성과 질서를 높이고, 불합리하거나 지나친 근심에서 벗어날 수 있다. 우리는 말을 할 필요가 있다. 기억하고 또 잊기 위해서다.

이 내담자는 자신의 말에 귀 기울여줄 사람이 절실히 필요했다. 또한 더 크고 복잡한 집단에 완전히 소속될 필요가 있었다. 그는 상담 시간에 나와 함께 이 일을 계획했고, 스스로 실행했다. 만일 그가 외로움과 폭력으로 점철된 개인사에 짓눌려 인간의 상호작용과 대인관계의 가치를 보려 하지 않았더라면 건강과 행복을 되찾지 못했을 것이다. 하지만 그는 요령을 터득하고, 마침내 세상에 스며들었다.

사회제도, 온전한 정신

위대한 심층심리학자 지그문트 프로이트Sigmund Freud와 카를 융Carl Jung은 온전한 정신sanity을 인간 마음의 특징으로 보았다. 그들이 보기에 사람은 각자의 마음에 잠재된 인격들이 제대로 통합되어 있고 그것을 균형 있게 표출할 때 삶에 잘 적응한다. 먼저 프로이트는 정신의 본능적인 부분인 이드id('그것'을 뜻하는 독일어에서 파생된 이 용어는 본성을 의미하며, 아주 강력하고 생소하지만 마음속에서 생겨난다), 초자아superego(내면화된 사회질서로 때로는 강박적이다), 자아ego(나, 고유한 인격. 앞서 말한 두 폭군 사이에 짓눌려 있다)라고 하는 세 가지 인격에 각기 특화된 기능이 있다고 보고, 그 존재를 최초로 이론화했다. 그 이론에서 이드, 자아, 초자아는 근대 정부의 행정부, 입법부, 사법부처럼 서로 작용을 주고받는다. 한편 융은 프로이트에게 매우 큰 영향을 받았지만 정신의 복잡성을 다르게 분석했다. 융이 보기에 개인의 자아는 그림자shadow(인간의 어두운 면), 아니마anima 또는 아니무스animus(내면에 개인의 성과 반대 성의 성향을 가지고 있어서 종종 억압당하는 인격의 측면), 자기self(이상적 가능성을 지닌 내적 존재)의 관계 속에서만 올바르게 존재할 수 있다. 융의 이론이든 프로이트의 이론이든 이 모든 하위 요소에는 한 가지 공통점이 있다. 주변 환경과 무관하게 개인의 내면에 존재한다는 것이다. 하지만 사람은 그야말로 전형적인 사회적 동물이고, 우리 바깥에 있는 사회적 세계에는 지혜와 길잡이가 곳곳에 서 있다. 새로운 영토에서 길을 기억하거나 방향을 정할 때, 다른 사람이 애써 세워둔 도로표지와 이정표가 있는데 굳이 우리 내부의 한

정된 자원을 쓸 필요가 있겠는가? 프로이트와 융은 개인의 자율적인 정신에 집중한 나머지 개인의 정신건강 유지에 사회가 하는 역할을 경시하고 말았다.

그런 이유로 나는 새로운 내담자와 처음 상담할 때는 그가 사회적으로 어떤 위치에 있는지를 평가한다. 지적 능력이나 야망을 가질 정도로 교육받았는가? 흥미롭고 의미 있고 생산적인 활동을 하면서 여가를 보내는가? 미래에 대비해 안정적이고 확실한 계획을 세웠는가? 그 자신이나 가까운 사람에게 심각한 건강 문제나 경제적인 문제는 없는가? 친구가 있고 사회적인 교제를 하는가? 부부 관계는 안정적이고 만족스러운가? 가족 관계는 친밀하고 화목한가? 충분한 수입과 안정감을 가져다주며 더 나아가 만족감과 기회의 원천이 되는 직업 또는 직장을 갖고 있는가? 이 질문 중 셋 이상에서 '아니요'라는 답변이 나오면 내담자는 대인관계에서 안정된 자리를 확보하지 못한 것이며 그로 인해 심리적 침체에 빠질 위험이 있다. 사람은 외떨어진 마음의 주체가 아니라 다른 사람과 뒤섞여 존재한다. 타인이 아주 조금이라도 받아들이도록 행동할 수 있다면, 일단은 그것으로 충분하다. 요컨대 우리는 온전한 정신을 외부에서 조달한다. 정신이 건강한 사람은 마음이 잘 통합되어 있을 뿐 아니라 생각하고 행동하고 말하는 방식에 대한 주변 사람들의 평가에 끊임없이 주의를 기울인다.

만일 당신이 부적절하게 행동하기 시작하면 당신이 큰 실수를 저지르기 전에 사람들이 먼저 반응한다. 그들은 당신을 타이르고 웃으며 가볍게 치고 지적을 한다. 또 눈살을 찌푸리거나, 미소를 짓지 않거나, 관심을 보이거나 냉대한다. 다시 말해 당신 곁에 있는 사람들은 당신에게 버릇없는 짓을 하지 말라고 끊임없이 주의를 주며 최선의 모습을 보이라고 계속해서 요구한다. 당신이 해야 할 일은 이 신호들을 보고 적절하게 반응하는 것이다. 그렇게 다른 사람과 함께할 동기와 능력을 모두 갖추지 못하면 당신은 나락으로 떨어지고 만다. 사회적 상호작용 때문에 불안과 좌절을 빈번하게 느끼더라도 친구, 가족, 적으로 이루어진 세계에 어떻게든 스며들어야 하는 이유가 여기에 있다.

하지만 대체 우리는 심리적 안정을 지탱해주는 사회적 행동에 관하여 그런 폭넓은 합의를 어떻게 만들어냈을까? 우리가 끊임없이 부딪히는 복잡성을 볼 때 그건 불가능하지는 않아도 참 어려운 일처럼 보인다. '우리는 이것과 저것 중 어느 것을 추구해야 할까?' '이 일의 가치를 저 일의 가치와 어떻게 비교할까?' '더 능력 있고 창의적이고 적극적이라서 리더가 되어야 할 사람은 누구인가?' 이런 질문에 대한 답은 주로 개인의 행동, 협동, 경쟁을 규율하는 강도 높은 언어적·비언어적 협상에서 나온다. 우리가 가치 있고 주목할 만하다고 여기는 것들은 사회계약의 일부다. 그 계약을 이행하면 보상이, 불이행하면 처벌이 따른다. 사회계약은 다음과 같이 사람들을 끊임없이 지적하고 채근한다. "여기, 가치 있는 것이 있다. 다른 건 보지 말고 이것을 봐라(이것을 인지하라). 다른 건 추구하지 말고 이것을 추구해라(이 목표를 위해 행동하라)." 크게 볼 때 사회계약의 지시에 따르는 것이 바로 온전한 정신이며, 인생의 초기 단계부터 우리 모두에게 요구된다. 사회적 세계가 그렇게 중개하지 않으면 우리는 마음을 조직할 수 없고, 그냥 세계에 압도된다.

가리키기의 의미

더없이 기쁘게도 2017년 8월에 손녀 엘리자베스 스칼릿 피터슨 코리코바가 태어났다. 나는 아이가 크는 모습을 눈여겨보면서 아이가 무엇에 몰두하는지를 짐작하고 그에 동조하곤 했다. 한 살 반쯤 되었을 때 아이는 깨물어주고 싶을 정도로 사랑스러운 행동을 쏟아내기 시작했다. 손가락으로 찌르면 킬킬거리고, 하이파이브를 하고, 코를 비비며 인사를 했다. 하지만 내가 보기에 그 나이에서 가장 주목할 만한 행동은 손가락으로 가리키는 행동이었다.

아이는 자신의 집게손가락을 사용해 흥미를 끄는 모든 물체를 구체적으로 지시했다. 아이는 그렇게 하면서 즐거워했고, 특히 그 행동이 주변에 있는 어른들의 관심을 끌 때는 더욱 좋아했다. 아이의 행동과 의도에는 누가 봐도 분명히 어떤 **중요성**이 담겨 있었다. 이때 중요성은 적어도 부분적으로는 '타인의 관심을 끌어내려는 행동 또는 태도의 경향'이라고 정의할 수 있다. 아이가 그런 과정을 토대로 성장하는 건 당연한 일이다. 우리는 개인적으로, 사회적으로, 경제적으로 관심을 놓고 경쟁을 벌인다. 그보다 더 가치 있는 공통 화폐는 존재하지 않는다. 아이든 성인이든 사회든 관심을 받지 못하면 열매를 맺지 못한 채 시들어버린다. 당신이 중요하거나 흥미롭다고 여기는 것에 타인의 관심을 끌기 위해서는 우선 당신이 주목하고 있는 것이 중요하며, 더 결정적으로는 당신이 의식적인 주체로서 이 집단에 기여하고 있음을 입증해야 한다. 가리키기는 또한 언어의 발달을 예고하는 중요한 표지다. 사물에 붙여진 이름을 부르는 행위는 기본적으로 그 사물을 가리키고, 그것을 다른 것과 구별해 특정하고, 개인이나 사회가 사용할 수 있게 따로 분리하는 일이다.

손녀는 항상 남들 앞에서만 손가락으로 가리키는 행동을 했다. 따라서 아이는 주변 사람들이 어떻게 반응하는지 즉시 볼 수 있었다. 아무도 관심을 기울이지 않는 것을 가리키는 건 아이에게 의미가 없다. 아이는 먼저 자신이 흥미를 느끼는 것을 집게손가락으로 가리킨 뒤 주위를 둘러보면서 다른 사람이 관심을 보이는지 확인했다. 아이는 이른 나이에 중요한 교훈을 터득했다. 다른 사람이 흥미 있어 하는 것을 소통의 주제로 삼지 않으면 자신의 존재가 가치를 잃을 수 있다는 것이었다. 이런 과정을 통해 아이는 가족과 사회에 내재된 가치의 복잡한 위계 구조를 더 깊이 탐구해나갔다.

이제 스칼릿은 말을 배우고 있다. 말하기는 가리키기와 탐구하기의 더 정교한 방식이다. 말은 하나하나가 지시 수단이자 대상을 단순화 또는 일반화하는 일이다. 어떤 것을 호명한다는 것은 이름 붙일 수 있는 수많은 존재들 사이에서 그것을 비추고, 유용성이나 의미를 공유하는 다른 존재들과 묶어 분류하거나 범주화하는 일이다. 예를 들어 우리는 살면서 마주치는 모든 바닥을 콘크리트·나무·흙·유리 등의 재료에 따라, 또는 색·결·명암에 따라 다르게 부르지 않고 그저 "바닥"이라고 말한다. 우리가 사용하는 표현은 해상도가 낮다. 우리를 떠받치고, 그 위를 걸을 수 있고, 건물 안에 있는 평평한 면은 '바닥'이고, 이 말이면 충분히 정확하다. 그 단어는 바닥을 벽과 구분해주고, 존재하는 모든 바닥의 차이를 제한해서 '평평하고 안정적이고 걸어다닐 수 있는 실내 표면'이라는 단일한 개념에 귀속시킨다.

우리가 사용하는 말은 개인의 경험을 주관적·내적으로 구조화하는 도구지만, 이 도구는 사회적으로 결정된다. 모든 바닥에 '바닥'이라는 말을 충분히 정당화해주는 중요한 측면이 있다고 우리 모두가 동의하지 않는다면, 사람들이 그 말을 알고 사용하는 일은 일어나지 않을 것이다. 따라서 어떤 것에 이름을 붙이고 그 이름을 사용하는 데 동의하는 것은 무한한 현상과 사실들로 이루어진 복잡한 세계를 가치라는 기능적인 세계로 축소하는 과정이다. 사회제도와의 부단한 상호작용이 그런 축소, 그런 명시를 가능하게 해준다.

무엇을 가리켜야 하는가

사회적 세계는 실제 세계를 좁히고 명시해서 중요한 것을 드러낸다. 하지만 **중요하다**는 건 무슨 뜻일까? 어떻게 결정되는 것일까? 개인은 사회적 세계에 의해 빚어진다. 하지만 사회제도 역시 그 구성원들의 필요에 따라 빚어진다. 제도는 우리가 살아가는 데 기본적으로 필요한 것들을 공급할 수 있게끔 만들어져야 한다. 식량, 물, 깨끗한 공기, 집이 없으면 우리는 살 수 없다. 이것들만큼 중요하지는 않아도 교제, 유희, 접촉, 친밀한 애정 또한 필요하다. 이 외에도 생물적·심리적 필수품은 많이 있다. 우리는 세계에 널려 있는 수많은 요소 중 이런 필요를 충족시켜주는 것들을 표시하고 활용해야 한다. 우리가 뼛속까지 사회적이라는 사실은 또 다른 제약을 부과한다. 우리는 자신의 생물적·심리적 필요를 충족하는 방식으로 지각하고 행동한다. 하지만 누구도 홀로 살지 않고, 살 수도 없기 때문에 다른 사람들에게 인정받는 방식으로 그 필요를 충족해야 한다. 따라서 기본적인 생물적 문제에 대해서 우리는 사회적으로 받아들여지고 이행할 수 있는 해결책에 의존할 수밖에 없다.

여기서 실행 가능한 해결책들과 도움이 될 만한 계획들이 어떻게 제한되는지를 더 깊이 살펴볼 필요가 있다. 첫째, 앞에서 보았듯이 그 계획은 원칙상 어떤 실질적인 문제를 해결해야 한다. 둘째, 그 계획이 다른 것들에 비해 사람들에게 호소력이 있어야 한다. 그렇지 않으면 사람들은 당연히 협조하지 않을 것이다. 따라서 만일 내가 어떤 것을 높이 평가한다면, 그것이 다른 사람에게도 이익이 되는지를 평가할 수 있어야 한다. 다시 말해 단지 나한테만 좋은 게 아니라 나와 내 주변 사람들에게도 좋아야 한다. 심지어 그마저도 충분하지 않을 수 있는데, 사실 세계를 지각하고 행동할 때 따라야 하는 제약은 그보다 훨씬 많다. 내가 세계를 바라보고 평가하는 방식과 내가 하고자 하는 일은 나와 가족, 그리고 사회에 이로운 것이어야 한다. 게다가 오늘, 내일, 다음 주, 다음 달, 내년, 심지어 다음 10년이나 100년을 더 나쁘게 만들지 않아야 한다. 좋은 해결책은 되풀이될 수 있어야 한다. 다시 말해 사람과 시대에 구애받지 않고 반복적으로 적용되더라도 여전히 효과적이어야 한다.

생물적 필요를 사회적으로 해결해야 한다는 이 제약 때문에 우리는 세계의 복잡성을 가치의 영역으로 축소시켜 이해한다. 이 점이 아주 중요하다. 문제는 무수히 많다. 그리고 이론상 잠재적인 해결책도 무수히 많다. 하지만 현실적으로, 심리적으로, 사회적으로 동시에 가

질서 너머

능한 해결책은 상대적으로 제한되어 있다. 해결책의 선택이 제한된다는 사실은 일종의 윤리 법칙이 존재한다는 뜻이다. 이 윤리 법칙은 인간의 언어처럼 가변적이면서도 보편적으로 인지할 수 있는 확고한 토대를 갖고 있다. 사회제도를 함부로 헐뜯는 것이 잘못이고 또 위험한 이유는 바로 이 윤리 법칙 때문이다. 삶을 지속하는 데 걸림돌이 되는 문제를 해결하도록 발전해온 것이 사회제도다. 사회제도는 결코 완벽하지 않지만, 그것을 악화시키지 않고 더 좋게 만드는 것은 복잡하고 까다로운 문제다.

따라서 나는 세계의 복잡성을 받아들이고, 내가 행동할 수 있도록 그걸 한 점으로 축소해야 하며, 그 과정에서 다른 모든 사람과 그들의 미래까지 고려해야 한다. 이 난제를 어떻게 해결할 수 있을까? 소통과 타협을 통해서다. 엄청나게 복잡한 인지 문제를 자원이 풍부한 더 넓은 세계에 위탁하는 것이다. 각각의 사회를 구성하는 개인들은 언어로 협동하고 경쟁한다(물론 언어적 상호작용이 유일한 수단은 아니다). 말은 집단이 빚어내는 것이며, 집단의 구성원들이 모두 언어 사용에 동의해야 한다. 세계를 정의하는 언어적 틀은 현실의 문제를 해결하기 위해 사회적으로 합의된 가치에서 나온다. 이 사실 때문에 가치에 높낮이가 부여된다. 바로 여기서 기능적이고 생산적인 위계 구조가 등장하게 된다.

중요한 일은 어떻게든 이뤄져야 한다. 그러지 않으면 사람들이 굶주리거나, 갈증이나 추위 또는 외로움과 접촉의 부재로 목숨을 잃는다. 처리돼야 할 일은 반드시 누군가가 알아차리고 계획을 세워야 한다. 또한 계획을 실행하는 데 필요한 기술들이 개발되어야 한다. 이렇게 문제를 명시하고, 계획하고, 기술을 개발하고, 더 나아가 실행하는 일은 사회 속에서 다른 사람들과의 협동 그리고 경쟁을 통해 이뤄져야 한다. 당면한 문제 해결에 어떤 이들은 뛰어나고, 다른 이들은 그렇지 않기 마련이다. 게다가 세상에 문제는 많고 종류도 다양한데 사람이 모든 면에서 만능이 될 수는 없기 때문에 불가피하게 위계 구조가 탄생한다(이상적인 위계 구조는 목표를 달성하기 위한 경쟁에서 발원한다). 본래 위계 구조는 필요하고 가치 있는 일들을 효율적으로 해내기 위해 사회적으로 조직된 도구이며, 진보와 평화를 동시에 가능하게 하는 사회제도다.

밑에서 위로

우리 사회를 특징짓는 언어적·비언어적 가정들을 만들어낸 합의는 먼 옛날에 출현해서 긴 세월을 거치며 발전했다. 결국 '어떻게 행동해야 하는가?'라는 문제는 '어떻게 생존해야 하는가?'라는 본질적이고 장기적인 문제의 단기적·직접적 버전이다. 따라서 먼 과거로 거슬러 올라가 진화의 사슬 끝에 있는 기본적인 사실들을 들여다보고 중요한 것들이 어떻게 확립되었는지를 숙고해보면 도움이 된다. 계통발생상 최초의 다세포 유기체는 대개 감각 기능과 운동 기능이 덜 분화된 세포로 이뤄져 있다.[1] 그런 세포는 주변 환경을 감지하는 동시에 즉시 운동을 출력한다. 감각과 운동의 관계는 기본적으로 일대일이다. 즉 자극 A는 반응 A만 일으키고, 자극 B는 반응 B만 일으킨다. 하지만 더 크고 복잡한 자연계 생명체들의 경우에는 감각 기능과 운동 기능이 고도로 분화되어, 감각 기능을 맡은 세포가 세계의 패턴을 감지하고 운동 기능을 맡은 세포가 운동 패턴을 만들어낸다. 이 분화 덕분에 유기체는 더 폭넓은 패턴들을 인지할 수 있을 뿐 아니라 더 다양한 반응을 취할 수 있다. 그러다가 어느 순간 세 번째 유형의 세포, 바로 신경세포가 나타나 연산을 통해 감각세포와 운동세포를 중개한다. 신경계를 갖추었다면 주변 환경이나 정신적·신체적 조건에 따라 '똑같은' 입력 패턴에서 '다른' 출력 패턴이 나올 수 있다.

신경계가 정교해지고 신경의 중개가 더 많은 층에서 이루어질수록 사실의 입력과 운동의 출력 간 대응 관계는 예측이 불가능할 정도로 더 복잡하고 정교해진다. 똑같은 사물이나 상황으로 추정될 수 있는 것이 여러 가지 방식으로 인지되고, 두 사물이나 상황을 같은 방식으로 인지하더라도 전혀 다른 행동이 나올 수 있다. 예를 들어 철저히 통제된 실험에서 실험 대상 동물들에게 최대한 비슷한 실험을 여러 번 반복하더라도 예측했던 행동을 얻어내기란 매우 어렵다. 감각과 행동을 중개하는 신경층이 많아짐에 따라 신경층에 분화가 발생하기 때문이다. 우선 흔히 욕구라고 알려진 동기 체계(굶주림, 갈증, 공격성 등)가 나타나 감각과 행동이 더 명확하고 다양해진다. 그다음에는 감정 체계가 나타나 동기 체계를 대신한다(그 둘의 구분은 명확하지 않다). 인지 체계는 한참 뒤에 나타난다. 최초의 인지 체계는 상상의 형태로 등장하며, 인간의 인지 체계는 나중에 언어로 사고하고 표현하는 능력까지 갖추게 된다. 따라서 가장 복잡한 생물에는 욕구에 의한 반사 작용부터 언어가 중개하는 행동에 이르기까지 내적 위계 구조가 존재하며, 이 구조가 잘 조직되어야 여러 체계가 한데 맞물리면서 목표 달성을 위해 조화롭게 기능할 수 있다.[2]

긴 시간 동안 진화를 거쳐 기초부터 차근차근 형성된 이 위계 구조는 어떻게 조직될까? 앞서 언급했듯 끊임없는 협동과 경쟁을 통해서다. 생존과 번식을 위해 자원과 지위를 놓고 펼쳐지는 끝없는 경주는 무구한 시간에 걸쳐 일어나기도 하지만, 그보다 훨씬 짧은 개별 생명체의 생애 안에서도 발생한다. 각 생명체는 지위 협상과 경쟁을 거쳐 집, 음식물, 짝 같은 필수 자원의 이용권을 결정하는 위계 구조에 배치된다. 최소한의 복잡성과 사회적 본성을 가진 생물은 모두 고유한 위치를 점하고 있을 뿐 아니라 그 위치를 잘 알고 있다. 또한 집단의 다른 구성원들이 중요하게 여기는 것이 무엇인지를 배우고, 자신의 위치를 받아들임으로써 사회적 가치를 암묵적·명시적으로 깊이 있게 이해한다. 한마디로 요약하자면, 사실을 행동으로 변환하는 내적 위계는 외적 위계를 따라간다. 예를 들어 한 무리의 침팬지들은 그들의 사회적 위계 구조를 속속들이 이해한다. 즉 중요한 것이 무엇이고, 누가 거기에 접근할 수 있는지를 안다. 그리고 자신의 생존과 번식이 그 위계 구조에 달렸음을 안다.[3]

신생아는 빨기, 울기, 놀람 등 선천적인 반사 운동을 갖고 태어나며, 이 반사 운동이 출발점이 되어 성장 과정에서 수많은 행동이 발달한다. 2세가 되면 감각을 총동원해 자신의 위치를 알고, 똑바로 서서 걷고, 목적을 달성하기 위해 손을 사용하고, 욕구와 필요를 언어적·비언어적으로 전달한다(여기서 언급한 행동들은 일부 예시일 뿐이며, 많은 행동이 2세보다 훨씬 더 빠른 시기에 가능해진다). 이런 수많은 행동 능력은 감정과 욕구가 결합된 복잡한 동기 상태(노여움, 슬픔, 두려움, 기쁨, 놀람 등)와 함께 구체적이고 뚜렷한 목적을 위해 체계적으로 조직된다. 그 목적은 처음에는 지금 이 순간을 위한 것이었다가 점점 더 장기적인 것으로 발전한다.

발달기의 아이는 지금 이 순간을 지배하는 동기 상태가 다른 동기 상태들과 조화를 이루는 법을 배워야 한다(예를 들어 먹고 자고 놀고 싶은 욕구는 서로 공존할 수 있어야 한다). 또한 현재의 동기 상태가 사회적 요구와 충돌하거나 일과를 방해하거나 기회를 막지 않도록 조율하는 법을 갈고닦아야 한다. 아이는 이를 어머니와의 관계 속에서 배우기 시작하며, 다른 소수의 친한 사람들과 즉흥적인 놀이를 통해 학습하기도 한다. 그러다가 '소꿉놀이 하자' 같은 의식적이고 소통할 수 있는 추상적인 목표 안에 감정과 동기의 내적 위계를 포섭시킬 수 있을 때 아이는 타인과 놀이를 할 준비가 된다. 그리고 시간이 흐르면서 점점 더 복잡하고 정교한 놀이도 가능해진다.[4]

위대한 발달심리학자 장 피아제Jean Piaget가 발견했듯이[5] 타인과의 놀이는 참가자들 사이에 공통의 목표가 확립되어야 가능하다. 아이는 놀이의 목표와 규칙을 확립하는 과정에서 사회화를 경험한다. 사실 모든 사회 활동은 여럿이 모여 하나가 되자는 놀이 또는 게임의 변형이며, 제 기능을 하는 온전한 사회에서는 상호 호혜에 기반을 둔 페어플레이(공정게임) 규칙이 엄격히 적용된다. 문제의 좋은 해결책처럼 게임 역시 지속적으로 반복되어야 하며 반복되어도 나쁜 결과를 초래하지 않아야 한다. 페어플레이 규칙은 이 반복성을 뒷받침하는 근본 원리다. 이 때문에 피아제는 게임의 규칙을 집행하는 데 에너지가 든다고 가정했을 때, 규칙이 외부의 힘에 의해 강제되는 게임보다 참가자들이 자발적으로 정한 규칙을 따르는 게임이 우월하다고 보았다. 비인간 영장류에게도 그런 자발적인 게임 같은 제도가 출현했다는 증거가 있다.[6]

보편적인 페어플레이 규칙은 게임의 목표를 위해 협동하고 경쟁하는 동안 감정과 동기를 조절할 줄 아는 능력뿐 아니라, 더 나아가 앞서 언급했듯 시간과 상황에 구애받지 않고 서로 유익한 상호작용을 계속할 능력과 의지를 요구한다. 그리고 인생은 단지 게임 한 판이 아니라 일련의 게임이다. 각 게임은 공통점을 가지면서도 특수성을 가진다(그중 몇몇 게임은 해야 할 이유가 없을 수도 있다). 하지만 최소한 출발점(유치원, 0 대 0, 첫 데이트, 첫 취직)과 향상 과정, 그리고 바람직한 목표(고등학교 졸업, 이기는 점수, 지속적인 연인 관계, 높은 직위)가 있다. 그런 공통성 때문에 모든 게임을 통틀어 기본이 되는 한 가지 윤리, 더 정확히 말해 메타윤리가 등장한다. 최고의 경기자는 한 게임의 승자가 아니라, 다른 사람의 초대를 받아 계속해서 게임에 참여할 수 있는 사람이다. 바로 그런 이유에서 당신은 그 순간에는 명확히 이해하지 못하더라도 아이들에게 이렇게 말한다. "이기고 지는 건 중요하지 않아. 중요한 건 게임을 어떻게 하는가야!"[7] 그렇다면 바람직한 경기자가 되려면 어떻게 행동해야 할까? 게임에서 바르게 행동하려면 어떤 인격을 갖춰야 할까? 사실 두 질문은 서로 연결되어 있다. 게임에서 올바르게 행동하려고 꾸준히 연습할 때만, 그런 인격이 형성될 수 있기 때문이다. 우리는 어디서 그걸 연습해볼 수 있을까? 당신이 운이 좋고 정신이 깨어 있는 사람이라면 당신의 지위가 높든 낮든 모든 곳에서 배울 수 있다.

바보의 유용성

위계 구조의 밑바닥을 경험하는 것은 유용하다. 감사와 겸손의 싹을 틔우는 데 도움이 되기 때문이다. 왜 '감사'인가? 전문 지식이 당신보다 탁월한 사람들이 있다. 당신이 현명하다면 그 사실에 기뻐해야 한다. 세상에는 복잡하고 심각한 문제를 해결하기 위해 반드시 채워야 하는 자리가 무수히 많다. 믿을 만한 기술과 경험을 가진 사람들이 그 자리를 채우고 있다는 사실은 진정 감사해야 할 일이다. '겸손'은 또 무슨 말인가? 충분히 안다 생각하고 꽉 막힌 사람이 되기보다는 모른다 생각하고 가르침을 청하는 편이 낫다. 내가 아는 것들과 친해지기보다는 모르는 것들과 친해지는 게 백배 낫다. 아는 것은 유한하지만 모르는 것은 끝없이 나오기 때문이다. 우리는 어떤 가정을 무의식적으로 숭배하면서 고집스럽게 붙잡고 있는 경우가 너무나 많다. 그로 인해 궁지에 몰려 옴짝달싹하지 못하게 되었을 때 도움이 되는 것은 항상 우리가 아직 배우지 못한 것들이다.

우리는 초보자가 될 필요가 있다. 이런 이유로 모두가 좋아하는 타로카드에는 항상 바보 카드가 들어간다. 바보 카드는 긍정적인 카드로, 이 장 맨 앞에 그 그림이 실려 있다. 젊고 잘생긴 바보가 하늘을 바라보고 산속을 거닌다. 머리 위에서 태양이 밝게 빛나는데, 그는 조심성 없이 낭떠러지 아래로 막 떨어질 참이다. 하지만 그는 추락에 아랑

곳하지 않는다. 이처럼 바보는 기꺼이 초보자가 되어 배우려는 사람이다. 이 때문에 카를 융은 바보를 대속자代贖者(흠결 하나 없는 온전한 사람)의 전신前身으로 보았다.

초보자는 참을성과 인내를 길러야 한다. 물론 책임을 지지 않으려고 무지하고 서툴고 미숙한 상태에 남아 있는 사람은 비난받아 마땅하다. 하지만 모든 초보자가 그렇게 도덕적으로 문제가 있는 건 아니다. 인간은 본질적으로 불충분한 존재다. 바보의 부족함은 그런 인간의 취약성에서 나온 것이기도 하다. 위대한 것은 흔히 작고 무지하고 쓸모없는 것에서 시작된다. 이 교훈은 전통문화뿐 아니라 대중문화에도 깊이 배어 있다. 예를 들어 디즈니 만화영화의 주인공인 피노키오와 심바, 아니면 조앤 롤링J. K. Rowling의 소설에 나오는 마법사 해리 포터를 생각해보자. 피노키오는 처음에는 얼간이 같은 마리오네트, 다시 말해 자기 판단은 없고 다른 사람이 결정하는 대로 움직이는 꼭두각시다. 〈라이온 킹〉의 출발은 아무것도 모른 채 사악한 삼촌에게 이용당하는 순진한 아기 사자다. 우리가 잘 아는 마법 학교 학생은 외롭게 자란 고아로 계단 밑 먼지투성이 벽장에 살며, 그의 대적으로는 사탄이라 해도 무방한 볼드모트가 있다. 마찬가지로 신화에 나오는 위대한 영웅들은 주로 미천한 환경(예를 들어 이스라엘 노예의 자식으로 미천한 구유에서 태어난 아기)과 큰 위험(이스라엘의 아이는 한 살이 되기 전에 모두 죽이라는 파라오의 명령, 그리고 한참 뒤에 헤롯이 내린 그와 비슷한 칙령) 속에서 태어난다. 오늘의 초보자는 내일의 명인名人이 될 수 있다. 따라서 아무리 큰 업적을 이룬 사람이라 하더라도 더 큰 일을 이루고자 한다면 자신을 아직 성공하지 못한 사람이라 생각하고, 실력을 쌓기 위해 노력하고, 신중하고 겸손하게 현재의 게임에 참여하고, 다음 행보에 필요한 지식·자제심·수련을 개발할 필요가 있다.

이 글을 쓰는 중에 나는 아내, 아들, 딸과 함께 토론토의 한 레스토랑에 갔다. 우리가 테이블로 가고 있을 때 젊은 웨이터가 내게 이야기 좀 해도 되느냐고 물었다. 그는 내 유튜브 영상을 보고, 팟캐스트를 듣고, 내 책을 읽은 뒤로는 지위가 낮은 자신의 직업에 대해 다른 태도를 갖게 되었다고 말했다. 그는 자신이 하는 일이나 그 일을 하는 자기 자신을 비난하지 않게 되었고, 오히려 감사하는 마음으로 어떤 기회가 찾아오든 놓치지 않기로 결심했다. 그래서 더 성실해지기로 마음먹었으며, 지금 이 자리에서 최선을 다해 일하면 무슨 일이 생기는지를 보기로 했다. 청년은 해맑게 활짝 웃으면서, 그 뒤로 6개월 동안 세 번이나 승진했다고 말했다.

젊은이는 처음 생각한 것보다 자신의 자리에 더 큰 잠재성이 있음을 깨달았다. 밑바닥에 있는 자신의 처지를 한탄하며 분노와 냉소로 얼룩져 있을 때는 미처 보지 못한 것들이 보이기 시작한 것이다. 그때부터 자신이 일하는 레스토랑이 하찮은 곳이 아닌 듯했다. 실제로 그 레스토랑은 전국 규모의 고급 체인점 중 하나였다. 웨이터가 그런 곳에서 일을 잘하려면 까탈스러운 요리사들과도 잘 지내야 한다. 또한 고객에게 정중해야 하고 좋은 인상을 줘야 하며 끊임없이 주의를 기울여야 한다. 이 일에는 손님이 많은 시간과 적은 시간이 불가피하게 발생하므로, 편차가 큰 업무량에도 적응해야 한다. 그리고 언제나 정시에 맑은 정신으로 나타나야 한다. 웨이터는 위계 구조 안에서 상사에게뿐 아니라 설거지 담당 같은 부하직원에게도 예의를 갖춰야 한다. 만일 이 모든 것을 하는 웨이터가 정상적인 조직에서 일하고 있다면, 그는 곧 대체 불가한 인력이 될 것이다. 고객, 동료, 상사가 모두 그에게 점점 더 긍정적으로 반응할 것이다. 보이지 않게 닫혀 있었을지 모르는 문들이 활짝 열릴 것이다. 게다가 그곳에서 획득하는 기술은 어디에나 갖고 갈 수 있으니, 그는 레스토랑 업계에서 계속 승진할 수도 있고, 대학 진학에 도전할 수도 있으며, 진로를 완전히 바꿀 수도 있다(이 경우에 그는 이전 사장들의 추천을 받고, 상당히 유리한 위치에서 다음 기회를 찾을 수 있다).

이 젊은이는 자신에게 일어난 일에 전율을 느끼고 있었다. 빠르게 승진하자 지위에 대한 고민이 눈 녹듯 사라졌으며, 덩달아 오른 월급도 나쁠 게 없었다. 그는 초보자로서의 역할을 받아들인 뒤 그것을 초월했다. 다시 말해 더 이상 이 세계에서 점하게 된 자리와 다른 사람들을 향해 냉소를 날리지 않고, 주어진 구조와 위치를 받아들였다. 그러자 전에는 자존심에 가로막혀 보이지 않았던 기회와 가능성이 보이기 시작했다. 젊은이는 이제 자신이 속한 사회제도를 폄하하지 않고 제 역할을 수행하기 시작했다. 그리고 그렇게 겸손함이 쌓이자 성공의 길이 열렸다.

동료의 필요성

초보자를 경험하는 것도 좋은 일이지만 나이나 신분이 비슷한 동료를 곁에 두는 것도 좋다. 진정한 소통은 거의 항상 동료 사이에서 이뤄진다. 위계 구조의 위쪽으로는 정보 이동이 매우 어렵기 때문이다. 먼저 위쪽에 있는 사람은 현재의 능력·견해·지식·기술을 이용해 그 자리에 오른 것이므로, 자신의 실수를 인정하고 더 배우거나 달라지려고 하지 않는다(그 밖에도 다른 의견에 귀를 기울이지 않을 이유는 무수히 많다). 게다가 아래쪽에 있는 사람이 위쪽에 있는 사람에게 틀렸다고 말하기도 쉽지 않다. 자칫하면 윗사람이 그것을 모욕과 도전, 비난과 폭로로 간주할 수 있기 때문이다. 이런 이유 때문에 당신이 상사에게 진실을 말하고자 할 때는 가능하면 둘만 있는 자리에서 조심스럽게 문제를 다루는 게 현명하다. 그리고 해결책을 말할 때는 충고하듯이 하면 안 된다.

위계 구조의 아래쪽으로 정보가 흐르는 걸 막는 장벽도 있다. 예를 들어 아래에 있는 사람이 불만에 가득 차서 지시를 따르지 않고 일을 열심히 하지 않거나, 앙심을 품고 일을 그르치려 들 수 있다. 게다가 아직 경험과 교육이 부족한 초보자라면, 당신의 논리나 주장에 귀 기울이기보다는 그저 지위와 권위에 굴복하는 경향이 있다. 이와 반대로 동료는 주로 설득해야 하는 대상이다. 동료들이 관심을 보이면, 당신은 그에 보답해야 한다. 많은 동료와 평등하게 잘 지내고 싶다면 주고받기를 명확하게 해야 한다. 위계 구조의 중간에 있으면 동료들과 평등한 관계를 유지하는 법을 배울 수 있어 좋다.

마찬가지로 우리 삶에서 친구 관계 또한 중요하다. 친구 맺기 훈련은 생애 초기에 시작된다. 일반적으로 두 살 된 아기는 간단한 호혜 행동을 할 줄 알지만 기본적으로 자기중심적이다. 손녀 스칼릿은 내가 달라고 요구하면 자기가 좋아하는 봉제 인형 중 하나를 흔쾌히 건

네주었다. 그러면 나는 인형을 받았다 다시 건네주거나 가볍게 던져서 되돌려줬다(가끔 아이도 내 쪽으로 그걸 가볍게 던졌다). 스칼릿은 이 게임을 무척 좋아했다. 아이가 막 사용법을 익히기 시작한 스푼으로도 그 놀이를 했다. 아이는 엄마와 할머니 외에도 낯가리지 않을 정도로 친한 사람이 사정거리 안에 들어오면 그 놀이를 했다. 이러한 놀이는 아이가 더 컸을 때 제대로 주고받기를 할 수 있는 토대가 된다.

하지만 시내 아파트 옥상에 있는 야외 놀이터에 놀러 간 스칼릿은 자기중심적으로 굴었다. 그곳에는 아이들 여럿이 놀고 있었는데, 대부분 스칼릿보다 나이가 많았다. 놀이터에는 장난감이 많이 있었다. 스칼릿은 엄마가 앉은 의자 주변으로 장난감을 최대한 많이 쌓아놓기에 바빴고, 다른 아이들이 장난감을 가져가려고 다가오면 화를 냈다. 스칼릿은 심지어 다른 아이에게서 공을 직접 빼앗아 자신의 수집품을 부풀렸다. 이는 두 살 이하의 아이가 보이는 전형적인 행동이다. 주고받는 능력이 거의 없으며(애정이 넘치는 관계에서는 예외일 수 있지만), 발달상 제약되어 있다.

하지만 세 살이 된 아이는 대부분 장난감을 나눌 줄 안다. 모두 동시에 놀 수 없는 게임을 하면서 자기 차례가 올 때까지 기다릴 줄 안다. 여럿이 하는 게임의 요점을 이해하고 말로 조리 있게 설명하진 못해도 주어진 규칙을 따르기 시작한다. 다른 아이들과 호혜적인 놀이 관계를 형성하는 데 성공한 경험이 되풀이되면, 그에 기초한 친구 관계가 형성되기 시작한다. 그중 일부가 가족 바깥에서 처음 맺는 친한 관계로 발전한다. 주로 또래 사이에 형성되는 그런 친구 관계를 통해서 아이는 친구와 유대 쌓는 법, 그리고 남을 적절히 배려하면서 남에

질서 너머

게 배려해달라고 요구하는 법을 배우기 시작한다.

이 상호 유대는 매우 중요하다. 특별히 가까운 친구가 한 명도 없는 아이는 나중에 우울·불안·반사회성 같은 심리 문제를 겪을 확률이 매우 높으며,[8] 친구가 적을수록 성인이 되었을 때 실업자나 독신자가 될 가능성이 더 커진다.[9] 나이를 먹을수록 친구 관계의 중요성이 감소하는 것도 아니다.[10] 성인의 경우, 전반적인 건강 상태를 고려하더라도, 사회연결망의 질이 좋을수록 모든 사망 원인이 감소하는 것으로 나타났다. 노인에게서 고혈압·당뇨·폐기종·관절염은 감소하고, 심장마비는 나이에 상관없이 성인 전체에 걸쳐 감소한다. 한 흥미로운 연구에 따르면, 사회적 지원을 제공하는 쪽이 받는 쪽만큼 또는 그 이상으로 건강상 혜택을 누린다고 한다.[11] 따라서 받는 것보다 주는 것이 더 좋은 건 사실인 듯하다.

친구는 인생의 짐과 기쁨을 모두 나눠준다. 최근에 나와 아내 태미는 둘 다 심각한 건강 문제를 겪었지만, 다행히 가족과 친한 친구들이 곁에 머물며 긴 시간 우리를 도와주었다. 우리가 위험할 때 그들은 자신의 삶을 희생해가며 우리를 끝까지 도왔다. 그전에 나의 전작이 성공한 뒤 전국을 돌아다니며 강연을 하는 동안 태미와 나는 우리의 행운을 함께 기뻐해주는 사람들과 친하게 지냈다. 가족과 친구들은 우리 눈앞에서 펼쳐지는 일들과 뒤이은 사건들에 진심으로 기뻐하고, 황송하다 싶을 정도의 대중적 반응에 대해 기꺼이 의견을 주고받았다. 그들 덕분에 우리가 하고 있던 모든 일이 더 중요하고 의미 있는 일이 되었고, 좋든 나쁘든 그런 극적인 삶의 변화로 생길 수 있는 고립이 줄어들었다.

친구 관계와 마찬가지로 지위가 비슷한 직장 동료들과의 관계 역시 상호호혜에 기반을 둔 자율적인 규제의 원천이 된다. 동료와 좋은 관계를 유지하기 위해 당신은 동료의 공을 인정할 만할 때 인정해주고, 모두가 하기 싫어하지만 그래도 해야 하는 일을 공평하게 나눠서 하고, 다른 사람들과 팀을 이뤘을 때 약속한 시간에 맞춰 최선을 다해 제 몫을 하고, 당신을 기다리는 동료들 앞에 나타나고, 일반적으로 주어진 공식 업무보다 좀 더 많은 책임을 져야 한다. 당신의 태도와 업무에 대해 동료들은 인정 또는 불인정으로 답을 한다. 동료 간 호혜 관계가 강화되면 친구 관계와 마찬가지로 심리적 안정을 유지하는 데 도움이 된다. 동료들의 신뢰를 얻어라. 그러면 당신이 개인적으로 어려운 상황에 처했을 때 동료들이 선뜻 도움의 손길을 내밀 것이다.

우리는 친구와 동료 관계를 통해 양보하는 법을 배우고, 이기적 성향을 줄인다. 또한 당신이 순진해 빠져서 약한 사람을 이용해먹는 나쁜 사람들에게 억울하게 희생당할 것 같을 때, 친구들과 동료들이 당하지 말고 맞서라고 용기를 북돋는다. 로버트 번스Robert Burns의 시는 참된 친구 또는 동료 관계가 어떤 이점을 줄 수 있는지 보여준다.[12]

오, 어떤 신이 우리에게 선물을 준다면

남들이 우리를 보듯이 우리 자신을 보게 하는 재능을!

그렇다면 수많은 실수를 거듭한 끝에 우리는 자유로워지고

어리석은 생각을 극복하게 되리라

옷 모양새와 걸음걸이가 우리에게 주는 인상,

심지어 신앙심까지!

질서 너머

권위의 모습

권위자가 된다는 건 좋은 일이다. 사람은 나약하므로 인생은 힘들고 고통스럽다. 그 고통을 줄이려면 우선 모든 사람이 음식, 깨끗한 물, 위생 시설, 쉴 곳을 가져야 한다. 이를 위해서는 자발적으로 나서서 해결하려는 노력과 능력이 요구된다. 그 과정에서 그 일을 '할 수 있는 사람'과 '할 수 없는 사람'들 간의 위계 구조는 반드시 생겨난다. 실제로 어떤 문제가 있다면, 당면한 문제를 가장 잘 해결할 수 있는 사람들이 가장 높은 자리에 올라야 한다. 그들은 권력이 아니라 능력에 마땅히 따라붙는 권위를 갖게 된다.

능력 있는 권위자가 불가피한 문제를 해결하고 있다면 그에게 권력을 부여해야 하는 건 자명한 이치다. 그리고 복잡한 문제가 닥쳤을 때 가능하다면 그런 능력 있는 권위자가 되는 것도 적절한 일이다. 이를 책임의 철학으로 정의할 수 있다. 책임감 있는 사람은 공동체의 문제를 자신의 것으로 여기기로 하고, 다른 사람들과 협력해 열정적으로 부지런히 해결에 나선다. 그리고 다른 문제들을 고려해 자원을 효율적으로 쓴다.

사람들은 야심을 흔히 권력욕 같은 것으로 잘못 인식하거나 의도적으로 곡해한 뒤, 야심을 가진 사람을 간접적으로 비난하고 모욕하고 응징한다. 물론 야심은 가끔 타인에게 과도한 영향을 끼치려는 욕망일 수 있다. 하지만 '가끔'과 '항상'은 결정적으로 다르다. 권위는 단순히 권력이 아니며, 이 둘을 혼동하는 것은 극히 무익하고 위험하기까지 하다. 사람이 다른 사람에게 권력을 휘두를 때는 무력을 동원한다. 재산을 몰수하거나 처벌하겠다고 위협하므로, 힘없는 사람들은 자신의 필요·욕구·가치에 반하여 행동할 수밖에 없다. 반대로 사람이 권위를 행사할 때는 그가 가진 능력을 동원한다. 사람들은 그 능력을 자연스럽게 알아보고 인정하고, 정의가 살아 있음에 안도하며 기꺼이 그를 따른다.

권력에 굶주린 사람은 다른 사람을 지배하고자 하는 목적이 따로 있다. 전제적이고 잔인하며 심지어 병적이기까지 한 그들은 쾌락적이고 이기적인 변덕을 즉시 채우기 위해, 질투의 대상을 파괴하기 위해, 분노를 마음껏 폭발하기 위해 권력을 탐한다. 반면에 선하고 근면하고 정직하고 집중력 있는 사람이 야심적인 이유는 실질적이고 심각한 문제를 해결하고 싶어 하기 때문이다. 그런 야심은 모든 면에서 격려해줄 필요가 있다. 이런 이유에서 절대 해서는 안 되는 일이 있다. 현대적이고 생산적이며 자유로운 우리 사회를 '가부장적 전제'로 규정하고, 그런 사회에서 승리하기 위해 노력하는 모든 청소년과 성인 남성을 '가부장적 독재자'와 무조건 동일시하는 것이다. 이것은 너무도 잔인하다. 열심히 노력하는 사람을 폭군으로 취급하다니, 정말 최악이다. '승리'는 장애물을 극복하고 더 큰 공공선으로 나아가는 것이며, 모든 참가자를 위해 게임을 개선하려는 사람만이 승리할 수 있다. 그럼에도 이 사실을 무시하거나 냉소하거나 정면으로 부인한다면, 삶의 고통을 개선하려는 수많은 사람과 반대 입장에 서겠다는 뜻과 같다. 이보다 더 잔인하고 비틀린 태도는 떠올리기 어렵다.

권위는 권력을 수반할 수 있고, 수반해야만 하는지도 모른다. 하지만 더 중요한 것이 있다. **진정한 권위는 독단적인 권력 행사를 자제한**

다는 점이다. 권위자가 자신이 통솔하는 사람들을 진심으로 위하고 책임을 질 때 우리는 그 같은 자제를 볼 수 있다. 당신이 장남이라면 동생들을 짓누르고 놀리고 괴롭히는 대신에 책임감 있게 행동할 수 있으며, 그렇게 해서 권위를 행사하는 법과 권력을 남용하지 않는 법을 터득할 수 있다. 설령 막내일지라도 강아지에게 적절한 권위를 행사할 수 있다. 권위를 갖게 되면 권력에는 관심과 능력이 필요하고, 심지어 실질적인 대가가 따른다는 걸 알게 된다. 승진해서 처음 임원이 된 사람은 얼마 안 가 부하직원들이 한 명의 관리자 때문에 스트레스를 받는 것보다 관리자들이 다수의 부하직원 때문에 더 큰 스트레스를 받는다는 사실을 알게 된다. 그런 경험을 하다 보면 권력에 매혹되어 품을 수 있는 낭만적 환상이 적당히 누그러지고, 무한 질주에 모든 걸 맡기고 싶은 욕망이 줄어든다. 실제로 제대로 된 위계 구조에 속한 권위자라면 자신이 감독하고 고용하고 지도하는 사람에 대한 책임감을 뼈저리게 느낀다.

물론 모든 사람이 그런 의무를 이행하지는 않는다. 어떤 권위자는 올챙이 적 생각은 하지 못하고 이제 막 위계 구조에 진입한 초보자를 경멸한다. 이건 실수다. 이제 자리를 잡았으니 구태여 새로운 것을 시도할 일이 없다고 생각하는 셈인데, 이런 교만이 배움의 길을 가로막는다. 근시안적이고, 일부러 눈을 감고, 편협하리만치 이기적인 폭군은 틀림없이 존재한다. 하지만 정상적인 사회에서 이런 폭군은 결코 다수가 아니다. 그런 사람이 많다면 어떤 사회도 제대로 돌아가지 않을 것이다.

반대로 초보자 시절을 기억하는 권위자는 새로 온 사람과 자기 자신을 동일시하기 때문에, 그의 잠재력에 주목하고 권력을 남용하지 않는다. 또한 자기 아래 있는 사람들에게 기회를 줄 수 있다는 것에 기뻐한다. 나는 대학교수이자 연구자로서 지금까지 몸담았던 학교와 기업과 전문 기관에서 이런 사람들을 여러 번 경험하고 놀랐다. 좋은 자질을 가진 훌륭한 젊은이가 기술적으로 뛰어나고, 사회적으로 가치 있고, 자율적이고 책임감 있는 직업인으로 성장할 수 있게 도와주는 일은 아이를 키우는 것과 비슷한 기쁨을 준다. 이는 좋은 야심을 촉발하는 동기 요인이다. 높은 자리를 올바르게 점유할 때 누릴 수 있는 기본적인 장점 가운데 하나는 전문 분야에 막 진입한 인재를 알아보고 그들이 좋은 길로 나아가게끔 인도할 수 있다는 것이다.

불충분한 기존 제도

온전한 정신은 사회적 게임의 규칙을 알아차리고 내면화하고 준수한다. 그리고 모든 가치 있는 목표를 추구하는 사람들의 노력과 능력은 제각각이기 때문에 지위 격차가 생긴다. 현재의 위치가 바닥이든 중간이든 꼭대기든 간에 이 불평등을 받아들이고 노력하는 자세는 정신건강에 중요하다. 그래도 역설이 남는다. 현재의 위계 구조를 탄생시킨 지금까지의 해결책이 내일도 반드시 도움이 되리라는 보장이 없기 때문이다. 과거의 해결책을 생각 없이 되풀이하거나 권위를 내세워 고집한다면 변화가 불가피할 때 큰 위험을 맞을 수 있다. 따라서 과거로부터 내려온 문제 해결 구조를 중시하면서도 창의적인 변화를

질서 너머

도모해야 한다. 이 생각은 그저 한 개인의 주관적인 의견이나 상대주의적 주장이 아니다. 그보다는 자연법칙에 대응하는 인간 사회의 필연적인 법칙에 가깝다. 우리 인간 같은 고도의 사회적 동물에게는 규칙이 필요하다. 그래야 온전한 상태를 유지하고 불필요한 불확실성과 고통과 투쟁을 최소화할 수 있다. 하지만 다른 한편으로 우리를 둘러싼 상황 변화에 맞춰 규칙은 변해야 한다.

이는 또한 이상적인 인물상이 영원불변의 모습일 수 없다는 의미이기도 하다. 정상적인 조건에서는 규칙에 순응하는 능력이 순응하지 못하는 것보다 낫다. 하지만 사회가 병들고 불안정하고 시대에 뒤떨어져서 고의적인 외면과 타락이 판을 치는 상황이라면, 순응을 거부하는 편이 훨씬 낫다. 그런 행동은 창의적이고 합리적인 대안을 제시하는 능력만큼 가치가 있다. 그렇다면 우리에겐 영원한 도덕적 수수께끼가 남는다. 남들이 요구하는 대로 행동하면서 관습을 따라야 할 때는 언제이고, 모든 한계와 편향에도 불구하고 나 자신의 개인적 판단에 따라 집단의 요구를 거부해야 할 때는 언제인가? 다시 말해 합리적 보수주의와 새로운 활력을 북돋는 창의성 사이에서 어떻게 균형을 잡아야 하는가?

심리학의 최일선에 기질temperament이라는 주제가 있다. 지각과 행동 면에서 어떤 사람은 기질상 보수적이고, 어떤 사람은 진보적이고 창의적이다.[13] 물론 사회화를 통해 그런 성향은 일부 완화된다. 인간은 완전한 성인이 될 때까지 바뀔 수 있는 존재이며, 주변 환경은 우리를 극적으로 변화시키기도 한다. 하지만 인간 사회에는 서로 다른 기질들이 채워야 하는 고유한 자리들이 있다.

정치적으로 보수/우파 성향을 가진 사람은 과거에 유효했던 모든 것을 확고하게 지지한다. 개인의 성공, 사회의 조화, 장기적 안정을 가능하게 하는 길은 몇 안 되기 때문에 그들의 결정은 대체로 옳다. 하지만 간혹 그들이 틀리는 경우가 발생하는데 이유는 다음과 같다. 첫째, 현재와 미래는 과거와 다르다. 둘째, 한때 정상적이었던 위계 구조는 종종 내부의 음모로 인해 타락할 수 있다. 특히 권모술수와 부당한 권력을 통해 최고 자리에 오른 사람들이 제멋대로 행동할 때 그런 일이 생긴다. 이때 위계 구조는 명목상 존재할 뿐 원활히 작동하지 못한다. 그런 사람들은 대개 위계 구조의 역할을 이해하지 못하고, 위계 구조가 정상적으로 작동하는 것에 신경을 쓰지 않는다. 그들은 눈앞에 펼쳐진 부를 최대한 빨아들인 뒤 껍데기만 남긴다.

정치 스펙트럼에서 진보/좌파에 위치한 사람들은 바로 이 같은 권력의 타락을 강하게 반대한다. 옳은 일이다. 하지만 생산적이고 제 기능을 하는 위계 구조(그리고 그걸 운용하는 사람들)와 한때 위대했던 낡은 껍데기는 반드시 구별해야 한다. 이를 위해서는 맹목적으로 이데올로기에 의존하기보다는 관찰하고 식별하는 능력과 열린 마음가짐이 필요하다. 우리가 몸담은 사회적 위계 구조는 어두운 면과 밝은 면을 모두 갖고 있으므로, 한쪽을 배제하고 반대쪽에만 집중하는 것은 위험하다. 물론 급진적이고 창의적인 쪽은 부도덕하고 진부한 것에 새로운 활력을 불어넣는 필수 동력이지만 큰 위험성도 갖고 있다. 흔히 나타나는 위험은 제도가 잘 확립되었는데도 거기서 부정적인 면만 골라서 보는 경향이다. 더 큰 위험은 타락과 보수화에 맞서 기존의 위계 구조를 와해시킬 때 나타난다. 비뚤어진 행정관, 감독관, 관리가

질서 너머

있는 것처럼 비윤리적인 급진주의자도 존재한다. 이 사람들은 복잡한 현실에 대해 제대로 아는 것도 없으면서 자신의 무지를 알아채지 못하며, 과거로부터 물려받은 것에 감사하지 않는다. 그런 무지와 배은망덕에 곧잘 결합하는 것이 판에 박힌 냉소를 되풀이하는 습관이다. 그런 냉소는 따분하지만 없으면 안 될 엄격한 관습을 거부하거나 진짜 생산적인 노력에 수반되는 위험과 어려움을 외면하려는 얄팍한 구실에 불과하다. 창의적인 변화가 이렇게 타락할 수 있기 때문에 보수주의자들이 변화를 경계하는 것이다(비단 보수주의자들만 경계하는 것도 아니다).

이 글을 쓰기 몇 년 전에 나는 20대 초반의 젊은 여성과 대화를 했다. 내 온라인 강연을 보고 이메일을 보낸 한 사람의 조카였다. 그녀는 아주 불행해 보였고, 지난 6개월 대부분을 침대에 누워 보냈다. 그녀는 너무 절망스러워서 나를 찾아왔다. 그녀가 자살하지 않는 유일한 이유는 서벌고양이serval cat라는 이국적인 반려동물을 돌봐줘야 한다는 책임감이었다. 그만큼 생물학은 한때 그녀의 주요 관심사였지만, 고등학교를 중퇴하면서 생물학을 포기했고 그 일을 깊이 후회하고 있었다. 그녀는 부모의 방임 속에서 몇 년간 방황하다가 결국 망가질 대로 망가지고 말았다.

우울증이 자신을 좀먹고 있었지만 그래도 그녀는 미래를 계획하고 있었다. 2년짜리 고등교육 과정을 마친 뒤 수의학과에 지원할 생각이라고 말했다. 하지만 이 야망을 실현하는 데 필요한 구체적인 조사가 부족했다. 그녀에게는 조언자도 없었고 좋은 친구도 없었다. 이대로라면 혼자 게으르게 살다 고독하게 사라질 가능성이 너무나 컸다. 우리는 약 45분 동안 진지한 대화를 나눴다. 나와 동료들이 함께 만든 온라인 글쓰기 프로그램*을 통해 미래의 바람을 적도록 한 뒤, 그에 대해 더 자세히 이야기해보기로 했다.

모든 게 순조로웠으나 주제가 정치로 넘어가자 대화가 꼬이기 시작했다. 그녀는 세계의 상황이 전반적으로 한심하다고 목소리를 높였다. 인간의 활동이 환경에 악영향을 끼쳤고 그로 인해 곧 재앙이 닥칠 거라고 주장했다. 물론 요즘 같은 시대에 지구 환경에 대한 걱정을 표현하는 게 잘못은 아니다. 하지만 삶에 긍정적인 일은 하나도 없고 침대에서 일어나는 것조차 힘들어하는 20대 초반의 젊은이가 그런 문제에 관한 자신의 지식을 과대평가하는 것은 잘못이다. 그런 상황에서는 우선순위를 명확히 할 필요가 있다. 가장 먼저 꿰어야 할 단추는 자신의 문제를 해결하는 데 필요한 겸손함을 갖추는 것이다.

설전이 이어질수록 이 길 잃은 젊은이와 진실한 대화를 하기가 어려웠다. 그녀는 이데올로기 신봉자였다. 지구 차원에서 무엇이 잘못되었으며 그게 누구 탓인지 알고, 온갖 욕망에 사로잡혀 지속적인 파괴에 가담하는 행위가 부도덕하다고 생각하고, 결론적으로 우리 모두가 범죄자이며 세상에는 희망이 없다고 믿는 젊은이. 그때 대화를 계속한다는 건 내가 이 젊은이와 대화한다기보다는 젊은이에 빙의한 일반적이고 몰개성적이고 냉소적인 어떤 존재와 이야기하는 셈이고, 그런 대화가 괜찮고 생산적일 수 있다고 묵인하는 꼴이었다.

● www.selfauthoring.com 정신 건강 개선을 위한 온라인 글쓰기 프로그램이다. 과거의 문제들을 적는 '과거 저술(Past Authoring)', 현재의 성격적 결함과 장점을 적는 '현재 저술(Present Authoring)', 미래의 바람을 적는 '미래 저술(Future Authoring)'로 이루어져 있다.

그래서 나는 대화를 중단했다(그렇다고 해서 그 만남이 완전히 시간 낭비였다는 뜻은 아니다). 그녀의 도덕적 판단이 흐려진 데는 자신 또한 이 세계에 부정적인 영향을 끼쳤을 거라는 죄의식이 일부 작용했을 것이다. 하지만 내가 보기에는 그런 문제를 걱정하면서 은근히 도덕적 우월감을 느낄 수 있다는 점이 훨씬 커 보였다(인류의 가능성을 그렇게 암담하게 보는 건 심리적으로 매우 위험하다). 진부한 표현 같아 보여도 용서하기 바란다. 우리는 뛰기 전에 걸을 필요가 있다. 심지어는 걷기 전에 바닥을 기어볼 필요가 있다. 그래야 위계 구조를 쉽게, 거만하게, 이기적으로 경멸하는 것을 멈추고 그 밑바닥으로 내려가 초보자 위치를 받아들일 수 있다. 게다가 어떤 이들은 환경 파괴와 몰인정에 눈물까지 흘리며 인간을 매우 부정적으로 생각하는데, 그런 태도는 도움도 안 될뿐더러 자기 자신에게 뚜렷한 심리적 상처만을 남긴다.

우리가 생물적·사회적으로 우리 자신을 조직해 제 기능을 하는 위계 구조를 갖추기까지는 태곳적부터 긴 시간이 걸렸다. 바로 그 위계 구조가 우리의 지각과 행동을 구체화하고, 자연계와 사회적 세계의 상호작용을 결정한다. 우리는 그런 재능을 갖게 된 것에 깊이 감사해야 한다. 자연이 그렇고 모든 인간이 그렇듯이, 우리를 둘러싼 구조는 어두운 면을 갖고 있다. 하지만 현 상태에 대한 경솔하고 일반적이고 이기적인 비판이 옳은 건 아니다. 필연적인 변화에 무조건 반대하는 것이 옳지 않듯이 말이다.

균형이 필요하다

사람들이 예전부터 해온 방식은 종종 효과적이다. 한편 급진적인 행동이 가끔 큰 성공을 낳는다. 따라서 보수성과 창의성은 끊임없이 전파된다. 제 기능을 하는 사회제도를 보면 이미 가치가 검증된 일은 보수적인 사람이 담당하고, 낡은 것을 새로운 것으로 교체하는 일은 진보적이고 창의적인 사람이 담당한다. 따라서 두 유형의 사람들이 모두 있어야 한 사회 내에서 보수성과 창의성이 바람직한 균형을 이룰 수 있다. 이때 기질을 초월하는 지혜를 갖춘 누군가가 최선의 조합이 무엇인지를 결정해야 한다. 하지만 진보적 기질과 보수적 기질은 상호 배타적인 경향이 있기 때문에 그런 사람을 찾기가 정말 어렵다. 양쪽 성향을 균형 있게 갖추었고, 그래서 어느 유형의 사람과 일해도 편안하고, 양쪽의 재능과 성향이 어디에 쓰일지를 공평하게 결정하는 사람이 어디 흔하겠는가. 하지만 다음과 같은 고차원의 지혜를 더 확장한다면 그런 능력이 적어도 싹을 틔울 수는 있다. 보수주의가 나쁘지 않고, 창의적 변화 역시 (심지어 급진적일지라도) 나쁘지 않으며, 각각에는 고유한 위험이 있음을 명심하라. 이 지혜를 아는 사람, 그러니까 두 관점이 모두 필요하다는 것을 진심으로 인정하는 사람은 다양한 제안을 공정하게 평가하고, 한쪽으로 치우쳐 균형을 잃는 순간을 알아볼 수 있다. 양쪽의 어두운 면에 대해서도 마찬가지다. 복잡한 일을 제대로 해내기 위해서는 권력에 굶주려 이기적으로 현 상태를 옹호하는 사람과 진정한 보수주의자를 구별하고, 철학도 없이 자기기만에 빠져 무책임하게 반란을 꾀하는 사람과 진실로 창의적인 사람을 구별할 줄 아는 냉정한 눈이 필요하다. 이 일을 해내는 사람은 다른 사람들에게서만이 아니라 자기 영혼의 울타리 안에서도 그런 요소들을 구별할 줄 안다.

그렇다면 어떻게 그 상태에 도달할 수 있을까? 먼저 우리는 보수성과 창의성이 완전히 상호의존적임을 이해해야 한다. 치열한 긴장이 감돌긴 해도 한쪽은 다른 한쪽 없이는 존재하지 못한다. 예를 들어 규율(현 상태에 복종시키는 여러 가지 방식)이란 창의적 변화의 적이 아니라 토대다. 사회와 개인의 의식을 체계적으로 조직하는 위계 구조는 법률이나 규칙에 의한 규제를 필요로 한다. 마찬가지로 창의적 변화도 그런 규제를 필요로 한다. 창의적 변화는 한계에 맞선다. 맞서 싸우는 대상이 없으면 창의적 변화는 일어날 수 없다. 소원을 들어주는 요정인 '지니'가 작은 램프에 갇혀 현재 램프를 소유한 자의 뜻에 종속되어 있는 것도 그런 이유에서다. 지니Genie(천재genius와 어원이 같다)는 가능성과 잠재성 그리고 극심한 제약이 혼합된 존재다.

제약, 규제, 임의적 경계, 규칙들은 사회적 조화와 심리적 안정을 지탱할 뿐 아니라 새로운 질서의 토대가 된다. 따라서 무정부주의자나 허무주의자들이 완전한 자유를 외치며 그럴듯하게 주장할 때, 그 밑에 잠재한 욕망은 긍정적인 것이 아니다. 그들은 낭만주의 화가들의 그림에서 묘사되듯 숭고해 보이길 원하지만 사실은 모든 책임에서 완전히 벗어나고 싶어 할 뿐이다. 그들이 말하는 자유는 진정한 자유와 완전히 다르다. 하지만 '모든 책임을 타도하라'는 매력적인 구호가 될 수 없는 반면에, 그에 상응하는 '모든 규칙을 타도하라'는 영웅의 시체처럼 그럴싸하게 단장할 수 있다.

진정한 보수의 지혜 곁에는 타락한 현 상태와 누군가가 그 타락을 이기적으로 이용할 위험이 나란히 존재한다. 반면에 창의적인 노력의 탁월함 곁에는 이데올로기를 신봉하는 그릇되고 분노한 영웅주의자가 나란히 존재한다. 그릇된 영웅주의자는 창의적인 반역자의 옷을 걸치고 더 고상한 도덕적 지배를 주장하면서 진정한 모든 책임을 거부한다. 현명하고 신중한 보수주의와 예리하고 주의 깊은 창의적 변화는 세계를 질서 있게 유지한다. 하지만 각각에 어두운 면이 존재한다는 점을 깨달았을 때 우리는 스스로 이렇게 물어야 한다. 나는 진실한가, 그 반대인가? 이에 대한 답은 어쩔 수 없이 양쪽 다라는 것인데, 생각보다 자기 자신에게 어두운 면이 훨씬 더 많을지 모른다. 그때 우리는 각자의 내면에 복잡성이 가득하다는 걸 알게 된다.

인격의 위계 구조와 변화 가능성

그렇다면 기존의 사회구조와 창의적 변화를 균형 있게 존중하는 인격을 우리는 어떻게 배울 수 있을까? 문제의 복잡성에 비추어볼 때, 그 방법을 알아내기란 쉽지 않다. 이럴 때는 주로 이야기의 힘을 빌린다. 이야기는 틀을 제공한다. 이야기는 우리가 모방할 가치가 있는 구체적인 패턴을 제공하지만, 그 패턴은 또한 (특정 규칙은 예외이지만) 일반적이어서 새로운 상황에 적용할 수 있다. 우리는 이야기로 이상적인 인격을 표현한다. 그리고 모험과 낭만이 어떻게 성공하고 어떻게 실패하는지를 이야기한다. 이야기라는 다양한 세계에서 성공은 우리를 더 좋은 곳, 약속의 땅으로 이끌고, 실패는 우리는 물론이고 우리와 얽힌 사람들까지 나락으로 떠민다. 선은 우리를 새처럼 날게 하고, 악은 우리를 수렁으로 끌어내린다. 위대한 이야기에서 등장인물들이 드러내 보이는 무의식을 발견하고 이해함으로써 우리는 딱딱한 사실들로 이뤄진 세계를 지속 가능하고 기능적이고 호혜적인 가치들로 이뤄진 세계로 해석한다.●

　보수적 가치와 그 짝인 창의적 변화의 가치가 적절히 구현된 위계 구조는 이야기 속에서 인격(이상적인 인물)으로 표현된다. 위계 구조에는 정점이 있다. 인격의 행동을 묘사하는 이야기의 경우 그 정점에는 주인공인 영웅이 있다(주인공이 반영웅anti-hero이라 해도 그건 중요하지 않다. 반영웅은 대조를 통해 영웅을 드러내는 기능을 한다). 영웅은 최고조에 이른 개인, 승리자, 용사, 기지가 풍부한 사람, 마침내 당당하게 승리하는 약자, 위험한 상황에서도 진리를 말하는 자 등이다. 우리가 지어내고 보고 듣고 기억하는 이야기들은 흥미롭고, 주의를 끌고, 소통할 가치가 있는 행동과 태도에 초점을 맞춘다. 우리는 훌륭한 사람이나 진저리나는 사람 또는 그들의 구체적인 태도와 행동을 모두 경험하고 그중 관심을 사로잡은 것을 주변 사람들과 공유하고 싶어 하기 때문이다. 이때 우리는 특정 개인을 직접 이야기에 등장시키기도 하고, 여러 인격을 합쳐 새로운 인물을 창조하기도 하며, 종종 우리

● 예를 들어 미국 복음주의 개신교도들은 새로운 실존 문제에 부딪혔을 때 "예수라면 어떻게 할까?"라고 묻는다. 이처럼 어떤 이야기가 일단 내면화되면 새로운 지각과 행동을 찍어내는 틀로 쓰일 수 있다. 일상에서 구세주가 취할 만한 행동을 상상하는 건 순진하거나 주제넘어 보일지 모르나, 종교적 이야기의 근본 목적은 상상력을 자극하는 것이다.

주변의 사람들을 조연으로 등장시키기도 한다.

맨 앞에서 사회 참여의 필요성을 보여주는 한 사례로 사회적 고립을 타개한 내담자를 짧게 소개했다. 하지만 그 정도의 이야기로는 그의 변화된 태도와 행동의 의미를 충분히 담아내지 못한다. 그는 다양한 집단에 적극적으로 참여하면서 다시 사회생활을 해나갔고, 그와 동시에 뜻밖의 창의적 능력을 발전시켰다. 고등학교 이상을 다녀본 적이 없고 남들에게 창의적이라는 인상을 줄 만한 개성도 없었지만, 그가 매료된 새로운 사회적 활동들은 주로 미적인 것이었다.

그는 먼저 형식, 비례, 새로움, 아름다움을 사진에 담는 능력을 개발함으로써 사회생활을 하는 데 여러 가지 이점을 얻을 수 있었다. 그는 격주로 야외에서 사진을 찍는 모임에 가입했고, 토론토에서 약 20명의 회원과 함께 자연의 아름다움과 독특함 그리고 현대적인 풍경을 사진에 담았다. 그는 사진을 찍으면서 사진 장비에 관한 전문 지식을 꽤 많이 쌓았다. 그뿐 아니라 회원들과 서로의 작품을 비평했는데, 실수만이 아니라 훌륭한 점 또한 이야기하며 유익한 시간을 보냈다.

이 모든 것을 통해 내담자는 예전 같으면 심리적으로 어려웠을 생산적인 소통 방식을 터득했다(아무리 상대의 감정을 배려한다 해도 비평은 민감한 활동이다. 작품의 창의성은 보는 눈에 따라 다르기 때문에 종종 예민한 반응을 불러일으킬 수 있다). 또한 진부하거나 지루하거나 순응적인 시각 이미지와 정말로 수준 높은 시각 이미지를 구별하는 능력을 쌓아갔다. 몇 달이 지나자 그는 크게 발전해서 지역 대회에서 상을 타고, 작지만 작품 의뢰를 받기 시작했다. 처음에 나는 그가 사진 모임에 가입한 것이 인성 발달 면에서 상당히 바람직하다고 생각했다.

하지만 그의 시각 능력과 전문성이 빠르게 성장하는 것을 보고 깜짝 놀랐고, 상담 시간에 그의 작품을 함께 검토하는 일이 정말 즐거웠다.

사진에 푹 빠지고 몇 달이 지난 뒤, 내담자는 직접 그린 그림들을 내게 보여주기 시작했다. 처음에는 펜으로 추상적인 선을 그린, 누가 봐도 아마추어적인 드로잉이었다. 그의 그림은 기본적으로 종이 위에 다양한 크기의 고리가 연속으로 이어진 형태였으며, 단순한 낙서보다는 더 통제되어 있고 분명히 의도적이었지만, 어쨌든 낙서였다. 나는 그의 사진 공부나 사진 모임이 심리적 안정과 창조적 능력에 유용하다고 생각했을 뿐 예술가적 자질을 키워줄 거라고는 생각하지 못했다. 하지만 그는 멈추지 않고 일주일에 몇 장씩 그림을 그려 상담 시간에 갖고 왔다. 그의 그림은 급속히 정교해지고 아름다워졌다. 그는 복잡하고 대칭적이고 극적인 흑백 펜화를 그렸는데, 티셔츠에 디자인해 팔아도 될 만큼 아름다웠다.

나는 다른 두 명의 내담자에게서도 이런 종류의 발전을 목격했다. 둘 다 창조적 기질이 있는 사람이었다(한 명은 깊숙이 감춰져 있었고, 다른 한 명은 교육 덕분에 자신의 능력을 잘 발휘하고 있었다). 카를 융이 발표한 개인 발달에 관한 임상 사례와 보고서를 읽은 적이 있는데, 융은 외부 세계와 내부 세계의 조화와 균형이 이뤄질수록 환자들이 질서와 복잡성이 증가하는 기하 도형들(예를 들어 네모 안의 원 또는 그 반대)을 그릴 수 있게 된다고 말했다. 그의 말은 분명히 맨 앞의 내담자에게도 들어맞을 뿐 아니라 다른 둘에게도 해당하는 것 같았다. 이후에도 나는 사회화가 진행되고 사회제도의 가치를 옳게 평가함에 따라 정신이 재구성되며, 주로 뇌와 관련된 기능들이 함께 변하는 것을 여러 번 목격했다. 그런 변화의 증거로 우아하고 아름답고 사회적으로 가치 있는 것을 인지하고 창조하는 능력이 뚜렷하게 증가했다. 나의 내담자들은 때로는 임의적이지만 없어서는 안 되는 사회적 세계의 요구에 적절히 순응하게 되었고, 한 걸음 더 나아가 스스로 창의적인 작업에 몰두하여 그가 속한 세계에 무언가를 보여주었다.

손녀 스칼릿 역시 가리키기를 통해 사회화를 경험한 뒤 창의적 능력을 이해하는 행동을 보이기 시작했다. 사람들은 영화, 연극, 책 등에 나오는 이야기를 갖고 대화를 나눌 때 대개 그 요점에 관해 정교한 합의에 도달하려고 한다(정교하다고 한 이유는 한 사람일 때보다 여럿일 때 더 많은 관점이 논의되기 때문이고, 합의라고 한 이유는 그 대화가 일반적으로 이야기의 주제에 관해 폭넓은 동의가 이루어질 때까지 계속되기 때문이다). 이야기가 일종의 소통이자 오락이라는 생각은 자명해 보이지만, 오래 숙고하면 할수록 점점 더 아리송해진다. 이야기에 요점이 있는 게 사실이라면, 이야기가 무언가를 가리킨다는 것은 분명하다. 하지만 무엇을, 어떻게 가리킬까? 가리키기라는 것이 구체적인 사물이나 사람을 지정하는 행동이라면 가리키기를 구성하는 요소들은 명확하다. 하지만 그것이 가령 이야기 속에서 어떤 인물이 점증적으로 펼치는 행동의 성격을 말하는 것일 때는 훨씬 더 불분명해진다.

롤링의 『해리 포터』 시리즈에서 세 주인공이 보여주는 행동과 태도는 다시 한번 이 과정을 정확히 드러내는 유명한 예다. 해리 포터·론 위즐리·헤르미온느 그랜저는 주로 규칙을 따르는 의지와 능력을 나타내지만, 그와 동시에 규칙을 깨는 의지와 능력을 나타내기도 하며, 게다가 그들을 감독하는 사람들은 모순된 두 종류의 행동에 모두 보상을 해준다. 심지어 젊은 마법사들이 수련 기간에 쓰는 마법에도 이런 이중성이 반영되어 있다. 예를 들어 비밀지도Marauder's Map(호그와트 마법학교의 물리적 배치나 지형뿐 아니라 살아 있는 모든 생물의 위치를 알려주는 지도)는 도덕적인 행동과는 정반대인 듯한 주문("저는 못된 짓을 꾸미고 있음을 엄숙히 맹세합니다")을 외워야 열리고, "장난 끝"이라고 말하면 그림을 지우고 작동을 멈춘다.

못된 짓을 하고 있음을 선언해야 열리는 비밀지도가 실제로는 악한 목적을 위해 만들어진 도구가 아니라는 점을 이해하기란 쉽지 않다. 하지만 해리와 친구들이 자주 그러나 조심스럽게 규칙을 깨고, 그 대가로 자주 그리고 조심스럽게 상을 받는 것처럼, 비밀지도 역시 사용하는 사람의 의도에 따라 도덕적으로 바람직할 수도 아닐 수도 있다. 『해리 포터』 시리즈는 규칙 따르기가 얼마나 엄하게 적용되는지 또는 얼마나 필요한지와 상관없이, 그저 아무 생각 없이 또는 완고하게 규칙을 따른다고 좋은 것이 아니라는 점을 강하게 암시한다. 이 모든 것을 종합하면, 『해리 포터』 시리즈는 사회질서에 복종하는 것이 최고의 도덕적 가치를 가리키지는 않는다고 말한다. 무엇이 그 복종을 파기하는지는 그리 명백하지 않아 쉽게 이야기할 수는 없지만, 다음과 같이 표현하면 그와 비슷해진다. '어떤 행동이 그 행동을 정한 규칙의 목적을 훼손할 때는 규칙을 따르지 마라. 그럴 땐 위험하더라도 합의된 도덕과 반대로 행동하라.' 이런 교훈은 가령 암기 학습이나 규칙보다 구체적인 행동 묘사를 통해 더 쉽게 가르칠 수 있다. 메타규칙(규칙 그 자체가 아니라 규칙에 관한 규칙)은 일반적인 규칙 전달 방식과 똑같이 해서는 전달되지 않을 때가 있다.

스칼릿은 가리키기의 중요성을 알고 비교적 직접적인 신체 행동을 완전히 터득한 다음에 곧바로 복잡한 이야기의 요점을 파악할 줄 알게 되었다. 스칼릿은 한 살 반에 집게손가락으로 무언가를 지목하기 시작했다. 그리고 두 살 반이 되자 훨씬 더 복잡한 이야기에 담겨 있는 요점을 이해하고 모방했다. 이 시절 스칼릿은 자기가 포카혼타스라고 말하고 다녔다. 내 생각에 이것은 이야기의 복잡한 요점을 가리키는 경이로운 행위였다. 아이는 선물로 받은 포카혼타스 인형을 무척 좋아했고, 할머니 이름을 따서 태미라고 부르는 아기 인형도 애지중지했다. 태미와 놀 때 스칼릿은 아기 엄마였다. 하지만 포카혼타스와 놀 때는 달랐다. 포카혼타스 인형은 아기가 아니었고, 스칼릿도 포카혼타스의 엄마가 아니었다. 스칼릿은 자기를 다 큰 포카혼타스라 여겼다. 그리고 젊은 여자의 모습을 한, 그러니까 아이가 두 번이나 넋을 잃고 본 디즈니 만화영화의 주인공을 모방했다.

디즈니의 포카혼타스는 『해리 포터』 시리즈의 주인공들과 확연히 닮은 점들이 있었다. 포카혼타스의 아버지는 딸을 코코움과 결혼시키려 한다. 코코움은 부족의 모든 가치를 지닌 용감한 전사지만, 그의 행동과 태도는 너무 규칙에 얽매여 있어서 약혼녀의 활달한 성격과는 맞지 않는다. 대신에 포카혼타스는 유럽에서 온 배의 선장 존 스미스와 사랑에 빠진다. 이 인물은 알려진 영토 바깥에 있지만 (잠재적으로) 대단히 가치 있는 것을 대표한다. 포카혼타스는 코코움을 거부하고 스미스를 택함으로써 대단히 중요한 규칙(지금 문화의 규칙 위계에서 가장 소중하게 여기는 가치)을 깨고 더 높은 도덕적 질서를 추구한다. 이는 기본적으로 『해리 포터』 시리즈의 주인공들과 아주 비슷하

질서 너머

다. 사실 두 이야기의 교훈은 동일하다. 규칙을 충실히 따라서 빛나는 본보기가 될 수 있을 때는 규칙을 따라라. 하지만 그 규칙이 큰 걸림돌이 되어 그 핵심 가치를 구현하지 못하게 할 때는 규칙을 깨뜨려라. 내 손녀 스칼릿은 세 살이 채 되지 않았는데도 내재된 지혜를 발휘하여 자기가 보고 있는 것(디즈니 만화영화)과 역할 놀이의 보조물로 사용하는 것(포카혼타스 인형)의 요점을 이해했다. 이 측면에서 아이의 통찰력은 거의 깊이를 헤아릴 수 없었다.

규칙은 존중해야 하지만, 그것이 상위의 도덕 원리를 무시하거나 거부할 때는 예외라는 생각은 두 복음서에도 아주 설득력 있게 묘사되어 있다(당신이 어떻게 생각하든 간에, 이 책들은 예로부터 모방할 만한 인격을 보여주는 이야기로 활용되어왔다). 우선 그리스도는 어릴 적부터 유대 전통의 대가로 묘사된다. 따라서 그는 과거의 가치를 충분히 아는 진정한 보수주의자라고 할 수 있다. 「누가복음」 2장 42~52절에 따르면,[14] 예수의 가족은 해마다 유대인의 기념일인 유월절이 오면 예루살렘으로 여행한다.

> 예수께서 열두 살 될 때에 저희가 이 절기의 전례를 좇아 올라갔다가
> 그 날들을 마치고 돌아갈 때에 아이 예수는 예루살렘에 머무셨더라.
> 그 부모는 이를 알지 못하고 동행 중에 있는 줄로 생각하고
> 하룻길을 간 후 친족과 아는 자 중에서 찾되 만나지 못하매
> 찾으면서 예루살렘에 돌아갔더니 사흘 후에 성전에서 만난즉
> 그가 선생들 중에 앉으사 저희에게 듣기도 하시며 묻기도 하시니
> 듣는 자가 다 그 지혜와 대답을 기이히 여기더라.

그 부모가 보고 놀라며 그 모친은 가로되 아이야 어찌하여 우리에게
이렇게 하였느냐. 보라 네 아버지와 내가 근심하여 너를 찾았노라.
예수께서 가라사대 어찌하여 나를 찾으셨나이까.
내가 내 아버지 집에 있어야 될 줄을 알지 못하셨나이까 하시니
양친이 그 하신 말씀을 깨닫지 못하더라.
예수께서 한가지로 내려가사 나사렛에 이르러 순종하여 받드시더라.
그 모친은 이 모든 말을 마음에 두니라. 예수는 그 지혜와 그 키가
자라가며 하나님과 사람에게 더 사랑스러워 가시더라.

그러나 복음서 전체를 조망하면 예수가 모순적인 인물로 느껴질
정도로 전통에 대한 존중과 창의적 변화의 필요가 팽팽한 긴장을 이
룬다. 어린 나이에 율법(규칙)을 완벽히 이해했다는 증언에도 불구하
고, 성인이 된 예수는 안식일의 전통을 거듭 위반한다. 유대교의 전통
주의자들이 보기에는 괘씸한 일인데도 예수는 위험을 감수한다. 예
를 들어 예수는 제자들을 이끌고 밀밭 사이로 걸어가 이삭을 잘라 손
으로 비벼 먹는다(「누가복음」 6장 1절). 그런 뒤에는 다윗왕도 필요할
때는 제사장 외에는 먹어서는 안 되는 빵을 부하들에게 나눠주지 않
았느냐며 바리새인들에게 자신의 행동을 정당화한다(「누가복음」 6장
4절). 그리스도는 바리새인들에게 인상적인 말을 남긴다. "인자는 안
식일의 주인이니라"(「누가복음」 6장 5절).

『베자 사본Codex Bezae』[15]이라는 고대 문서는 『신약성경』의 일부가
담긴 비정전 이본異本으로, 위에 제시한 「누가복음」 구절 바로 뒤에 이
문제를 깊이 다룬 문장이 삽입되어 있다. 규칙에 대한 존중과 도덕적

창의성 간의 복잡하고 역설적인 관계를 더 깊이 파헤친 것이다. 도덕적 창의성을 갖춘 사람은 기존 규칙에 저항하면서도 바람직한 행동을 추구한다. 여기서 그리스도는 그 자신처럼 신의 율법을 어긴 사람에게 이렇게 얘기한다. "같은 날 안식일에 일하는 한 사람을 보고, 〔예수가〕 그자에게 말했다. 오 진실로 그대가 무엇을 하는지 알고 있다면 그대는 복 받은 사람이요, 그걸 알지 못한다면 그대는 저주받은 자, 율법을 어긴 자로다."[16]

이 말은 무슨 뜻일까? 여기에는 법칙 1의 의미가 완벽하게 요약되어 있다. 만일 율법의 필요성, 그 신성함, 그로써 방지되는 혼돈, 율법을 따르는 공동체가 하나로 묶이는 방식, 율법을 확립하는 데 드는 비용, 율법을 깨뜨릴 때 발생할 위험을 이해하면서도 더 높은 선에 봉사할 목적으로 예외적으로 행동하고 자신의 행동에 책임을 진다면 당신은 고상한 도덕적 행동을 한 것이다. 하지만 위반하고 있는 규칙의 중요성을 알려 하지 않고 자신의 편의를 위해서 행동한다면, 당신은 비난을 받아 마땅하다. 전통을 소홀히 여기는 태도는 자기 자신뿐 아니라 다른 사람들까지 망친다.

복음서에 묘사된 예수의 의견과 행동은 줄곧 이런 식이다. 「마태복음」 12장 11절은 "예수께서 이르시되 너희 중에 어떤 사람이 양 한 마리가 있어 안식일에 구덩이에 빠졌으면 끌어내지 않겠느냐"라고 말한다. 「누가복음」 6장 6절에서 예수는 오른손이 앙상하게 마른 사람을 고치면서 이렇게 말한다. "안식일에 선을 행하는 것과 악을 행하는 것, 생명을 구하는 것과 죽이는 것, 어느 것이 옳으냐"(「누가복음」 6장 9절 중에서). 안식일의 전통을 지키는 것만큼이나 좋은 일을 하는 것도 중요하다는 그리스도의 태도는 율법주의자인 바리새인들을 분노하게 했고, 결국 그리스도는 십자가형을 당하고 만다. 이 이야기들은 존재의 영원한 딜레마를 여실히 보여준다. 규칙을 배우고 따름으로써 다른 사회 구성원과 조화를 이루는 것도 필요하지만, 규칙이 양심에 반할 때는 양심이 이끄는 판단·통찰·진리에 기대 진실을 말할 필요가 있다. 이 두 가지가 조합된 능력이야말로 '진정한 영웅'에게서 나타나는 완전한 인격의 특징이다.

임의적인 규칙을 어느 정도 인내해야(관점에 따라서는 환영해야) 세계와 그 거주자들이 함께 살아갈 수 있다. 또한 창의성과 반란을 어느 정도 허용해야(관점에 따라서는 환영해야) 재생과 쇄신이 계속 이뤄진다. 모든 규칙은 한때 다른 규칙을 깨는 창의적인 행동이었다. 모든 창의적 행동은 나중에 쓸모 있는 규칙으로 변할 수 있다. 사회제도와 창의적 성취가 이렇게 활발히 상호작용하기에 세계는 과도한 질서와 과도한 혼돈 사이에서 어렵사리 균형을 유지한다. 이는 지독한 수수께끼이며, 진정한 실존의 짐이다. 우리는 감사하고 존중하는 태도로 과거를 지지하고 소중히 여겨야 한다. 하지만 그와 동시에 눈을 크게 뜨고 앞을 내다보면서, 우리를 유지하고 지탱해준 오래된 질서가 비틀거리고 삐거덕거릴 때는 그것을 수선해야 한다. 따라서 우리는 다음과 같은 역설을 수용할 필요가 있다. 삶의 안전한 울타리를 존중하면서도 새로운 변화를 받아들여 우리의 제도를 건강하고 활기차게 유지해야 한다는 역설을 말이다. 세계의 안정성과 역동성은 우리가 그 이중 능력을 얼마나 완벽하게 수행하느냐에 달려 있다.

기존 제도나 창의적 변화를 함부로 깎아내리지 마라.

질서 너머

법칙 2

내가 누구일 수 있는지 상상하고,
그것을 목표로 삼아라

나는 누구이며, 어떤 사람이 될 수 있는가

내가 누구인지는 어떻게 알 수 있는가? '나'는 스스로 이해하는 것보다, 다른 사람들을 제외하고 세계에 존재하는 그 어떤 것보다 더 복잡하다. 믿을 수 없을 만큼 말이다. 나는 누구인가와 나는 어떤 사람이 될 수 있는가라는 질문이 한데 섞이면 문제는 더욱 어려워진다. 나는 단지 지금 존재하는 것이 아니다. 나는 계속 변화하며, 그 변화의 폭과 강도는 나의 이해를 초월한다. 분명 모든 사람이 자신에게는 지금까지 드러냈던 모습과는 다른 모습이 있다고 어렴풋이 느낀다. 건강 문제, 불운, 인생의 비극과 사고를 겪다 보니 그 잠재성이 드러나지 않았을 뿐이다. 다른 한편으로는 교육, 믿음, 상상력, 의지가 부족해 인생이 주는 기회를 충분히 활용하지 않아서 그랬는지도 모른다. 나는 누구인가? 그리고 더 중요한 질문, 내가 만일 상상한 대로 바뀔 수 있다면, 나는 어떤 사람이 될 수 있을까?

애초에 답이 없는 질문을 한 것일까, 아니면 어떤 지침을 내어줄 원천이 우리 주변에 존재하는가? 인류는 수만 년(어쩌면 수십만 년) 동안 자신의 성공과 실패를 관찰해왔다. 그 긴 시간 동안 샤먼, 예언자, 신비론자, 예술가, 시인, 노래하는 방랑자들은 우리의 실제 모습과 가능한 모습이 농축된 삶의 진수를 정제해내어 우리가 무시하거나 잊을 수 없는 형태로 제공해주었다. 그런 창조적인 사람들은 각본을 쓰고 연기를 하고 이야기를 들려주며 우리의 상상력을 자극한다. 그렇게 어떤 것이 가능할 수 있다는 환상이 우리의 꿈을 채운다. 그중 특히 심오한 것들은 집단적으로 기억되고 논의되고 더 정교하게 다듬어진 뒤, 의례의 핵심이 되어 수백 년 동안 우리를 묶어주는 문화의 토대를 이룬다. 세련되고 붐비고 성공한 사회의 특징인 의례, 종교, 철학 체계는 바로 그런 이야기들 위에 건설된다.

그 이야기들을 무시하거나 잊을 수 없는 가장 큰 이유는, 우리가 알고는 있지만 알고 있다는 걸 모르는 것에게 말을 걸기 때문이다. 고대 그리스 철학자 소크라테스는 모든 배움은 일종의 기억해내기라고 믿었다. 소크라테스에 따르면, 본질상 불멸하는 영혼은 아기로 태어나기 전에 모든 걸 알고 있었지만 태어나는 순간 다 잊어버리므로 삶의 경험을 통해 기억을 되살려야 한다. 이상하게 들릴지 몰라도 이 가설에 고개를 끄덕이게 되는 이유는 실제로 우리의 능력 중 유전자 수준에서 동면하고 있는 것이 많기 때문이다. 새로운 환경에 노출되면 오랜 진화를 거쳐 우리에게 구축된 능력들이 휴면 상태에서 깨어나 발현한다.[1] 이는 우리가 과거의 지혜를 간직하다 필요할 때 꺼내 쓰는 가장 기본적인 방식이다. 방식이 이것만은 아니지만 인간의 가능성

질서 너머

은 바로 이렇게 존재한다. 따라서 배움이 기억해내기라는 개념에는 심오한 구석이 있다.

게다가 우리는 새로운 것을 배울 줄 안다. 이것은 우리와 동물을 구분하는 중요한 특징 중 하나다. 침팬지나 돌고래 같은 포유동물은 복잡하고 지적이긴 해도 그들 종의 전형적인 행동을 매 세대 거의 똑같이 되풀이한다. 이와 반대로 인간은 끊임없이 새로운 것을 찾고 접촉하고 조사하고 적응하며, 그것을 자신의 일부로 삼는다. 또한 우리는 이미 받아들인 표상을 차원이 다른 지식으로 변환할 줄 안다. 동물이나 다른 사람의 행동을 지켜본 뒤 그 행동을 모방함으로써, 자신의 세계에 새로운 행동을 추가하는 것이다. 심지어 우리는 모방 행동을 일반화한다. 보고 있는 동물이나 사람의 '정신'을 포착하여, 그 정신과 비슷하게 보고 행동하는 새로운 방식을 만들어내는 것이다.[2] 마음속 깊이 내재된 지식이 진정한 이해로 바뀌는 데는 이 같은 일반화가 한몫한다. 또한 우리는 어떤 행동이나 어떤 일을 관찰해 기록한다. 이렇게 글로 전환하면 입말보다 오래가고, 나중에 묘사 대상이 없어져도 그 내용을 다른 이에게 전달할 수 있다. 마지막으로 가장 신비로운 능력이 있다. 우리는 상상을 한 뒤 지금까지 한 번도 보지 못한 아주 독창적인 행동을 한다. 그리고 이 모든 능력(적응과 그 변형)을 긍정적이거나 부정적인 사람에 관한 이야기에 암호화해 표현한다. 그렇게 우리는 우리가 누구이고 어떤 사람이 될 수 있는지를 점점 더 확실히 깨닫는다.

이야기는 언제 잊히지 않을까? 우리가 부분적으로는 인지하지만 완벽히 설명할 수는 없는 세련된 존재 양식(복잡한 문제들과 해답들)을 전달할 때다. 그래서 성경에 나오는 모세와 이스라엘 백성의 엑소더스_exodus_(민족 대이동) 이야기가 미국 흑인 노예들에게 그토록 설득력 있었던 것이다.

> 가라, 모세, 이집트 땅으로
> 가서 바로에게 말하라
> 내 백성을 해방시키라고.
>
> —1850년경 흑인영가 〈가라, 모세〉에서

정신분석학자들과 종교 사상가들은 성경의 「출애굽기」를 상상할 수 있는 최고의 심리적·사회적 변화의 사례라는 점에서 원형적(전형적 또는 근원적) 이야기로 본다. 「출애굽기」는 상상으로 탄생해 집단에서 계속 재가공되어 정치적으로, 경제적으로, 역사적으로, 개인적으로, 영적으로 동시에 의미를 갖는 완벽한 형태를 갖추었다. 이것이 바로 문학적 깊이다. 즉 일부 오래된 옛이야기들 속에는 도달할 수 있는 최고점이 있다. 문학적 깊이가 있는 이야기는 개인이나 사회가 경험하는 모든 근본적인 변화 과정(안정 상태 → 혼돈으로 추락 → 안정의 회복)에 의미 있는 틀로 다양하게 사용될 수 있고, 다차원적인 진실·맥락·강한 의미·동기를 빌려줄 수 있다.

잊을 수 없는 이야기의 출현

잊을 수 없는 이야기는 어떻게 생겨났을까? 우선, 생겨나기 전에 무엇이 있었을까? 적어도 이야기는 오랜 관찰의 결과임이 분명하다. 한 과학자가 늑대나 침팬지 같은 복잡한 사회적 동물의 무리를 관찰한다고 상상해보자. 그는 개체와 무리의 행동에 숨어 있는 규칙성이나 패턴을 확인하고, 그것을 언어로 명확하게 표현한다. 과학자는 먼저 그 종의 보편적 행동을 상징하는 일련의 일화를 나열할 것이다. 그런 뒤 그 일화들을 더욱 추상화하여, '법칙처럼' 간명한 묘사로 일반화할 것이다. 내가 "법칙처럼"이라고 말한 까닭은 동물은 법칙을 따르는 게 아니기 때문이다. 법칙은 언어를 필요로 한다. 동물은 규칙적으로 행동할 뿐이다. 동물은 '규칙'을 만들거나 이해하거나 따르지 못한다.

　　반면에 인간은 어떠한가? 우리는 과학자, 더 정확하게는 이야기 작가처럼 자신의 행동을 관찰해 그 이야기를 서로에게 들려준다. 이야기는 이미 관찰한 행동을 정제한 것이다(정제한 게 아니라면 흥미롭지 않을 것이다. 그저 일상적인 행동을 나열한 것은 좋은 이야기가 되지 못한다). 일단 이야기가 시작되면 우리는 그것을 분석해 규칙성 또는 패턴을 찾으려 한다. 분석에 성공했다면 우리는 일화들을 묶어 법칙 형태로 일반화할 수 있고, 그 법칙을 따를 수 있다. 어떻게 이런 일이 일어날 수 있을까? 어떤 아이나 어른 또는 집단이 부적절하고 불공평하고 나쁘게 행동할 때 우리는 비판적으로 반응한다. 그런 실수는 우리의 감정을 자극하기 때문이다. 개인과 사회의 적응을 좌우하는 어떤 패턴이 어수선해지거나 깨지는 것을 우리는 직감으로 알아챈다. 그러면 짜증이 나거나 좌절감이 들거나 기분이 상하거나 슬픔에 빠진다. 물론 감정적으로 반응했다고 해서 우리가 선악 문제에 대한 자신의 생각을 명확히 표현했다는 뜻은 아니다. 무엇이 잘못인지를 확실히 지적할 수 있는 사람은 거의 없다. 하지만 새로운 게임이 낯설어도 그 게임을 즐길 줄 아는 아이들처럼, 우리는 규칙이 깨지고 있다는 걸 안다.

정확히 이것이 「출애굽기」(히브리 노예들이 이집트 지배자로부터 도망치는 고대 이야기)에 묘사되어 있다. 모세가 백성을 이끌고 가는 동안 백성들이 서로 싸우다가 조언을 구하자 모세는 도덕 법칙의 필요성을 절감했다. 그는 오랜 시간에 걸쳐 백성들의 행동을 관찰하고 깊이 숙고했다. 신의 계명을 받기 전에 그 자신과 백성들이 따르고 있는 어설픈 규율들이 무엇인지를 알아내고야 말겠다는 듯이. 다시 한번 강조하지만 모든 사회는 이미 패턴화된 행동의 집합체이며, 그렇지 않으면 갈등만 난무할 뿐 '사회'는 존재할 수 없다. 하지만 사회질서가 어느 정도 유지된다고 해서 그 사회 구성원들이 자신의 행동이나 도덕률을 명확히 이해하고 있다는 뜻은 아니다. 따라서 모세가 이스라엘 백성들의 판관으로 (기력이 쇠할 때까지 오랫동안 열심히) 일한 뒤에 십계명을 받는 것은 우연이 아니다.

이튿날 모세가 백성을 재판하느라고 앉아 있고
백성은 아침부터 저녁까지 모세 곁에 서 있는지라.
모세의 장인이 모세가 백성에게 행하는 모든 일을 보고 이르되 네가 이 백성에게 행하는 이 일이 어찌 됨이냐.

어찌하여 네가 홀로 앉아 있고

백성은 아침부터 저녁까지 네 곁에 서 있느냐.

모세가 그의 장인에게 대답하되

백성이 하나님께 물으려고 내게로 옴이라.

그들이 일이 있으면 내게로 오나니

내가 그 양쪽을 재판하여 하나님의 율례와 법도를 알게 하나이다.

모세의 장인이 그에게 이르되 네가 하는 것이 옳지 못하도다.

너와 또 너와 함께한 이 백성이 필경 기력이 쇠하리니

이 일이 네게 너무 중함이라. 네가 혼자 할 수 없으리라.

—「출애굽기」 18장 13~18절

관찰하고 저울질하면서 잘잘못을 가리는 이 힘든 일은 성경의 족장이 신의 계시를 받기 위해 거쳐야 하는 과정이다. 규율을 떠받치는 그런 기초적인 행동들(전통적인 윤리를 성문화하고 관습을 만들어내고 오랫동안 도덕 패턴을 관찰하는 것)이 없었다면, 이스라엘 백성은 십계명을 지키는 건 물론이고 이해하거나 받아들이지도 못했을 것이다.

잊을 수 없는 이야기는 우리가 누구이고 어떤 사람이 되어야 하는지에 초점을 맞춰 인간의 본질을 포착하고 정제하고 널리 전하고 명확히 다듬는다. 그 이야기는 우리에게 말을 걸고 관심을 끌고 따라 하고 싶은 욕구를 불러일으킨다. 그렇게 우리는 이야기 속의 매력적인 주인공처럼 보고 행동하는 법을 배운다. 이런 이야기는 우리의 본성 깊숙이 숨어 있지만 아직 부름을 받지 못해 발달하지 못한 능력들을 일깨운다. 우리 안에는 모험가·연인·지도자·예술가·반항아가 잠자고 있으며, 희극과 문학을 통해 우리가 그 모든 것이 될 수 있음을 깨우칠 필요가 있다. 사람에게는 본성과 양육이 함께 빚어내는 필수적인 깨우침이다. 잊을 수 없는 이야기를 접할 때 행동을 이해하는 우리의 능력이 확장된다. 습관과 예상을 뛰어넘어, 상상을 거쳐, 마침내 언어로 형상화한 고차원의 이해를 향하는 것이다. 궁극의 모험, 신성한 로맨스, 선악의 영원한 대결을 흥미진진하게 보여주는 그런 이야기 덕분에 우리는 개인과 사회의 도덕적·비도덕적 태도와 행동을 명확히 이해하게 된다. 이런 일은 언제 어디서나 볼 수 있다.

나는 누구인가, 그리고 나는 어떤 사람이 될 수 있는가? 우리는 끔찍한 미지의 세계에 끊임없이 자발적으로 맞서는 영원한 힘의 일부이기도 하고, 순진함을 초월해 악을 이해하면서도 악이 어두운 굴에서 나오지 못하게 하는 영원한 힘의 일부이기도 하고, 혼돈에 맞서 그것을 생산적인 질서로 변화시키거나 지나치게 구속적인 질서를 포획해 혼돈으로 환원한 뒤 다시 생산적인 질서로 만드는 영원한 힘의 일부이기도 하다.

의식적으로 이해하기는 아주 어렵지만 생존에 꼭 필요한 이 모든 것은 우리가 주목할 수밖에 없는 이야기 형식으로 전달된다. 그리고 우리는 이런 이야기를 통해 가치 있는 것이 무엇인지, 무엇을 목표로 삼아야 하는지, 우리가 무엇이 될 수 있는지를 이해하게 된다.

질서 너머

마테리아 프리마

이 장의 맨 앞에 등장하는 고대 연금술 목판화가 어떤 의미를 지니는지 살펴보자. 우리는 그 그림을 명확히 이해하지 못하더라도 그 안에 얼마나 많은 정보가 들어 있는지 알아낼 수 있다. 고대의 연금술사[3]는 사람이 무엇이 될 수 있으며, 어떻게 그 잠재성을 드러낼 수 있는지에 관해 상상하면서 이 그림을 그렸다.

그림 맨 아래에 날개 달린 구체가 있고, 그 위에 용이 누워 있으며, 용 위에는 머리가 둘 달린 인물상이 있다. 머리 하나는 남성이고 다른 하나는 여성이다. 남성의 머리는 태양 이미지, 여성의 머리는 달 이미지와 연관된다. 두 머리 위로 머큐리mercury(헤르메스 신, 수성, 수은)의 상징이 보인다. 그 밖에도 다양한 상징이 그림 곳곳에 흩어져 있다. 이 모든 것은 달걀 모양의 용기에 싸여 있는데, 이런 배치는 하나 속에 많은 것이 들어 있음(통합된 다양성)을 가리킨다. 마치 부화하지 않은 병아리가 달걀 껍데기에 싸인 채 점차 복잡하게 발달하는 것 같다. 이 그림의 이름은 라틴어로 마테리아 프리마materia prima, 우리말로는 '제1 원소'다.

연금술사들은 제1 원소를 다른 모든 것(물질적인 것과 정신적인 것 모두)이 발생하거나 파생하는 근본 물질로 여겼다. 따라서 우리는 제1 원소를 우리가 미래를 마주할 때 보게 되는 '가능성' 또는 우리 자신이나 남들에게 행여 낭비하지 말라고 경고하는 '잠재성'이라고 생각할 수 있다. 또한 현실을 구성하는 '물질'보다는 우리 자신과 세계를 구성하는 '정보'라고 볼 수 있다. 잠재성 또는 정보라는 해석에는 나름대로 장점이 있다.

세계를 잠재성이나 정보로 생각하면 어떤 점이 좋을까? 예를 들어 당신이 우편함에서 우편물을 집어들 때 무슨 일이 일어나는지 생각해보자. 먼저 그 우편물은 무엇으로 '구성되어' 있는가? 물질적으로 따지면 종이와 잉크지만, 재료는 아무 의미가 없다. 이메일로 전달되든 음성으로 전달되든 모스 부호로 전달되든 간에 중요한 건 메시지이기 때문이다. 우편물 하나하나는 (좋거나 중립적이거나 나쁜) 내용을 담은 그릇이다. 어쩌면 국세청에서 보낸 세무조사 통보서일 수 있다. 그렇다면 그 우편물은 손으로 잡아도 다칠 일 없는 물건이지만, 당신의 이해관계에 아랑곳하지 않고 종종 독단적인 결정을 내리는 거대하고 복잡한 정부 기관의 위협을 담고 있다. 아니면 그 우편물이 사랑하는 사람이 생각지도 않게 보낸 편지이거나 오랫동안 기다리던 수표라서 당신에게 큰 기쁨을 줄지도 모른다. 이렇게 볼 때 봉투는 새로운 세계가 오롯이 담겨 있을 수 있는 함函(비밀의 함)이다.

이 개념은 모든 사람이 이해한다. 예를 들어 당신이 세무서와 문제가 있고 거기서 보낸 공문서를 받았다면, 혈압이 올라가고 심장이 쿵쾅거리고 손바닥에 땀이 날 것이다. 그리고 두려움, 더 심하게는 이제 끝장이라는 절망감에 사로잡힐 것이다. 모두 위험에 노출되었을 때 나타나는 본능적 반응이다. 이제 당신은 결정을 해야 한다. 편지를 열고 '안에' 있는 것과 대면한 뒤 두렵더라도 해결책을 궁리하고 움직일 것인가? 아니면 방금 알게 된 것을 무시하고 아무 문제가 없는 척하면서 심리적·신체적 대가를 치를 것인가? 첫 번째 길을 택한다면 당신은 두려워하는 것(끔찍한 괴물)과 자진해서 대면해야 하고, 그 결과 더 강해지고 완전해질 것이다. 두 번째 길을 택한다면 당신은 이 문제를 괴물 형태로 남겨두고, 칠흑 같은 밤에 무서운 맹수의 눈을 본 작은 동물처럼 고통당할 것이다.

삼각형과 사각형, 숫자 3과 4가 새겨져 있는 날개 달린 구체가 그림의 하단 3분의 1을 차지한다.[4] 연금술사들에게 이 특별한 물체는 '혼돈의 구round chaos'로 통했다.[5] 이것은 제1원소의 초기 용기, 즉 세계와 정신의 구성 요소들이 담겨 있다가 나중에 분화하는 용기다. 이것은 잠재성 또는 정보다. 이것은 영문도 모른 채 우리가 무의식적으로 주목하는 것이다. 이것은 새로운 것이 예측할 수 있는 확실한 영역에 진입하는 순간이자 지점이다. 이것은 마치 날개가 달린 것처럼 통제되지 않고 주변을 정신없이 날아다니는 것으로, 이때 종잡을 수 없지만 의미 있는 연상의 확장이 일어난다. 이것은 당신이 무엇에 가로막혀 있는지를 모를 때 당신의 시선이 가닿아 있는 곳이다. 마지막으로 이것은 당신이 공포에 사로잡히고, 그로 인해 주의력이 깨어나 당신이 시선을 돌리지 못하고 바라볼 수밖에 없는 곳이다.

이상하게 들릴지 모르지만, 오늘날의 독자들에게 혼돈의 구는 낯설지 않을 것이다. 그 이유는 '해리 포터' 책과 영화 때문이다. 이 작품에서 작가 조앤 롤링은 퀴디치라는 스포츠 경기를 자세하게 묘사한다. 퀴디치는 어린 마법사들을 가르치는 호그와트 마법학교에서 정체성과 단합력을 높이는 역할을 한다. 경기 방식은 마법의 빗자루를 타고 경기장을 날아다니면서 상대 팀이 지키는 세 개의 고리 중 하나에 공(퀘이플)을 통과시키는 것이다. 공을 통과시키면 10점을 획득한다. 이와 동시에 선수 두 명(각 팀당 한 명)은 게임 안에서 또 다른 게임을 한다. 팀에서 주의력과 비행 기술이 가장 뛰어난 이 두 선수(추격꾼)는 스니치라는 아주 작은 공을 잡아야 한다. 그 스니치가 바로 혼돈의 구와 똑같이 생겼다. 스니치는 금빛이고(금은 희귀하고 다른 요소나 성분과 난잡하게 결합하지 않기 때문에 가치와 순수함을 나타낸다), 쌩 소리와 함께 매우 빠르게 돌진하고, 회전하고, 까딱거리면서 추격꾼들과 경주를 벌인다. 추격꾼이 스니치를 잡으면 그 팀은 150점(일반적으로 승리를 따내기에 충분한 점수다)을 획득하고 경기는 종료된다. 따라서 스니치가 무엇을 상징하든 그것을 추적하고 포획하는 일이 다른 목표보다 더 중요하다.[6] 이 게임은 작가의 깊은 상상 속에서 왜 하필 그런 방식으로 구성되었을까? 작가의 이런 생각은 무엇을 의미할까? 이 문제에는 두 가지 방식으로 답할 수 있으며, 둘은 서로 중요하게 관련되어 있다.

첫째, 법칙 1에서 우리는 어떤 게임에서나 진정한 승자는 공정하게 경기하는 사람이라고 얘기했다. 게임마다 특징이 다르더라도 공정한 경기는 단순한 승리보다 더 높은 차원의 성취이기 때문이다. 궁극적으로 볼 때 공정한 경기를 위해 노력하는 것, 다시 말해 규칙뿐 아니라 그 정신을 따르는 것은 상호호혜에 기반을 둔 참된 인성이 잘 발달했다는 징표다. 추격꾼은 퀴디치 게임의 세부 상황을 무시하고 황금빛 공을 찾아야 한다. 마찬가지로 현실의 게임 참가자는 경기장에서 벌어지고 있는 상황에 상관없이, 게임의 특수성과 별개로 도덕적 경기에 유념해야 한다. 따라서 추격꾼과 마찬가지로 도덕적 경기자는 서로 충돌하는 복잡한 의무 가운데 가장 가치 있는 것을 꿋꿋하게 추구한다.

둘째, 연금술사들이 보기에 혼돈의 구는 날개 달린 신 헤르메스 Hermes와 관련이 있었다. 헤르메스는 신들의 심부름꾼, 영혼을 지하세계로 인도하는 안내자, 행운을 가져다주는 신이다. 헤르메스를 상징하는 고대의 기호가 그림에서 가장 중요한 맨 윗자리를 차지한 데는 이런 이유가 있다. 그 기호는 그림에 드러난 과정이 무엇에 이끌려 진행되는지를 나타낸다. 수백 년 전, 근대 화학이 태동하기 전에 헤르메스는 무심결에 주의를 끌거나 자극하는 것을 상징했다. 그는 우리가 어떤 사람, 상황, 사건에 주의를 빼앗겼을 때 우리를 지배하는 정령이었다. 잠재적으로 가치가 있는 사건들을 밝게 비춰주고, 그것을 주변의 다른 모든 것과 구별시켜주는 아주 복잡한 과정들이 무의식 속에서 진행된다고 상상해보자. 그리고 가치를 판별하는 그 과정들이 살아 있고, 인격이라고 개념화하기에 충분할 정도로 복잡하고 통합적이라고 상상해보자. 그것이 헤르메스다. 헤르메스가 우리의 주의력을 끄는 힘은 '중요성'을 나타낸다. 중요성이란 우리 주변에서 일어나는 어떤 일이 주의를 기울일 만하거나 어떤 가치를 포함하고 있다는 의미다. 추격꾼은 (『해리 포터』 시리즈에서뿐 아니라 실제 세계에서도) 그 중요성을 다른 어떤 측면들보다 더 진지하게 여기는 사람이다. 그렇다면 추격꾼은 다른 모든 사람과 함께 그 게임을 하는 사람, 잘 훈련받아 그 게임에 능숙한 사람이면서 한편으로는 더 높은 차원의 게임을 하는 사람, 근본적 중요성을 추구하는 사람이다. 따라서 스니치는 혼돈의 구처럼 근본적 중요성(의미)을 담은 '용기'라고 볼 수 있다. 그 안에 담겨 있는 것은 우리가 추구하고 포획할 때 모습을 드러낸다. 이런 맥락에서 우리는 황금률을 떠올리게 된다. "남에게 대접을 받고

자 하는 대로 너희도 남을 대접하라"(「누가복음」 6장 31절). 힘들고 불만스러운 상황일지라도 게임을 공정하게 하려고 노력하는 것보다 중요한 건 없다. 물론 승리하는 것도 중요하지만, 어떤 게임을 하든 우리가 '추구'해야 할 것은 바로 이것이다.[7]

특별히 불운하지 않다면 우리는 누구나 각자의 주의를 사로잡는 어떤 것에 이끌려 앞으로 나아간다. 그것은 한 사람을 향한 사랑일 수도 있고, 스포츠나 정치·사회·경제 문제나 과학 연구일 수도 있으며, 예술이나 문학이나 연극을 향한 열정일 수도 있다. 또는 알 수 없는 이유로 우리를 불러세우는 것도 있다(그래서 당신이 좋아하지 않거나 얼마나 잘될지 모르는 어떤 것에 관심을 가져보라고 권하고 싶다). 우리를 사로잡는 현상phenomena(이 말은 '나타나다, 드러나다'를 뜻하는 그리스어 '파이네스타이phainesthai'에서 왔다)은 어두운 길을 밝히는 등불과 같으며, 무의식적으로 우리의 정신을 통합하고 심리 발달을 촉진한다. 우리는 우리의 관심을 끄는 것을 스스로 선택하지 않는다. 그것이 우리를 선택한다. 살면서 추구할 가치가 있는 흥미로운 어떤 것이 어둠 속에서 빛을 발할 때 우리는 그것에 이끌려 길을 가고, 그러다 또다시 의미 있는 빛을 만난다. 우리는 이 과정을 되풀이하면서 추구하고 발전하고 성장하고 번성한다. 위험한 여행이지만 가슴 설레는 모험이기도 하다. 누군가의 사랑을 구한다고 생각해보자. 성공하든 실패하든 그 과정에서 우리는 변화한다. 또한 우리가 했던 여행이나 수행했던 일을 떠올려보자. 그때마다 우리는 새로운 것을 경험한다. 때로는 고통스럽고 때로는 지금까지 나에게 일어난 그 어떤 일보다 행복하다. 어느 쪽이든 그런 경험은 매우 유익하다. 이것이 세계의 잠재성이

질서 너머

며, 우리는 바로 이 잠재성으로 말미암아 존재하고, (좋게든 나쁘게든) 끊임없이 변화한다.

혼돈의 구 위에는 용이 걸터앉아 있다. 그 이유는 흥미롭고 의미 있는 것(동시에 새롭고 예기치 못한 것)은 위험하지만 희망적인 형태로 나타나기 때문이다. 위험은 불멸의 포식 파충류가 상징한다. 희망은 암시된 형태로 존재하는데, 용은 주로 엄청난 보물을 지키고 있기 때문이다. 따라서 이 그림은 심리적 변화 과정을 나타낸다. 먼저, 우리는 어떤 것에 흥미를 느낀다. 그것(혼돈의 구)은 잠재성 또는 정보를 갖고 있다. 만일 그것을 추적해서 붙잡는 데 성공하면 우리는 정보를 얻을 수 있다. 그 정보를 토대로 우리는 세계를 지각하고 자기 자신을 지각의 주체로 인식한다. 따라서 혼돈의 구는 물질(세계)과 정신(우리의 마음)이 그 안에서 출현하는 용기다. 이 점을 가리키는 것이 혼돈의 구에 새겨진 숫자다. 삼각형과 함께 있는 숫자 3은 예로부터 정신(성삼위일체)과, 사각형과 함께 있는 숫자 4는 물질세계(고대철학의 4원소인 흙·물·바람·불)와 관련이 있다. 혼돈의 구에 걸터앉은 용은 그 안에 담긴 정보의 위험성과 가능성을 상징한다.

용 위에는 남성의 머리와 여성의 머리가 한 몸에 있는 '레비스rebis'(하나가 된 둘이라는 뜻의 라틴어 —옮긴이) 상이 서 있다. 레비스는 완전히 발달한 인격을 상징한다. 그런 인격은 의미 있는 것(혼돈의 구), 위험하지만 희망적인 것(용)을 똑바로 용감하게 추구할 때 생겨난다. 완전히 발달한 인격에는 탐구, 질서, 이성 같은 남성적인 측면(태양)과 혼돈, 장래성, 배려, 소생, 감정 같은 여성적 측면(달)이 모두 있다. 일반적인 사회화 과정에서는 대개 한 측면이 다른 측면보다 더 발달한다(생물학적 성향에 따라 남성은 남성적으로, 여성은 여성적으로 사회화된다). 하지만 탐험을 충분히 함으로써(혼돈의 구와 용에게 충분히 노출됨으로써) 두 요소를 다 발전시킬 수 있고, 그러는 편이 이상적이다. 고대의 연금술사도 이 점을 직관적으로 알고 그림에 표현한 것이리라.

미지의 세계가 품은 위험과 희망은 장래성 있는 무시무시한 용의 형상으로 나타난다. 이 영원한 양면성은 용의 머리 위에 있는 두 개의 상징이 반영한다. 하나는 긍정적인 것을 대표하는 제우스Zeus(또는 목성)이고, 하나는 부정적인 것을 대표하는 사투르누스Saturnus(또는 토성)다. 위험성과 장래성에 대면하면 우리 안의 남성성과 여성성이 모두 나타나 조화를 이뤄나간다. 이 과정은 전령의 신 헤르메스가 이끈다. 헤르메스(중요성, 의미)는 부조화하며 갈등하는 인성의 다양한 요소를 통합하는 무의식적인 탐험이다. 결론적으로 이 그림은 이상적인 인성 발달에 관한 이야기이자, 우리가 어떤 사람이 될 수 있는지를 묘사한다.

다신교에서 일신교로, 고결한 영웅의 출현

다음으로는 최초의 이야기에서 다른 관점을 빌려와 내가 어떤 사람이 될 수 있는지를 살펴보자. 고대 메소포타미아의 서사시인 「에누마 엘리시Enuma Elish」에는 지금까지 알려진 가장 오래된 영웅 신화가 담겨 있다(문자로 기록된 연대는 4000년 전으로 추정되며, 구전으로는 훨씬 더 오래되었을 것이다). 이야기는 태초의 여신이자 바닷물의 화신으로 수룡의 모습을 한 괴물 티아마트Tiamat가 태초의 남신이자 담수의 화신인 아프수Apsu와 성적 결합을 하는 것에서 시작한다. 그 결과 두 신이 낳은 최초의 자식들인 고대 신들elder gods이 거주하는 세계가 탄생한다.

이런 시작을 이해하려면 고대인들이 진리라고 믿은 것 몇 가지를 알 필요가 있다. 당연한 얘기지만 현대 과학의 진리와는 크게 다르다. 불과 600년 전, 과학적 세계관이 출현하기 전까지 '현실'은 인간이 경험하는 모든 것이라고 해석되었다. 그 현실은 '객관적 세계로서의 현실'(순수한 물리적 존재)과 개념상 구분되는데, 그 내용이 더 포괄적이기 때문이다. 여기에는 주관적 경험(감정, 꿈, 환상 그리고 굶주림, 갈증, 통증 같은 동기들)이 포함된다. 우리가 경험하는 것은 객관적 세계로서의 현실보다는 소설이나 영화에 더 가깝다. 소설이나 영화는 객관적 상태뿐 아니라 주관적 상태까지 전달하고 공유하기 때문이다. 그에 비해 객관적 세계로서의 현실은 물리적 실재를 과학적으로 묘사하는 것에 더 가깝다. 예를 들어 당신이 사랑하는 사람의 죽음은 실제적이고 특별하고 고유한 데 반해 병원에서 집계한 사망 통계는 전혀 그렇지 않은 것과 같다. 그건 실제 경험으로 구성된 드라마다. 우리가 허구의 이야기에 끌리는 까닭은 그만큼 우리 자신의 경험이 실제로 문학적이고 서술적이고 구체적이고 이야기 같기 때문이다. 영화·연극·오페라·TV 드라마, 심지어 노래 가사는 우리의 실질적 경험을 다루는 데 도움을 주는데, 그 이야기들이 단순히 우리의 경험을 되살리는 내용이라서가 아니라 전혀 색다르고 보다 암시적인 무엇이기 때문이다.

또한 고대인들은 우리의 인식이 기본적으로 사회적이라고 생각했다. 아이들 책에서 해, 달, 장난감, 동물, 심지어 기계까지 모든 것이 의인화(인격화)되어 있는 것도 그 때문이다. 그런 의인화는 우리의 지각 경향을 아주 근본적으로 반영하고 있어서 전혀 낯설지 않다. 아이들은 세계를 이런 방식으로 보고 이해하며, 우리 자신도 쉽게 그 방식으로 되돌아간다. 여기서 분명히 할 점이 있다. '아이들의 동화에 묘사된 현실이 의인화되었다'라는 표현은 사실 정확하지 않다. 대신에 이렇게 말하는 것이 옳다(실은 문제의 가정을 뒤집은 것이다). 우리는 즉시 그리고 자연스럽게 현실을 의인화된 것처럼 지각하며, 열심히 그 의인화를 벗겨냈을 때 '객관적 현실'을 탐지할 수 있다.[8] 우리는 마치 현실이 다양한 인격으로 이루어진 양 이해한다. 고도로 사회적이고 복잡한 인간 세계에서 우리가 마주치는 것의 많은 부분이 사실은 인격이기 때문이다. 구체적으로 말해 그것은, 성별화된 인격이다(유성생식이 출현한 지는 10억 년이 지났다. 10억 년은 우리의 지각에 근본적인 영향을 끼치기에 충분한 시간이다). 우리는 남성을 이해하고 그로부터 남성성을 추상한다. 우리는 여성을 이해하고 그로부터 여성성을 추상한다. 마지막으로 우리는 아이를 이해하고 그로부터 주로 아들(자손)을 추상한다. 「에누마엘리시」의 창세 설화에는 이 기본적인 구분이 명확히 반영되어 있으며, 마찬가지로 모두가 공유하는 이런 이야기들에 대한 우리의 이해에도 이 구분은 반영되어 있다(더 정확하게는, 기반을 이룬다).

태초의 여신 티아마트는 혼돈, 괴물, 용이다. 티아마트는 자연의 공포이고, 창조적이고 파괴적이며, 우리 모두의 어머니이자 살해자다. 남편 아프수는 영원한 아버지다. 아프수는 우리가 안전을 위해 의지하는 질서인 동시에 우리를 힘으로 지배하는 질서다.[9] 이 가장 근원적인 두 신이 성적으로 결합해(고대의 표현으로 "서로 물을 뒤섞는다") 최초의 자손인 메소포타미아의 고대 신들을 낳는다. 이들은 부모보다 더 분화된 요소들(하늘과 땅, 진흙과 실트silt, 전쟁과 불 등)을 대표한다.[10] 하지만 또한 두 살 된 아이처럼 부주의하고 시끄럽고 충동적이다(어쨌든 그들 자체가 원시의 힘들이니 말이다). 그들의 경솔하고 분별없는 행동과 몰지각은 결국 대참사로 이어지는데, 고대 신들이 아프수를 공격해 죽이고, 그의 시신 위에 거처를 세운 것이다.

생각 없는 아이들의 소란에 넌더리가 나 있던 티아마트(혼돈)는 그들이 몰지각하게 남편을 살해하자 불같이 화를 낸다. 이 '끔찍한 여신'은 열한 종류의 괴물로 군대를 만들어 제멋대로인 자식들을 다루게 한다. 그리고 악마의 형상을 한 킨구Kingu를 두 번째 남편이자 군대의 우두머리로 삼고 그에게 운명의 서판Tablet of Destinies(우주의 지배권)을 준다. 이 눈부신 드라마는 우리가 문화적 재능을 어떻게 이용 또는 오용하는가의 문제와 깊은 관련이 있다. 경솔하게 전통을 말살하면 혼돈이 (다시) 찾아온다. 무지로 인해 문화가 파괴될 때 괴물이 출현한다.

티아마트가 분주하게 군대를 배치하는 동안 고대 신들은 계속 활동하면서 짝짓기를 하고, 자식을 낳고, 손자까지 본다. 그중에서도 마르두크Marduk는 특히 재능 있고 힘이 세서 주변의 촉망을 받는다. 마르두크는 태어날 때부터 머리에 달린 여러 개의 눈으로 모든 곳을 볼 수 있었고, 마법의 언어를 쓸 줄 알았다. 완전히 새로운 존재인 그를 조상들은 일찍부터 주목한다. 마르두크가 성장하는 동안 고대 신들은 티아마트와 대결을 펼쳤고, 급기야 전쟁이 벌어진다. 그들은 차례로 티아마트에 맞서지만 하나같이 비참하게 패배한다. 마침내 누군가가 어린 마르두크를 전투에 내보내자고 제안한다. 마르두크는 출전에 동의하는 대신 승리하면 운명의 서판과 함께 최고신 자리를 달라는 조건을 건다.

이 고대 신화는 다신교에서 일신교가 출현하는 과정을 설명한다. 「에누마엘리시」는 그 변화에 따른 심리적 또는 정신적 과정을 극화해서 들려주는 것으로 보인다. 고대 메소포타미아 문명은 수많은 부족과 민족을 통합하고 결속할 필요에 직면했다. 하지만 그들에게는 각자 그들의 신이 있었다. 따라서 '누가 최고신인가'를 둘러싼 그 모든 갈등을 극복하고 맨 윗자리에 오른 신은 메타신(신들의 가장 중요한 속성으로만 이루어진 하나의 신)이 되었다. 예를 들어 마르두크에게 50개의 이름이 있는 것도 그런 이유에서다. 이렇게 여럿에서 하나가 출현하는 것은 매우 흔한 과정이다. 유명한 신화학자 미르체아 엘리아데Mircea Eliade는 이것이 '신들의 전쟁'이라는 전형적인 신화적 모티프로 나타난다고 설명한다. 상상의 세계에서 신들이 벌이는 전쟁은 지상에서 신들과 가치들이 벌이는 싸움의 심리적 대응물이다. 고대 국가는 여러 부족이 통합되는 과정을 거쳐 형성된다. 이때 부족들은 서로 다른 신을 섬긴다. 사람들은 자신이 믿는 신을 위해 (실제로 또는 관념적으로) 전쟁을 벌인다. 그 전쟁은 때로 여러 세대에 걸쳐 이어진다. 마치 신들이 자기 추종자들을 대신 내세워 한 인간의 수명을 초과하

질서 너머

는 긴 세월 동안 지배권 전쟁을 벌인 듯하다. 바로 이것이 우리가 본 신화에 반영되어 있다. 신들이 마침내 그들의 상대적인 위치에 동의한다면, 더 구체적으로 말해서 신들이 위계 구조를 이룬다면 진정한 평화가 온다. 평화는 신들의 위계, 가치들의 위계가 통일을 이룬 상태이기 때문이다. 따라서 다양한 배경을 가진 사람들이 오랜 기간 안정적으로 협상을 벌여야 할 때마다 다음과 같은 질문이 계속 나타난다. 신을 신으로 만드는 것은 무엇인가? 신의 본질은 무엇인가?

대단히 어려운 질문이다. 한편으로는 가장 중요한 것이 무엇인지를 묻는 가치의 문제이고, 다른 한편으로는 어떤 원리가 지배해야 하는지를 묻는 주권의 문제다. 이 질문은 신의 의미가 궁극적으로 어디서 나오는지를 묻는다. 매우 어려워서 수백 년, 수천 년에 걸쳐 답해져야만 했던 이 질문에 대해 최초의 답은 이야기 형태로 등장했다. 놀랍게도 메소포타미아인들은 최고신(최고선)이 면밀한 주의력(마르두크 머리에 달린 여러 개의 눈)과 효율적인 언어(우주를 탄생시키는 마르두크의 마법의 언어), 그리고 미지와 혼돈에 스스로 맞서고 극복하는 용기나 강인함과 관련 있음을 직감으로 알고 있었다. 따라서 인간의 정신이 고상하고 훌륭하다고 말할 수 있으려면, 이런 특징들이 반드시 포함되어야 한다고 생각했다.

고대 이집트인들도 많은 측면에서 생각이 비슷했다. 뒤에서 자세히 살펴보겠지만, 그들은 구원의 신이자 오시리스Osiris의 아들인 호루스Horus를 예리한 눈을 가진 매로 묘사했고, 그의 눈을 악을 탐지하고 찾아내고 이해하고 물리치는 힘과 동일시했다(이집트의 유명한 외눈 그림이 이 힘을 상징한다). 현실을 표현하는 것, **심지어 사악하고 소름**

끼치는 것에도 주의를 기울여 현명하게 진실을 말하는 것이야말로 인류의 가장 중요한 성취라 해도 무방하다.[11] 그 덕분에 우리는 현실이 아무리 끔찍하더라도 받아들여야 하는 근본적인 이유를 이야기 형식으로 파악할 수 있다. 그 이야기를 일부나마 이해하고 모방함으로써 우리는 내면의 가장 깊은 존재에 좀 더 가까워지고, 육체와 정신을 더 진실하게 통합할 수 있다. 아마 가장 중요하게는 잠재성을 실현하는 데 말이 얼마나 중요한지 깨달을 수 있고, 잠재성을 실현하는 과정에서 각자에게 주어진 역할이 신이 하는 일과 유사하다는 것을 알 수 있다.

가장 높은 자리에 오른 마르두크는 티아마트에게 도전해서 그녀를 거대한 그물에 가두고 승리한다. 그리고 티아마트의 몸을 조각조각 잘라 그 유해로 하늘과 땅을 만든다. 마르두크의 많은 이름 중에 실제로 '티아마트와 싸워 이겨 독창적인 것들을 만든 자'가 있다.[12] 이와 관련하여 수만 년 전 우리 조상들이 매머드 같은 거대한 동물(괴물)을 사냥해 그 뼈로 집(거주할 수 있는 세계)을 지었다는 점을 기억하자.[13] 또한 마르두크는 괴물 군대와 그 지도자 킨구를 물리친 뒤 운명의 서판을 차지하며 우주의 최고 지도자임을 확인한다. 마침내 마르두크는 적들을 끌고 귀환하고, 동포들은 승리를 축하하며 그의 지배에 복종할 것을 맹세한다. 마르두크는 추종자들에게 다양한 의무를 나눠 주고 지혜의 신 에아Ea의 조언에 따라 인간을 창조한다. 신들의 도우미로서 질서와 혼돈의 균형을 유지하는 영원한 과제를 맡기기 위해서다. 이로써 신들은 일에서 해방되고, 그 짐은 너무나 인간적인 우리의 어깨 위에 올려진다.[14]

기본 줄거리는 다음과 같다. 질서(아프수)를 함부로 위태롭게 만들거나 파괴하면 태초에 이 세상을 낳은 혼돈의 끔찍한 힘들이 가장 파괴적이고 험악하고 무시무시한 모습으로 다시 뛰쳐나온다. 그러면 영웅이 나타나 이 혼돈의 힘에 대항한다. 영웅은 이 일을 성공적으로 해내고, 매우 가치 있는 것을 이룩한다. 따라서 영웅은 인간의 정신을 구성하는 위대한 힘들 중에서도 가장 중요한 것을 대표한다. 이것을 다른 방식으로 생각해보자. 영웅은 행동과 지각의 최고 원리를 구현한 존재로, 원시적인 심리 요소들, 즉 정욕·분노·굶주림·갈증·공포·기쁨 등을 지배해야 한다. 혼돈을 억제하고 더 나아가 길들이고 이용하고자 한다면, 이 영웅의 원리를 인간을 조직하고 동기를 부여하는 모든 원리 중 가장 중요하다고 여겨야 한다. 중요하게 여긴다는 건 그 원리를 계속 행동으로 옮긴다는 뜻이다. 바로 이렇게 마르두크 정신에 매료된 사람들은 인간 사회를 창조하고 새롭게 하려는 도전과 대결에 용감하게 뛰어든다. 어린아이가 감정과 동기를 조절하고 통합해서 통일된 인격체로 성장한 뒤 미지의 세계로 나아가 도전할 때도 같은 일이 일어난다.

형식은 약간 다르지만 성 조지St. George 이야기도 이런 내용을 담고 있다. 어느 고대 도시의 거주자들은 용의 은신처 옆에 있는 우물에서 물을 길어야 하는데, 그때마다 용에게 제물을 바쳐야 한다. 대개는 양을 바치지만 양이 없을 때는 처녀를 바친다. 제물이 될 처녀는 제비뽑기로 결정한다. 어느 날 왕의 딸이 제물로 뽑히자 성 조지가 나타나 십자가(영웅의 원형인 영원한 대속자의 상징)로 용을 물리치고 공주를 구한다. 그 후 도시의 백성들은 그리스도교로 개종한다. 용은 맹수이자 미개척지의 지배자다. 이 용을 물리친 것은 진화적 시간과 역사적 시간에 걸쳐 개인과 사회를 위협해온 모든 힘, 누구나 지금도 마음 안팎에서 대면하게 되는 추상적인 악을 물리친 것과 같다. 한편 십자가는 인생의 짐이다. 십자가는 배신과 고문, 죽음의 장소다. 따라서 십자가는 기본적으로 인간의 약함을 상징한다. 또한 그리스도교에서 십자가는 그 약함을 받아들여 초월하는 곳이다. 이 자발적인 받아들임은 혼돈과 죽음과 미지의 상징인 용에 대한 승리에 해당한다. 따라서 인생의 고통을 받아들일 때 우리는 악을 극복할 수 있다. 아니면 남은 길은 분노, 원한, 복수심과 파괴심으로 얼룩진 지옥뿐이다.

성 패트릭St. Patrick과 성 미카엘St. Michael 이야기에도 같은 내용이 있다. 성 패트릭은 아일랜드에서 뱀을 내쫓는다. 성 미카엘은 킨구의 그리스도교 버전인 "사탄이라 불리는 옛 뱀"(「요한계시록」 12장 9절)을 물리친다. 톨킨J. R. R. Tolkien도 『호빗The Hobbit』에서 같은 이야기를 한다. 이 소설의 기원은 영웅이 영리한 괴물 한 쌍(그렌델과 그 어미)을 물리친 이야기를 담은 고대 서사시 『베어울프Beowulf』다.[15] 『호빗』의 주인공 빌보는 기이하게 도둑으로서 용이 숨겨놓은 고대의 보물을 찾아 여행하면서 인격과 지혜를 쌓는다. 페르세우스Perseus와 메두사Medusa(그 얼굴이 너무나 험악해 보는 사람을 즉시 돌로 변하게 만드는 괴물) 이야기도 같은 주제가 변형된 것이다. 마찬가지로 피노키오는 반수생 괴물에게서 아버지를 구하고, 그러는 중에 죽었다가 다시 태어난다. 〈어벤져스Avengers〉라는 최근 영화에도 이와 비슷한 내용이 묘사된다. 슈퍼히어로인 아이언맨은 여기저기 금이 들어간 갑옷을 입고 (악마 같은 로키와 동맹을 맺은) 치타우리 군대의 외계 괴물들을 물리친다. 그는 죽었다가 다시 태어나고, 아가씨(용감하고 현대적인 페퍼 포츠 양)를 얻는다. 여기서 다음과 같은 사실을 이해해야 한다. 만일 우리의 진화사가 중요한 면에서 달랐거나, 우리의 문화가 명시적으로나 암묵적으로 이런 고대의 패턴에 의해 형성되지 않았다면 우리는, 특히 어린이는 이런 이야기를 전혀 이해할 수 없을 것이다.

이 모든 영웅은 태초에 인간의 조상들이 발견한 가장 위대한 깨달음을 행동으로 보여준다. 비전과 용기(그리고 필요하다면 좋은 지팡이 하나)가 있다면 극악한 뱀을 쫓아낼 수 있다는 것이다. 우리가 나무 위에서 살았을 때 위대한 조상들은 분명 막대기로 뱀을 위협했을 것이다. 뱀을 물리쳤다면 그들처럼 나무 위에 사는 옆집 아가씨가 분명 고마워하며 그 용기에 보답했을 것이다. 아마 그런 이유로 용들은 금과 함께 처녀를 감춰두었을 것이다. 더 나아가 가장 사악한 뱀은 무엇이며 가장 튼튼한 막대기는 무엇인가라는 문제는 인간의 종교에서 중요한 문제로 떠올랐을 것이다. 흥미롭게도 『호빗』에서 극악한 뱀은 '단지' 용이지만, 『반지의 제왕The Lord of the Rings』에서는 마법사 사우론이라는 훨씬 추상적인 악이다. 인간의 추상화 능력이 정교해질수록 우리는 무자비한 괴물이 동물 말고도 여러 모습을 취할 수 있다는 사실을 점점 더 분명히 이해했다. 세련된 문학 형식일수록 이 깨달음이 잘 반영되어 있다.

영웅, 용, 죽음과 부활

롤링의 『해리 포터』 시리즈 중 2권 『해리 포터와 비밀의 방Harry Potter and the Chamber of Secrets』에서 고아인 해리가 다니는 마법학교 호그와트가 기이한 혼돈의 힘들 때문에 위험에 처한다. 강력한 어른 마법사 몇 명이 과거부터 악행을 저질러왔기 때문이다(1권에 설정되어 있다). 여기서 해리가 고아라는 점이 중요하다. 그 사실은 영웅 탄생의 필수 요소다. 해리에게는 지상의 양부모, 답답하고 인습적인 더즐리 부부가 있다. 그들은 맹목적이고 근시안적인 사람들로, 이기적이고 약자를 못살게 구는 친아들 더들리를 과잉보호한다. 하지만 해리에게는 천상의 부모도 있다. 진짜 어머니와 아버지는 각각 자연과 문화(혼돈과 질서의 변형)를 상징한다. 그들은 해리에게 잠재된 마법적 힘으로 존재한다. 사실 우리 모두는 그런 힘을 갖고 있다. 우리는 특정 부모의 생물학적 자식일 뿐 아니라 본성과 양육으로 빚어지는 존재로서 엄청난 잠재성을 지니고 있다.[16]

여름방학을 마치고 호그와트로 돌아온 해리는 건물 어디에선가 이상하고 불길한 소리가 새어나오는 것을 감지한다. 그와 동시에 호그와트의 여러 학생과 거주자들이 건물 주변에서 돌로 변한 채 발견된다. 돌로 변했다는 건 무슨 의미일까? 거기에는 움직일 수 없다는 것 이상으로 더 깊은 의미가 있다. 바로 '사냥당했음', 즉 늑대와 마주친 토끼처럼 맹수의 시선에 붙잡혀 공포에 휩싸인 제물이 되었다는 뜻이다. 무방비한 초식동물들은 잔인한 죽음이 임박하면 공포로 마비된 채 그 자리에서 얼어붙는다. 그리고 붉은 이빨과 날카로운 발톱을

질서 너머

가진 맹수의 눈에 띄지 않으려고 위장술을 사용하거나 부동자세를 취한다. 포식자, 특히 파충류는 지금까지도 인간에게 그런 효과를 일으킨다(그래서 우리는 공룡 같은 것에 매혹된다). 하지만 토끼처럼 용기를 못 내는 건 분명 우리가 할 수 있는 최선이 아니다.

결국 해리는 친구들을 돌로 변하게 한 것이 거대한 뱀 바실리스크라는 걸 알게 된다. 이 뱀의 시선은 사람을 마비시키는 힘이 있다. 해리는 그 뱀이 거대한 호그와트 성의 하수도를 통해 돌아다닌다는 걸 알아낸다. 바실리스크는 천 년이 된 이야기의 주인공 베어울프가 대면한 거대한 용과 유사하다. 『베어울프』는 톨킨의 모험 이야기에 전형적인 패턴으로 사용되었으며, 롤링의 거대한 판타지와 가장 가까운 12세기의 사촌이다. 바실리스크는 영화 〈조스Jaws〉의 포악한 상어다. 이 상어는 방심한 자를 언제라도 물어 끌어내릴 준비를 하고 어두운 물속에 잠복해 있다. 바실리스크는 우리 가정과 제도의 허약함으로, 한순간에 우리의 방어벽들을 무너뜨려 세상을 지옥으로 만들 수 있다. 더 포괄적인 관점에서 바실리스크는 고대인들의 지하세계로, 예측할 수 있는 모든 것이 붕괴될 때 지하세계의 문이 입을 크게 벌린다. 마지막으로 가장 깊은 차원에서 바실리스크는 우리에게 익숙한 심리적·사회적 세계의 질서 밑에 잠자고 있는 혼돈과 잠재성이다.

한참을 수색한 뒤 해리는 파이프와 터널로 이루어진 지하의 미궁을 지나 거대한 방을 발견한다. 해리가 하수구를 통해 이 방을 발견한 것은 의미가 있다. 고대 연금술의 금언, **오물 속에서 발견하리라**in sterquilinis invenitur를 행동으로 보인 것이다.[17] 이는 우리가 찾아야 할 가장 긴요한 것은 가장 보기 싫은 곳에 있다는 뜻이다.[18] 거기, 어두컴

컴한 지하에 해리의 가장 친한 친구의 여동생이자 나중에 진지한 연애 감정을 품게 될 지니가 정신을 잃은 채 쓰러져 있다. 지니는 성 조지 이야기에서와 같이 용에게 영원히 감금된 아가씨(아니마anima, 즉 영혼)다. 고아 영웅인 해리는 그녀를 깨워 목숨을 구한다(톨킨의 호빗 빌보가 무시무시한 스마우그에게서 금을 빼앗듯이, 디즈니의 필립 왕자가 잠자는 숲속의 공주를 구하듯이. 둘 다 거대한 용의 손아귀에서 가장 귀중한 것을 구해낸다).[19]

또한 미지의 것은 당연히 거대한 맹수(해리 앞에 나타난 바실리스크)이고, 그 맹수가 지키는 것은 당연히 눈부신 보물, 엄청나게 많은 황금, 또는 잠자는 아가씨다. 은신처에 숨어 있는 뱀과 담판을 지을 정도로 용감한 사람은 잠재성으로 존재하는 막대한 부에 접근할 가능성이 가장 크다. 그런 보물은 이미 밝혀진 것들 그리고 안전과 멀리 떨어진 곳에서 인생을 걸고 모험하는 자를 기다린다. 그는 죽지 않는다면, **담대하게 승리하는 자**Who dares wins(영국 공수특전단의 슬로건)가 된다. 그리고 모험하는 과정에서 반드시 멋지고 매력적인 사람으로 성장한다. 이렇게 우리는 토끼보다 더 나은 존재가 된다.

다른 사람들에게는 보이지 않는 뱀을 해리가 인지할 수 있었던 것은 빌보처럼 그에게도 어두운 면이 있기 때문이다. 톨킨의 빌보는 영웅이 되기 전에 도둑이 되어야 한다. 그는 자신의 추악함을 받아들이고 순진함을 극복한 뒤에야 공포에 맞설 정도로 강인해진다. 해리는 다른 식으로 악과 접촉한다. 사악한 마법사 볼드모트의 영혼이 한 조각 떨어져나와 해리에게 박힌다(처음에는 해리도, 볼드모트도 이 사실을 모른다). 이 때문에 어린 마법사는 뱀과 이야기하고 뱀의 소리를 듣는다. 해리가 말 잘 듣고 용감하면서도 필요할 때는 주저하지 않고 규칙을 깨는 것도 마찬가지다.

호그와트의 중심부에서 해리를 공격하는 바실리스크는 볼드모트가 조종한다. 따라서 호그와트에서 볼드모트와 바실리스크의 기이하고 불가사의한 관계는 「창세기」의 에덴동산에서 사탄과 뱀의 관계와 같다. 왜 그럴까? 혼돈과 위험이 취할 수 있는 또는 취해야 하는 한 가지 형태는 육식성 파충류의 위협이다. 하지만 인간의 악함이라는 더 추상적이고 심리적이고 정신적인 형태로도 나타날 수 있다. 이것은 우리가 서로에게 가하는 위협이다. 인간의 진화사와 문화사의 어느 시점부터 우리는 인간의 악이 가장 거대한 뱀보다 더 위협적일 수 있음을 이해하기 시작했다. 그때부터 상징은 사악한 맹수인 뱀에서 뱀·악·맹수를 포괄하는 적대적 외부인으로 확대되고, 그다음에는 뱀·악·맹수 같은 주관적·개인적·심리적 어둠과 복수심과 속임수를 나타내는 것으로 발전했다. 각각의 상징은 수백 년 수천 년에 걸쳐 개념화되면서 악의 개념을 손에 만져질 듯한 정교한 이미지로 전달해왔다.[20]

오래전에 우리를 포악한 파충류로부터 보호하게끔 진화한 뇌 체계는 뱀처럼 음흉하기 그지없는 혼돈과 위험을 한눈에 알아보고 가공하여 상징으로 나타낸다.[21] 만일 당신이 지금 먹히고 있는 사람 뒤에 숨어 꼼짝 않고 있다면, 당장은 목숨을 건지겠지만 맹수의 위협은 내일도 계속된다. 따라서 우리는 맹수를 추적해 죽여야 하는데, 그렇게 해도 하나의 악을 제거할 수 있을 뿐이고 악 자체를 없애지는 못한다(그만큼 악은 굳건하다). 가장 깊은 차원에서 (가장 큰 맹수, 가장 거대한 뱀의 개념 안에 잠재한) 악을 파괴한다는 것은 선한 마음이 살아 있어서 가장 추상적이고 포괄적인 형태의 악한 마음을 억제하는 것이다. 디즈니 만화영화 〈잠자는 숲속의 공주〉의 필립 왕자가 거대한 혼돈의 용과 결투를 앞두고 따뜻한 본성(함께 여행하다가 악의 여왕 말레피센트로부터 탈출할 때 그를 도와주는 여자 요정들) 덕분에 '진실의 검'과 '미덕의 방패'로 무장하는 것도 같은 이유에서다.

마법의 성 아래 깊은 곳, 비밀의 방에서 해리는 바실리스크와 직접 대결하지만 코너에 몰려 위기에 처한다. 그 순간 현명한 호그와트 교장 덤블도어의 불사조가 날아와 거대한 뱀을 공격하고 눈을 멀게 한다. 또한 불사조가 떨어뜨린 마법의 모자에서 강력한 검이 나타난다. 해리는 재빨리 검을 잡아 바실리스크를 베지만, 그 과정에서 뱀에게 물려 치명적인 부상을 입는다. 다시 한번 심오한 신화적 메아리가 울린다. 창세기에서 뱀과의 만남이 남녀 모두에게 치명적인 결과를 낳듯이. 그 덕분에 인간은 각성하여 통찰력을 얻고는 즉시 허약함과 죽음의 불가피성을 깨닫지 않는가. 진실은 가혹하다. 맹수는 잡아먹고, 용은 초토화하고, 혼돈은 파괴한다. 위협은 현실이다. 때로는 진실·미덕·용기가 부족할 수도 있지만, 그럼에도 우리는 위협에 맞서는 것이 최선이다. 때로는 자신의 일부가 죽음으로써 죽음 자체를 방지할 수 있다. 다행스럽게도 불사조는 해리의 상처 위로 사람을 살리는 마법의 눈물을 떨어뜨린다. 이렇게 해서 어린 마법사는 되살아나 볼드모트를 물리치고(거대한 뱀 하나를 물리치는 것보다 훨씬 더 어려운 과제다), 지니를 구조하고, 학교를 지킨다.

불사조를 등장시킴으로써 롤링은 자신의 천재성을 다시 한번 드러낸다. 불사조는 죽었다 다시 태어나기를 영원히 되풀이할 수 있는 새다. 따라서 불사조는 시대를 뛰어넘는 그리스도를 상징할 뿐 아니라 그리스도와 닮은 점이 많다. 또한 불사조는 개인의 인격 중 죽었다가 되살아나야 하는 요소다. 이 과정에서 우리의 인격은 종종 비극적인 경험을 통해 고통스럽게 과거의 확신을 깨뜨리고, 처음에는 회의하지만 마침내 새롭고 더 완전한 지식으로 대체한다. 따라서 끔찍한 것이 출현할 때 우리는 자발적인 죽음과 소생death-and-rebirth을 받아들임으로써 그릇된 확신의 완고한 껍데기, 지나친 질서와 무기력을 해결할 수 있다.

어떻게 행동해야 하는가

사람들은 어떻게 행동해야 하는가에 관한 정보를 여러 가지 방식으로 교환한다. 서로를 관찰하고 모방하면서 사람들은 자신의 몸을 사용해서 타인의 몸을 표현한다. 하지만 이 모방은 생각 없이 기계처럼 흉내내는 게 아니다. 타인의 행동에 내재한 규칙성이나 패턴을 알아보고, 그것을 모방하는 것이다. 예를 들어 어린 여자아이가 엄마 놀이를 할 때, 아이는 이전에 관찰했던 엄마의 행동을 한 동작씩 그대로 따라하지 않는다. 대신에 아이는 마치 '엄마가 된 것처럼' 행동한다. 아이에게 지금 뭘 하고 있느냐고 물어보면, 아이는 엄마인 척하는 중이라고 말한다. 하지만 그게 무슨 뜻이냐고 묻는다면 특히 나이가 어릴수록 행동으로 나타내는 것보다 훨씬 더 불완전하게 설명한다. 이는 아이가 말로 할 수 있는 것보다 더 많은 것을 행동으로 나타낼 줄 안다는 걸 의미한다. 엄마 놀이를 하는 어린 여자아이를 여러 번 관찰하면, 당신이 실제 '엄마'를 본 적이 없다 할지라도 '엄마'의 의미를 가장 순수한 형태로 이해할 수 있다. 당신이 언어에 능숙하다면 '엄마'를 구성하는 필수 요소들을 말로 묘사하고 전달할 수 있다. 이때 가장 좋은 전달 방법은 이야기 형식이다.

행동 패턴을 표현할 때는 말보다 행동으로 하는 것이 더 쉽고 직접적이다. 있는 그대로 흉내내기는 동작을 하나하나 전달한다. 모방은 흉내내기와 비슷하지만 한층 깊어진 새로운 행동을 만들어낸다. 드라마(무대에서 재현하는 공식화된 모방)가 바로 그렇게 본질에 더 가까워진 행동을 묘사한다. 문학은 이보다 한 단계 더 나아가 눈에 보이는 배우와 무대 없이 작가와 독자의 상상 속에서 행동을 묘사한다. 최고의 이야기 작가들만이 가장 흥미롭고 근원적이고 잘 기억되는 말을 통해 가장 의미 있고 필수적인 행동들을 표현한다. 위대한 이야기는 그런 훌륭한 작가들이 여러 세대에 걸쳐 수정하고 편집해 탄생한다. 일단 문화가 읽고 쓸 줄 아는 단계로 접어들면(역사적으로 비교적 최근의 일이다) 이야기는 글로 기록된다. 신화와 제의가 종교로 변했다고 추정되는 시기가 이때쯤이다.

가장 위대하고 인상적인 행동들을 모방하고 전달하려면 먼저 인류의 가장 깊은 지혜를 패턴으로 정제할 필요가 있다. 위대하고 인상적인 행동이 특히 한 지역에서 존경받는 사람이나 영웅의 행동이라면, 가장 위대하고 인상적인 행동이란 각 지역의 영웅들이 공통으로 가지고 있는 정신(각 영웅들이 부분적으로 구현한 정신)에서 비롯된 행동이다. 그렇다면 영웅 중 영웅(메타영웅)은 논리상 **영웅 정신이 필요한**

질서 너머

모든 곳을 아우르는 공통의 장소(메타세계)에 존재할 것이다. 그 장소는 메타세계이지만 진짜보다 더 진짜 같을 것이다(우리가 직접 지각한 특정 시간 또는 장소는 아니지만, 여러 장소에서 지각한 것을 추상해 더 현실적이다). 바로 그곳에서 혼돈과 질서는 끊임없이 상호작용하고 선과 악은 영원히 대결한다. 이 불멸의 패턴을 구현한 영웅은 최고신이 되고, 개인과 사회가 그의 행동에 의지한다. 영웅은 선과 악, 두 힘의 아이이자 중개자로서, 선의 승리를 이끌 뿐 아니라 혼돈을 질서로 바꾼다(또한 질서가 낡고 타락했을 때는 질서를 혼돈으로 바꾸고 다시 새로운 질서를 세운다).

자칫 존재를 압도해버릴지 모를 혼돈 속에서 지각과 행동을 체계화하려면 이야기가 필요하다. 그리고 모든 이야기에는 불만족스러운 출발점과 그보다 나은 종착지가 있어야 한다. 더 나은 종착지가 없으면, 다시 말해 더 높은 가치가 없으면 어떤 것도 판단할 수 없고, 모든 것이 무의미와 지루함 속으로 가라앉거나 타락하여 공포·불안·고통으로 곤두박질친다. 하지만 시간이 모든 것을 가차 없이 변화시킴에 따라 가치 있는 모든 이야기가 현재의 모습과 장소에 도움이 되지 않을 수 있다. 따라서 새롭고 더 완전하면서도 과거의 것과는 달라진 이야기가 그 자리를 대체한다. 결국 어떤 이야기의 행위자(그리고 그 줄거리와 인물에 깊이 감동한 사람)는 창조적 변화의 정신을 받아들여야 한다. 애초에 그 이야기를 창조했으며, 지금 다시 파괴하고 재창조하려는 것도 그런 변화의 정신이다. 이런 이유로 정신은 도그마를, 진리는 가정을, 마르두크는 고대 신을, 창의성은 사회를, 그리스도는 율법을 영원히 초월한다(용감하지만 계속해서 규칙을 깨는 해리 포터와 친구들도 마찬가지다). 하지만 법칙 1에서 언급했듯이 기억해야 할 것이 있다. 더 높은 도덕을 위해 법칙을 깨는 사람은 처음에는 그 법칙을 철저히 익히고 훈련해서 그 필요성을 이해해야 한다. 그리고 법칙의 자구字句가 아니라 그 정신에 맞게 법칙을 깨야 한다.

죽음과 소생을 자발적으로 받아들이는 영혼은 맹수의 악함을 극복할 수 있다는 『해리 포터』 2권의 메시지는 사실 시리즈 전체에서 여러 모습으로 변형되어 되풀이된다. 이는 그리스도교와 명백히 유사하고, 핵심 내용도 기본적으로 똑같다. 필요한 데까지 깊이 변화하고자 하는 영혼이야말로 개인적·사회적 형태로 존재하는 사악한 뱀, 즉 이데올로기와 전체주의를 가장 효과적으로 격파한다. 건강하고 역동적이며 무엇보다 진실한 인격은 실수를 흔쾌히 인정한다. 그런 인격을 갖춘 사람은 시대에 뒤진 인식·생각·습관을 자발적으로 벗어던지고, 장애물을 돌파해 더 크게 성공하고 성장한다. 그들은 고통스럽더라도 낡은 믿음을 불에 태워 소멸시키고, 새롭게 태어나 앞으로 나아간다. 또한 죽음과 소생을 거치는 동안 자신이 알게 된 것을 전달하여 다른 이들이 새롭게 태어날 수 있도록 돕는다.

어떤 것을 겨냥하라. 현재 개념화할 수 있는 최고의 목표를 정하라. 그 목표를 향해 비틀대며 나아가라. 그 과정에서 당신의 실수와 오해를 외면하지 말고 똑바로 마주해 잘못을 바로잡아라. 당신의 이야기를 분명히 하라. 과거, 현재, 미래, 전부 중요하다. 걸어온 길을 지도에 표시하라. 과거의 실수를 되풀이하지 않기 위해서는 당신이 어디에 있었는지를 알아야 한다. 또한 지금 당신이 어디 있는지를 알아야 한다. 그러지 않으면 출발점에서 종착지까지를 한 선으로 표시하지 못할 테니. 마찬가지로 당신이 어디로 가고 있는지도 알아야 한다. 그러지 않으면 불확실성과 예측 불가능성, 혼돈에 빠지고 희망과 영감에 목이 마를 것이다. 어쨌든 당신은 여행을 떠났다. 당신은 모험을 하고 있으니 지도가 정확할수록 좋다. 가로막는 것이 있다면 망설이지 말고 맞서 싸워라. 당신이 가는 길은 의미 있는 인생의 길, 질서와 혼돈의 경계에 해당하는 좁고 험한 길이며, 그 길을 끝까지 종주할 때 비로소 질서와 혼돈이 균형을 이룬다.

높고 고상하고 심오한 어떤 것을 겨냥하라. 그 과정에서 더 좋은 길이 나타나면, 일단 몇 걸음을 걸어본 다음 경로를 바꿔라. 하지만 조심하라. 길을 바꾸는 것과 포기하는 것이 쉽게 구분되지 않을 수 있다. 그럴 땐 방법이 있다. 현재의 길에서 당신이 알아야 할 것을 배운 뒤에 당신 앞에 놓인 새길이 현재의 길보다 더 어려워 보인다면, 마음을 바꿀 때 당신이 자기 자신을 속이거나 배신하지 않고 있다고 확신해도 좋다. 이런 식이라면 지그재그로 전진하게 된다. 가장 효율적인 여행 방법은 아니지만 실질적으로 다른 대안은 존재하지 않는다. 목표를 추구하는 동안 스스로 훈련하면서, 또 필요한 것들을 알아가면서 당신의 목표는 불가피하게 바뀌기 때문이다.

그럴 때 당신은 서서히, 점점 더 우아하게, 점점 더 정확하게 그 조그만 점을, 목표 지점에 표시된 열십자를, 과녁의 한복판을, 십자가의 한가운데를 겨냥하고, 그럼으로써 상상할 수 있는 가장 높은 가치를 목표로 삼을 것이다. 목표 지점은 움직이는 동시에 희미해질 것이다. 목표 지점이 움직이는 이유는 처음 겨냥할 때는 언제나 방향을 정확히 겨눌 지혜가 없기 때문이다. 희미해지는 이유는 지금 하는 일을 아무리 완벽하게 해낼지라도 새로운 완벽의 가능성이 눈앞에 펼쳐지기 때문이다. 그럼에도 배움과 변화를 통해 당신은 계속 전진할 것이다. 그리고 뜻이 있고 운이 따른다면, 당신은 의미 있고 생산적인 이야기를 발견할 것이고, 시간과 함께 그것을 더 좋게 다듬어갈 것이며, 아마 순간적인 만족과 기쁨 이상의 것을 얻어낼 것이다. 더 나아가 당신은 이야기의 주인공, 세상에 머무는 동안 규율을 잘 지키는 체류자, 창의적 변화의 주체, 가족과 사회에 이로운 사람이 될 것이다.

내가 누구일 수 있는지 상상하고, 그것을 목표로 삼아라.

법칙 3

원치 않는 것을
안개 속에 묻어두지 마라

빌어먹을 접시들

나는 장인어른을 사랑한다. 그리고 존경한다. 장인은 인생에 시련과 고난이 와도 불평하는 법이 없고 뛰어난 능력을 발휘해 극복해내는, 매우 차분한 성격의 소유자다(그런 성격을 가질 수 있다는 건 천성이 강인하거나 운이 좋은 것이다. 어쩌면 양쪽 다일 수도 있겠다). 장인 델 로버츠는 현재 88세다. 한쪽 무릎관절은 이미 교체했고, 나머지 한쪽도 수술해야 한다. 관상동맥에는 스텐트를 삽입했고 심장판막은 인공판막으로 교체했다. 게다가 족하수foot drop(발 앞부분을 들어올리지 못하는 증상―옮긴이) 때문에 종종 미끄러지거나 넘어진다. 하지만 장인은 1년 전까지 컬링을 즐겼다. 몸을 웅크리기가 어려워진 사람을 위해 특별히 제작된 스틱을 들고 얼음판 위에서 무거운 화강암 돌덩이를 밀고 다녔다.

지금은 돌아가신 나의 장모 베스가 치매로 고생할 때 장인은 천사처럼 불평 한마디 없이 친절하게 아내를 보살폈다. 정말 인상적이었다. 나도 같은 상황이 되면 그렇게 할 수 있을지 모르겠다. 장인은 장모를 의자에서 안아 올릴 수 없게 될 때까지 지극정성으로 간호했다. 장모는 벌써 오래전부터 말을 못 하고 있었다. 하지만 장인이 방에 들어올 때 눈이 빛나던 것으로 봐서 여전히 남편을 사랑하고 있는 게 분명했고, 그건 장인도 마찬가지였다. 장인은 상황이 어려워질 때 슬며시 회피하는 부류와 정반대에 있는 사람이었다.

훨씬 젊었을 때 장인은 앨버타주 페어뷰에서 부동산 중개업을 했다. 페어뷰는 내가 자랐고 장인이 수십 년 동안 거주한 작은 도시이다(사실 우리 가족은 로버츠 가족과 길 하나를 사이에 두고 살았다). 당시에 그는 일반적인 관습에 따라 거의 매일 집에 가서 점심을 먹었다. 베스는 대개 점심으로 수프와 샌드위치를 준비했다. 그러던 어느 날 장인이 경고 한마디 없이 아내에게 소리를 질렀다. "왜 우린 항상 이 조그만 접시에 담아 먹지? 난 이 조그만 접시로 먹는 게 싫다고!"

베스는 언제나 일반적인 빵 접시에 점심을 담아 식탁에 올렸다. 지름이 25~30센티미터인 디너 접시보다 작은 15~18센티미터짜리 접시였다. 이 사건으로 충격을 받은 베스는 딸들에게 하소연을 했다. 그 이야기는 이후로 가족 모임에서 여러 번 되풀이되면서 박장대소를 이끌어냈다. 어쨌든 베스는 남편이 불만을 표출한 시점까지 최소 20년 동안 그 접시에 점심을 담아냈다. 베스는 남편이 그런 상차림에 짜증을 내리라고는 한 번도 생각하지 못했고, 장인은 한 번도 싫다고 말하지 않았다. 이 이야기에는 아주 재미있는 요소가 숨어 있다.

그날 장인은 다른 일 때문에 짜증이 났고, 사실 접시는 진짜 문제가 아니었을 수 있다. 그리고 어떤 면에서 접시의 크기는 사소한 문제다. 하지만 다른 면에서 보면 두 가지 이유로 결코 사소하지 않다. 첫째, 어떤 일이 매일 일어난다면 그건 '중요한' 일이다. 점심 식사는 매일 되풀이된다. 따라서 만일 점심시간에 사소하지만 성가신 일이 상습적으로 일어난다면, 주의를 기울일 필요가 있다. 둘째, 이른바 사소한 짜증(계속되면 결코 사소하지 않다)은 표출하거나 해결하지 않은 채 오랫동안 지속되도록 놔두는 것이 일반적이다.

문제는 이것이다. 그런 일들이 백 가지 천 가지 쌓이면 당신의 삶은 비참해지고 결혼 생활은 파탄 난다. 따라서 행복하지 않다면 행복한 체하지 마라. 서로 협의해 적절한 해결책을 마련할 수 있다면 상의하라. 싸움을 두려워하지 마라. 그 순간에는 불쾌할지라도 낙타 등에 붙은 작은 지푸라기를 떼어내야 한다(지푸라기 하나가 낙타 등을 부러뜨린다는 서양의 속담. 아무리 사소한 일이라도 한도를 넘으면 파국을 가져온다는 뜻이다 ─ 옮긴이). 모두가 사소하게 여기는 일상적인 사건일수록 이런 조언은 특히 중요하다. 삶은 반복이며, 반복되는 잘못을 바로잡는 일은 충분히 가치가 있다.

싸울 가치가 없는 것들

종류는 같은데 더 심각한 이야기가 있다. 나의 한 내담자는 대기업에서 오랫동안 회계사로 일한 뒤 개업을 앞두고 있었다. 그녀는 자기 분야에서 존경받는 전문가에다 자신감 넘치고 친절하고 사려 깊은 사람이었다. 하지만 아주 불행했다. 처음에는 그 원인이 개업을 앞두고 스트레스가 심해서일 거라고 생각했다. 하지만 상담을 해보니 그녀는 경력의 변화에 순조롭게 적응했고, 대신 다른 문제가 전면으로 튀어나왔다.

내담자의 문제는 일이 아니라 결혼 생활이었다. 그녀가 보기에 남편은 매우 자기중심적이면서도 남들 눈을 지나치게 의식했다. 어떤 면에서는 모순되는 조합이었지만 한 인격에서 이렇게 상반된 면을 보는 일은 흔하다. 사람이 한 방향으로 너무 많이 기울어지면 내면에 있는 다른 어떤 것이 반대 방향으로 똑같이 기울어진다. 그래서 그 남편은 못 말리는 나르시시즘에도 불구하고, (가족을 제외하고) 만나는 모든 사람의 의견에 노예처럼 굴종했다. 또한 술을 너무 많이 마셨다. 과음은 그의 기질상 결함을 극대화했다.

내담자는 자기 집에서 편안함을 느끼지 못했다. 남편과 함께 아파트에서 생활했지만, 집 안 어디에도 진정 자신의 것이라고 할 만한 게 없는 듯했다(둘 사이에 아이는 없었다). 겉으로 드러난 것이 안에 감춰진 것을 정확히 비춘다는 말이 있는데(그래서 나는 심리적인 문제를 겪고 있는 사람들에게 방을 청소하고, 가능한 한 아름답게 꾸미는 일로 회복 과정을 시작할 수 있다고 말한다), 이 상황이 그러했다. 그녀가 현란하고 장식적이고 불편하다고 묘사한 집 안의 가구는 모두 남편이 고른 것들이었다. 게다가 남편이 1960~1970년대 팝아트를 열심히 수집하는 통에 온 벽은 그림으로 가득했다. 당연히 그는 오래전부터 화랑을 돌아다니면서 그림을 수집하기에 바빴다.

그녀는 화려한 가구와 지나치게 많은 장식품에는 신경 쓰지 않는

질서 너머

다고 말했지만, 진심이 아니었다. 사실 그녀는 그것들을 조금도 좋아하지 않았다. 현란한 가구도 남편이 수집한 무수한 예술품도 그녀 취향이 아니었다. 그녀의 취향은 미니멀리즘 쪽에 기울어 있었다(어쩌면 남편 때문일지 모른다). 하지만 스스로가 무엇을 더 좋아하는지 명확하게 알지 못한다는 점이 문제였다. 자기가 무엇을 좋아하고 무엇을 싫어하는지 몰랐기 때문에 남편에게 자기 의견을 강하게 주장할 수 없었다. 이처럼 무엇을 원하고 원하지 않는지 또는 무엇이 필요한지 아닌지를 자세하게 밝히지 않고는 남편을 이기는 건 고사하고 논쟁을 시작할 수조차 없다.

하지만 자기 집이 남의 집처럼 느껴지는 건 확실히 불쾌했다. 그 때문에 그녀는 한 번도 친구를 초대하지 않았고, 더 깊은 고립감에 빠져들었다. 이는 결코 작은 문제가 아니었다. 남편이 캐나다 안팎으로 원정 쇼핑을 다녀올 때마다 가구와 그림은 하나씩 늘어갔고, 집 안에서 남편의 존재가 커질수록 그녀의 존재는 계속 작아졌다. 그럼에도 그녀는 전쟁을 일으키지 않았고, 한 번도 화를 내지 않았으며, 꼴 보기 싫은 그림을 주먹으로 내리치지도 않았다. 그 긴 결혼 생활 동안 그녀는 진심으로 분노를 터뜨려본 적이 없었다. 단 한 번도 자신의 집이 싫고 남편의 취미에 맞추는 게 싫다는 사실을 똑바로, 확실하게 대면한 적이 없었다. 대신에 그녀는 그런 사소한 문제로 싸우는 건 가치가 없다는 생각에 남편을 내버려두었다. 이런 식의 패배가 거듭될수록 다음번에 반대를 표현할 필요는 더 절실했지만 실행하기는 더 어려워졌다. 일단 논의가 심각해지면 결혼 생활의 모든 문제로 확대되어 진짜 전면전이 벌어질 수 있었기 때문이다. 그러다 보면 쌓여 있던 문제가 한꺼번에 터져나와 감당할 수 없는 지경이 될지 모른다. 그래서 그녀는 침묵했다. 하지만 만성적으로 가슴이 답답하고 끊임없이 화가 났으며, 인생을 허비했다는 느낌에 사로잡혔다.

가구와 그림들을 단순한 물건으로 여기는 건 오산이다. 더 중요한 의미에서 그것들은 결혼 생활에 관한 진정한 정보가 담긴 그릇이며, 나의 내담자도 분명히 그렇게 경험했다. 모든 예술작품이 저마다 승리(너무 큰 희생이 따른 승리)와 패배(또는 하지도 않은 협상이자 시작하기도 전에 끝나버린 싸움)의 구체적인 결과물이었다. 그런 물건이 수십 수백 개나 되었다. 하나하나가 수십 년 동안 말없이 지속된 전쟁에 사용된 무기였다. 상황이 그러했으니 그 부부가 30년의 결혼 생활을 끝내고 이혼하는 건 당연했다. 분명 가구와 그림들은 모두 남편이 가져갔을 것이다.

당신이 결혼 생활을 개선하기 위해 난처하고 두렵기만 한 진짜 협상에 뛰어들기로 마음을 굳게 먹었다면, 무섭고 우울하더라도 다음과 같이 생각해보자. 당신이 매일 아침, 점심, 또는 저녁에 작은 문제를 겪고 있다면 그 문제는 1만 5000일, 즉 40년의 결혼 생활 내내 되풀이될 것이다. 요리, 청소, 재정적 책임, 친밀한 접촉 빈도에 대한 의견 차이가 잘 해소되지 않으면 불화는 끊임없이 재발한다. 어쩌면 당신은 (적어도 그 순간에는) 그런 충돌은 피하는 게 상책이라 믿고 거짓된 평화 속에서 표류하고 싶을지 모른다. 하지만 반드시 알아야 할 것이 있다. 표류하는 동안 당신은 나이를 먹는다. 물론 결혼 생활을 개선하기 위해 노력하는 사람도 나이를 먹지만, 표류할 때는 목표 방향이 없으며, 그렇게 정처 없이 떠돌다 보면 필요한 것과 원하는 것을

질서 너머

얻을 가능성이 극도로 낮아진다. 만물은 서서히 허물어지지만, 인간의 죄악은 오히려 악화를 가속한다. 작은 지옥이 영원히 되풀이될 수 있다는 점을 깨달은 사람은 결혼 생활의 문제를 피하지 않고 해결하기 위한 협상에 돌입한다. 물론 단기적으로 가장 쉬운 방법은 양심의 가책을 무시하고, 작은 패배들로 하루하루 흘려보내는 것이다. 하지만 이는 결코 좋은 전략이 아니다. 신중하게 목표를 정하고 밤새 노력하고 전념해야만 고의적인 외면으로부터 독버섯처럼 자라는 재난을 퇴치하고 무질서의 파도를 잠재워서 가정생활이(사회생활도 마찬가지다) 파국으로 치닫는 것을 막을 수 있다.

타락: 과오와 태만

이 장에서 우리가 거론하고 있는 타락은 전적으로 거짓(더 솔직하게 말하면 거짓말)과 관련이 있고, 더 중요하게는 자기 자신을 속이는 자기기만self-deception과 관련이 있다. 엄격한 논리학자들은 자기기만이 불가능하다고 여긴다. 그들은 한 사람이 어떤 것과 그 반대의 것을 동시에 믿는 것이 어떻게 가능한지를 이해하지 못한다. 하지만 논리학자는 심리학자가 아니며, 그들 자신에게도 때로는 사랑하는 동시에 미워하는 가족이 있다는 사실을 알아채지 못하거나 고려하지 못하는 게 분명하다. 문제는 또 있다. 믿음에 관해 이야기할 때 '믿는다'는 말이 무엇을 뜻하고, '동시에'가 무슨 의미인지도 명확하지 않다. 나는 오늘은 이것을 믿고 내일은 저것을 믿을 수 있으며, 잠깐씩은 아무것도 믿지 않고 지내기도 한다. 또한 학부생들의 과제를 읽다 보면, 한 단락에서 내세운 주장과 완전히 반대되는 주장을 다음 단락에서 하는 경우를 너무나 자주 목격한다(때로는 한 문장 안에서 그런 일이 일어난다).

이론상 자기기만이 일어날 수 있는 조건이나 상황은 부지기수다. 정신분석학자들은 프로이트의 방식을 따라 자기기만의 메커니즘을 두루 탐구했다. 프로이트는 많은 정신병이 억압repression(용납하기 어려운 심리적 요소를 의식에서 적극적으로 배제하는 것) 때문에 발생한다고 믿었다. 억압은 일종의 자기기만이다. 프로이트가 보기에 트라우마 trauma를 주는 사건에 관한 기억은 본인도 모르게 무의식의 깊은 곳으로 밀려나고, 그곳에서 시끄러운 유령처럼 소란을 피우고 문제를 일으킨다. 프로이트는 인간의 성격이 하나로 통일되어 있지 않다는 걸 알았다. 인간의 성격은 헐겁고 파편화된 마음들의 불협화음이다. 때로 그 마음들은 서로 충돌하거나 심지어 소통을 거부한다. 이 주장은 적어도 한 가지 측면에서 분명 참이다. 우리는 어떤 것을 즉시 실행에 옮기지 않고 잠시 생각하면서 다른 가능한 행동이나 사건을 시뮬레이션할 수 있다. 생각과 행동의 이런 해리解離가 없다면 추상적 사고는 아예 존재할 수 없다. 우리는 어떤 것을 생각하거나 말하면서 다른 일을 할 수 있다. 그런데 행동하기 전에 생각하는 건 괜찮지만, 어떤 것을 믿는다고 장담한 다음에 사실은 다른 걸 믿는 듯이 행동하는 건 좋지 않다. 그런 행동은 일종의 거짓이고 성격 분열이며 존재 양식의 모순이다. 심지어 이름도 붙어 있다. 본인이 주장하는 믿음과 다르거나 반대되게 말하고 행동하는 것을 몇몇 현대 철학자는 '수행 모순

performative contradiction'이라고 부른다.[1] 내 식대로 부르면 '무언의 거짓말'이다. 모순된 믿음을 가진 사람은 두 믿음을 동시에 수행하려다 애석하게도 그런 시도가 불가능하다는 역설에 부딪힌다.

프로이트는 억압과 유사한 현상들을 모아 긴 목록을 만들고, 거기에 '방어기제defense mechanism'라는 이름을 붙였다. 가령 다음과 같은 것들이다. 부인denial("진실은 그리 나쁘지 않아"), 반동 형성reaction formation("나는 정말로, 정말로, 엄마를 사랑해." 억압된 충동이나 욕구가 표출되지 않도록 그와는 정반대되는 행동을 하는 것―옮긴이), 치환displacement("사장은 나에게 호통을 치고, 나는 아내에게 호통을 치고, 아내는 아기에게 호통을 치고, 아기는 고양이를 문다"), 동일화identification("난 괴롭힘을 당해. 그래서 나도 누군가를 괴롭히고 싶어"), 합리화rationalization(저급한 행동에 대한 이기적인 변명), 주지화intellectualization(재미있고 신경질적인 젊은 시절의 우디 앨런Woody Allen이 가장 좋아한 것. 감정으로부터 자신을 분리하고, 이성적이고 지적인 분석을 통해 문제에 대처하고자 하는 것―옮긴이), 승화sublimation("난 언제든지 벌거벗은 여자를 '그릴' 수 있어." 욕구불만으로 인해 생겨나는 충동과 갈등을 사회적으로 인정되는 형태와 방법을 통해 발산하는 것―옮긴이), 투사projection("내가 과민한 게 아니라 네가 성가시게 하는 거야"). 프로이트는 거짓에 관한 뛰어난 철학자였다. 그는 부정직과 정신병의 관계를 거침없이 지적했다. 하지만 내가 보기에 그의 자기기만 이론에는 두 가지 큰 오류가 있다.

첫 번째 오류는 태만의 죄 역시 위에서 말한 억압의 일종인 과오의 죄와 똑같이 또는 그 이상으로 정신질환의 원인이 된다는 점을 알아채지 못한 것이다. 사람들은 대개 소극적으로 좋은 일을 안 하는 것

(태만의 죄)보다 적극적으로 나쁜 일을 하는 것(과오의 죄)이 더 나쁘다고 믿는다. 아마 그 이유는 태만의 죄가 어느 정도 불가피하다는 데 있을 것이다. 세상에는 우리가 하지 않는 좋은 일들이 항상 있다. 그럼에도 고의적인 외면은 무서운 것을 적극적으로나 무의식적으로 억압하는 경우(억압은 당사자가 알고 있기 때문에 과오다)보다 더 쉽게 합리화되고, 더 심각한 재앙을 부를 때가 있다. 고의적인 외면은 알아낼 능력이 충분하지만 불편해지는 게 싫어서 탐사를 중단하는 것이다. 홍보 전문가들은 스스로 만드는 이 무지를 가장 병적인 지적 합리화라는 뜻에서 '그럴듯한 부인plausible deniability'이라 부른다. 고의적인 외면은 종종 명백한 범죄가 된다. 예를 들어 당신이 사장인데 경리부장이 장부를 조작하고 있다고 의심이 드는 상황에서 진실을 알고 싶지 않다는 이유로 더 이상 조사하지 않았다면, 당신은 그런 행동에 책임을 져야 한다. 침대 밑에 괴물이 숨어 있다는 생각이 강하게 드는데 거기를 살펴보지 않는 것은 바람직한 전략이 아니다.

두 번째 오류는 경험한 것은 이해된 것이라고 가정한 것이다. 프로이트는 이 가정에 따라, 비디오 기록처럼 과거를 정확히 담은 기억의 흔적이 마음속 어딘가에 존재한다고 믿었다. 만일 우리의 경험이 단지 감각을 통해 사실적이고 자명한 사건들만 전달받아 그에 대해 생각하고 평가하고 행동하는 것에 불과하다면, 프로이트의 가정은 합당할 수 있다. 만일 정말 그렇다면 트라우마를 초래하는 충격적인 경험은 정확히 기억될 것이고, 심지어 그 경험이 너무도 끔찍해 무의식적 메커니즘(또는 의식적 메커니즘. 하지만 프로이트는 전자를 가정했다)에 의해 관심 밖으로 밀려났을 때도 마찬가지일 것이다. 하지만 현실

질서 너머

과 우리가 그 현실을 처리하는 과정은 둘 다 프로이트가 가정한 것처럼 그렇게 객관적이지도 않고 선명하게 표현되지도 않는다.

예를 들어 당신이 아내나 남편에게 몇 달 동안(당신이 참을 수 있는 것보다 더 오래) 무시당했다고 생각해보자. 그때 당신의 아내나 남편이 울타리에 기대서서 매력적인 이웃과 친근하게(아마 딱 그 정도로) 이야기하고 있는 것을 본다. 그렇게 희한하고 신기하고 곤란하고 심지어 트라우마를 초래하는 경험은 먼저 지각하고, 그런 뒤 이해하고 생각하고, 그런 뒤 어떤 감정이나 동기를 느끼고, 그런 뒤 행동에 돌입하는 그런 문제가 아니다. 대신에 그 사건은 법칙 1과 2에서 논의한 다음의 내용과 비슷하다. 우리는 미지의 세계를 밑에서부터 처리한다. 우리가 마주치는 것은 정보의 그릇, 말하자면 중요성을 결코 자명하게 드러내 보이지 않는 용기들이다. 따라서 당신의 배우자가 이웃과 이야기하고 있는 것을 목격하는 순간, 당신은 다음과 같이 모든 것을 종합하여 냉철하게 생각하지는 않을 것이다. '난 몇 달 동안 배우자에게 무시당해 밤마다 외롭고 비참했어. 자세히 얘기하진 않았지만, 그 때문에 항상 짜증나고 고통스러웠어. 이젠 저 사람이 대놓고 내 상처에 소금을 뿌리네. 최근에 나에겐 거의 관심도 주지 않더니, 잘 알지도 못하는 사람과 저렇게 친근하게 얘기하고 있잖아.' 그보다는 거부당할 때마다 마음속에 조금씩 쌓여온 분노, 슬픔, 외로움이 마침내 만수위를 넘어 밖으로 흘러넘치고 있을 가능성이 훨씬 크다.

부정적인 감정이 갑자기 분출한다고 해서 당신이 마침내 그 수위를 충분히 의식하게 되었다는 뜻은 아니다. 아마 당신은(나의 장인이나 내담자처럼) 좌절감이 점차 쌓이다가 마침내 참을 수 없이 짜증이

나고 삶이 불행하다고 느꼈을 것이다. 하지만 그렇다고 해서 당신이 그 원인을 알았다고 말할 수는 없다. 그렇다면 **그 원인은 무엇일까?** 가능성은 머리가 복잡할 정도로 광범위하다. 어쩌면 당신은 무시당하고 있던 게 아닐 수 있다. 실은 직장에서 곤란을 겪고 있었고, 그로 인해 전반적으로 자존감이 떨어졌을지 모른다. 그 결과 당신은 집에서 배우자의 아주 작은 거부 신호에도 민감해졌을 수 있다. 심지어 그 거부가 상상이었을 수도 있다. 그렇다면 당신이 밝혀야 할 것은 왜 남편이나 아내가 더 이상 관심을 주지 않는가가 아니라, 당신의 상사나 동료 또는 경력과 관련하여 무엇이 당신을 불안하게 하고 있는가다. 그걸 밝혀야 당신을 괴롭고 예민하고 아프게 하는 증상(거부당한다는 느낌)으로부터 불안의 진짜 원인을 분리할 수 있다. 이런 경우에는 원인과 결과의 관계가 아주 애매하다. 어쩌면 당신은 정말로 무시당하고 있을지 모른다. 어쩌면 그 무시는 불륜이 임박했다는 징조이자 이혼이 머지않았다는 신호일지 모른다. 만일 그렇다면 둘 다에게 심각한 문제다. 당신이 불쾌한 건 지극히 당연하다. 그럼에도 당신은 직장이나 결혼 생활에 문제가 있다고 생각하기를 완강하게 거부할 수 있다. 이는 놀라운 일은 아니지만, 도움이 되는 일도 아니다.

더욱이 우리의 삶은 워낙 복잡해서 좀처럼 명확한 답을 내놓지 않는다. 가령 실패한 결혼, 이혼, 양육권 분쟁에서 제시되는 '실제로 무슨 일이 일어났을까?'라는 질문을 생각해보자. 그 답은 너무 복잡해서 당사자 간 의견 차이를 좁히기 위해 종종 법원의 판단과 다자간 평가가 필요하다. 심지어 당사자들은 법원의 판단조차 진실이 반영되지 않았다고 믿기도 한다. 그 이유 중 하나는 일반적으로 부부 간에 일어나는 일들은 별개의 객관적인 사실들로 단순하게 존재하지 않기 때문이다. 모든 사건의 의미(진실한 정보)는 사건이 포함되어 있는 맥락에 따라 달라진다. 하지만 문제의 사건이 일어날 때 우리는 그 맥락의 많은 부분을 인지하거나 고려하지 못한다. 아내가 오늘 나에게 한 말의 의미는 그동안 우리 둘이 주고받은 모든 말, 함께한 모든 일, 함께 상상한 모든 내용에 달려 있다. 심지어 이것만으로는 복잡성이 다 설명되지 않는다. 예를 들어 장모가 장인을 대했던 방식(또는 장모의 할머니가 할아버지를 대했던 방식), 더 나아가 그 문화에서 인정하는 남녀 관계가 생각보다 큰 영향을 끼칠지 모른다. 그런 이유로 부부 싸움은 종종 걷잡을 수 없이 커지고, 특히 지속적이고 효과적인 소통 방식이 없을 때는 통제 불능이 되고 만다. 한 문제가 더 깊은 문제로 이어지고, 또다시 더 깊은 문제로 이어지는 까닭에 접시 크기로 시작된 다툼이 이 결혼을 끝내는 게 좋을지 아닐지를 판가름하는 전면전으로 확대된다. 그렇게 작은 구멍에도 발을 잘못 들이면 추락할 수 있다는 두려움 때문에, 위험하더라도 말하는 편이 나은 순간에도 문제는 안개 속에 묻힌다.

안개의 정체

마음속에 두려움이 있다고 상상해보자. 당신이 두려워할 이유는 충분하다. 자기 자신이 두렵고, 다른 사람이 두렵고, 세계가 두려우니까. 끔찍한 것들을 알기 전의 천진했던 유년 시절이 그립기만 하다. 자기 자신, 다른 사람, 세계에 관해 알게 된 지식은 깨달음이라기보다는 씁쓸함에 가깝다. 당신은 그동안 배신당하고 상처받고 실망했다. 당신이 품은 희망은 항상 깨졌기에 이젠 희망 자체를 믿지 않는다(가망 없다hopeless는 말의 정의가 이것이다). 더 많이 안다는 건 지긋지긋하다. 신비에 가려져 있는 것은 내버려두는 편이 낫다. 어떤 사람이 될 수 있는지에 대해서도 너무 많이 생각하지 말자. 어쨌든 모르는 게 약이고, '현명한 것이 어리석다'고 하지 않던가?

조금 더 자세하게 상상해보자. 당신은 두려운 나머지 자신이 무엇을 원하는지 알려고 하지 않는다. 아는 것이 희망을 품는 일이라면, 당신은 그 희망을 내동댕이친다. 당신은 무지 상태를 유지할 이유가 있다. 원할 만한 것이 없다는 사실이 두려울 수 있다. 원하는 것을 정확히 말하는 순간 무엇이 실패인지를 알게 된다는 사실이 두려울 수 있다. 실패할 가능성이 크다는 사실이 두려울 수 있다. 마지막으로, 실패를 정의하고 나서 실패하면, 패자는 바로 당신이고 그 실패는 당신의 작품이라는 분명한 사실과 마주하는 것이 두려울 수 있다.

그래서 당신은 자신이 무엇을 원하는지 알려고 하지 않는다. 방법은 간단하다. 그 문제를 끝까지 생각하지 않으면 된다. 행복하고 만족하고 열심일 때도 있고 불행하고 절망하고 허무할 때도 있지만, 당신은 그 이유를 깊이 파고들지 않는다. 파고들면 자신이 무엇을 원하는지 알게 되고, 다시 한번 희망이 부서지고 실망이 확실해지는 경험을 할 테니 말이다. 또한 당신은 당신이 원하는 걸 남들이 알까 봐 두렵다. 첫째, 당신이 원하는 것을 그들이 알아낸다면, 그들은 당신에게 말할 것이고, 그러면 당신은 애써 그걸 알려고 하지 않았는데도 알게

질서 너머

된다. 둘째, 그들은 당신이 진심으로 원하고 필요로 하는 것을 알면서도 주지 않을 수 있다. 그 때문에 차라리 속내(당신의 약점)를 드러내지 않았더라면 상처받지 않았을 일에 당신이 큰 상처를 받을 수 있다.

이 모든 걸 감추는 안개는 충분한 주의를 기울여 당신의 감정과 동기 상태를 그때그때 알아차린 뒤 그걸 당신 자신과 주위의 가까운 사람들에게 알리기를 거부하는 마음이다. 기분이 좋지 않다는 건 무언가를 알리는 신호다. 불안이나 슬픔도 마찬가지다. 그 신호가 가리키는 것은 당신이 좋아할 만한 것이 아니다. 오랫동안 표현하지 않고 쌓아둔 감정을 제대로 표현할 때 나올 가능성이 가장 큰 결과물은 눈물이다. 눈물은 약함과 고통을 인정한다는 증거다(약함과 고통은 특히 우리가 불신과 분노에 차 있을 때 인정하기 싫어하는 느낌들이다). 누가 눈물이 나올 때까지 고통과 슬픔과 죄책감을 깊이 파고들길 원하겠는가? 자기 자신의 감정 상태를 일부러 거부하는 마음 외에도 부정적인 감정이 가리키는 것을 알지 못하게 방해하는 장애물들은 많다. 예를 들어 당신의 남편이나 아내 또는 이 순간 공교롭게도 당신과 얽혀 있는 누군가가 고통스러운 진실에 너무 가까운 얘기를 꺼낼 수 있다. 이때 당신은 날카롭고 모욕적인 말로 그의 입을 틀어막고 싶은 충동에 휩싸이며 실제로 그럴 확률이 매우 높다. 하지만 욕을 먹고 있는 그 사람은 사실 당신이 너무 염려되어 과거의 안 좋은 기억을 들춰내면서까지 씁쓸한 진실을 파헤친 것일지도 모른다. 또 완전하지는 않지만 자기 자신을 더 확실히 방어하기 위해 당신은 다음과 같은 방법을 채택할 수 있다. 당신이 스스로 발견하고 싶지 않은 어떤 것에 다가오지 못하도록 다른 사람들을 쫓아내는 것이다. 그러면 지금 당장은 삶이

쉬워질 것이다. 하지만 애석하게도 그런 방어책은 설령 성공한다 해
도 아주 실망스럽고, 대개는 포기·외로움·자기배반의 느낌이 따라붙
는다. 자, 당신은 다른 사람들과 함께 살아야 하고, 그들 역시 당신과
함께 살아야 한다. 말로 표현한 적도 없고 확실하지도 않지만 당신에
게는 바람, 욕구, 필요가 있다. 그리고 그것들을 추구할 마음도 있다.
바람, 욕구, 필요가 없으면 삶 자체가 불가능하기 때문이다.

　이 같은 상황에서 당신이 잘 쓰는 전략은? 가까운 사람이 당신을
불행하게 하면 그때마다 실망했다는 감정을 표현한다. 어떤 것이 당
신을 가로막을 때 그에 분개하는 사치와 즐거움을 누린다. 당신의 인
내를 시험하는 사람이 있다면 그가 눈사람처럼 얼어붙게끔 반감을
분명하게 드러낸다. 그들이 당신을 어떻게 실망시켰는지를 최대한
어렵게 알게 한다. 마지막으로 당신이 쳐둔 안개 속을 손으로 더듬
어 돌아다니게 한다. 그곳에서 그들은 안개 속에 가려진 당신의 기호
와 꿈의 날카로운 모서리에 부딪혀 상처를 입는다. 그런데 이런 대응
들을 시금석으로 삼는 것은 신뢰할 용기가 부족한 것과 깊이 관련 있
다. 당신은 '당신이 정말로 나를 사랑한다면, 내가 내 주위에 펼쳐놓
은 끔찍한 풍경을 용감하게 헤치고 진정한 나를 발견할 텐데'라고 생
각할지 모른다. 어쩌면 그런 주장에는 비록 암묵적이지만 중요한 의
미가 있을지 모른다. 헌신을 시험해보는 건 가끔 유용할 수 있다. 모
든 것을 공짜로 가르쳐줄 필요는 없다. 하지만 아무리 작아도 불필요
한 비밀은 가시로 남는다.

　한편 우리는 평생을 자기 자신과 살아야 한다. 스스로 이런 사람이
라고 명백하게 표현하지 않음으로써 부족함을 가리면 단기적으로는

　　　　　　　　　　　　　　　　　　　　　　　질서 너머

자기 자신을 보호할 수도 있다. 하지만 모든 이상理想은 다음과 같이 묻는 판관이다. "왜 당신은 진정한 잠재력을 드러내지 않는가?" 당신은 이상이 없으면 판관도 사라지는 것 아니냐고 되물을지 모른다. 하지만 그럴 때 당신은 목적 없는 삶을 살게 된다. 너무 비싼 대가를 치러야 하는 것이다. 목적이 없으면 긍정적인 감정이 사라진다. 우리가 희망을 품고 전진할 수 있는 힘은 진심으로 원하고 필요로 하는 어떤 것에 다가가는 경험에서 대부분 나온다. 목적이 없다면 우리는 견디기 어려운 불안에 항상 시달리게 된다. 우리 주변에는 수많은 가능성이 널려 있어 선택의 폭이 너무 넓다. 우리는 목적에 집중함으로써 참을 수 없는 혼돈을 억누를 수 있다.

원하는 것을 분명히 하고 열심히 추구한다 해도 실패할 수 있다. 하지만 본인이 무엇을 원하는지를 명확히 하지 않으면 '반드시' 실패한다. 표적에 눈길을 주지 않으면 명중시킬 수 없다. 표적을 겨누지 않아도 마찬가지다. 그리고 두 경우 모두 조준한 뒤 빗맞혔을 때의 이점을 활용하지 못한다. 다시 말해서 상황이 뜻대로 풀리지 않을 때 불가피하게 발생하는 배움에서 이익을 얻지 못하는 것이다. 노력해서 성공한다는 말은 어떤 것을 시도하고, 목표에 미치지 못하고, 그 과정에서 새로운 지식을 힘겹게 배우고, 다시 목표를 재조정하고, 그런 뒤 '진저리가 날 정도로' 시도하고 실패하고 재조정하고를 반복한다는 의미다. 실패에서 얻은 모든 배움은 때로 당신에게 다른 야망을 가지라고 조언한다(다른 게 더 쉬워서가 아니다. 당신에게 포기하거나 회피하라고 종용하는 게 아니다. 당신은 시행착오를 겪으면서 당신이 찾는 것이 지금 바라보고 있는 곳에 없거나, 당신이 선택한 방법으로 도달할 수 없음을 깨닫게 된다).

그렇다면 진실을 안개 속에 묻어두는 대신 당신은 무엇을 어떻게 해야 할까? **당신의 감정을 인정하라.** 물론 자신의 감정을 인정하는 것은 아주 까다로운 일이다(그렇다고 감정에 그저 '굴복'해서는 안 된다). 첫째, 외로워서 생기는 분노나 고통, 사소한 것일지 모를 어떤 일에 대한 불안, 또는 부적절할 수도 있는 질투가 자기 자신에게 존재한다는 사실이 꽤 부끄러울 수 있다(입 밖으로 꺼내는 건 더욱 힘들 것이다). 그런 감정을 인정한다는 건 무지, 부족함, 나약함을 드러내는 일이다. 둘째, 저항할 수 없을 만큼 확실하더라도 당신의 감정이 틀릴 수 있고, 그래서 본인도 모르게 잘못된 방향을 조준하고 있을 수 있다는 사실도 불안 요소 중 하나다. 당신은 전혀 의식하지 못한 어떤 이유로 상황을 완전히 잘못 이해할 수 있다. 이런 이유들 때문에 신뢰가 중요하다. 여기서 신뢰는 인생의 쓴맛을 아는 성숙한 사람의 신뢰를 의미한다. 순진한 사람이 다른 사람을 신뢰하는 이유는, 모든 사람이 기본적으로 심지어 보편적으로 신뢰할 만하다고 믿기 때문이다. 하지만 살면서 누구나 배신을 당하기 마련이다.

인간은 남을 속일 줄 알뿐더러 때로는 거리낌 없이 속인다는 걸 경험해본 사람은 안다. 그런 일을 겪고 나면 당연히 개인 차원에서든 종 차원에서든 인간의 본성을 비관하게 된다. 하지만 이런 경험을 통해 인간에 대한 또 다른 신뢰의 길이 열리며, 그 신뢰는 순진함이 아닌 용기에 기초한다. 나는 배신당할 위험을 무릅쓰고 당신을 신뢰한다. 그리고 당신에게 손을 내민다. 그런 신뢰를 통해 당신과 나의 가장 좋은 면이 밖으로 나올 수 있기 때문이다. 그래서 적지 않은 위험을 무릅쓰고 협력과 타협의 문을 여는 것이다. 그리고 설사 당신이 나를 배신한다 해도 용서하지 못할 정도가 아니라면(당신이 얼마간 진심으로 사과하고 뉘우친다면), 나는 계속 당신에게 손을 내밀 것이다. 그리고 당신을 신뢰하기 때문에 내가 지금 어떻게 느끼고 있는지를 당신에게 말할 것이다.

그렇게 적나라하게 노출하려면 어느 정도 겸손이 필요하다. "당신은 얼마 전부터 나를 무시했어"라고 말하지는 말자(적어도 그게 이상적이다). 대신 이렇게 말해보자. "나는 혼자인 것 같아 외롭고 마음이 아팠어. 지난 몇 달 동안 당신이 내가 바라는 만큼 나에게 관심을 보이지 않았고, 부부로서 우리 관계에 최선을 다하지 않는다는 느낌이 들었어. 하지만 내가 기분이 상해서 그렇게 상상한 건지, 아니면 상황을 제대로 본 건지 잘 모르겠어." 이렇게 말하면 상대에게 비난하지 않고 요점을 이해시킬 수 있어 진실을 향한 진지한 대화의 물꼬를 틀 수 있다. 당신이 느꼈던 감정의 원인을 잘못 안 것이라면 당신은 진실을 알 필요가 있다. 그래야 당신 자신과 타인들에게 고통을 안기고 당신의 미래에 지장을 주는 실수를 피할 수 있다. 가장 좋은 것은 진실을 밝히는 것, 즉 안개를 걷어내는 것이고, 거기 숨어 있을 것 같은 날카로운 모서리가 진짜인지 환상인지를 알아내는 것이다. 그중 일부가 진짜일 위험은 항상 존재한다. 진실을 안개에 묻어두기보다는 눈으로 확인하는 게 더 나은 이유는 적어도 위험을 미리 알아차리고 피할 수 있기 때문이다.

사건과 기억

사건들이 우리 앞에 펼쳐지는 동안에는 왜 그런 일이 일어나는지 알수 없다. 그렇다고 우리가 과거의 사건과 상황들을 객관적으로 하나하나 정확하게 기억하는 것도 아니다. 그러기란 절대 불가능하다. 우리의 경험에 대한 정보는 법칙 2에서 확인했듯이 광석에 함유된 금처럼 숨어 있다. 그 정보를 추출해 정제하여 현재와 미래를 가꾸는 데쓰려면 큰 노력을 들어야 하며, 종종 다른 사람들과 협력해야 한다. 우리의 과거는 바람직한 경험을 되풀이하고 탐탁지 않은 경험은 차단하는 데 쓰여야 한다. 그래서 무슨 일이 일어났는지뿐 아니라 **왜** 그런 일이 일어났는지를 알아야 하는 것이다. '왜?'라고 묻는 것은 지혜다. 이유를 알아야 우리는 같은 실수를 반복하지 않을 수 있으며, 특별히 운이 나쁘지 않다면 성공을 거듭할 수 있다.

경험에서 유용한 정보를 뽑아내기란 쉽지 않다. 그 일을 제대로 하려면 우선 '상황은 나빠지는 게 아니라 더 좋아져야 해'라는 아주 순수한 동기가 있어야 한다. 둘째, 실수와 솔직하게 마주할 각오를 하고, 어느 지점에서 어떤 이유로 올바른 길에서 벗어났는지 밝혀낼 자세가 되어 있어야 한다. 셋째, 기꺼이 변화를 결심해야 한다. 하지만이 결심은 어떤 문제(또는 어떤 사람이나 생각)를 뒤에 남겨두고 돌아보지 않겠다는 결심과 다르다. 둘을 혼동하면 가장 손쉬운 대응법을선택할 위험이 있다. 눈을 딴 데로 돌리고, 생각하기를 거부하고, 동시에 넘을 수 없는 벽을 쌓아 진정한 대화를 차단하는 것이다.

이런 고의적인 외면이 장기간 지속되면 삶은 안개에 싸인 듯 흐릿

질서 너머

하고 눈에 보이는 어떤 형체도 없이 공허하며 혼돈으로 가득 차버려서 결국 우리를 당황과 경악에 빠뜨린다.[2] 다음과 같은 문제들은 모두 심리적인 것과 사실적인 것, 주관적인 것과 객관적인 것의 이상한 결합이다. 정말 위협적인가, 아니면 내가 무서워하는 걸까? 정말 아름다운가, 아니면 내가 아름답다고 생각하는 걸까? 어떤 사람에게 화가 날 때 그 사람이 한 일 때문인가, 아니면 내가 자제심이 부족해서일까? 당신의 세계를 지탱하던 바닥이 꺼질 때 이런 질문들이 당신을 혼란스럽게 한다. 그런 혼란 상태에는 객관적인 요소가 들어 있을 수 있다. 왜냐하면 추락은 종종 죽음이나 심각한 질병, 해고나 휴직 같은 현실적인 일이기 때문이다. 하지만 추락은 또한 주관적이어서 고통·의심·혼란, 그리고 가능성을 인지하거나 앞길을 선택하지 못하는 무능과도 관련 있다.

존재의 근원적 토대는 주체인 동시에 객체이며, 동기와 감정과 물질적인 것들이 모두 뒤섞여 있다. 그런 토대 위에서만 지각이 선명해지고 세계가 명료해진다. 당신은 여전히 아내를 이해하지 못한다. 아내의 말에 무엇이 숨어 있을까 봐 두려워 말의 맥락을 더듬어보지 않는다. 아내의 말은 여전히 모호하고 형체가 없기 때문에 상황이 그려지지 않는다. 우리 자신의 개인적인 동기들은 은밀한 형태로 시작되며, 우리가 알고 싶어 하지 않는 한 계속 그 상태로 남아 있다. 밀알이 왕겨와 분리되지 않고 뒤섞여 있는 셈이다. 금과 처녀는 여전히 용의 발톱에 붙들려 있다. 철학자의 돌은 시궁창 어딘가에 처박혀 있다. 정보는 혼돈의 구 안에 묻혀 있다. 그것들이 우리에게 손짓하지만, 우리는 여전히 탐사를 시작하지 못하고 있다. 이런 태만은 의식을 확장하지 않겠다는 의도적·자발적 거부다. 성배聖杯를 찾으러 가는 길은 숲속에서도 가장 어두운 곳에서 시작하고, 우리에게 필요한 것은 가장 보고 싶지 않은 곳에 숨겨져 있다.

당신이 옷장 속에 쓰레기를 계속 쌓아두고 숨기기만 한다면 당신이 가장 준비가 안 되었을 때 옷장 문이 갑자기 열리면서 그동안 쌓인 것들이 한꺼번에 쏟아져나와 당신을 덮칠 것이다. 당신 인생에는 그 잡동사니와 마주하고, 하나하나 분류하고, 필요한 것은 간직하고 나머지는 내다버릴 시간도 에너지도 별로 없을 것이다. 쓰레기 더미에 깔린다는 말은 바로 이런 상황을 가리킨다. 부적절하게 행동하는 자를 응징하는 위대한 혼돈의 여신 티아마트가 귀환한 것이다.

세계에는 숨겨진 위험과 기회가 가득하다. 위험과 마주치기가 두려워 모든 걸 안개 속에 묻어둔다면, 그토록 외면해오던 것을 향해 돌진할 수밖에 없는 운명에 처했을 때 당신은 이미 다리가 풀려 있을 것이다. 당신은 의식의 밝은 빛으로 흐릿한 안개를 깨끗이 날려버릴 수 있다. 하지만 이 엄청난 능력을 발휘하지 않는다면 날카로운 나뭇가지에 찔리고, 바위에 부딪히고, 안전한 피난처를 지나칠 것이다. 그런 뒤 장애물과 방벽 천지인 미로를 만들었다며 사람을, 현실을, 신을 저주할 것이다. 그때 타락이 손짓하고, 당신은 어둡고 은밀한 동기에 이끌릴 것이다. 그런 동기는 실패를 불씨로 삼고 좌절을 연료로 삼아 점점 더 강해지고 사악해질 것이며, 급기야 그 정점에서 당신은 나쁜 사람들이 당신에게서 가져갈 만한 것을 모두 가져갔다는 억울한 믿음에 사로잡힐 것이다. 이런 태도가 필연적으로 초래하는 행동과 무행동은 당신의 삶과 공동체, 당신의 나라와 이 세계를 초라하게 만들고,

그런 뒤 다시 존재 자체를 초라하게 만들 것이다(바로 이것이 어둡고 은밀한 동기가 바라는 결과다).

주의를 기울여 정성껏 탐색한다면 당신은 인생의 저울을 장애물 쪽이 아닌 기회 쪽으로 기울여서, 비록 위태롭고 고생스러울지라도 인생은 살 만하다는 걸 알게 될 것이다. 진심으로 원하고 요구한다면 얻을 것이다. 진심으로 찾는다면 발견할 것이다. 진심으로 들어가길 바라며 두드린다면 문이 열릴 것이다. 살다 보면 앞을 가로막는 것과 똑바로 맞서기 위하여 가진 걸 모두 쏟아부어야 할 때가 있다. 거짓으로 대체하고 싶을 만큼 무서울지라도 진실을 피해 숨지 말아야 할 때가 있다.

원치 않는 것을 안개 속에 묻어두지 마라.

법칙 4

남들이 책임을 방치한 곳에 기회가 숨어 있음을 인식하라

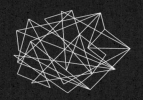

당신의 가치를 끌어올려라

임상심리학자이자 교수로서 나는 사람들의 경력 개발을 지도해왔다. 내담자들 중에는 직장 동료나 부하직원이나 상사가 할 일을 하지 않는다는 이유로 상담을 청하는 경우가 적지 않다. 그들은 자아도취적이거나 무능하거나 성미가 고약하거나 압제적이다. 당신은 합리적인 방법들을 동원해 그들을 저지해야 한다. 순교자가 되지는 마라. 다른 사람이 내 공을 가로챌 정도로 불평하지 않고 희생하는 건 잘못이다. 하지만 당신이 현명하고 세심한 사람이라면, 그런 동료들 때문에 가치 있는 일들이 무수히 방치되고 있음 또한 알아챌 것이다. 그리고 스스로에게 이렇게 물을 것이다. '내가 저 일들을 한다면 어떤 일이 벌어질까?' 쉽지 않은 문제다. 아무도 하지 않는 일은 대개 필요하지만 위험하고 어렵다. 이는 그 일이 가치 있고 중요하다는 걸 의미한다. 어쩌면 당신에게 문제를 알아볼 안목이 있는 것 아닐까? 그렇다면 그것이 '당신의' 문제가 아니라고 어떻게 말할 수 있겠는가? 왜 이 문제는 알아차리면서 다른 문제는 알아차리지 못하는가? 깊이 생각해볼 문제다.

직장을 포함해 어느 집단에서든 쓸모 있는 사람이 되고 싶다면 아무도 하지 않는 유용한 일을 찾아서 하라. 동료들보다 일찍 출근하고 늦게 퇴근하라(하지만 당신의 삶을 망가뜨리지는 마라).[1] 위험할 정도로 무질서하다면 체계를 세워라. 근무 시간에 일하는 척하는 대신 제대로 일하라. 마지막으로, 업계 또는 경쟁사들에 관해 더 많이 공부하라. 그러면 당신은 매우 가치 있는 사람, 핵심 인물이 될 것이다. 그리고 사람들이 당신의 진가를 알아보고 인정하기 시작할 것이다.

당신은 이렇게 말할지 모른다. "글쎄요. 그렇게 중요한 일을 저는 못 할 것 같은데요." 그 일을 할 수 있는 사람이 되려고 노력해보면 어떨까? 우선 작은 문제부터 시작해보라. 신경 쓰이는 어떤 일이 있는데 당신이 바로잡을 수 있을 것 같다면, 그 일을 해결해보라. 이는 어렵지 않게 물리칠 수 있을 크기의 용과 대결하는 것이다. 작은 용이라 아직 황금을 비축할 시간이 없었을 테지만 그래도 썩 괜찮은 보물이 있을지 모르고, 실패할 확률(불에 타서 또는 물려서 죽을 확률)은 낮다. 주어진 것 이상의 책임을 맡는다면 정말 가치 있는 사람이 될 수 있다. 그럴 때 당신은 연봉 인상, 자율성 확대, 근로시간 단축 등을 얻어내기 위해 상사에게 가서 이렇게 말할 수 있다. "여기, 반드시 해야 하는 일이 열 가지 있습니다. 모두 다 중요한 일인데, 지금 제가 하고 있습니다. 저를 조금만 도와주신다면 더 잘할 수 있을 것 같습니다. 당신은 물론이고 모두에게 좋은 일인데 어떻게 하시겠습니까?" 상사가 합리적인 사람이라면 당신은 협상에 성공할 것이다(실제로 그런 상사는 꽤 있다). 일은 이렇게 하는 것이다. 그리고 절대 잊지 마라. 세상에는 믿음직스럽고 쓸모 있는 사람을 발견했을 때 아주 기뻐하며 손을 내미는 정말 좋은 사람이 드물지 않다. 이렇게 진정한 이타주의가 선사하는 인생의 기쁨을 누릴 줄 아는 사람이 되어야 한다. 그러지 않으면 염세적인 지혜로 가장한 값싼 냉소주의에 빠지고 만다.

삶을 가장 든든하게 지탱해주는 의미는 책임을 받아들이는 데서 나온다. 특별히 불운하지 않다면 사람은 자기가 성취한 것을 되돌아보면서 이렇게 생각한다. "그래, 난 그 일을 해냈어. 정말 유익한 일이었지. 쉽진 않았지만 해낼 가치가 있었어." 일의 가치와 그 난이도에 상호관계가 있다는 사실이 생소하고 기이해 보인다면, 다음 대화를 생각해보자. "당신은 어려운 일을 원하나요?" "아니요, 쉬운 일을 원합니다." "당신의 경험에 비춰볼 때 쉬운 일을 하는 게 가치가 있을까요?" "글쎄요, 대개는 그렇지 않겠지요." "그렇다면 실제로 당신이 원하는 건 어려운 일일 수 있습니다." 나는 다음 문장에 존재의 이유가 담겨 있다고 생각한다. **어렵다는 건 필요하다는 뜻이다.**

우리가 자발적으로, 기꺼이 스스로를 제약하는 것도 이런 이유에서다. 예를 들어 우리는 게임을 할 때마다 임의의 제약을 받아들여서 운신의 폭을 좁히고 제한하며, 그때 드러나는 가능성을 탐구한다. 이것이 게임의 요지다. 그런 규칙이 없으면 게임은 성립하지 않는다. 예를 들어 체스를 둘 때 당신은 다음과 같은 규칙을 받아들인다. "이 나이트는 L자로만 움직일 수 있어. 터무니없긴 한데 정말 재미있군!" 체스의 말들이 아무 데로나 이동할 수 있다면 희한하게도 재미가 사라진다. 어디로나 이동할 수 있다면 그 체스는 더 이상 게임이 아니다. 제약을 받아들여라. 그러면 게임이 시작된다. 제약을 존재의 필수 요소이자 인생에서 가치 있는 부분으로 받아들여야 그것을 초월할 수 있다. 제약을 받아들일 때 우리는 게임을 제대로 할 수 있다.

여기에는 심리적인 중요성만 있는 게 아니며, 게임만 그런 것도 아니다. 사람은 의미를 필요로 하지만, 문제는 해결을 필요로 한다. 중요한 것, 나를 희생할 가치가 있는 것, 맞서고 떠맡을 가치가 있는 것을 발견하는 일은 심리학의 관점에서 보면 대단히 유익하다. 하지만 인생의 고통과 악의는 현실이다. 그로 인한 끔찍한 결과도 현실이다. 문제들을 직시하고 떠맡아서 해결하는 일도 현실이다. 우리는 책임을 떠맡음으로써 심리적으로는 의미 있는 길을 발견하고 자신의 운명을 개선하는 동시에 참을 수 없이 잘못된 현실을 더 낫게 만들 수 있다. 두 마리 토끼를 잡을 수 있는 것이다.

책임과 의미

삶이 고통이라는 생각은 종교에서는 보편적인 진리다. 이 개념은 불교의 사성제四聖諦 중 첫 번째이자 힌두교 사상의 핵심 중 하나다. 고통을 가리키는 고대 인도어인 두카dukkha(팔리어) 또는 두흐카duhka(산스크리트어)는 '나쁜dus 구멍kha'에서 유래했는데, 특히 마차의 축이 통과할 정도로 큰 구멍을 말한다. 그런 구멍을 제대로 지나가려면 마차를 구멍의 한복판, 즉 타깃의 정중앙을 노리고 몰아야 한다. 그러지 않으면 마차가 심하게 덜컹거릴 것이다. 마차가 치우칠수록 충격의 강도가 커지기 때문이다. 이 조언은 내게 하마르티아hamartia(비극적 결함—옮긴이)라는 그리스어를 떠올리게 하는데, 그리스도교의 관점에서 흔히 죄악sin으로 번역된다.

하마르티아는 원래 궁술에서 쓰던 용어로, 과녁을 벗어난다는 뜻이다. 우리는 살면서 무수히 과녁을 벗어난다. 나는 병원에서 그리고 내 주변에서 사람들이 필요로 하는 것 또는 원하는 것을 명확히 표현하지 못해 결국 손에 넣지 못하는 경우를 자주 목격했다. 어쨌든 겨냥을 하지 않으면 과녁을 맞히기는 불가능하다. 사람들은 적극적으로 행동하다 실수를 범했을 때보다 시도조차 하지 않았을 때 더 속상해한다.[2] 어떤 일을 하다가 실수를 했다면, 당신은 그로부터 뭔가를 배울 수 있다. 하지만 실수를 피한다는 변명 아래 소극적으로 움츠리고만 있다면, 그것이야말로 정말 큰 실수에 해당한다. 위대한 블루스 음악가 톰 웨이츠Tom Waits가 〈어 리틀 레인A Little Rain〉에서 이렇게 노래하지 않았던가. "위험을 무릅쓰고 어떤 중요한 일을 해야 해."

예를 들어 동화 주인공 피터 팬Peter Pan도 엄청난 실수를 범한다. '팬Pan'은 그리스의 야생의 신 '판Pan'과 똑같은 이름인데, '모든 걸 포용한다'는 뜻이다. 그 이름대로 마법의 소년 피터 팬은 모든 걸 할 수 있다. 모든 아이가 그렇듯 피터 팬은 잠재성이 풍부하고, 그래서 마법을 부릴 줄 안다(모든 아이에게는 마법 같은 힘이 있다). 하지만 시간이 그 마법을 조금씩 깎아내면 매혹적인 잠재성을 지닌 소년은 현실의 진정한 성년이 된다. 말하자면 초기의 가능성이 의미 있고 생산적이고 장기적으로 지속 가능한 것과 맞바뀐다. 피터 팬은 그러길 거부한다.

그 이유 중 하나는 그의 주요한 역할 모델이 후크 선장이기 때문이다. 후크 선장은 전형적인 폭군, 질서에 병적으로 집착하는 자, 기생충이자 독재자, 죽음을 두려워하는 자다. 그가 그러는 데는 이유가 있다. 시계를 삼킨 악어의 형태로 죽음이 끊임없이 그를 쫓아다니기 때문이다. 그것이 시간이다. 똑. 딱. 똑. 딱. 1분 1초가 지나갈 때마다 삶은 사라진다. 악어는 후크의 맛을 봤고(후크는 잘려나간 손 대신 갈고리를 달고 다닌다—옮긴이), 그 맛을 좋아한다. 이 또한 인생이다. 혼돈의 수렁에 숨어 있는 걸 두려워한다고 해서 다 겁쟁이는 아니다. 대부분의 사람들은 유년 시절에 실망과 질병, 사랑하는 사람의 죽음을 겪는다. 그런 경험을 하면 누구나 비통해하고 분개하고 거칠어지고 포악해진다. 후크처럼 말이다. 그런 후크 선장이 역할 모델이라니, 피터 팬이 어른이 되길 싫어하는 것도 놀랍지 않다. 차라리 소년들의 왕King of the Lost Boys으로 남는 편이 나을 것이다. 또한 팅커벨과 함께 환상의 나라에서 지내는 게 나을 것이다. 여성 파트너가 해줄 수 있는 모든 걸 이 요정이 해줄 수 있으니 말이다. 하지만 팅커벨은 실제로 존재하지 않는다.

피터 팬이 사랑하는 웬디는 친구인 피터를 좋아하고 존경하지만, 어른이 되기로 마음을 정한다. 웬디는 남편을 맞이하고 기꺼이 성숙을, 그것이 암시하는 필멸과 죽음을 받아들인다. 웬디는 성년이 되기 위해 유년의 삶을 희생하기로 선택하지만, 그 대가로 실제의 삶을 얻는다. 반면에 피터는 아이로 남는다. 마법의 힘을 지녔다고는 해도 그는 어린아이일 뿐이다. 그렇게 해서 한정되고 유한하고 하나뿐인 삶이 그를 지나쳐간다. 제임스 배리J. M. Barrie의 연극 〈피터 팬: 어른이 되고 싶지 않은 소년Peter Pan: The Boy Who Would Not Grow Up〉에서 피터는 해적의 바위에서 죽음에 직면하지만, 죽음을 두려워하지 않는다. 관객들은 그의 태도를 용기로 잘못 이해할지 모른다. 어쨌든 피터는 "죽는 건 엄청나게 큰 모험일 거야"라고 말하니 말이다.[3] 하지만 무대 뒤편에서 인간의 심리를 꿰뚫어보는 듯한 해설자narrator는 이렇게 말한다. "사는 건 엄청나게 큰 모험일 거야." (만일 피터가 웬디를 선택했다면 그런 일이 일어났을 것이다.) 그런 뒤 곧바로, "하지만 피터는 그걸 절대로 알지 못해"라고 덧붙인다.[4] 피터가 죽음을 두려워하지 않는다고 큰소리치는 건 용기가 아니라 그에게 기본적으로 자멸적인 성향이 있고, 삶을 역겨워한다는 증거다(그 증거로 그는 어른이 되길 끊임없이 거부한다).

독신자 파티에서 최연장자가 되는 건 절대 좋은 일이 아니다. 그런 입장이 되면 자포자기의 심정을 멋진 반골 기질로 위장하고 신경질적인 초연함과 오만을 드러내기도 한다. 거기에는 네버랜드 같은 데가 있다. 마찬가지로 목표는 없고 재능만 있는 스물다섯 살 젊은이의 매력적인 잠재성은 서른 살에는 절망적이고 애처로워 보이고, 마흔 살이 되면 완전히 만료된다. 여러분은 자신의 다층적인 잠재성을 희생해 실질적인 알맹이를 확보해야 한다. 목표를 세워라. 자신을 단련하라. 그러지 않으면 비참한 결과를 맞이한다. 과연 어떤 결과일까? 고통으로 가득하고 의미는 전혀 없는 삶이다. 거기에 지옥보다 더 좋은 표현은 없다.

불교에서 인생은 고통이며, 조금은 불명료하지만 힌두교에서도 마찬가지다. 히브리 성경은 승리의 순간뿐 아니라 유대인이 개인과 민족으로서 당한 고통을 연대순으로 보여준다. 야훼의 명에 따라 모험을 시작한 사람이라도 재앙을 피하지는 못한다. 이스라엘 민족의 조상인 아브라함은 아마 이것을 직감했을 것이다. 그도 분명 피터 팬과 한 부류였다. 성경에 따르면 아브라함은 75세가 될 때까지 부친의 천막집에서 지냈다(요즘 기준으로도 꽤 늦은 출발이다). 그때 내면에서 친족과 고향을 떠나라는 목소리를 듣고 아브라함은 새로운 인생을 찾아 여행길에 오른다. 신의 부름에 이끌려 모험을 시작한 그는 무엇과 만나는가? 처음에 그는 기아로 고통을 받았다. 그다음에는 이집트의 폭정에 시달렸다. 이집트 왕에게 아름다운 아내를 뺏길 뻔한 뒤 결국 그 나라에서 쫓겨났다. 또 영토 문제로 일가친척들과 다투고, 전쟁을 겪고, 조카를 납치당하고, 위대한 민족의 조상이 되리라는 하나님의 약속에도 불구하고 오랫동안 자식을 못 보고, 마지막으로 아내들 사이에서 극심한 갈등을 겪었다.

더 깊이 연구하고 이해할수록 아브라함 이야기는 내게 큰 영향을 주었다. 그 핵심에는 '비관'과 현실적이고 진심 어린 '격려'가 묘하게 결합해 있다. 여기서 비관은 무엇일까? 아브라함처럼 두려워하지 말고 세상에 나가라는 하나님의 명을 받은 사람이라도 인생은 힘들기 마련이다. 상황이 아무리 좋더라도 극복하기 힘든 장애물이 나타나 길을 가로막는다. 그렇다면 격려는 무엇일까? 살다 보면 스스로 생각하는 것보다 자신이 더 강하고 유능하다는 사실을 보여줄 기회가 온다. 상황이 제 필요에 따라 우리를 능력자로 변모시킬 때(이것이 바로 신의 뜻이다) 우리의 내면에 있는 잠재성(어린 시절의 마법의 힘)이 밖으로 드러난다.

내가 최근에 조금이나마 이해한 아주 오래된 생각이 하나 있다. 그 생각은 책임과 의미와 관련이 있으며, 명시적으로 드러나기보다는 꿈이 전해주는 지혜처럼 숨어 있다. 그 생각은 고대부터 현대에 이르는 다양한 문학작품과 이미지와 연극에서 발견되는데, 영웅 신화가 대표적이다. 영웅은 마법의 주문을 외우고, 남들이 보지 못하거나 보려고 하지 않는 것을 보고, 거인을 이기고, 부하들을 이끌고, 용을 베어 죽이고, 귀한 보물을 발견하고, 처녀를 구한다. 영웅 신화는 모두 똑같은 지각 및 행동의 패턴이 변형된 것으로, 그 안에는 어디서나 통할 수 있는 존재 양식이 있다. 영웅은 또한 짐승의 배를 갈라 아버지를 구하는 사람이다. 이런 이야기들은 책임과 의미에 관해 어떤 걸 말하고 싶었던 걸까?

아버지를 구하라: 오시리스와 호루스

고대 이집트의 오시리스Osiris, 세트Seth, 호루스Horus 이야기를 살펴보자.[5] 이집트 사람들은 오시리스를 이집트를 세운 신으로 여겼다. 우리의 관점에서 오시리스는 나일강 유역에 놀라운 문명을 건설한 사람들의 모든 인간적 특징을 포괄한 존재로 볼 수 있다. 이집트 사람들에게 오시리스는 문화를 건설한 영웅이었다. 젊은 시절 그는 세계를 창조하는 중에 인류 최초의 위대한 문명을 건설했다. 하지만 모든 존재가 그렇듯 그도 나이가 들었고, 고의적으로 외면하는 일이 잦아졌다. 이집트 사람들은 이 신이 두 가지 속성을 함께 보여준다고 주장했는데, 여기에 엄청난 진리가 담겨 있다. 이 창조주는 시대착오적으로 변했을 뿐 아니라, 눈을 뜨고 있어야 한다는 걸 너무도 잘 알고 있을 때도 눈을 감기 시작했다. 오시리스는 그의 왕국이 어떻게 돌아가는지에 더 이상 관심을 두지 않았다. 이는 고의적인 외면이었으며, 단지 나이를 탓할 일이 아니었다. 누구나 오늘 대면해야 할 문제를 미래로 넘기고 싶은 유혹에 빠질 수 있다. 만일 문제가 이자처럼 복리로 불어나지 않는다면 그래도 괜찮을지 모른다. 하지만 절대 그렇지 않다는 걸 우리는 잘 알고 있다.

눈을 뜨고 있어야 할 때 눈감아버리겠다는 오시리스의 결심은 엄청난 대가를 불러왔다. 사악한 동생 세트에게 진압당한 것이다. 이집트인들은 사악한 동생의 존재를 일종의 공리公理(증명이 필요 없는 자명한 진리—옮긴이)로 받아들였다. 이집트인들은 오랫동안 복잡한 문명을 유지해오면서 사회구조의 결함을 이미 경험해 알고 있었던 것이다. 오늘날에도 그 공리는 어느 정도 타당하게 받아들여진다. 일단 제 기능을 하는 위계 구조가 확립되고 나면 권력과 지위를 불법으로 가로챌 기회가 열리고, 적합한 능력과 자격 대신 조작·사기·강압을 이용해 신분과 지배력을 얻으려는 사람들이 생기기 마련이다. 이집트 사람들은 그런 세력을 빛과 깨달음, 통찰과 자각의 적敵인 세트라는 신으로 개념화했다.[6] 세트는 파라오가 되어 이집트를 통치하려는 야심이 있었다. 오시리스가 사악한 동생의 음모에 눈을 감고 보기를 거부한 사이에 그는 힘을 키울 수 있었다. 오시리스의 실수는 치명적인 결과를 낳았다(불멸의 존재에게 그보다 치명적일 수 없었다). 때를 기다리던 세트는 오시리스가 약해진 순간을 포착했다. 그는 오시리스

질서 너머

의 몸을 자르고, 그 유해를 이집트 전역에 흩뿌렸다. 오시리스는 사회에 질서를 세우려는 인간의 영원한 욕망이므로, 그를 완전히 죽이는 건 예나 지금이나 불가능하다. 그는 절대로 죽지 않는 힘이다. 하지만 그를 여러 조각으로 잘라 제 기능을 하기 어렵게 만들 수는 있다. 바로 그것이 세트가 한 일이었다.

질서의 신 오시리스도 조각조각 부서질 수 있다. 이런 일은 개인, 가족, 도시, 국가에서 항상 일어난다. 사랑이 끝날 때, 경력이 단절될 때, 소중한 꿈이 날아갈 때 모든 것이 무너져내린다. 익숙했던 질서가 사라진 자리에는 체념, 불안, 불확실, 절망이 들어찬다. 허무주의와 심연이 무시무시한 모습으로 등장해 안정적이고 바람직한 삶의 가치들을 파괴한다. 결국 혼돈이 출현한다. 마찬가지로 세트가 오시리스를 파괴할 때 지하세계의 왕이자 오시리스의 배우자인 여신 이시스Isis가 나타난다. 이시스는 이집트 전역을 돌아다니면서 오시리스의 본질을 찾는다. 그리고 그의 잘린 성기(종자의 그릇, 생식의 언어, 열매를 맺는 원리)를 찾고 임신을 한다. 이는 무엇을 의미할까? 오시리스와 마찬가지로 지하세계의 여왕이자 혼돈의 여신도 영원히 새로워지는 힘이라는 뜻이다. 한 나라의 시스템이 조각조각 부서지면 과거의 이해, 범주, 가정들을 비롯해 그 나라의 질서를 유지하던 보이지 않는 제약들에서 모든 잠재성이 풀려난다. 그리하여 더 이상 구심점이 없는 가장 암울한 시기에 새로운 가능성이 모습을 드러낸다. 전형적인 영웅이 최악의 상황에서 태어나는 건 이런 이유에서다.

임신을 한 이시스는 지하세계로 돌아와 얼마 후 호루스를 낳는다. 아이는 오래전에 사라진 왕의 적통으로, 타락이 판치는 그의 왕국으로부터 멀리 떨어진 곳에서 성장한다(우리 모두는 그렇게 성장한다). 호루스의 기본적인 속성은 눈(유명한 이집트의 외눈)이며, 그의 분신은 날카로운 시력으로 먹잇감을 정확히 조준해 단번에 낚아채는 매falcon다. 하지만 호루스가 가진 더욱 중요한 능력은 보고자 하는 '의지'다. 이 의지는 대단한 용기로, 아무리 무서워 보이는 일이라도 알게 된 이상 회피하지 않겠다는 결심이다. 호루스는 주의력의 신이고, 이집트 사람들은 주의력이 다른 모든 기능을 지배한다고 생각했다(이 점은 수천 년 동안 내려온 그들만의 독특한 상상의 형식, 바로 이야기의 형태로 표현된다). 호루스는 보려는 의지가 있다는 점에서 아버지인 오시리스와 다르다. 예를 들어 그는 삼촌 세트를 똑바로 보고 그가 어떤 존재인지 정확히 파악한다. 세트는 순수한 적개심, 악 그 자체다. 호루스는 어른이 되자마자 아버지의 것이었던 왕국으로 돌아가 삼촌과 대결한다. 둘은 한 편의 서사시에 버금가는 결투를 벌인다. 젊은 신이자 왕국의 적통자는 다른 데로 눈을 돌리지 않고 아무도 책임지지 않는 곳에 숨어 있는 기회를 노린다. 겁쟁이가 할 수 있는 일은 절대 아니다. 논리적으로만 생각해서는 할 수 없는 일이다. 타락과 고의적인 외면에 발끝까지 오염되었다면 더더욱 불가능한 일이다. 눈을 부릅뜨고 악을 지켜본다는 건 설령 꼭 필요한 일이라 하더라도 믿을 수 없으리만치 위험하다. 호루스가 처음에 당한 패배가 그걸 증명한다. 그 전투에서 세트는 용감한 조카의 한쪽 눈을 찢어발긴다.

부상을 당했음에도 호루스는 끝내 승리한다. 그 승리에 비추어 호루스가 전투에 자발적으로 임했다는 사실은 아무리 강조해도 지나치지 않다. 두렵거나 혐오스럽거나 경멸스러운 장애물에 자발적으로 맞서는 것이 치료에 효과가 있다는 말은 임상심리학자들에게는 금언과 같다. 이는 심리치료 분야에 속한 다양한 학파가 정신건강의 회복 과정을 꾸준히 관찰해서 얻은 결론이다. 필요한 전진을 가로막는 장애물에 자발적으로 맞설 때 우리는 더 강해진다. 그렇다고 '분에 넘치게 일을 벌여라'는 건 아니다('자발적으로 전투에 임했다'는 말이 '무모하게 충돌했다'를 의미하지 않는 것처럼 말이다). 정신을 차리고 용기와 기술과 재능을 발휘할 수 있는 정도에 정확히 맞춰 도전하는 것이 현명하다. 또한 아직 다 파악하지 못한 상대와 무모하게 충돌하는 건 피해야 한다.

도전을 감행할 수 있는 정도는 어떻게 가늠할 수 있을까? 의미(단순한 생각보다 훨씬 깊고 오래된 것)를 알아보는 본능이 그 답을 준다. 시도하려는 일이 너무 두렵게 느껴지지 않고 당신을 앞으로 이끄는가? 그 일이 관심을 끌되 당신을 압도하지는 않는가? 그로 인해 허투루 보내는 시간이 사라지는가? 그 일이 사랑하는 사람들, 심지어 적에게 도움이 되는가? 의미는 책임과 직결된다. 악을 제압하라. 고통을 줄여라. 감당해야 할 부담, 수시로 변덕을 부리는 삶의 불공평과 잔인함에 굴하지 말고, 문제 해결을 소망하면서 매 순간 당신 앞에 나타나는 가능성을 놓치지 마라. 그 밖의 다른 방법을 사용하면 지옥 구덩이는 더 깊어지고 그 안의 열기는 더 뜨거워지며, 문제는 더욱 악화되어 사람들을 비참하게 만든다. 모두가 도전의 필요성을 안다. 모두의 양심이 도전하라고 명한다. 그래서 사람들은 진실한 친구와 사랑하는 사람들이 마땅히 해야 할 일을 회피하는 걸 보면 실망을 금치 못한다.

호루스는 패배한 세트에게서 자신의 눈을 되찾고 그를 왕국에서 추방한다. 세트를 죽일 수는 없다. 오시리스, 이시스, 호루스처럼 그도 영원하다. 모든 차원의 경험에서 우리를 위협하는 악은 우리 내면에서 또는 사회 안에서 항상 싸워야 할 어떤 것(또는 어떤 사람)이다. 하지만 우리는 악을 극복하고 추방하고 물리칠 수 있다. 그런 뒤에는 평화와 조화가 널리 퍼질 것이다. 사람들이 평화와 조화가 어떻게 도래했는지를 잊지 않을 때까지는 말이다.

호루스는 눈을 회복한다. 보통은 그런 상황에서 행운의 별에게 감사하고, 눈을 빈 눈구멍에 다시 넣고, 원래의 삶으로 돌아갈 것이다. 하지만 호루스는 달랐다. 그는 지하세계로, 짐승의 배 속으로, 죽은 자들의 왕국으로 돌아간다. 그곳에서 오시리스의 영혼을 찾을 수 있다고 생각했기 때문이다. 실제로 팔다리가 잘려 거의(어떤 의미에서는 완전히) 죽은 상태였던 오시리스는 혼돈 그 자체인 지하세계에 거주하고 있었다. 그는 짐승의 배 속에 있는 죽은 아버지다. 호루스는 한때 위대했던 왕을 찾아내 세트에게서 되찾은 자신의 눈을 그에게 바친다. 지고한 존재는 아들의 희생과 통찰력 덕분에 시력을 되찾는다. 호루스는 시력을 회복한 아버지를 모시고 돌아와 함께 왕국을 통치한다. 이 이야기는 왕국의 정당한 통치권이 통찰과 용기 그리고 되살아난 전통의 조합에 있다는 이집트인의 믿음을 보여준다. 지혜와 젊음의 이 병치가 파라오, 그 불멸의 영혼이 가진 힘의 본질이자 왕권의 원천이다.

도전에 직면할 때 우리는 세계와 맞붙어 싸우면서 더 많이 알게 된다. 그때 당신은 더 큰 사람이 된다. 되고 싶었던 사람이 된다. 당신은 어떤 사람이 될 수 있는가? 당신은 인간에게 허락된 모든 사람이 될 수 있다. 당신만의 특별한 방법으로 과거의 위대한 조상들을 재현할 수도 있다. 그런 변신의 상한선은 어디일까? 우리는 알 수 없다. 다만 종교에서 그 단서를 찾을 수 있을 뿐이다. 인간이 이른바 완전히 고양되었을 때는 어떻게 되는가? 세상의 비극과 악의를 전부 책임지겠다고 결심한 사람은 어떤 모습일까? 인간의 궁극적인 질문은 우리가 누구인가가 아니라, 어떤 존재가 될 수 있는가다.

심연을 들여다보면 괴물이 보인다. 작은 심연이라면 작은 괴물이 보일 것이다. 하지만 궁극적인 심연이라면 궁극적인 괴물이 보인다. 그 괴물은 틀림없이 용, 악 그 자체다. 심연 속의 괴물이라는 개념은 어둠 속에서 순진한 먹잇감을 노리는 불멸의 맹수를 말한다. 이 까마득히 오래된 이미지는 개념적인 것이 인간 유전자에 암호화되기 시작한 뒤로 우리의 생물학적 구조에 깊이 새겨졌다. 그건 단지 자연의 괴물일 뿐 아니라 문화의 폭력이고 개인의 악의다. 용은 이 모든 것이지만, 후자가 우세할수록 더 끔찍하다. 하지만 힘없는 먹잇감처럼 숨죽이고 움츠리거나 배반자가 되어 악에 봉사하는 대신 굴에 들어가 사자와 맞서는 게 인간의 본성이다. 이는 용감한 사냥꾼·방어자·목동·항해자·발명가·전사, 그리고 도시와 국가의 설립자였던 우리의 위대한 조상들이 따르던 본성이기도 하다. 바꿔 말하면 당신이 구할 수 있는 아버지이자 당신이 닮고 싶은 조상이다. 그들은 당신의 가장 깊은 곳에 있다. 모든 책임을 지고 더 큰 사람이 되려고 할 때 당신은 반드시 그곳에 가야 한다.

내가 되고자 하는 존재는 어떤 모습일까

우선 우리에게는 자기 자신을 돌볼 최소한의 도덕적 의무가 있다는 점에 동의해보자. 당신이 단지 이기적인 차원에서 자신을 돌보는 데 관심이 있다면, 다음과 같은 질문을 던질 수 있다. '돌본다'는 건 무엇을 의미하는가? 당신은 어느 '자신'을 돌보고 있는가? 우리가 그저 순수한 이기심, 때 묻지 않은 자기중심주의를 이야기하는 거라면 답은 간단해진다. 그건 당신이 원하는 대로 뭐든 할 수 있고, 다른 누군가를 신경 쓸 필요가 전혀 없음을 의미한다. 하지만 그때 마음 한켠에서 반대하는 목소리가 들린다. "잠깐만, 그건 문제가 있어." 왜 그럴까? 다시 한번 생각해보자. 당신은 어떤 자신을 돌보고 있는가? 지금 이 순간 구체적으로 존재하는 당신인가? 그렇다면 다음번에는 어떨까? 아침 해가 떠오르듯 미래는 어김없이 다가온다. 그러니 미래를 대비하는 것이 가장 현명한 일이다.

나중을 희생하고 지금을 극대화할 때는 어떤 위험이 있는가? 당신 입에서 경솔하고 과격한 말이 막 나오려 한다고 상상해보자. 당신은 '절대 봐주지 않겠어'라고 생각하며, 부당하고 잔인한 말들을 떠오르는 대로 마구 쏟아낼 것이다. 그 순간 막혔던 속이 뻥 뚫리는 기분을 느끼면서 분통을 터뜨린 것에 만족할 것이다. 하지만 곧바로 당신은 난처해지고, 꽤 오랫동안 난감함에서 벗어나지 못할 것이다. 당신은 비록 이기적으로 하고 싶은 대로 하긴 했지만, 그 행동이 자신에게 가장 도움이 되지는 않았다. 그러니 정상적인 사람이라면 그 누구도 사랑하는 아들이나 딸에게 이렇게 말하지 않을 것이다. "자, 얘들아, 그

질서 너머

때그때 기분 내키는 대로 행동하면 돼. 다른 건 신경 쓰지 말고." 우리가 그렇게 말하지 않는 까닭은 당신에게 그랬듯이 아이들에게도 미래가 다가온다는 사실을 잘 알기 때문이다. 어떤 것에 순간적으로 행복을 느낀다고 해서 그것이 본인에게 가장 유익하다고 할 수는 없다. 그렇게만 되면 인생은 정말 간단하겠지만, 지금의 당신이 있는 것처럼 내일의 당신이 있고 다음 주의 당신, 내년의 당신, 5년 뒤의 당신, 10년 뒤의 당신이 있으니, 가혹할지언정 당신은 모든 '당신들'을 고려해야 한다. 이 저주는 인간이 미래를 발견하고 그로 인해 일의 필요성을 깨달은 것과 관련이 있다. 일을 한다는 건 앞에 놓인 것의 잠재적 향상을 위해 현재의 즐거움을 희생한다는 뜻이다.

물론 아주 먼 미래에 존재하는 '당신들'을 얼마간 무시하는 게 유용할 때가 있다. 미래는 불확실하기 때문이다. 현재의 행동이 20년 뒤에 끼칠 영향을 지금 영향을 받는 정도로 걱정하는 것은 적절치 않다. 이 책을 읽고 있는 당신은 지금 여기에 존재할 확률이 100퍼센트인 반면, 20년 뒤에 존재할 확률은 그보다 낮기 때문이다. 그리고 너무 먼 곳을 바라볼 때 예측은 빗나갈 수 있다. 시간 거리가 멀어질수록 불확실성이 커지기 때문이다. 그럼에도 합리적인 사람은 여전히 훗날을 대비한다. 따라서 우리가 말하는 미래란 다음과 같은 의미다. 만일 당신이 자신을 돌보고자 한다면 당신은 이미 사회적 책임을 짊어진 셈이다(이건 특권이기도 하다). 당신이 돌보고 있는 그 당신은 모든 시간에 걸쳐 존재하는 당신들의 집합, 일종의 공동체이기 때문이다. 한 개인으로 이루어진 이 '사회'를 고려해야 할 필요성은 인간에게만 주어진 특별한 짐이자 기회다.

동물은 우리 인간과 같은 방식으로 미래를 고려하지 않는 듯하다. 아프리카 초원에 가면 뛰노는 얼룩말 무리와, 그들 주변에 어슬렁거리는 사자들을 볼 수 있다. 사자가 근처에 누워 쉬고 있는 한 얼룩말들은 별로 걱정하지 않는다. 인간의 관점에서 이런 얼룩말의 태도는 좀 경솔해 보인다. 그러지 말고 사자가 자러 갈 때를 기다린 뒤 구석에 모여 뭐라도 대책을 세운 다음, 자고 있는 사자에게 떼로 달려들어 밟아 죽여야 하지 않을까? 그러면 사자 문제가 말끔하게 해결될 텐데. 하지만 얼룩말들은 그렇게 하지 않는다. 그들은 이렇게 생각한다. '아, 사자들이 축 늘어져 있군! 저렇게 쉬고 있는 사자는 아무 문제가 안 돼!' 얼룩말은 시간관념이 아예 없는 듯하다. 시간을 건너뛰며 그들 자신을 개념화하지 못한다. 하지만 인간은 용케 자신을 개념화할 뿐 아니라 다가오는 시간을 뿌리치지도 못한다. 우리는 오래전에 미래를 발견했다. 미래는 우리 각자가 살아갈 잠재적 공간이다. 우리는 미래를 '현실'로 취급한다. 지금은 미래가 '있을 수 있는 현실'이지만, 결국에는 '지금'이 될 확률이 높기 때문이다. 따라서 우리는 부득이 미래를 고려하게 된다.

당신은 자기 자신과 꼭 붙어산다. 당신은 바로 지금의 당신과 미래의 당신을 모두 책임져야 한다. 만일 자기 자신을 올바로 대하고 싶다면 당신은 시간을 건너뛰며 되풀이되는 당신의 재현을 고려해야 한다. 우리는 오늘 나 자신과 게임을 해야 하는데, 그 게임이 내일, 내달, 내년에 할 게임에 방해가 되지 않아야 한다. 따라서 편협한 이기심은 역효과를 부른다. 이런 이유로 철저한 개인주의 윤리는 한마디로 모순이다. 자기 자신을 대해야 하는 방식과 다른 사람을 대해야 하는 방식은 사실 별 차이가 없다(일단 당신이 시간적으로 확장된 존재임을 깨달았다면 말이다).

예를 들어 결혼 생활에서 배우자와의 문제는 당신 자신과의 문제와 같다. 당신은 반복되는 게임의 결과들을 떨칠 수 없다. 당신은 지금 이 순간에도 전처럼 진저리나고 경솔한 방식으로 배우자를 대할 수 있지만 내일, 다음 달, 10년 후에도 그 또는 그녀와 함께 눈을 뜰 것이다. 다른 시간대에 되풀이될 때 효과가 없는 방식으로 배우자를 대한다면 당신은 퇴행성 게임을 하는 것이며, 그로 인해 두 사람 모두 큰 고통을 겪을 것이다. 이 문제는 미래의 당신과 화해하지 못하는 문제와 내용이 다르지 않다. 결론이 같기 때문이다.

행복과 책임

사람들은 누구나 행복하길 원한다. 당연한 일이다. 나는 다시 행복해지기를, 바로 지금 행복하기를 간절히 바랐던 적이 많다. 분명 나만 그렇지는 않을 것이다. 하지만 우리가 행복을 추구해야 한다고 믿지는 않는다. 행복을 추구하는 즉시 반복의 문제에 빠진다. '행복'은 바로 지금의 것이기 때문이다. 긍정적인 감정을 강하게 느끼는 상황에 놓이면 사람들은 현재에 초점을 맞추고 충동적으로 변한다.[7] '해 떴을 때 건초를 말려라'(상황이 좋을 때 기회를 놓치지 말고 행동하라)라는 속담도 있지 않은가. 하지만 '지금'은 결코 모든 것이 아니며, 불행하게도 우리는 힘닿는 데까지 모든 걸 고려해야 한다. 결론적으로 여러

시간대에 우리의 삶을 최적으로 이끌어주는 것이 행복일 것 같지는 않다. 그렇다고 해서 행복이 바람직하다는 걸 부인하는 게 아니다. 행복이 찾아오면 감사한 마음으로 두 팔 벌려 환영하라(하지만 그 순간 성급해지지 않도록 신중하라).

행복이 아니라면 무엇이 더 세련된 대안이 될 수 있을까? 책임을 지고 사는 것이라고 상상해보자. 그러면 미래를 바로잡을 수 있다. 또한 책임을 올바로 실천하기 위해 더 높은 선에 따라 믿음직하고 정직하고 품위 있게 행동한다고 상상해보자. 더 높은 선은 앞서 이야기했듯이 여러 시간대에 걸쳐 존재하는 당신과 주변 사람들의 역할을 동시에 최적화하는 것이다. 그것이 최고선이다. 당신이 최고선에 부합하는 삶을 목표로 삼고, 그것을 말로 분명하게 표현한다면, 당신의 내면에서는 어떤 심리적 변화가 일어날까?

첫째, 사람들이 느끼는 긍정적인 감정 대부분은 어떤 것을 달성해서 생기는 게 아니라는 점을 주목하자. 배가 고플 때 밥을 든든히 먹으면 단순한 즐거움(더 정확하게는 만족감)을 느낀다. 어렵고 가치 있는 어떤 일을 성취하면 그보다 더 복잡하지만 비슷한 만족감이 든다. 예를 들어 당신이 고등학교를 졸업한다고 상상해보자. 졸업식은 그 사건을 기념하는 일종의 축하 행사다. 하지만 다음 날 축하는 끝나고 당신은 곧바로 새로운 문제들에 직면할 것이다(배불리 먹은 뒤 몇 시간이 지나면 다시 배가 고픈 것처럼 말이다). 당신은 이제 고등학교의 최고참이 아니라 노동시장의 최하층이거나 새로운 고등교육 기관의 신입생이다. 당신은 시시포스Sisyphos와 똑같은 처지다. 사투를 벌이며 바위를 산봉우리까지 밀어 올렸는데, 겨우 산기슭이다.

어떤 일을 달성하면 대부분 즉각적인 변화가 일어난다. 충동적인 쾌락처럼 달성도 긍정적인 감정을 낳는다. 하지만 쾌락처럼 달성도 믿음직하지 않다. 따라서 다음과 같은 질문이 고개를 든다. '정말로 믿음직스럽고 긍정적인 감정은 어디서 올까?' 바로 **가치 있는 목표를 추구할 때**다. 당신에게 어떤 목표가 있다고 상상해보자. 당신은 그 목표를 달성하기 위해 전략을 세워 실행하고, 그 결과를 관찰한다. 바로 여기서 가장 믿음직스럽고 긍정적인 감정이 나온다.[8] 이것을 가장 잘 해내는 태도와 행동이 적자생존 경쟁에서 살아남아 다른 모든 태도와 행동을 압도한다고 상상해보자.[9] 이 일은 심리적으로나 사회적으로 동시에 일어날 것이다. 즉 한 개인의 생애에서뿐 아니라 수백 년에 걸쳐 사람들이 교류하고 대화하며 어떤 존재 양식이 최우선인가를 결정하는 동안에도 일어날 것이다.

이것은 결정적으로 중요한 진실을 시사한다. 책임이 없으면 행복은 없다. 가치가 있으며 다른 사람이 그 가치를 인정해주는 목표가 없으면 긍정적인 감정은 없다. 어떤 사람은 이렇게 반박할지 모른다. "하지만 도대체 무엇이 가치 있는 목표인가?" 당신이 즐겁지만 단기적이고 사소한 뭔가를 추구하고 있다고 가정해보자. 당신의 현명한 부분은 미래의 당신과 다른 사람들에게 가장 유익할 수 있는 목표와 그 단기적인 추구를 서로 비교할 것이다. 어쩌면 당신은 그 비교를 통해 깨달은 지혜를 무시하고 싶을지 모른다. 다시 말해 책임을 질 마음은 없고, 순간적이고 충동적인 쾌락에만 집중하고 싶을지 모른다. 하지만 그런 회피가 성공하리라 믿는다면, 당신은 존재의 깊은 차원에서 스스로를 속이는 셈이다. 당신의 현명하고 오래된 부분, 당신의 생존을 진지하게 걱정하는 그 부분은 쉽게 속거나 밀려나지 않는다. 그럼에도 어찌 됐든 사소한 목표를 정하고 거기에 도달하기 위해 얄팍한 전략을 세웠다면, 당신은 별로 만족스럽지 않을 것이다. 실제로 당신에게 그 일은 별로 중요하지 않기 때문에 당신의 관심이 충분히 우러나오지 않을 것이다. 게다가 마땅히 추구해야 할 목표를 추구하지 않는다는 사실이 당신에게 죄책감과 부끄러움, 초라함을 한꺼번에 안겨줄 것이다.

이 전략은 유용하지 않다. 나는 해야 할 일을 하나도 하고 있지 않은 사람이 만족감을 느끼는 경우를 본 적이 없다. 우리는 시간을 인식하는 동물, 즉 반복적인 게임을 불가피하게 끊임없이 하고 있음을 아는 동물이다. 미래를 아무리 무시하려 해도 소용없다. 우리는 날카로운 자의식을 가진 존재이자 생애 전반에 걸쳐 자기 자신을 개념화하는 존재이기 때문이다. 우리는 미래에 매여 있다. 도망치는 건 불가능하다. 어떤 것에 매여 있어서 그것으로부터 도망치는 것이 불가능할 때 취할 수 있는 올바른 태도는 자발적으로 돌아서서 그것에 맞서는 것이다. 단기적이고 충동적인 목표를 버리고 더 큰 목표를 가져라. 그것이 모두에게 장기적으로 도움이 되는 행동이다.

더 많은 무게를 짊어져라

우리는 윤리라고 하는 올바른 행동 양식과 갈등할 운명을 타고났다. 우리는 시간을 넘나들며 당신과 다른 모든 사람을 고려하는 존재다.

그래서 스스로에게 자신의 좋고 나쁜 행동을 수시로 보고한다. 따라서 시간과 장소를 초월해 모든 사람에게 도움이 되도록 행동하는 것이 바람직하다. 이 윤리는 명료하게 공식화되긴 어렵지만 우리가 하는 게임의 본질적인 부분을 구성한다. 이 게임을 잘하는 사람은 매력적이고, 매력적인 사람은 짝을 매혹한다. 윤리적으로 행동할수록 우리는 생존 가능성을 높이고 가족을 더 잘 지킬 수 있다. 윤리적으로 행동하리라 기대되는 경기자만이 경기장에 들어올 수 있다. 그리고 생물학적으로 우리에게는 위대한 경기자에게 긍정적으로 반응하고 그의 행동을 모방하는 장치가 갖춰져 있다. 사기꾼, 협잡꾼, 부정행위자를 폭력에 기대서까지 불허하는 장치도 물론 있다. 윤리적인 길에서 벗어났음을 일깨워주는 것이 바로 우리의 양심(윤리적 덕목을 지향하는 본능)이다. 당신의 아이가 축구 경기를 할 때 고의로 상대 팀 선수를 넘어뜨리거나 좋은 득점 기회에 좋은 위치에 있는 동료 선수에게 패스하지 않으면 당신은 눈살을 찌푸린다. 그런 수치심이 드는 건 당신이 사랑하는 사람의 배신을 목격하고 있기 때문이다. 바로 당신의 아이가 저지르고 있는 자기배신의 행위를 말이다. 당신이 예의범절을 지키지 않을 때도 비슷한 일이 벌어진다. 그것도 같은 본능이며, 최선의 방책은 그 본능에 주의를 기울이는 것이다. 올바른 길로 가지 않으면 발을 헛디뎌 낭떠러지로 떨어지고 비참한 고통을 겪을 것이다(물론 당신의 가장 근원적인 부분이 그런 사고가 일어날 때까지 침묵하지 않겠지만 말이다).

혹자는 이렇게 합리화할지 모른다. '지금 여기엔 낭떠러지가 없어. 근처에도 없어. 하나 있긴 한데, 앞으로 10년 동안 거기서 떨어질 일이 없을 만큼 먼 곳에 있어.' 하지만 우리의 정신 가운데 가장 근원적인 부분은 이렇게 반박한다. '그건 잘못된 생각이야. 그렇게 생각하면 안 돼. 10년은 꽤 긴 시간이라 예측이 틀릴 수 있지만, 그래도 현실이야. 10년 뒤에 재앙이 예상된다면 이제부터라도 그쪽으로 달려가지 않는 게 맞아.' 이렇게 당신의 행동이 미래를 무시하는 쪽으로 기울어지고 있음을 알고 죄책감과 두려움을 느낀다면, 신에게 감사할 일이다. 자기 자신을 배신할 때 치러야 하는 대가가 가장 깊은 차원의 죄책감·부끄러움·불안이라면, 자기 자신을 배신하지 않아서 생기는 혜택은 지속성 있는 의미다. 그것이 책임을 포기한 곳에 숨어 있는 가장 가치 있는 기회다.

양심의 소리에 귀를 기울이면, 우리는 지금 하는 일 중 무엇이 잘못된 것인지 깨닫는다. 더 정확히 말하자면 당신이 잘못된 행동을 하고 있을 가능성을 당신의 양심이 경고할 때 양심이라는 매체와 진실한 대화를 나눈다면, 무엇이 그른지 명확히 알 수 있다. 그리고 그에 비추어 무엇이 옳은지를 이해할 수 있다. 옳은 것은 그른 것의 반대인데, 그른 것이 확실히 더 뻔하고 명백하다. 따라서 우리는 그름의 의식에 주의를 기울임으로써 옳음의 의식을 싹틔우고 가꿔나갈 수 있다. 자기 자신을 배신하는 행동을 하면 기분이 안 좋아진다. 왜 그런지는 정확히 알지 못한다. 하지만 그에 대해 생각하지 않는 것이 당장은 덜 고통스럽고 더 쉽기 때문에 우리는 더 이상 생각하려 하지 않는다. 어떻게든 그것을 무시하려는 것이다. 하지만 자기 자신을 배신했다는 느낌은 점점 강해지고 당신은 당신 자신과 더 멀어진다.

당신은 다시 그 문제를 생각하고 불편함과 대면한다. 내면의 불화와 그로 인해 발생하는 혼돈에 주목한다. 무엇을 잘못했는지를 스스로에게 묻는다. 알게 해달라고 기도한다. 마침내 답변이 도착한다. 그런데 당신이 원하는 답이 아니다. 그것은 당신의 일부가 죽어야 한다고 말한다. 그래야 변할 수 있기 때문이다. 그런데 죽어야 하는 그 부분은 사라지지 않기 위해 투쟁하고, 근거를 대고, 빌며 사정한다. 살아남으려고 수단과 방법을 가리지 않는다. 어처구니없는 거짓말, 원통하고 화나는 기억, 미래(사실은 인생 그 자체의 가치)에 대한 절망적이고 냉소적인 태도 등이 어김없이 동원된다. 하지만 당신은 버텨낸다. 분별력과 판단력을 발휘해 당신의 행동이 왜 틀렸는지를 알아내고, 그에 비추어 어떻게 하는 것이 옳았을지를 이해한다. 결국 당신은 양심에 따라 행동하기 시작한다. 양심에 반하는 목소리도 있지만 그것을 동반자로 삼는다. 처음에는 지금까지 알아낸 올바른 행동들을 실천에 옮긴다. 그리고 지금 하고 있는 행동이 옳은 것인지를 확인하기 위해 그 어느 때보다 신중하게 자기 자신을 감시한다. 자신이 내뱉는 말에 귀를 기울이고, 자신의 행동을 주시하고, 좁은 길에서 벗어나지 않으려 노력한다. 이것이 당신의 목표가 된다.

개념 하나가 형태를 갖추기 시작한다. '나는 인생을 올바로 살겠어. 선한 것에 목표를 두겠어. 내가 도달할 수 있는 최고의 선을 바라보겠어.' 이때 미래의 자신을 돌보는 당신의 모든 부분이 한 배에 탑승한다. 당신의 모든 부분이 오로지 한 방향을 바라본다. 당신은 더 이상 쪼개진 집이 아니다. 이제 단단한 토대 위에 확고히 서 있다. 더 이상 쉽게 설득되거나 좌절하지 않는다. 결의가 허무주의와 절망을 제압한다. 의심하고 시치미 떼는 자신의 경향에 맞서 싸워본 덕분에 다른 이들의 차갑고 부당한 냉소로부터 자기 자신을 지키는 데 성공한다. 당신 앞에 놓인 높은 목표는 큰 산의 정상, 저 멀리서 손짓하는 밤하늘의 빛나는 별이다. 그 존재만으로 우리는 희망을 품는다. 그건 살아가는 데 없어서는 안 될 의미다.

디즈니 만화영화 〈피노키오〉를 떠올려보자. 제페토 할아버지는 나무를 깎아 꼭두각시 인형을 만든 뒤 그것을 진짜 소년으로 바꾸고 싶어 한다. 할아버지는 먼저 지평선 위를 바라보며 별에게 소원을 빈다. 영화의 첫 장면에서 피노키오의 탄생을 알리는 것이 바로 그 별이고, 영화가 끝날 때 귀뚜라미 지미니 크리켓이 받은 황금 배지에서 반짝이는 것도 그 별빛이다. 상징적으로 말하자면, 깊은 어둠 속에서 그리스도의 탄생을 예고하는 것도 그와 똑같은 별이다. 제페토 할아버지는 별을 올려다보면서 줄에 매달려 남이 조종하는 대로 움직이는 그의 꼭두각시 인형이 살아 있는 아이가 되게 해달라고 소원을 빈다. 꼭두각시 인형의 탄생과 그가 겪는 유혹과 시련 이야기는 일종의 심리극이다. 명확히 표현하진 못해도 우리 모두는 그것을 이해한다. 자신이 이해하지 못하는, 어쩌면 이해하고 싶지 않은 것에 조종당하는 꼭두각시 노릇을 이제 그만하고 싶다면, 눈을 들어 지평선 위를 바라보며 초월적인 목표를 세울 필요가 있다. 그때 각자 한정된 기능만 수행했던 모든 하위 체계들 또는 하위 인격들이 참된 이상의 날개 아래서 하나로 뭉치고, 그 결과 당신은 궁극적인 또는 총체적인 존재에 가까워진다. 그런 조건에서 당신의 모든 부분은 한 배를 탄다. 심리적 형태의 일신교가 등장한 셈이다. 이로써 신에게 진정으로 봉사하는 더 높은 자아가 출현한다. 시야가 좁고 제약이 많은 자아들의 밑바탕에는 그런 형이상학적 진실이 잠재되어 있다.

삶의 고통과 증오를 가라앉히는 해독제는 무엇일까? 각자에게 가능한 최고의 목표가 그것이다. 최고의 목표를 추구하는 데 필요한 조건은 무엇일까? 남들이 무시하거나 소홀히 하는 것들까지 책임을 지고자 하는 마음가짐이다. 어떤 사람은 이렇게 목소리를 높일지 모른다. "내가 왜 그 모든 짐을 져야 하지? 내가 왜 그런 희생과 고난과 역경을 감수해야 하지?" 하지만 당신은 무엇 때문에 무거운 짐을 지기 싫다고 확신하는가? 우리는 무겁고 깊고 심오하고 어려운 어떤 것에 긍정적으로 빠져볼 필요가 있다. 그러면 한밤중에 깨어나 의문에 휩싸일 때 다음과 같이 중심을 잡을 수 있다. '나는 결점투성이지만, 적어도 이 일은 하고 있어. 적어도 남에게 기대지 않고 잘 지내고 있어. 적어도 내 가족과 주변 사람들에게 도움이 되고 있어. 적어도 내가 지기로 한 짐을 지고, 비틀거리지만 더 높은 곳을 향해 나아가고 있어.' 진정한 자존감은 그렇게 형성된다. 자존감은 단지 순간순간에 당신 자신을 어떻게 평가하는지와 관련된 피상적인 심리 개념이 아니다. 진정한 자존감은 심리적일 뿐 아니라 실질적이다.

당신이 기꺼이 짊어진 책임에 비례해서 삶은 의미 있어진다. 이제 세상을 더 좋게 만드는 일에 참여했기 때문이다. 당신은 불필요한 고통을 최소화하고 있다. 주변 사람들에게 말과 행동으로 용기를 주고 있다. 당신과 다른 사람의 마음에서 증오를 몰아내고 있다. 예를 들어 한 벽돌공이 벽돌을 하나씩 쌓아올리는 이 지루한 일이 무슨 의미가 있느냐고 묻는 상황을 생각해보자. 그 벽돌공은 단지 벽돌을 쌓는 게 아니다. 벽돌이 쌓이면 벽이 되고 벽은 건물의 일부분이 된다. 만일 그 건물이 대성당이라면 어떤가? 대성당은 최고선을 찬양하기 위해 지어진다. 그런 상황에서 벽돌을 하나하나 쌓는 것은 신성한 일에 참여하는 행위다. 하지만 벽돌공이 매일매일 해야 할 일을 충분히 하지 않는다면 대성당은 결코 완성될 수 없다. 당신의 목표가 충분히 높지 않을 때도 같은 일이 일어난다. 반면 충분히 높은 목표가 있을 때는 그 목표와 관련하여 인생의 진정한 의미를 느끼고, 삶의 고통과 제약을 이해하고 받아들일 수 있다. 우리는 의미 있는 것을 추구할 때 삶에 몰입한다. 당신은 의미 있는 길을 가고 있다. 자기기만과 죄악에 빠지지 않고 그렇게 최고선을 향해 나아갈 때 의미를 알아보는 가장 근원적이고 믿을 만한 본능이 모습을 드러낸다.

　의미 있음을 의식할 수 있다는 건 당신이 의미 있는 길 위에 있음을 보여주는 표지다. 또한 당신을 이루고 있는 그 모든 복잡성이 내면에서 일목요연해져서 한 점에 맞춰졌다는 증거다. 그 점에는 추구할 만한 것, 바로 세계의 균형을 잡아주고 조화를 이루게 하는 것이 있다. 그것은 음악을 들을 때 명확히 감지된다. 음악은 본래 의미에 대한 본능을 불러일으킨다. 당신이 허무주의를 잔뜩 뿜어내는 데스메탈을 좋아한다고 가정해보자. 당신은 머리끝에서 발끝까지 회의적이고 비관적인 사람, 어디에서도 의미를 찾지 못하는 사람, 원칙적으로 모든 것을 증오하는 사람일지 모른다. 하지만 당신이 좋아하는 그 데스메탈 밴드가 일사불란한 연주로 특유의 하모니를 터뜨릴 때 당신은 그 음악에 빠져든다! "아, 난 아무것도 믿지 않아. 하지만 젠장, 저 음악은!" 가사 내용이 파괴적이고 허무하고 냉소적이고 격렬하고 절망적이라는 사실은 중요하지 않다. 그 음악이 손짓하여 당신의 영혼을 부르고, 암시적인 의미로 그 영혼을 채우면 당신은 감동한다. 당신은 어느덧 음악과 하나가 되어 고개를 흔들고 박자에 맞춰 저도 모르게 발을 구르기 시작한다. 겹겹이 조화롭게 쌓인 소리의 패턴은 예측과 반전을 거듭하며 당신을 한 방향으로 이끈다. 그 완벽한 조화 속에서 질서와 혼돈은 영원히 춤을 춘다. 그리고 아무리 냉소적일지라도 음악에 맞춰 당신은 춤을 춘다. 패턴과 방향성이 있는 그 조화에 보조를 맞춘다. 그리고 그 속에서 지속성 있는 의미를 발견한다.

우리는 최고선을 향해 가려는 본능을 갖고 있다. 그 본능은 우리의 영혼을 지옥에서 불러내 천국으로 이끈다. 그런 본능이 있기에 우리는 자주 환상에서 깨어나 현실을 자각한다. 물론 사람들은 당신을 실망시킬 것이다. 당신 또한 스스로를 배신할 것이다. 그로 인해 당신의 직장, 당신의 상사, 당신의 배우자와의 의미 있는 연결 고리를 잃어버릴 수도 있다. 당신은 이렇게 생각한다. '세상은 엉망이야. 정말 괴롭기만 해.' 하지만 당신은 환상이 깨진 그 순간을 운명의 지표로 삼을 수 있다. 그 지표는 방치된 책임, 다시 말해 아무도 손대지 않은 채 내팽개쳐져 있지만 **누군가 해야만 하는 일들에 대한 책임**을 가리킨다. 당신은 그 필요에 짜증이 난다. 정부에 짜증이 나고, 당신의 일이 싫고 원망스러우며, 동료들이 불쾌하고, 책임을 지지 않으려는 주변 사람들 때문에 맥이 빠진다. 우리 주위에는 해결해줄 사람을 애타게 기다리는 일들이 있다. 당신은 해야 할 일을 아무도 하지 않는 것에 격분한다. 하지만 그런 격분, 그런 분노는 일종의 '출입구'다. 방치된 책임을 목격할 때 당신은 운명과 의미를 감지할 수 있다. 최고선을 지향하는 당신의 고귀한 부분은 당신이 상상하는 바람직한 이상, 당신을 사로잡은 바로 그 이상과 실제 현실이 괴리되어 있음을 가리키고 그 간극을 채울 필요가 있다고 말한다. 물론 당신은 분통을 터뜨리며 다른 사람을 탓할 수 있다. 다른 사람들이 그 문제와 무관하지 않은 것처럼 보일 수 있다. 하지만 실망하며 남을 탓하는 대신 당신의 가장 깊은 존재가 알려주는 신호에 귀를 기울일 수도 있다. 그리하여 뭔가 잘못되고 있으며, 바로 당신이 그 잘못을 바로잡을 필요가 있다는 걸 깨달을 수 있다. 그 걱정, 그 우려, 그 짜증, 그 분열은 무엇일까? 행복을 부르는 소리는 결코 아니다. 그것은 현실의 삶을 직조하는 행동과 모험을 부르는 소리다. 다시 한번 성경의 아브라함 이야기로 돌아가보자. 신이 아브라함에게 다가와 이렇게 말한다.

여호와께서 아브라함에게 이르시되 너는 너의 고향과 친척과
아버지의 집을 떠나 내가 네게 보여 줄 땅으로 가라.
내가 너로 큰 민족을 이루고 네게 복을 주어
네 이름을 창대하게 하리니 너는 복이 될지라.
너를 축복하는 자에게는 내가 복을 내리고
너를 저주하는 자에게는 내가 저주하리니
땅의 모든 족속이 너로 말미암아 복을 얻을 것이라 하신지라.
이에 아브라함이 여호와의 말씀을 따라갔고 롯도 그와 함께 갔으며
아브라함이 하란을 떠날 때에 칠십오 세였더라.

—「창세기」12장 1~4절

늦깎이 아브라함은, 돌려 말하자면 아버지 집에 너무 오래 붙어 있

질서 너머

었다. 하지만 아무리 늦어도 괜찮으니 신이 부른다면 꼭 귀를 기울이길 바란다(자기가 너무 늦었다고 믿는 사람들이여, 희망을 가져라). 아브라함은 그 작고 고요한 목소리, 신의 부름에 따라 그의 나라, 그의 친족, 아버지의 천막집을 떠나 세계로 나간다. 하지만 신의 부름은 행복을 부르는 소리가 아니라 앞에서 보았듯이 기아와 전쟁, 가정불화 같은 피비린내나는 재앙을 부르는 소리다. 이런 상황에선 아브라함을 포함해 제정신인 사람이면 누구나 하나님과 양심의 소리에 귀 기울이는 것이, 삶의 책임과 모험의 부담을 짊어지는 것이 과연 현명한 결정이었는지 의심할 것이다. 안전한 고향 집에서 해먹에 누워 포도를 까먹는 것이 더 낫지 않았을까, 하고 말이다. 하지만 그런 안락함이 당신을 세상으로, 당신의 운명으로 불러내는 건 아니다. 당신을 불러내는 건 투쟁과 충돌이다. 상대방과의 격렬한 다툼, 치명적인 놀이다. 인생의 모험에 뛰어들어 양심의 소리에 귀 기울이면서 주어진 책임을 짊어지고 당신 자신과 세상을 바로잡기 위해 노력하다 보면 좌절과 실망, 동요를 겪기도 할 것이다. 그건 불가피한 일이다. 하지만 거기가 바로 당신을 이끌어주고 피난처가 되어주는 깊은 의미가 있는 곳이다. 거기가 바로 모든 것이 당신을 위해 한 줄로 정렬하는 곳이고, 깨져 흩어진 것들이 하나로 모이는 곳이며, 목적이 분명해지는 곳이고, 바르고 선한 것이 지지를 받는 동시에 약하고 분개하고 교만하고 파괴적인 것들이 패배할 곳이다. 거기가 바로 가치 있는 삶이 영원히 발견되는 곳이며, 당신 또한 의지만 있다면 그런 삶을 발견할 수 있는 곳이다.

남들이 책임을 방치한 곳에 기회가 숨어 있음을 인식하라.

하고 싶지 않은 것을 하지 마라

일상을 가장한 병적인 질서

예전에 대기업에 다니는 한 여성을 상담한 적이 있다. 그녀는 지적이고 정직한 사람이었다. 어려서부터 힘들지만 밝게 살아왔고, 자신이 분별력 있고 성실하게 일해 회사에 기여하길 진심으로 원했다. 그곳에서 일하는 동안 그녀는 '플립차트flip chart'(삼각대 위에 올려진 커다란 종이를 가리키는 용어)가 욕인지 아닌지를 두고 논쟁하게 되었다. 직장인들이 정말 그런 대화에 몇 시간씩 몰두하는지 믿기 어렵다면 구글을 검색해보라. '경멸적인 플립차트flip chart derogatory'면 충분하다. 얼마나 많은 사람이 관심을 갖고 있는지 금방 알게 될 것이다. 그녀의 상사들도 이 주제를 논의하기 위해 여러 차례 회의를 소집했다.

'플립'은 한때 필리핀 사람Filipino을 경멸적으로 가리키는 말이었지만 요즘은 그렇게 쓰지 않는 듯하다. 그리고 '플립차트'와는 아무 관계가 없다. 그럼에도 회사 관리자들은 그 표현에 있을 수 있는 편견에 대해 논의하고 대체 용어를 만드는 일이 중요하다고 느꼈다. 필리핀 국적이나 혈통을 가진 직원들은 플립차트를 사용하는 것에 개의치 않았지만 그건 중요하지 않았다. 정치적으로 올바른 표현들을 추적·감시하는 언어 조사 기관인 글로벌랭귀지모니터Global Language Monitor (languagemonitor.com)는 플립차트의 대체 용어로 '라이팅블록writing block'을 제안한다. 하지만 플립차트는 '블록'과 아무 상관이 없다.

결국 그 회사는 플립차트 대신 '이젤패드easel pad'를 사용하기로 결정했다. '이젤패드'는 '라이팅블록'보다 더 정확한 표현처럼 보이기는 한다. 하지만 이 고상한 해결책으로도 문제의 어리석음은 줄어들지 않았다. '플립플롭트flipflopped'(태도 따위가 갑자기 바뀐), '플리펀트flippant'(경박한), '플립플롭스flipflops'(발가락 사이에 끼는 고무 샌들), '플리퍼스flippers'(오리발) 등이 여전히 사용되고 있기 때문이다. 특히 앞의 두 단어는 플립차트보다 더 경멸적으로 들린다. 이제 당신은 이런 의문이 들 것이다. '이런 용어의 변화가 실제로 얼마나 중요할까? 왜 사람들은 이런 사소한 문제에 신경을 쓸까? 그냥 무시하고 더 중요한 것에 집중하는 게 더 낫지 않을까?' 당연히 당신은 그런 논의에 주의를 기울이거나 참여하는 건 시간낭비라고 주장할 수 있다. 그렇다면 당신이 보기에 쓸데없는 일들이 벌어지고 있을 때 당신은 언제 그 일을 그만둬야 할까? 나는 바로 이것이 법칙 5에서 해결할 수수께끼라고 생각한다.

내담자가 내게 보낸 최초의 메일에 따르면, 그녀의 동료들은 플립차트와 관련된 논의에 잘 참여했고, 곧이어 그 말 못지않게 모욕적일 수 있는 다른 단어들을 앞다퉈 내놓기 시작했다. '블랙black'(검다)

이 인종차별적일 수 있다는 이유로 '블랙보드blackboard'(칠판)가 언급되고, 역사적으로 노예제와 관련 있다는 이유로 '마스터키master key'가 거론되었다. 내담자는 눈앞에서 벌어지는 일을 보면서 혼란스러웠다. "그런 논의는 사람들에게 '선하다' '고상하다' '배려심 있다' '친절하다' '현명하다'는 피상적인 느낌을 줍니다. 그러니 어떤 사람이 논의에 합류해 반대 의견을 내놓는다면, 그 사람이 어떻게 매몰차고 편협하고 인종차별적이고 못된 사람이라고 여겨지지 않겠어요?"

그녀가 당황한 이유는 또 있었다. 동료들 중 누구도 특정 집단이 어떤 단어를 금지할지 결정하고 그 단어를 계속 사용하는 사람들을 경멸하거나 징계한다는 사실을 불편해하지 않았다. 그런 검열이 도를 지나쳐 개인의 견해, 대화의 주제, 책 등으로 확대될 위험성 또한 인지하지 못했다. 플립차트 논쟁은 다양성, 포용성, 평등(인사팀이나 그녀가 속한 사내교육팀에서 금과옥조처럼 여겨온 개념들)이 현실에서 어떻게 적용되고 있는지 보여주는 전형적인 예였다. 그녀가 보기에 그 부서들은 '기업의 세뇌와 이데올로기적 선전에 봉사하는 기구'이자 대학에서 유행하는 '정치적 올바름political correctness'을 학교문 너머 사회로 확산시키는 통로였다. 게다가 가장 중요한 건 따로 있었다. 그녀는 메일에서 이렇게 물었다. "언제까지 이럴까요?" 글쎄, 우리는 언제, 어디서 이런 일을 멈출까? 만일 아주 소수의 사람들이 어떤 단어를 모욕적으로 느낀다면 어떻게 해야 할까? 끝도 없이 단어들을 금지해야 할까?

내 내담자는 이 일이 그저 하나의 개별 사건으로, 관련된 사람들만 위험한 길로 인도하고 끝나지 않았다는 점을 인지했다. 이 일과 인과 관계를 이루는 수많은 사건이 잇달아 발생해 모든 사람을 한 방향으로 밀어붙이고 있었다. 그 사건들이 만들어내는 듯한 일관된 패턴은 암묵적으로나 명시적으로 특정 방향을 지향하는 이데올로기와 관련이 있었다. 게다가 그 방향성은 내담자가 몸담은 기업계뿐 아니라 더 큰 사회 및 정치 제도에서 상당히 오랫동안 갖가지 모습으로 확연히 드러나고 있었다. 그녀는 자기 부서(문제의 이데올로기적 공세의 진원지)에서 고립감을 느꼈고, 그런 상황이 다른 사람들에게도 해로운 영향을 끼치고 있음을 어렵지 않게 목격했다. 그러자 그녀의 양심이 반응했다. 그녀에게 이 논쟁은 더 이상 사소한 철학적 문제가 아니었다. 그녀는 아주 괴로웠고, 삶이 흔들린다고 느꼈다.

어리석고 혐오스러운 일을 억지로 해야 할 때는 누구든 의기소침해진다. 무의미하고 비생산적인 일을 맡으면 기가 죽고 의욕이 없어진다. 왜 그럴까? 당신의 양심이 온 힘을 다해 그 일에 저항하기 때문이다. 우리가 어떤 일을 하는 것은 다른 모든 일과 비교하여 그 일이 더 중요하다고 생각하기 때문이다. 우리는 가치 있는 것이라면 희생을 감수해서라도 추구하려 한다. 그럴 때는 어렵고 위험한 일이라도 행동에 옮긴다. 반대로 혐오스럽고 바보 같은 일은 하기 싫어한다. 혼란과 공포로부터 우리를 지켜주고 앞으로 나아갈 용기를 북돋아주는 가치관에 어긋나는 행동을 억지로 해야 하기 때문이다. 셰익스피어의 〈햄릿Hamlet〉에서 폴로니어스는 이렇게 말한다. "네 자신에 충실하라."[1] 여기서 "자신"은 태풍이 몰아치고 물이 차오를 때 우리를 보호하는 방주다. 자신을 거슬러 행동한다면 우리가 탄 배는 파멸의 모래톱에 처박힐 것이다. 다시 말해 우리는 자신과 벌이는 게임에서 속임수를 쓰면 배신의 공허함을 겪고, 그로 인한 영혼의 상실을 처음에는 추상적인 형태로, 다음에는 구체적인 형태로 경험하게 된다.

처음에 내담자는 회사의 결정을 순순히 따랐다. 그 결과는 어땠을까? 그녀는 옛 소비에트 공산권 국가에서 온 이민자로서 권위주의적 이데올로기를 너무 많이 겪어봤다. 그녀는 눈앞에서 벌어지는 일이 부당하다는 걸 알고 있었다. 하지만 어떻게 반대해야 하는지 갈피를 잡지 못했고, 무력감과 죄책감에 사로잡혔다. 한편으로는 그런 부조리가 계속 발생하고 주변에서 그걸 부추기거나 강제하는 상황을 바꾸고 싶었다. 회사의 권위주의적 통제는 생산적인 일, 심지어 생산성이라는 개념 자체를 웃음거리로 만들고 있었다(타인의 능력과 생산성을 질투하는 사람들이 바라는 바다). 이 곤혹스러운 심리 상태를 해소하기 위해 그녀는 무엇을 했을까?

내담자는 분명 그 상황에서 벗어나고 싶었다. 하지만 자신이 그럴 만한 자리에 있지 않으며, 상사들이 자신과 진지하게 대화하지 않을 거라고 느꼈다. 결국 그녀는 전면에 나서는 대신 후방을 공격하기 시작했다. 앞서 언급했듯이 그녀는 사내교육 프로그램을 개발하는 일을 맡고 있었으므로 다양한 사내 콘퍼런스에서 강연을 할 수 있었다. 강연에서 그녀는 플립차트 문제를 직접 거론하는 대신(그렇게 하지 않는 게 현명하다), 회사 관리자들과 인사팀이 신봉하는 거짓 과학 이론에 반대하는 목소리를 내기 시작했다. 예를 들어 그녀는 '학습 유형 이론'을 비판하기 시작했다. 이 이론은 개인마다 선호하는 4~8가지 학습 방식(예를 들어 시각적·청각적·언어적·신체적·논리적 유형 등)이 있다는 생각이었다.

그 이론의 문제점은 무엇인가? 가장 기본적으로 타당성을 입증하는 증거가 전무하다. 첫째, 각기 다른 형식으로 전달되는 정보에 대해 학생들이 자신이 선호하는 형식을 선택할 수는 있지만, 그 형식으로 정보를 전달해도 학업 성취도는 나아지지 않는다.[2] 둘째, 교사들이 학생들의 '학습 유형'을 정확히 평가할 수 있다는 증거 역시 없다.[3] 내담자는 오랫동안 많은 노력을 기울인 끝에 동료들 및 다른 회사 사람들이 지식인 양 떠들고 다니던 그 가설을 아주 효과적으로 무너뜨렸다. 그녀는 또한 고국 알바니아의 주요 신문사에서 저널리스트로 일하고 있었는데, 이 일을 계기로 저널리즘에 우선순위를 두기 시작했다. 저널리즘은 수입이 적었지만 그녀는 고국에서 큰 명성을 얻었고, 구 공산국가인 알바니아 국민에게 서양 사람들이 전체주의적 경향을 매력적으로 느끼기 시작한다고 경고하는 글을 쓰며 자신의 신념을 거침없이 드러냈다.

이렇게 맞서 싸운 대가는 무엇이었을까? 우선 보복의 두려움에 직면해야 했다. 또한 회사의 이데올로기적 정책에 대한 반감이 커질수록 자신의 일에는 흥미가 떨어졌다. 그 회사와 맞지 않는데도 계속 머무르는 자신이 겁쟁이 같았다. 그녀는 자신의 전문 영역을 넓히기로 했다. 우선 기업 컨벤션에 강연을 하러 다녔다(이는 상당히 부담스러운 일이다. 사람들은 대개 공개적인 자리에서 말하는 걸 매우 싫어하며, 그러니 승진을 포기하겠다는 사람도 적지 않다[4]). 그리고 믿을 만하고 유익한 강연을 위해 여러 문헌을 탐독했다. 또한 일부 청중(근거 없는 이론을 퍼뜨리고 있는 바로 그 사람들)을 불쾌하게 만드는 비판적인 자료들을 용감하게 선보였다. 이 모두가 두려움에 맞서는 행동으로 결코 쉬운 일이 아니었다. 하지만 결과적으로 그녀는 인성과 능력이 확장되었고, 사회에 공헌하고 있다는 자부심을 갖게 되었다.

겉으로는 작아 보일지라도 사람들이 행하는 선은 세상에 두루 존재하는 선에 생각보다 더 많이 관련되어 있으며, 악 또한 마찬가지라고 나는 확신한다. 우리는 생각보다 더 많이 세계에 관여한다. 세심하게 신경 쓰지 않으면 문화는 타락으로 기운다. 독재가 서서히 고개를 들어 우리에게 퇴보를 요구한다. 비교적 작은 걸음이라도 한 걸음 퇴보할 때마다 그다음에도 퇴보할 가능성이 높아진다. 양심을 저버릴 때마다, 침묵할 때마다, 합리화를 할 때마다 저항은 약해지고 다음 일을 스스로 포기할 가능성은 높아진다. 특히 자리다툼에서 승리한 사람들이 손에 넣은 권력을 즐길 때, 그런 일이 발생한다. 감수해야 할 비용이 상대적으로 크지 않을 때 떨치고 일어나는 것이 현명하다. 그럴 능력이 완전히 시들어 소멸하기 전에 말이다. 어쩌면 잠재적 보상이 아직 남아 있을지 모른다. 애석하게도 사람들은 종종 양심에 따라 행동하지 않고(심지어 알고 있으면서) 그렇게 배신이 거듭될수록 지옥이 한 걸음씩 다가온다. 사람들은 양심에 따라 행동한 대가가 비교적 경미할 때도 불의에 잘 맞서지 않는다. 당신이 도덕적이고 신중한 삶에 관심이 있다면 깊이 숙고해야 할 문제다. 양심을 찌르는 불의가 작을 때 반대하지 않는다면, 그 불의가 감당할 수 없이 커졌을 때는 손써서 해결될 문제가 아니라고 참여하지 않을 텐가?

질서 너머로 나아가는 것은 언제 행동해야 합당한지를 아는 것이다. 당신은 틀에 박힌 사회적 의무 대신 양심의 요구에 따라 행동해야 한다. 당신이 용감하게 일어나 명령을 거부하려면, 주변의 반대를 무릅쓰고 옳은 일을 하려면 자기 자신을 믿을 수 있어야 한다. 자기 자신에 대한 믿음은 정직하고 의미 있고 생산적인 삶(또는 당신이 신뢰하는 사람이 살았을 그런 삶)을 살기 위해 노력하는 데서 생겨난다. 만일 당신이 명예롭게 행동해왔고 그래서 다른 사람들의 신뢰를 받고 있다면, 당신은 불의에 순응하지 않기로 결정하고 진실의 편에 합류해 부패와 압제를 끝내는 데 일조할 것이다. 구성원 각각이 잠들지 않고 자신의 양심에 귀 기울인다면, 집단의 규범이 그 필요성을 넘어 맹목적이고 위험해지는 것을 저지할 수 있다.

지나치게 낙관적인 말로 이 절을 마치고 싶지는 않다. 내담자와 메일을 더 주고받으면서 알게 되었지만, 그녀는 몇 년 사이에 직장을 몇 차례 옮겼다. 그중 한 회사에서 그녀는 생산적이고 분별 있고 의미 있는 일에 몰두할 수 있었다. 하지만 거기서 잘해나가던 중 회사의 구조조정으로 인해 정리 해고를 당했고, 그 후로 몇몇 회사에 들어갔으나 그 회사들 모두 언어 및 정체성 정치에 푹 빠져 있었다. 용은 어디에나 존재하고, 쉽게 격퇴되지 않는다. 하지만 그녀는 거짓 이론과 사회적 불의에 맞서 싸운 경험 덕분에 우울에 빠지지 않고 높은 자존감을 유지할 수 있었다.

자신의 위치를 강화하라

문화는 병증을 외면할 때 타락한다. 선견지명을 가진 영웅이 없을 때 사회는 혼돈에 빠진다. 그런 상황에서 우리는 자발적으로 최대한 깊은 곳까지 몸을 던져 삶을 새롭게 해주는 영원한 원리를 다시 발견해야 한다. 아니면 유일한 대안은 절망, 부패, 허무주의에 찌든 삶이다. 그런 삶은 거짓말을 일삼고 원망에 사로잡힌 비참한 노예가 되어 전체주의적 유토피아에 생각 없이 복종하는 것이다.

대신에 당신이 위대한 과업에 참여하고 싶다면 비록 작은 톱니바퀴라는 생각이 들더라도 싫은 일은 하지 말아야 한다. 비천하고 보잘 것없더라도 당신의 위치를 강화하고, 당신의 정신을 갉아먹는 거짓말에 맞서고, 그에 따른 혼돈을 직시하고, 죽어가는 아버지를 심연에서 구출하고, 진실된 삶을 살아야 한다. 그러지 않으면 인간 본성은 움츠러들고, 사회는 멍청해지고, 당신은 무대 밖에서 악한 힘에 조종당하는 꼭두각시가 된다. 이 모든 건 당신 탓이다. 누구도 꼭두각시로 살 운명을 타고나지 않는다.

우리는 무기력하지 않다. 무너져내려 폐허가 된 삶에서도 쓸 만한 무기를 찾아낼 수 있다. 마찬가지로 아주 강력해 보이는 거인이라도 세간의 평가만큼 무적은 아닐 수 있다. 당신은 반격을 시도할 수 있고, 그 저항이 성공해 당신의 영혼, 당신의 직업을 유지할 수 있다(더 나은 직업으로 옮겨갈 수도 있다). 당신이 나무처럼 꿋꿋한 사람이 되고 싶고 또 되어야 한다면 마음대로 쓸 수 있는 무기들이 보이기 시작한다. 만일 지금 하는 일 때문에 남들에게 충동적으로 화풀이를 할 것 같고 앞으로 나아갈 의욕이 사라지고 있다면, 또는 스스로의 행동과 무행동을 탓하며 자기 자신과 세상을 경멸하고 있다면, 또는 본인의 삶이 마음에 들지 않아서 아침에 행복하게 눈을 뜨기가 어렵다면, 또는 깊은 자기배신감에 오염되어 있다면, 아마 당신은 그 작은 목소리에 아직도 귀를 닫고 있는지도 모른다. 약하고 순진한 사람들만 그런 목소리에 귀 기울이는 거라고 여기면서 말이다.

직장에서 모멸감을 느끼고 있는가? 다시 말해 자기 자신이 나약하고 창피하게 느껴지고, 사랑하는 이들에게 화풀이할 것 같고, 열심히 하고 싶지 않고, 진절머리가 나는 일을 하고 있는가? 그렇다면 잠시 머리를 식힌 뒤 전략을 잘 짜서 아닌 것에는 아니라고 말할 수 있는 위치에 올라서라.* 어쩌면 당신은 아픈 대가를 치를 수 있지만, 그 용기를 보고 반대편 사람들까지 당신을 존경할지 모른다. 어쩌면 그들은 당장은 아니더라도 시간이 흘러 작은 양심의 목소리에 귀 기울인 뒤 자신의 태도에 대해 다시 생각하게 될 것이다.

실행 가능한 일들

당신은 경력을 전환하기 위해 새로운 직업을 찾으려 할 수도 있다. '이 일은 내 영혼을 말살하고 있어. 정말 안 맞아. 어렵고 힘들겠지만 다시 한번 구직을 시도해야겠어. 딱 한 번만 성공하면 되잖아.' 어쩌면 연봉이 더 높고, 일이 더 흥미롭고, 함께 일하는 사람들이 너무 좋아서 당신의 영혼에 활기를 불어넣어주는 곳을 찾을지도 모른다. 양

● 우리는 언제 반대해야 하는가? 처음 부당한 일을 겪을 때는 당신이 너무 충동적으로 반응했을 가능성을 염두에 두고 반대를 참아야 한다. 두 번째로 경험했을 때도 그것이 전쟁을 치를 만큼 충분한 증거라고 보기 어려울 수 있다. 세 번째 반복되면 마침내 결정을 내릴 때다. 삼세판이라 하지 않던가.

질서 너머

심의 명령을 따르는 것이 당신이 실행할 수 있는 가장 좋은 계획이다. 그렇게 하지 않으면 당신은 어떤 식으로든 자기배신감 그리고 정말 참을 수 없는 것을 견디고 있다는 자괴감을 안고 살아야 한다. 그런 삶은 좋을 게 하나도 없다.

당신은 해고될지도 모른다. 그렇다면 지금 당장 다른 회사를 찾아보고, 준비해서 지원하라. 당신의 상사에게 전할 확실하고 명료한 퇴사 사유도 잘 준비하라. 그리고 자의든 타의든 간에 회사를 관두는 것이 본인에게 일어날 수 있는 최악의 일이라고 생각하지 마라.

당신은 이직이 두려울 것이다. 당연하다. 하지만 무엇과 비교해서 두려운가? 당신이라는 존재를 위태롭게 하는 직장에 몇 년 동안 더 머무르면서 비통하게 굽실거리는 나약하고 초라한 삶을 계속하는 것과 비교하면 무엇이 더 두려운가? 인생에 위험이 없는 선택은 드물다. 그러니 머무를 때의 위험과 이직할 때의 위험을 모두 생각해볼 필요가 있다. 나는 많은 사람이 이직하는 것을 봐왔다. 그들은 때로는 몇 년씩이나 전략을 짜고 움직였고, 결국 고비를 무사히 넘긴 뒤 심리적으로나 현실적으로 좋은 결과를 거뒀다.

아무 데서도 당신을 원하지 않을까 봐 걱정스러운가? 실제로 불합격 통보를 받을 확률은 매우 높다. 나는 내담자들에게 성공할 확률이 50 대 1이라고 말해 허황된 기대를 바로잡는다. 심지어 당신이 충분한 자격을 갖춘 자리라 해도 탈락하는 일은 여러 번 있을 것이다. 하지만 그건 당신만 겪는 '개인적인' 문제가 아니다. 인간이라는 존재가 감내해야 할 삶이 원래 그렇다. 가치를 판단하는 외적인 조건이 불확실한 상황에서는 그런 결과가 불가피하게 발생한다. 먼저 이력서는 제출하기 쉬운 반면 처리하긴 어렵다. 또한 많은 회사가 이미 사내 공모를 통해 내부에서 지원자를 받았다는 사실을 공개하지 않는다(그래서 실제 채용할 의사가 없을 수 있다). 어떤 회사들은 나중에 급하게 고용해야 할 때를 대비해 지원자를 미리 받아놓는다. 다시 말해 보험의 문제이고, 통계의 문제이고, 기준의 문제이지 당신에게 특별한 결점이 있다는 증거가 아니다. 그러니 낙심하지 마라. 신중하게 골라 150곳에 지원을 하면 그중 3~5곳에서 면접 기회를 준다. 재취업은 1년 또는 그 이상이 걸리는 아주 힘든 일이 될 수 있다. 평생에 걸친 불행이나 하락세보다는 훨씬 낫겠지만, 아무것도 아닌 건 아니다. 당신은 재취업을 위해 능력을 개발하고 계획을 세워야 한다. 그리고 당신이 앞으로 할 일을 이해하고, 당신을 냉정하게 평가하는 사람들의 지지를 이끌어내야 한다.

당신이 직무 능력이 조금 뒤처져 있을 때는 지금 있는 직장에서 업무 성과를 개선하려고 노력해보자. 이는 손해 보는 일이 아니며, 도리어 다른 곳에 취업될 가능성을 높여준다. 선택지가 존재하지 않을 때는 부패한 권력 앞에서 "아니요"라고 외쳐봤자 소용없다. 이럴 때 당신이 해야 할 일은 능력을 키워 더 높은 자리에 올라 그 힘을 발휘해할 수 있는 일을 하는 것이다. 또한 부패한 권력에 반대 목소리를 내기 전에 최악의 상황을 잘 따져보고, 그 일로 영향을 받을 사람들과 상의하길 바란다. 그리고 다시 한번 강조컨대, 당신과 어울리지 않는 곳에서 수십 년 동안 녹초가 되게 일하면서 서서히 질식하는 것은 진짜 최악일 수 있음을 빨리 깨닫기를 바란다. 느리긴 해도 좋은 죽음이 아니다. 그로 인해 당신은 빨리 늙을 것이고, 절망에 빠져 퇴사나 더

질서 너머

심하게는 죽음을 바라게 될 것이다. 그런 식으로는 결코 삶의 질이 향상되지 않는다. 다음과 같은 속담이 있다. '고양이 꼬리를 잘라야 한다면 한 번에 1센티미터씩 자르지 마라.' 어쩌면 당신은 뒤늦게 뭔가 부족하다고 깨달은 다음 몇 년 동안 일주일에 네 번, 다섯 번 또는 열 번씩 입사지원서를 보내면서 고통스러운 시간을 보낼 수도 있다. 그중 대다수는 첫눈에 탈락한다는 사실을 잘 알고 있으면서 말이다. 하지만 복권은 한 번만 당첨되면 충분하다. 희망을 품고 몇 년을 힘들게 보낸 끝에 당첨되면 당신은 지루하고 억압적인 일에 매인 암울한 인생과 단번에 작별할 수 있다.

다음을 분명히 하자. 이는 아침에 너무 일찍 일어나야 하기 때문에 회사에 가기 싫다고 하는 단순한 문제가 아니다. 또는 너무 덥거나 건조하거나 춥거나 바람이 많이 부는 날 또는 기운이 없어 침대에 누워 웅크리고 싶은 날에 억지로 출근해야 한다는 차원의 문제도 아니다. 회사 막내로서 휴지통 비우기, 바닥 청소, 화장실 청소 같은 하찮은 일을 해야 한다며 좌절하는 식의 문제는 더더욱 아니다. 이런 처우에 억울해하는 건 고마움을 모르는 어리석음, 처음에 낮은 자리를 받아들이지 못하는 허황한 마음, 바보의 입장에 서지 않으려는 교만함, 수양의 부족을 드러낼 뿐이다. 낮은 지위에 짜증을 내는 것과 양심의 부름을 거부하는 것은 절대로 같지 않다.

양심의 부름을 거부하는 것은 자신의 영혼을 배신하는 행위다. 비생산적이고 부조리하고 무의미한 일을 수행하는 것, 다른 사람들을 부당하게 대우하고 이에 대해 거짓말을 하는 것, 미래의 자신을 배신하고 자기기만에 빠지는 것, 폭정을 참고 다른 사람들이 고문과 학대로 괴로워하는 걸 조용히 지켜보기만 하는 것, 이 모든 것이 양심의 부름을 거부하는 것이다. 당신의 가치관에 반하는 말이나 행동을 하고, 자신과 벌이는 게임에서 부정 행위를 저지르고는 눈을 감아버렸다면, 이 또한 양심의 부름을 거부하는 것이다. 이렇게 당신의 양심을 쿡쿡 찌르는 태도와 행동들 하나하나가 개인과 사회를 모두 지옥으로 이끈다.

하고 싶지 않은 것을 하지 마라.

법칙 6

이데올로기를 버려라

잘못된 장소

『12가지 인생의 법칙』이 출간된 뒤 나는 영어권 국가들과 유럽(특히 북유럽)을 돌아다니며 강연을 했다. 내가 강연을 한 극장들은 대부분 고풍스럽고 아름다웠으며, 건축과 문화의 역사를 풍부하게 간직하고 있었다. 수많은 악단과 예술가가 위대한 순간을 빛냈던 곳에 와 있다니, 이루 말할 수 없이 기뻤다. 우리는 순회강연을 위해 2500~3000명을 수용할 수 있는 극장을 160개나 예약했다. 그때나 지금이나 내 강연을 들으려는 사람들이 전 세계에 그토록 많다는 건 참으로 놀라운 일이다. 내 유튜브와 팟캐스트의 인기도 똑같이 놀랍다. 내 채널에 올린 콘텐츠들, 다른 사람들과의 인터뷰들, 짧게 편집한 수많은 강연과 대담 영상들의 조회 수는 수억 회나 된다. 마지막으로, 지금 이 책이 출판될 시점이면 전작은 영어판으로 약 400만 부가 팔리고, 50개 언어로 번역되어 있을 것이다. 나에게 그런 청중이 생긴 걸 어떻게 받아들여야 할지 아직도 모르겠다.

대체 무슨 일이 벌어지는 걸까? 지각 있는 사람이라면 이런 상황에서 누구나 주춤할 것이다. 내 책이 많은 사람의 삶에서 사라진 어떤 것을 다루고 있는 게 분명하다. 분명 내 책은 위대한 심리학자들과 사상가들의 생각에 빚지고 있다. 하지만 그 밖에 사람들의 이목을 끄는 특별한 뭔가가 있는 건 아닐까? 나는 그게 무엇인지 정확히 알아내려고 두 가지 정보에 주목했다. 첫 번째 정보는 강연장에서 그리고 길거리, 비행기, 카페, 기타 공공장소에서 내가 만난 사람들이 보인 반응이었다.

미국의 한 중서부 도시에서 강연을 마쳤을 때 한 젊은이가 나를 찾아왔다. "선생님, 간단히 말할게요. 난 2년 전에 출소했어요. 집도 없고 돈도 없었지요. 그때 선생님 강연을 듣기 시작했어요. 이젠 정규직을 가지고 있고, 아파트와 아내도 있고, 방금 첫아이, 우리 딸도 태어났어요. 감사합니다." 젊은이는 나와 눈을 맞추고 힘차게 악수했다. 그의 목소리에는 신념이 가득했다. 비록 이 젊은이는 약간 극단적인 사례에 속하지만, 사람들이 거리에서 종종 눈물을 흘리며 하는 이야기들도 비슷했다. 그리고 다들 친밀한 사이인 것처럼 개인적인 희소식을 털어놓았다. 그들은 확신에 가득 차 있었다. 나는 개인적인 비밀을 알게 된 듯하여 좀 부담스러우면서도, 그들의 성취를 생각하면 어깨가 으쓱해진다. 한편 얼마나 많은 사람이 격려와 길잡이에 목말라 있는지, 약간의 격려와 길잡이만으로도 얼마나 그들이 좋아질 수 있는지를 생각하면 가슴이 먹먹해진다. "난 당신이 해낼 줄 알았어"라는 말은 세상의 불필요한 고통을 줄이기 위한 긴 여정에서 좋은 출발을 하도록 힘을 준다.

그렇게 사람들을 만날 때마다 듣는 이야기는 또 있다. 내 강연과 글이 사람들이 알고는 있지만 명확히 나타낼 수 없는 것을 표현하기 때문에 좋아한다는 말이다. 이미 암묵적으로 이해하고 있는 것을 명료하게 표현하는 일은 세상을 이롭게 한다. 그때까지 나는 내가 맡은 역할에 대해 종종 의문이 들었다. 하지만 내 말을 통해 마음 깊은 곳에 존재하는 믿음을 인식하거나 표현할 수 있게 되었다는 사람들의 이야기를 들으니 자신감이 생겼다. 그리고 현재 대중과 공유하고 있는 나의 연구와 생각의 결과물들을 계속 믿을 수 있었다. 사람들이 직감으로 알고 있으면서도 명확히 말할 수 없는 것에 다리를 놓아주는 건 지식인이 할 수 있는 가치 있는 일이라 생각한다.

이제 내가 이루고 있는 것이 무엇인지를 알려주는 두 번째 정보를 말하고자 한다. 단서는 수많은 공개 강연에 있었다. 그렇게 많은 사람이 내 강연을 계속 찾아준다는 건 특권이자 신의 선물이다. 대규모 강연은 시대정신zeitgeist을 실시간으로 파악할 수 있는 기회가 된다. 또한 내 새로운 생각들이 사람들에게 제대로 전달되는지, 충분한 관심을 끄는지 바로 확인할 수 있고, 그 생각들의 품질을 부분적으로나마 판단할 수 있는 시험대가 되어준다. 강연 중에 청중의 반응을 세심하게 살필 때 그런 일이 일어난다.

나는 『12가지 인생의 법칙』의 「법칙 9. 다른 사람이 말할 때는 당신이 꼭 알아야 할 것을 들려줄 사람이라고 생각하라」에서, 청중 앞에서 말할 때는 항상 몇 사람을 점찍고 그들을 집중적으로 살피라고 제안했다(군중은 어느 정도 환상의 산물이기 때문이다). 하지만 특정 개인

에게 시각적으로 주목하면서 전체 청중에게도 귀를 기울이면 부스럭
거리는 소리, 웃음소리, 기침 소리, 그 밖의 여러 소리를 들을 수 있다.
당신이 한 사람 한 사람에게서 보고 싶은 건 무아경이고, 군중에게서
듣고 싶은 건 조용한 침묵이다. 당신은 어떤 소리도 들리지 않길 원한
다. 그런 상태는 청중이 다른 데 정신을 팔지 않는다는 의미다. 당신
이 강연을 들으러 갔는데 그 내용에 푹 빠지지 않았다면, 조금만 불편
해도 이리저리 움직일 것이다. 머릿속에서는 혼자만의 생각이 꿈틀
댈 것이다. 내일 해야 할 일이 생각날 것이다. 옆 사람에게 무언가를
속삭일 것이다. 이 모든 게 합쳐져 청중의 불만 섞인 소음으로 나타난
다. 하지만 강연자가 무대 위에서 존재감을 확실히 발휘하고 있다면
모든 사람의 관심이 그에게 레이저처럼 꽂힐 것이고, 단 한 사람도 소
리를 내지 않을 것이다. 이런 분위기에서 강연자는 모든 생각을 힘 있
게 전달할 수 있다.

특히 나는 한 주제를 얘기할 때 모든 청중이 (정말로 예외 없이) 쥐죽
은 듯 조용해진다는 것을 깨달았다. 그 주제는 바로 책임이었다(법칙
4 참조). 청중의 반응은 황홀했다. 정말 뜻밖의 반응이었는데, 원래 책
임은 잘 팔리는 주제가 아니기 때문이다. 부모들은 아이에게 책임감
을 심어주기 위해 평생을 노력한다. 교육 기관, 견습생 제도, 자원봉
사 단체, 친목 모임 등에서도 같은 일을 한다. 심지어 어떤 사람은 책
임감을 주입하는 것이 사회화의 근본 목적이라고 생각한다. 하지만
무언가 잘못되었다. 우리는 그동안 실수를 저질러왔다. 예를 들어 우
리는 지난 50년간 권리에 관해서는 그토록 목소리를 높였으면서 젊
은이들에게 요구해야 할 것을 말하는 데는 주저했다. 몇십 년 동안 젊

은이들은 사회로부터 돌려받을 게 있으면 당당히 권리를 주장하라는 말만 들었다. 우리는 그런 요구를 통해 젊은이들의 삶에 의미가 생길 것처럼 말하고 있지만, 실은 그와 정반대로 말해야 한다. 비극과 실망으로 가득한 인생에서 우리를 지탱해줄 수 있는 의미는 고결한 짐을 짊어지는 데서 찾을 수 있다고. 우리가 그렇게 말하지 않았기 때문에 젊은이들은 잘못된 장소에 눈길을 주며 성장해왔다. 그로 인해 젊은 이들은 취약할 대로 취약해져서, 쉬운 길에 잘 넘어가고 걸핏하면 분노의 독에 감염된다. 과연 무엇이 이런 상태를 조장했을까? 이 취약성, 이 감염성은 어떻게 생겨났을까?

신은 잠자고 있을 뿐

독일 철학자 프리드리히 니체Friedrich Nietzsche는 19세기의 마지막 사반세기에 "신은 죽었다"라고 선언했다. 이 말은 워낙 유명해서 오늘날 공중화장실 벽에 다음과 같은 낙서가 있을 정도다.

"신은 죽었다."―니체

"니체는 죽었다."―신

니체가 자아도취나 승리감에 젖어 이렇게 주장한 건 아니다. 위대한 사상가의 이 견해는 서양 문명의 토대를 이루는 유대-그리스도교의 모든 가치가 위험할 정도로 경솔한 이성적 비판에 시달리고, 그 기초에 놓인 초월적이고 전능한 신의 존재가 치명적인 공격에 노출되었다는 두려움에서 나왔다. 이 때문에 니체는 곧 모든 것이 무너져내려 심리적으로나 사회적으로 큰 재앙이 초래될 거라고 생각했다.

『즐거운 지식The Gay Science』에서 니체는 신을 "지금까지 세계에 존재했던 모든 것 중에 가장 정직하고 강력한 존재"로, 인간을 "살인자 중의 살인자"로 묘사했다.[1] 그가 미신의 소멸을 의기양양하게 찬양하는 합리주의자였다면 이렇게 묘사하지는 않았을 것이다. 사실 니체의 선언은 완전히 절망적인 말이었다. 『권력에의 의지The Will to Power』에서 니체는 이 살인 행위 때문에 20세기 이후에 어떤 일이 벌어지는지 이야기했다.[2] 그는 두 가지 주요한 결과를 '예언'했다. 그 둘은 정반대로 보이지만 서로 떼려야 뗄 수 없게 인과적으로 연결되어 있으며, 전통적인 의례·이야기·믿음의 죽음과 관련이 있다.

먼저 니체는 일신교 사상의 목표지향적인 구조와 그것이 제시하는 의미 있는 세계 바깥으로 인생의 목적이 밀려나 불확실해짐에 따라 허무주의가 부상하여 우리의 실존을 황폐하게 만들 것이라고 믿었다. 그리고 만물을 창조한 아버지를 대신해 전체주의적 이데올로기가 사람들을 지배할 거라고 주장했다. 존재의 토대를 뒤흔드는 의심과 모든 걸 깨부수는 확신. 이것이 니체가 신의 죽음 이후에 우리가 직면하리라고 예견한 두 결과였다.

독보적인 러시아 소설가 표도르 도스토옙스키Fyodor Dostoyevsky 역시 자신의 걸작 『악령The Possessed』에서 니체와 같은 문제를 거의 동시대에 다루었다.[3] 비록 소설의 시대적 배경은 아수라장 같은 혼란 속에서 소비에트 연방이 출범하기 수십 년 전이지만, 주인공 니콜라이 스타브로긴은 나중에 공산주의 혁명으로 발전할 공상적 사상에 깊이 매료되어 있었다. 도스토옙스키가 보기에 공산주의는 긍정적인 발전이 아니었다. 몇몇 공리에 기초한 엄격하고 포괄적인 유토피아적 이데올로기는 과거의 종교나 군주제, 심지어 그리스도교 이전 야만의 시대에서 횡행했던 그 모든 잔인성을 뛰어넘을 위험이 있었다. 니체처럼 도스토옙스키도 러시아에서 혁명이 일어나기 거의 50년 전에(!) 그 모든 것이 오고 있다고 예견했다. 예술가의 직관이 남들이 보지 못하는 미래를 먼저 밝혀준 가장 뛰어난 사례다.

니체와 도스토옙스키는 공산주의가 종교나 허무주의를 대신하는 합리적이고 일관성 있고 도덕적인 대안으로서 사람들을 매료시킬 테지만, 그 결과는 치명적일 거라고 예견했다. 니체는 그 누구도 흉내낼 수 없는 거칠고 냉소적이고 멋들어진 문체로 이렇게 썼다. "실은 누군가가 실험을 해서 보여줬으면 좋겠다. 사회주의는 불가능하다는 것을, 그곳에서는 삶의 뿌리가 잘려나가게 된다는 것을 말이다. 지구는 크고, 인간은 질리지도 않고 이런 종류의 현실적인 교훈을 수많은 생명을 희생시켜가며 끝없이 체득한다."⁴ 니체가 말한 사회주의는 나중에 영국·스칸디나비아·캐나다에서 유행한 비교적 유순한 사회주의, 즉 노동자 계급의 생활 조건 개선을 강조하는 종류가 아니라 러시아와 중국을 비롯한 많은 나라에서 생겨난 철저한 집산주의collectivism였다. 니체가 "생명을 희생시켜가며" 알게 된다고 예언한 그 "교훈"(그 교의가 부조리하다는 가르침)을 우리가 정말로 얻을지는 지켜봐야 할 일이다.

분명 니체는 새로운 물리과학이 보여주는 세계에서는 모든 것이 객관적이어서 가치는 설 자리가 없어질 것이라는 생각에 동의한 듯하다. 그렇다면 허무주의와 전체주의에서 벗어날 수 있는 유일한 방법은 자기만의 가치를 창조하고, 그에 따라 살 수 있을 만큼 강한 개인이 되는 것이다. 니체는 신이 죽은 이 세계에 '초인Übermensch'(더 높은 인간)이라는 새로운 종류의 인간이 나타나야 사회가 '절망'과 '지나친 정치 이론화'라는 양쪽 암초를 향해 표류하지 않을 거라고 생각했다. 따라서 허무주의와 전체주의 대신 이 길을 택한 사람들은 저마다의 가치로 이루어진 우주론을 만들어야 한다.

하지만 두 정신분석학자 프로이트와 융은 이 개념을 수포로 만들었다. 우리에게는 의식적인 선택으로 가치를 창조할 만큼의 자아가 없다는 점을 입증한 것이다. 경험의 한계, 수많은 인지 편향, 짧은 수명을 고려할 때 그 누구도 '무無에서ex nihilo' 자기 자신을 창조할 천재성은 갖고 있지 않다. 우리의 본성은 너무나 자주 우리를 지배하기에 바보가 아닌 이상 가치를 창조할 수 있을 만큼 자기 자신을 완벽하게 통제하고 있다고 감히 주장하지 못할 것이다. 우리는 예술, 발명, 종교를 통해 자연스럽게 몰랐던 것을 깨우치곤 한다. 자기 자신에 대하여 끊임없이 새로운 것을 발견하고 기뻐하며, 감정과 동기가 우리를 압도할 때는 실망한다. 우리는 본성과 싸우고 또 타협한다. 하지만 니체가 그토록 갈망했던 새로운 가치를 우리가 만들 수 있을지는 참으로 의심스럽다.

니체의 주장에는 다른 문제들도 있다. 각 사람이 자신만의 가치관에 따라 산다면 무엇이 우리를 통합시킬까? 이는 매우 중요한 철학적 문제다. 초인들이 창조한 가치에 비슷한 점이 없다면, 초인들의 사회는 어떻게 끝없는 마찰을 피할 수 있을까? 마지막으로, 지금까지 그런 초인이 있었는지도 의문이다. 오히려 지난 150년간 의미는 위기를 겪었고, 나치 독일, 소련, 중국인민공화국 같은 전체주의 국가들이 나타났다. 니체와 도스토옙스키가 걱정한 것도 이런 허무주의와 이데올로기가 이끄는 사회적·심리적 파국이었다.

또한 과학적 방법론은 분명 유용하지만 가치는 주관적인 것이므로 현실의 구성 요소가 아니라는 과학의 세계관은 결코 타당하지 않다. 계몽주의는 현실이 객관적인 것들의 배타적 영역이라는 중요한 과학적 공리를 남겼다. 그 결과 주관적인 것에 해당하는 종교적 경험은 개인의 마음속에만 머물 뿐 현실에 존재하지 않는 것으로 여겨졌다. 하지만 어떤 것은 주관적인 것과 객관적인 것의 중간 지대에 존재한다. 만일 특정 시점에 개인에게만 자명하게 드러나면서도(주로 계시를 통해서) 집단적으로도 의미 있는 경험이 있다면 어떻겠는가? 기존의 과학적인 방법으로는 정확히 밝힐 수 없더라도 그 경험은 단순히 주관적인 현상이 아니다. 물론 특정 시간과 장소에 존재하는 당사자가 어떻게 받아들이는지에 따라 경험의 가치는 달라지므로 우리는 그 가치를 고정하거나 복제해 과학적 대상으로 삼을 수 없다. 그렇다고 해서 가치가 실재하지 않는다는 뜻은 아니다. 오히려 가치는 너무 복잡해서 과학적 세계관에 아직 들어오지 못했고, 어쩌면 영원히 들어오지 못할 수 있다는 뜻이다. 세계는 아주 이상한 곳이어서 문화의 은유적·서사적 묘사와 과학의 물질적 표현이 서로 통할 때가 있다. 그때 삶의 현실과 예술은 서로를 동등하게 반영하고 모든 것이 하나로 합쳐진다.

그런 경험을 생성하거나 받아들이는 정신(영혼)은 논쟁의 여지없이 실재적이다. 적어도 우리의 행동이 그 증거다. 우리는 나의 존재와 경험이 실재하며, 마찬가지로 타인의 존재와 경험도 실재한다고 생각한다. 그런 존재와 경험의 기초에 생물적·신체적 토대가 있다는 생각 또한 타당하다. 실제로 정신분석학 분야에 있는 사람들이나 동기와 감정에 초점을 두고 생물심리학을 연구하는 많은 사람이 그렇게 가정한다.[5] 과학자들뿐 아니라 일반 대중도 그렇게 생각한다. 종교적 경험은 바로 그런 생물적·신체적 토대에서 나온다. 그 토대가 가진 종교적 기능은 기본적이면서 공통적이라 우리는 '종교적 경험'이 의미하는 것을 (특히 인생의 어느 시점에 그런 경험에 눈을 뜨게 된다면) 적어도 이해는 하게 된다.

이것은 무엇을 의미할까? 우리는 다른 사람들과 소통하는 사회적 동물이지만, 인생의 참된 의미는 각 개인이 혼자서도 발견할 수 있다. 그러므로 인생의 참된 의미는 객관적인 것이 아니라 주관적인 것, 그럼에도 보편적인 것에 있다. 예를 들어 양심이라든가, 종교적 경험이 춤·노래·단식·명상 같은 행동뿐 아니라 화학적 작용으로도 유발된다는 사실이 주관적이면서 보편적인 것의 존재를 뒷받침한다. 종교가 수많은 사람을 끌어들인다는 사실도(비록 한 종교가 여러 분파로 갈리기도 하지만) 내면에서 들리는 어떤 보편적인 것을 가리킨다. 왜 우리는 종교적 경험이 이토록 공통적이고 필수적인데도 사실이 아니라고 쉽사리 가정할까? 가치를 부여하는 능력이 오랜 진화의 결과로서, 우리가 규정하고 이해하고자 하는 바로 그 현실에 의해 선택된 기능임이 거의 확실한데도?

우리는 전체주의의 결과를 목격했다. 그들은 집단이 인생의 짐을 나눠 지고, 올바른 길을 제시하고, 끔찍한 세계를 달콤한 유토피아로 바꿀 수 있다고 선전했다. 공산주의자들은 공정한 사람뿐 아니라 시기심 많고 잔인한 사람들에게도 매혹적으로 보이는 세계관을 만들었다. 어쩌면 공산주의는 산업 시대의 골칫거리인 부의 불평등 문제를 잘 해결할 수 있었을지 모른다. 그들 생각대로 억압받는 자들은 모두 착한 사람이고, 악은 모두 부르주아 지배자에게만 있었다면 말이다. 하지만 유감스럽게도 피지배 계급의 상당수는 무능력하고 비양심적이고 우둔하고 방탕하고 권력을 좇고 폭력적이고 화를 잘 내고 질투가 심했던 반면, 지배 계급의 상당수는 교양 있고 유능하고 창조적이고 지적이고 정직하고 친절했다. 소련에서 집산화에 반대하는 농민 세력을 제거하기 위한 탈쿨라크화운동dekulaization이 광적으로 진행될 때, 재산을 재분배한 사람은 원한과 질투에 사로잡힌 살인자들이었고, 폭력적으로 쫓겨난 사람은 믿을 만하고 유능한 농부들이었다. 이른바 이 '행운의 재분배'로 인해 1930년대에 세계에서 비옥하기로 손꼽히는 우크라이나 지역에서 대기근이 일어나 600만 명이 숨졌다.

20세기의 또 다른 악당인 독일의 국가사회주의(나치즘) 역시 강력하고 위험한 이데올로기였다. 히틀러 신봉자들이 니체 철학에서 영향을 받은 건 일부 사실이지만, 그 철학은 나치즘에 상당히 이상하게 반영되었다. 니체는 개인의 발전을 장려했지만 나치가 한 일은 집단의 가치관을 새롭게 창조하는 것이었다. 사실 니체는 나치즘 같은 이데올로기가 부상할 수 있는 문화적·역사적 조건을 확인했다고 말하는 편이 더 정확하다. 나치는 유대교나 그리스도교의 가르침과는 다른 방식으로 아리아인을 그리스도교 이후 탈종교 시대의 완벽하고 이상적인 인간상으로 규정하고, '더 높은 인간'으로 개념화했다. 그렇다고 해서 나치의 이상이 니체의 이상과 조금이라도 닮았다는 뜻은 아니다. 오히려 정반대다. 니체는 개인성을 열렬히 찬양했으므로, 더 높은 인간이 국가를 창조한다는 생각을 부조리하고 혐오스럽게 여겼을 것이다.

거짓 우상의 치명적인 매력

마르크스-레닌주의와 나치즘을 받아들이는 건 아니지만, 오늘날 세계에는 보수주의·사회주의·페미니즘을 비롯한 모든 종류의 인종 및 젠더 사상·포스트모더니즘·환경주의 등의 각종 '주의ism'들을 믿는 사람들이 여전히 있다. 솔직히 말해 그들은 일신교도와 다를 바 없다(몇몇 신을 믿는 다신교 숭배자일 수도 있다). 그들의 신앙은 입증되기보다는 선험적으로 인정해야 하는 공리와 근본적인 믿음에 기반을 둔다. 이데올로기가 현실에 적용될 때 지금까지 쌓아올린 지식은 힘을 잃고 거짓된 환상이 세상을 지배한다.

이데올로기는 처음에는 단순하다가 진짜 유용한 이론들을 흉내내기 시작하면서 기괴할 정도로 복잡해지고, 결국에는 그 유용한 이론들을 대체한다. 이데올로기 이론가는 처음에 몇몇 추상 개념을 선택하는데, 이 개념들은 해상도가 낮아 세계를 크고 무차별적인 덩어리들로 표현한다. 몇 가지 예를 들자면 경제, 국가, 환경, 가부장제, 민중, 부자, 빈민, 지배자, 피지배자 등이 그렇다. 단일한 용어로 묶어 부르면 실제로는 다양하고 복잡한 현상이 암암리에 극도로 단순화된

질서 너머

다(복잡성을 가리면 그 용어에는 아주 큰 감정적 무게가 실린다). 예를 들어 사람들이 가난한 데는 여러 가지 이유가 있다. 돈이 없다는 건 누가 생각해도 명백한 원인이다(하지만 이데올로기에서는 그런 명백함조차 문제로 삼는다). 다음과 같은 원인도 있다. 교육의 부재, 가족의 붕괴, 범죄가 들끓는 동네, 알코올의존증, 약물중독, 범죄, 부패한 권력의 정치·경제적 착취, 정신질환, 인생 계획의 부재 또는 그 필요성이나 가능성에 대한 무지, 양심의 결핍, 불운한 지리적 위치, 경제적 변화와 그로 인한 특정 직업군의 소멸, 부익부 빈익빈 경향, 창의성과 창업 정신의 부족, 용기의 결여. 가난을 낳는 원인들은 이 외에도 무수히 많으며 각각에 대한 해결책은 존재하더라도 다 다르다. 또한 각각의 원인을 유발하는 악당이 있다 해도 모두 같지 않다.

그처럼 중요한 문제들을 다룰 때는 개별 원인들을 신중하게 분석한 뒤에 잠재적인 해결책을 모색하고 실행하고서, 그 효과를 조심스럽게 평가해야 한다. 하지만 그런 일은 잘 일어나지 않는다. 설사 그렇게 했더라도 의도했던 결과가 나오지 않을 수도 있다. 우리 모두가 직면한 문제들을 해결하는 일은 그만큼 어렵고 골치 아프기 때문에, 보통의 용기와 의지만으로는 감당하기 어렵다. 반면 문제를 단순하게 축소하고 그 문제를 야기하는 악인을 등장시켜 공격하는 것은 훨씬 쉽고 즉각적인 만족을 준다. 이데올로기 추종자들은 특별한 노력 없이 그래도 되는 도덕적 정당성을 확보한다.

이데올로기 창시자는 세계를 크고 무차별적인 조각들로 나누고, 각각의 문제점(들)을 밝히고, 그럴듯한 악당을 내세운 뒤, 이를 설명해주는 원리나 작용력 몇 가지를 만들어낸다(그 추상화된 실체들은 세계를 이해하는 데 실제로 얼마간 도움이 되기도 한다). 그런 뒤에는 그 몇 가지를 근본적인 원인이라고 강조하고, 다른 중요한(어쩌면 더 중요한) 변수들은 무시한다. 이를 위해 동기 체계나 대규모의 사회 연구 또는 가설들을 활용하면 효과적이다. 또한 부정적인 감정·분개·파괴심을 일으키는 암묵적 원인들과 설명 원리들을 뽑아낸 뒤에, 그에 대한 모든 의심과 토론을 금기시한다. 다음으로는 이론의 효과를 사후 분석의 영역으로 몰아넣고, 모든 현상은 이 새로운 전체주의 이론의 부차적 결과일 수 있다고 설명한다. 마지막으로 학파가 출현해 이 알고리듬적 환원을 선전하면 이데올로기는 학계와 일상 모두에서 지배력을 얻게 되며, 이에 따르지 않거나 비판적인 사람들은 암묵적으로나 명시적으로 악마화된다.

그런 활동, 그런 게임에 기대 타락한 지식인과 무능력한 지식인들이 모두 번성한다. 이 게임에 가장 먼저 뛰어든 자들은 참가자 중 가장 영리한 사람들이다. 그들은 임의로 선택한 원리를 가지고 인간 활동의 모든 영역에서 근본적으로 작동하는 핵심 동기에 관해 이야기를 지어낸다. 이런 작업은 간혹 유익하다. 그 덕분에 지금까지 논의하거나 고려하는 게 금기시되었던 동기가 알고 보니 인간의 행동과 지각에 지대한 영향을 끼칠 수 있다고 밝혀지기도 한다(대표적으로 프로이트의 성 이론이 있다). 추종자들은 그 이야기에 매료되고, 지배적일 수 있는 새로운 위계 구조에 합류하길 바라면서 필사적으로 매달린다. 하지만 추종자들은 스승들보다 덜 영리한 탓에 '기여한다'나 '영향을 끼친다'라는 말을 '○○의 원인이다'라는 말로 미묘하게 바꾸고 만다. 추종자들의 출현에 흡족해진 창시자들은 그들의 이야기도 한 방향으로 몰아넣는다. 추종자들이 저항하기도 하지만, 그건 중요하지 않다. 숭배는 이미 시작되었다.

이런 종류의 이론화 작업은 영리하지만 게으른 사람에게 특히 매력적이다. 냉소와 교만은 유용한 수단으로 쓰인다. 새로운 지지자들은 그런 이데올로기 게임에 능통해지기 위해서 경쟁 이론이나 다른 방법론, 심지어 사실 자체를 비판하는 법을 배운다. 이데올로기를 뒷받침하는 이론에 불가해한 어휘가 딸려 있으면 더욱더 좋다. 비판자들이 그 뜻을 해독하느라 귀중한 시간을 허비할 것이기 때문이다. 또한 학교에서는 갈수록 그 이론을 추종하는 활동만 허락되며 공모는 은밀하게 강제된다. 그 이론을 비판하거나 혼자 나대지 마라. 그러면 비호감이 된다. 금기시되는 견해를 드러내면 나쁜 성적 또는 나쁜 평가를 받을 테니 자제하라(이런 일이 실제로 일어나지 않을 때도 그 두려움 때문에 많은 학생과 교수, 고용자와 피고용인이 언행을 조심한다).

앞서 언급했듯이 프로이트는 인간의 동기를 성sexuality, 즉 리비도libido로 환원시키려 했다. 글을 잘 쓰고 총명하고 언어에 능한 사람은 누구나 그 일을 아주 잘 해낼 수 있다. '성'은 다른 단어와 마찬가지로 저자의 필요와 목적에 따라 엄격하게 정의될 수도, 느슨하게 정의될 수도 있다. 어떻게 정의하든 성은 생명의 복잡한 작동 원리를 풀어주는 열쇠로서 아주 중요한 생물적 요소다. 따라서 우리는 한 분야에서 성이 끼치는 영향을 진짜로 발견할 수도 있지만, 그럴듯하게 꾸며낸 뒤 부풀릴 수도 있다. 그와 동시에 중요하고 의미 있는 다른 요인들을 덜 중요하게 취급함으로써 하나의 설명 원리를 거기에 부여된 필요에 맞게 무한히 확장할 수 있다.

마르크스도 그랬다. 그는 기본적으로 계급에 기초한 경제적 관점에서 인간을 설명하고, 역사를 부르주아와 프롤레타리아의 영원한 전쟁터로 설명했다. 마르크스주의의 알고리듬에 통과시키면 어떤 것이든 척척 설명이 된다. 부자가 부유한 것은 가난한 자를 착취하기 때문이다. 가난한 자가 가난한 것은 부자에게 착취당하기 때문이다. 모든 경제적 불평등은 바람직하지 않고 비생산적이며, 근본적으로 사회가 불공정하고 부패했기 때문에 발생한다. 물론 프로이트의 경우처럼 마르크스의 주장에도 가치가 없지는 않다. 계급은 사회적 위계 구조의 중요한 요소이며, 오랜 시간에 걸쳐 어느 정도 안정적으로 유지되는 경향이 있다. 또한 경제적 안녕이나 결핍은 매우 중요하다. 그리고 어느 경제체제에나 적용되는 것 같은 지긋지긋한 파레토 분포 Pareto distribution[6](가진 자가 더 많이 갖는 경향)는 부가 소수에게 집중된다는 걸 의미한다. 그 소수에 속한 사람은 앞서 언급한 계급 안정성[7]과 상관없이 꽤 심하게 변동하지만 상대적으로 부유한 사람이 항상 소수, 그것도 극소수라는 사실은 우울하리만치 불변한다.

하지만 마르크스주의를 실천한 곳들은 모두 파국을 면치 못했다. 그럼에도 현재의 마르크스주의자들은 수치를 모르고 마치 중요한 건 하나도 변하지 않았다는 듯 그 사상에 새로운 옷을 입혀 계속 수명을 연장시키려 한다. 마르크스에게 강한 영향을 받았고 오늘날 학계에 엄청난 영향력을 행사하는 사상가들(이를테면 미셸 푸코Michel Foucault와 자크 데리다Jacques Derrida)은 마르크스주의에서 '경제'를 '권력'으로 대체하고, 권력이 인간의 모든 행동 뒤에 숨어 동기를 부여하는 단 하나의 힘인 것처럼 제시한다. 그와 대조적으로 능력이 뒷받침된 권위, 호혜적인 태도 및 행동은 고려 대상에서 배제한다.

이런 종류의 이데올로기적 환원은 사이비 지식인 중에서도 가장 위험한 자들의 특징이다. 이데올로기 추종자들은 지적 차원의 근본주의자로, 고집이 세고 융통성이 없다. 그들의 독선과 사회공학social engineering에 대한 도덕적 주장은 근본주의 못지않게 뿌리 깊고 위험하다. 아니, 그보다 더할지 모른다. 이데올로기 추종자들은 이성 그 자체에 대한 소유권을 주장한다. 자신들의 주장이 논리적이고 사려 깊다고 옹호한다. 그들에 비하면 오히려 근본주의자들이 훨씬 정직하다. 그들은 자신이 어떤 대상에 대한 임의적 믿음에 헌신하고 있음을 인정하고 초월자와의 관계를 받아들인다. 근본주의자들은 우주의 중심인 신을 우리가 완벽히 이해할 수 없다고 생각한다. 그래서 우파 유대인, 이슬람 강경파, 그리스도교 근본주의자는 논리적으로 압박을 가하면 결국 신이 불가사의한 존재라고 인정한다. 그런 인정을 통해 그들의 주장은 도덕적 올바름과 진정성을 획득한다(적어도 진정한 근본주의자라면 그들이 정통한 것은 고사하고 완전히 이해한다고 감히 주장할 수 없는 어떤 것에 여전히 복종한다). 반면에 이데올로기 추종자들은 자신들이 이해할 수 없거나 정복할 수 없는 건 없다고 믿는다. 이데올로기 이론은 모든 과거, 모든 현재, 모든 미래를 설명한다. 이데올로기 추종자들은 완벽한 진리가 자기 손안에 있다고 생각한다(자기모순이 없는 근본주의자에게는 금지된 생각이다). 이보다 더 전체주의적인 주장은 없으며, 과도한 자신감이 최악의 모습으로 드러날 수 있는 상황도 없을 것이다. 이데올로기가 세계를 설명하지 못하거나 미래를 예측하지 못했을 때는 그 사기성이 더욱 선명해진다.

이 이야기의 교훈은 무엇일까? 자신의 이론으로 일신교를 만드는 지식인들을 조심하라. **다양하고 복잡한 문제를 하나의 변수로 설명하는 것을 경계하라.** 물론 권력도 경제처럼 역사에서 일정한 역할을 수행한다. 하지만 질투·사랑·굶주림·성·협력·계시·분노·혐오·슬픔·불안·종교·자비·질병·기술·적의·우연도 그런 역할을 수행할 수 있으며, 그중 어느 것도 다른 것으로 완벽하게 환원되지 않는다. 하지만 이데올로기적 환원은 대단히 매력적이다. 단순성, 용이함 그리고 진리에 통달했다는 환상을 한껏 누릴 수 있기 때문이다(그리고 아주 드문 경우지만 단기적으로는 심리적·사회적으로 대단히 유용한 결과가 나올 수 있다). 그리고 잊지 말자. 악당이나 악당 무리를 발견할 때마다 우리 자신도 이데올로기를 휘두르고 싶은 충동을 느낄 수 있다.

분노

분노[8](적대적인 분개)는 어느 때 이는가? 개인적인 실패나 낮은 지위를 사회구조 탓으로 돌릴 때, 특히 그 구조 안에서 성공과 높은 지위를 거머쥔 사람들을 탓할 때 분개한다. 그들은 먼저 그 사회구조가 불공평하다고 여긴다. 그렇다면 성공한 사람은 논리적으로 착취와 부패에 의존해 부당한 수혜를 누리면서, 불공평한 사회구조를 옹호하는 이기적이고 부도덕한 사람이 되어버린다. 일단 이 인과의 사슬이 받아들여지고 나면, 성공한 사람에 대한 모든 공격은 시기와 탐욕의 부끄러운 증거가 아니라 정의를 바로 세우려는 도덕적 시도로 해석

질서 너머

된다.

이데올로기를 추구하는 흐름에는 또 다른 특징이 있다. 이데올로기 추종자들이 지지하는 피해자는 항상 선량하고(때로는 맞는 말이다), 가해자는 항상 악하다(사악한 가해자는 언제나 부족하지 않다). 하지만 피해자와 가해자가 존재한다는 사실만으로는 세계가 죄 없는 희생과 사악한 가해(이때 무죄추정의 원칙은 무시당한다)로 가득하다는 저해상도의 일괄적 진술을 뒷받침하지 못한다. **어떤 집단도 죄가 있다고 미리 가정해서는 안 되고**, 그 죄가 다음 세대로 이어진다고 생각해서도 안 된다.[9] 그건 고소인이 악한 의도를 지녔다는 징표이며 사회적 재앙의 전조다. 하지만 그 덕분에 이데올로기 추종자들은 실질적인 비용을 거의 들이지 않고서 스스로를 억압자의 네메시스Nemesis(복수의 여신)이자 피억압자의 수호자로 임명한다. 그런 트로피가 손짓하는데, 누가 개인의 유무죄를 결정하는 데 신중에 신중을 거듭하려 들겠는가?

분노하는 길에 들어선다는 건 쓰디쓴 원한을 자초하는 일이다. 내면의 적이 아니라 외부의 적을 확인했을 때 그러기 쉽다. 예를 들어 다루고 있는 주제가 부이고, 가난을 비롯한 세상의 모든 문제가 부자 때문이라고 인식되면 부자가 적이 된다. 그 적은 심리적으로나 사회적으로 반드시 사라져야 할 악과 어떤 면에서는 구별되지 않는다. 또한 문제가 권력이면, 권력을 획득한 사람들은 그 권력을 어떻게 획득했든 간에 세계를 고통 속에 몰아넣은 원흉이 된다. 문제가 남성성이면, 모든 남성이(심지어 남성이라는 개념까지) 공격과 비난의 대상이 된다.[10] 세계를 외부의 악마와 내부의 성인으로 구분하는 이분법은 독선적인 증오를 정당화하고 이데올로기 체제 그 자체에 도덕성을 부여한다. 이보다 더 무시무시한 덫이 있겠는가. 일단 악의 원천이 확인되면 그걸 뿌리 뽑는 것이 정의로운 자의 의무가 된다. 이는 피해망상과 박해를 동시에 끌어들인다. 당신처럼 생각하는 사람들만이 선한 세계는 다른 말로 당신을 파괴하겠다고 덤비는 적들로 가득한 세계다. 당신은 그들과 싸워야 한다.

당신 자신에게서 세계가 잘못된 이유를 찾는 것이 도덕적으로 훨씬 타당하다. 불의를 외면하지 않는 정직한 사람이라면 응당 하는 일이다. 일단 남의 눈에서 티끌을 찾기보다는 자기 자신의 눈에 들보가 있음을 깨달으면 무엇이 무엇이고, 누가 누구이고, 원인이 어디에 있는지가 한결 명확해진다. 당신 안에 있는 대속자代贖者가 더 나은 세상을 만들기 위해 맨 처음에 해야 할 일은 당신 자신의 크고 명백한 결함을 해결하는 것이다. 세상의 죄를 스스로 지는 것, 다시 말해 자신과 타인의 잘못에 책임을 지는 것은 가장 깊은 의미에서 메시아의 길, 영웅의 삶과 겹친다. 이는 사회적 또는 정치적 문제라기보다는 심리적 또는 영적인 문제다. 이류 소설가가 지어낸 인물들을 생각해보자. 모든 인물이 착한 사람과 악한 사람으로만 나뉜다. 정반대로 훌륭한 작가는 각 인물의 내면을 빛과 어둠의 영원한 결투장으로 묘사한다. 당신 편은 무조건 선하다고 가정하고 사방에 있는 적을 쫓기보다는, 당신 안에 그 적이 있으며 당신의 나약함과 부족함이 세계를 망가뜨린다고 생각하는 편이 심리적으로 훨씬 더 적절하고, 사회적으로 훨씬 덜 위험하다.

'가부장제와 싸운다' '억압을 줄인다' '평등을 장려한다' '자본주

질서 너머

의를 변화시킨다' '환경을 지킨다' '경쟁을 제거한다' '정부를 줄인다' 따위는 불가능하다. '모든 조직을 회사처럼 운영한다'는 말도 마찬가지다. 이런 개념들은 해상도가 너무 낮다. 영국의 유명 코미디 프로그램 〈몬티파이선Monty Python〉에서 본 풍자가 떠오른다. 플루트를 연주하는 방법? 한쪽 끝을 불고, 손가락을 움직여 구멍을 막아라.[11] 맞는 말이지만 효과는 없다. 세부 사항이 없기 때문이다. 마찬가지로 현실은 대규모의 정교한 과정들과 체계들로 구성되어 있는 탓에 포괄적이고 단일하게 변화시킬 수 없다. 그럴 수 있다는 생각은 20세기에 유행한 이데올로기의 산물이다. 이데올로기에 대한 믿음은 순진하고 자기도취적이며, 그것이 조장하는 운동들은 분개하고 게으른 사람에게 거짓된 성취감을 준다. 이데올로기에 빠진 사람들이 신봉하는 공리들은 개종을 주도하는 자들이 맹목적으로 추종하는 신과 다를 바가 없다.

하지만 신은 죽고, 이데올로기도 죽었다. 20세기의 피비린내 나는 과잉에 스스로 질식했다. 우리는 이데올로기를 보내고, 더 작고 정확하게 정의한 문제를 다루기 시작해야 한다. 문제를 정의할 때는 남을 탓하지 말고 우리가 해결할 수 있는 크기로 개념화하고, 문제를 개인적으로 다루는 동시에 그 결과를 책임지려고 노력해야 한다.

겸손하라. 방을 청소하라. 가족을 보살피라. 양심을 따르라. 바르게 살라. 생산적이고 흥미로운 일에 전념하라. 이것들을 잘 해냈을 때 더 큰 문제를 찾아 도전하라. 여기에서도 성공한다면 더 야심찬 계획으로 이동하라.

이 모든 과정에 꼭 필요한 출발점으로서, **이데올로기를 버려라.**

법칙 7

최소한 한 가지 일에 최대한
파고들고, 그 결과를 지켜보라

열과 압력의 가치

석탄이 땅속 깊은 곳에서 강한 열과 압력을 받으면, 석탄을 구성하는 탄소 원자들이 치밀한 결정구조로 완벽하게 재배열되어 다이아몬드가 된다. 다이아몬드 형태의 탄소 결정체는 막강한 내구력을 갖게 되며(다이아몬드는 천연광물 중 가장 단단한 물질이다) 빛을 반사한다. 그 단단함과 반짝임 덕분에 다이아몬드는 가치 있는 것의 상징이 되었다. 가치 있는 보석은 순수하고, 그 구성 요소들이 적절히 배열되어 있고, 반짝거린다. 이 말은 사람에게도 적용된다. 사람이 빛이 난다고 할 때의 그 빛은 고도로 집중된 의식에서 발산되는 광채를 의미한다. 인간의 의식은 많은 부분이 시각적이기 때문에 빛이 있는 낮에 주로 활동한다. (빛과 관련된) 교화된다illumined거나 계몽된다enlightened는 말은 특별히 자각하고 깨닫는다는 뜻인데, 흔히 영적인 자각 또는 깨달음과 관련이 있다. 또한 다이아몬드 장신구를 입는 것은 태양의 광휘를 두르는 것과 같다(태양은 거의 전 세계적으로 통용되는 가치 기준이다). 그래서 과거에는 왕이나 여왕의 옆얼굴을 태양처럼 둥그런 금화에 새기곤 했다.

열과 압력은 석탄이라는 평범한 물질을 완벽한 결정구조와 희소한 가치를 지닌 다이아몬드로 변화시킨다. 사람도 마찬가지다. 인간의 영혼에 작동하는 힘들은 종종 서로 어긋나고 부딪친다. 우리는 하고 싶지 않은 일을 하기도 하고, 해야 한다는 걸 알면서도 그 일을 하지 않는다. 날씬해지고 싶지만 자포자기하고 소파에 앉아 과자를 먹는다. 또한 방향을 잃고, 혼란에 빠지고, 우유부단함에 마비된다. 굳은 결심을 하고서도 유혹에 이리저리 끌려다니고, 시간을 허비하고, 뒤로 미루고, 결국 땅을 치며 후회한다. 그래도 우리는 변하지 않는다.

바로 이런 이유에서 고대인들은 인간의 영혼이 악령(혼령·악마·신)에 자주 씌며, 그럴 때 자신에게 최선이 되도록 행동하지 않는다고 믿었다. 정신분석학이 출현한 뒤로 심리학에서는 이 상반된 힘들, 이 강박적이고 사악하기까지 한 정신들을 충동·감정·동기 또는 콤플렉스(기억에 의해 만들어진 내 안의 또 다른 인격)로 개념화했다. 우리의 신경구조는 실제로 위계적이다. 맨 밑에는 갈증, 굶주림, 분노, 슬픔, 의기양양함, 성욕 등 본능에 충실한 하인들이 있다. 이들은 쉽게 위로 올라가 우리를 지배하고, 서로 전쟁을 벌인다. 통일된 정신의 회복력과 강인함은 쉽게 얻어지지 않는다.

여럿으로 쪼개진 집은 오래가지 못한다는 속담이 있다. 마찬가지로 허술하게 통합된 사람은 고난에 직면할 때 마음을 다잡지 못한다. 그는 가장 높은 차원의 심리적 통합성을 상실한 사람, 다양한 부분 인격의 균형과 조화가 깨져버려 온화함을 잃어버린 사람이다. 이럴 때 우리는 "그는 정신이 나갔어" 또는 "그는 엉망이야"라고 말한다. 그런 사람은 마음을 추스르고 정신을 차리지 못한 채 한두 개의 부분 인격에 지배당할 가능성이 높다. 평정심을 잃은 사람은 내면에서 치고 올라오는 분노나 불안, 고통의 망령에 사로잡힌다. 두 살 난 아이가 떼를 쓸 때가 바로 그런 경우다. 아이는 순간적으로 자제력을 잃고, 잠시 순수한 감정에 완전히 지배된다. 분노를 지배하는 오래된 동기 체계가 걸음마 단계의 발달하는 인격을 밀어내고 아이의 마음과 행동을 제 뜻대로 조종한다. 아이의 자아는 심리적·사회적 통합을 위해 애를 쓰지만 불행하게도 아직 연약한 탓에 패배를 피하지 못한다. 두 살배기도 자신의 이런 행동에 대단히 당황스러워하는데 하물며 어른이 그런 모습을 보인다면 정말 무섭고 끔찍할 것이다.

내적 통일성이 부족하면 고통이 증가하고 불안이 커지고 동기가 시들고 즐거움이 사라지며, 그 결과 우유부단해지고 뭐든 확신하지 못한다. 탐나는 것 열 가지를 놓고 결정을 못한다면 열 가지 모두에게 고문을 당하는 셈이다. 모순되지 않고 잘 정의된 확실한 목표가 없다면 삶을 가치 있게 해주는 긍정적인 몰입감은 먼 나라 얘기가 된다. 또한 확실한 목표는 세계를 제한하고 단순화하여 불확실·불안·부끄러움을 줄여주고, 스트레스가 야기하는 소모적인 심리적 요인들을 경감한다. 따라서 허술하게 통합된 사람은 불안정하고 방향이 없는데, 이는 단지 시작에 불과하다. 그로 인해 무력감과 우울에 빠지면 허무감이 오랫동안 지속된다. 또한 심리적 우울 때문에 스트레스 호르몬인 코르티솔이 과도하게 분비되면 우리 몸은 급속한 노화(체중

증가, 심혈관 질환, 당뇨병, 암, 알츠하이머병)를 겪게 된다.[1]

사회적 결과도 생물적 결과 못지않게 심각하다. 잘 통합되지 않은 사람은 좌절이나 실패의 아주 작은 낌새에도 과잉 반응한다. 그런 사람은 심지어 자기 자신과도 타협하지 못하는데, 잠재적인 미래를 논의할 때의 불안함을 견디지 못하기 때문이다. 하나를 선택하지 못하기 때문에 원하는 것을 얻지 못하고, 원하는 것을 얻지 못하기 때문에 즐겁지 않다. 또한 아주 조그만 반대에 부딪혀도 가던 길을 멈춘다. 전쟁을 벌이는 다수의 하위 인격 가운데 하나가 그런 반대 주장을 물고 늘어지면서 의심이라는 이름으로 최선과 반대되는 행동을 선택한다. 따라서 내적 갈등이 심한 사람은 은유적으로 말하자면, 가슴을 누르는 집게손가락의 압력에도 걸음을 멈추게 된다(그 정도의 장애물은 단박에 걷어찰 수 있는데도 말이다). 마음을 굳게 먹고 앞으로 나아가려면 하나의 확실한 목표를 바라보며 자기 자신을 조직할 필요가 있다.

목표를 세우고 겨냥하라. 이 모든 것이 성숙하기 위한 훈련의 일부이자 가치를 제대로 인정받기 위한 일이다. 목표가 없으면 모든 것에 끌리고 흔들린다. 목표가 없으면 갈 곳이 없고, 할 일이 없으며, 인생에 가치 있는 것이 없다. 가치는 선택지에 위계를 매기고, 낮은 것을 희생하고 높은 것을 바라볼 때 생겨난다. 정말로 자기 앞에 놓인 선택지를 모두 자기 것으로 만들고 싶은가? 그건 너무 과하지 않은가? 먼저 구체적으로 어떤 것을 이루고, 그다음에 다음 목표를 세워 또 다른 구체적인 어떤 것을 이루는 것이 더 낫지 않을까? 희생이 따를지라도, 그게 마음 편하지 않을까?

216

최악의 결정

내가 몬트리올의 맥길대학교 대학원에서 임상심리학 박사 과정을 밟고 있을 때 일이다. 나는 5~6년이 걸리는 이 어려운 학위 과정을 이수하는 동안 사람들의 성격이 개선되는 걸 확실히 보았다. 그들의 사회성은 향상되었고 표현은 더 명확해졌다. 목표 의식은 더 뚜렷해지고 타인과의 관계는 더 좋아졌다. 또한 바르고 계획적이면서도 삶을 즐길 줄 아는 사람이 되었다. 대학원 수업의 질이 예전보다 떨어지고, 임상심리학자 자리가 무급에다 얻기도 어려우며, 설령 지도교수와의 관계가 별로여도 말이다. 대학원 공부를 막 시작하는 사람들은 아직 미숙하고 어리둥절한 경우가 많았다. 하지만 연구와 논문 준비에 필요한 훈련을 받으면서 그런 성격은 곧 개선되었다. 길고 정교하고 통일된 글을 쓴다는 건 적어도 부분적으로 인성이 더 복잡하고 명확하고 깊어진다는 걸 의미한다.

후에 교수가 되어 학부생과 대학원생을 지도했을 때도 같은 현상을 목격했다. 학부생 가운데 실험실에 살다시피 한 학생들은 부담을 회피한 학생들보다 더 좋은 성적을 받았다. 그들은 연구를 열심히 보조하여 연구팀의 일원으로 받아들여졌고, 동시에 남는 시간을 효율적으로 쪼개서 자기 공부를 했다. 나는 임상심리학자로 일할 때도 비슷한 현상을 목격했다. 나는 내담자들에게 비록 자신의 이상과 동떨어진 것일지라도 현재 가능한 길 중 최선을 선택하라고 일러주었다. 그러기 위해서는 야망이나 자존심을 잠시 접어야 할 수도 있지만, 공상의 세계에서만 얻을 수 있는 것을 실제로 얻을 수 있다는 이점이 있었다. 그런 뒤에는 정신건강이 어김없이 개선되었다.

과연 세상에는 전념할 만한 게 있긴 할까? 지금까지 나는 이 질문에 답이 될 수 있는 무수한 상황들을 목격했다. 내가 학부생, 대학원생, 교수, 임상심리학자, 연구자, 그 밖의 다양한 임시직을 거치는 동안 갈래길은 자꾸 나타났다. 그런 갈래길은 나뿐 아니라 모든 사람, 특히 반쯤 성숙하고 방황하고 설익은 냉소를 즐기고 의심하고 회의하고 희망을 꿈꾸는 바보들에게도 나타난다(어리석음의 정도는 사람마다 다르지만 이제 막 성인기에 접어드는 시기에 모두가 그런 바보 같은 시절을 겪는다). 많은 책임을 지는 것이 지속적인 가치를 지닌다는 점은 분명하다. 그중에서도 자신의 인격·사랑·가족·우정, 그리고 일에 대한 책임이 중요하다. 어느 영역에서라도 정원을 가꿔 보살필 줄 모르거나 그럴 뜻이 없는 사람은 그로 인해 반드시 고통을 받는다. 물론 무엇인가에 전념하려면 살을 내주는 아픔을 참아야 한다. 한 학과에서 학위를 얻으려면 다른 과 학위는 포기해야 한다. 배우자나 친구를 선택할 때도 마찬가지다. 하지만 그런 선택에 대한 냉소·우유부단·의심은 경솔한 허무주의적 추론으로 쉽게 이어지고, 모든 것의 토대를 뒤흔든다. 굳이 왜 그래야 하나? 천년만년 사는 것도 아닌데 다 부질없는 짓 아닐까? 그래서 이 길이 저 길보다 또는 길이 없는 것보다 뭐가 더 좋은데?

이 배우자나 저 배우자, 이 친구나 저 친구, 이 직업이나 저 직업에 만족하고, 심지어 행복을 느낄 수는 있다. 어떻게 보면 이걸 선택해서 얻은 만족은 다른 걸 선택해도 얻을 수 있을지 모른다. 또한 각각의 선택에는 큰 결함이 있다. 낭만적인 배우자는 성격이 변덕스럽고 복잡할 때가 많다(친구도 마찬가지다). 어느 직장이나 직업을 선택하든 좌절, 실망, 부패, 부당한 위계, 내부 정치, 바보 같은 의사결정이 없는 경우는 없다. 구체적이고 이상적인 가치가 없다면 우리는 어떤 것도 다른 어떤 것보다 더 중요하지 않다는 결론, 그러니 중요한 건 아무것도 없다는 절망적인 결론에 빠질 수 있다. 하지만 그런 결론에 빠지는 사람들은 아무리 논리적인 주장으로 자신의 입장을 옹호하더라도 비싼 대가를 치르게 된다. 대학 학위나 기술 수료를 중도에 그만둔 사람들은 그 일로 괴로워한다. 이러한 중도 포기는 실패와 반드시 구별되어야 한다. 간혹 사람들은 굳은 의지와 필요한 교육을 갖추었으면서도 원하는 결과를 얻는 데 실패한다. 변호사로서 일을 잘하려면 언어 능력이 좋아야 하고, 목수로 성공하려면 기계를 다루는 기술이 필요한 법인데, 사람과 직업의 궁합이 좋지 않은 탓에 노력해도 목표에 이르지 못할 때가 있다. 하지만 이런 예외적인 경우를 제외하고 대부분의 실패는 결의의 부족, 겉만 번지르르한 의미 없는 합리화, 책임 거부에서 비롯된다. 이런 실패는 좋을 게 하나 없다.

직업이나 직장을 선택하지 않은 사람은 대개 닻을 내리지 못하고 표류한다. 그런 사람은 자신의 표류를 정당화하기 위해 낭만적인 반항이나 설익은 냉소와 염세주의를 앞세운다. 또한 아방가르드 정신에 상습적으로 공감하거나 알코올의존, 약물 사용, 순간적인 만족을 탐닉하면서 절망적이고 목적 없는 삶을 위로한다. 하지만 그 어떤 것도 성공하는 삶과는 거리가 멀다. 배우자를 선택하고 그에게 헌신하지 못하는 사람, 친구에게 충실하지 못하거나 그럴 마음이 없는 사람도 마찬가지다. 그들은 외롭고 비참해지며, 그 결과 애초에 그 고립을 부채질했던 냉소는 더 깊어진다. 자신의 인생에 그런 악순환을 들이고 싶은 사람은 없다.

　내가 아는 한에서 학부나 직업 훈련을 마친 사람은 예외 없이 그로 인해 더 나아졌다. 물론 반드시 성공한 건 아니었다. 반드시 자신에게 가장 잘 맞는 일을 하고 있지도 않았다. 반드시 자신의 선택에 전율한 것은 아니며, 약간 의심하고 후회하기도 했다. 심지어 공부한 분야에 계속 남아 있을지 확신하지 못했다. 하지만 포기하고 표류하는 사람들보다 훨씬 나았다. 인내한 사람들은 거기에 들인 노력과 희생을 양분으로 삼아 성숙하고, 더 나은 사람이 되었다. 그렇다면 결론은 무엇일까? 세상에는 우리가 모든 걸 잊고 전념할 만한 일이 많다. 대안은 차고 넘치며 노력을 요구하는 체제가 부패했다는 점을 들먹이며, 어떤 일에 전념하는 건 자의적이고 심지어 무의미하다는 말도 일리는 있다. 하지만 어떤 일에 전념하는 것도 똑같이 일리가 있다. 한 방향을 선택하지 않는 사람은 길을 잃어버린다. 모든 것으로 남으려다 아무것도 되지 못하느니 실제로 어떤 것이 되는 편이 훨씬 낫다. 그 과정에 끼어드는 모든 한계와 실망에도 말이다. 냉소적인 사람은 이 세상에 나쁜 결정이 차고 넘친다고 한탄한다. 하지만 그런 냉소를 초월한 사람(더 정확히 말해 냉소를 의심하는 것이 최종적으로 믿을 만한 길잡이임을 깨달은 사람)은 다음과 같이 반론을 제기한다. **최악의 결정은 결정을 내리지 않는 것이라고.**

훈육과 통일성

한 가지에 집중하는 훈련은 어렸을 때 시작된다. 아주 이른 나이부터 아이는 기초적인 생존 본능에 해당하는 여러 감정과 동기들을 자발적으로 질서 있게 배치해, 타인과 함께할 협동과 경쟁의 전략을 만들어내기 시작한다. 정상적으로 자란 아이라면 사회적으로 바람직한 동시에 심리적으로 건강한 방식으로 이 일을 해나간다. 아이의 자발적인 자기조직화를 본능이 방해할 때(배고프거나 화가 나거나 지치거나 추울 때), 좋은 부모는 아이에게 다가와 문제를 해결해주거나 스스로 해결하는 법을 가르친다. 이 과정이 어느 정도 완벽하게 이뤄지면 아이는 사회에 합류할 준비가 된다. 이 일은 4세 즈음에 일어나야 하며, 그 시기가 지나면 영영 일어나지 않는다.[2] 4세가 된 아이는 자기조직화 능력을 충분히 길러 또래들에게 바람직한 친구로 받아들여져야 하는데, 그 나이가 되도록 자기 성질대로 짜증을 부리는 아이는 평생 바람직한 친구 관계를 맺기 힘들다.

사회에 받아들여질 정도로 적절한 훈련을 받은 아이는 또래 친구를 만나면서 더 심도 있는 자아 통합 과정을 겪는다. 아이는 다른 아이들과 함께 게임을 하면서 자기 자신을 훈련한다. 아이는 다른 모든 충동보다 게임의 지시사항을 더 중요하게 여기고, 그 규칙과 목표에 자발적으로 복종하는 법을 배운다. 그런 놀이를 통해 아이는 사회라는 더 큰 기계의 쓸모 있는 부품으로 성장한다. 개인성이 충동적인 만족을 위한 무제한의 선택이라면, 이를 개인성의 희생으로 해석할 수도 있다. 하지만 더 높은 차원에서 보면 개인성의 **발달**이 훨씬 정확한 표현이다. 적절한 기능을 수행하고 잘 통합된 자아를 가진 개인은 현재의 욕구를 미래의 필요(다른 아이들과 잘 놀 필요)와 조화시킬 줄 안다. 이렇게 해서 후기 영아기의 듣기 싫은 비명은 아동기의 다채로운 게임에 묻혀 들리지 않게 된다. 그런 발달을 통해 아이는 사회에 소속되었다는 안정감과 게임의 즐거움을 모두 만끽한다.

짚고 넘어가야 할 문제가 있다. 이건 '억압'이 아니다. 우리는 이 점을 분명히 해야 한다. 사람들이 어떤 일을 선택해서 꾸준히 매달리는 것을 가로막는 요인 중 하나가 그 과정에서 하지 못하게 된 어떤 행동들이 완전히 사라질 거라고 믿기 때문이다. 바로 이런 믿음 때문에 수많은 부모가 대체로 훈련을 시키면 아이가 망가질 거라고, 특히 창의성을 저해할 거라고 두려워한다. 하지만 적절한 규율은 아이를 파괴하는 게 아니라 조직한다. 아이를 협박해 강제로 복종하게 하거나 애초에 잘못을 저지르지 못하게 미리 한계를 두는 것이 학대다. 반면에 부모나 그 밖의 어른들, 그리고 다른 아이들에 의해 적절히 훈련된 아이는 자신의 공격성을 적대시하거나 타도하거나 영구적으로 억제하지 않는다. 또한 절대로 그 공격성을 승화시키거나 다른 어떤 것으로 변화시키지 않는다. 대신에 그 공격성을 갈수록 정교해지는 자신의 놀이 능력에 통합한다. 이렇게 통합된 공격성은 아이의 경쟁력을 자극하고, 주의력을 높이고, 정신을 발달시킨다. 따라서 사회화가 잘 이루어진 아이라고 해서 공격성이 없는 것이 아니라 **공격적인 심리 상태에 고도로 능숙해지는 것이다.** 그런 아이는 파괴적인 충동을 집중과 인내와 절제된 경쟁심으로 변화시켜 게임에서 성공한다. 그런 아이가 사춘기에 접어들면 훨씬 복잡한 게임이 가능하다. 이제 아이는

질서 너머

한 번에 한 사람 또는 한 팀만 승리할 수 있지만 참가자 모두가 공동의 목표를 위해 자발적으로 참여하며 그로부터 재미와 이익을 얻는 게임에 합류한다. 개인과 집단 차원에서 발현되는 이 능력이 초기 문명을 건설한 원동력이다. 타인과의 게임에서 아이는 협동, 경쟁, 승리를 경험한다. 이 준비 단계를 거쳐야 아이는 좀 더 영구적인 선택을 할 수 있고 성공한 어른이 될 수 있다.

약간의 의구심을 품고 지금 여기서 어떤 게임을 해야 가장 좋은지 논쟁하는 것은 가능한 일이며 합당하다. 하지만 모든 게임이 불필요하다고 선언하는 건 합당하지 않다. 마찬가지로 어떤 도덕이 불가피한 도덕인가에 대해 논쟁을 벌일 수는 있지만, 도덕 자체가 불필요하다고 주장할 수는 없다. 지금 이 순간 어떤 게임을 두고 적절한가를 의심하는 건 상대주의가 아니고, 맥락을 살펴보는 현명한 일이다. 예를 들어 장례식에서 행복한 모습을 보이는 건 부적절하지만, 그렇다고 행복 그 자체가 무가치한 건 아니다. 이와 마찬가지로 도덕이 필수적이고 불가피하다는 말은 전체주의적 주장이 아니다. 이 말은 평화와 조화를 이루고 유지하는 사회에서는 기초적이고 원시적인 1차원의 가치들이 사회적으로 조직화된 구조 아래 포섭되었다는 것을 관찰한 결과일 뿐이다. 서로 싸우던 세력들을 화합시켜 유럽을 문명화한 그리스도교 교리가 대표적이다. 동양도 문명화되고 통합된 곳에서 불교, 유교, 힌두교가 그런 역할을 했을 것이다. 어떤 교리든 존재하지 않았을 리 없다. 게임이 없으면 평화는 오지 않고 혼돈만 계속된다. 게다가 게임이 존재하려면 참가자가 있어야 한다(「법칙 4. 남들이 책임을 방치한 곳에 기회가 숨어 있음을 인식하라」 참조). 이 말은 게임의 규칙이 모두가 받아들일 수 있고, 많은 사람이 오랫동안 기꺼이 지킬 만한 제약이어야 한다는 뜻이다. 그런 게임은 이론상으로는 아주 많이 존재할 수도 있지만, 실제로는 몇 개만 존재한다. 어쨌든 그리스도교 또는 불교는 자의적인 규칙이나 터무니없는 미신이 결코 아니다. 우리가 참여하는 게임의 규칙이 결코 자의적이거나 터무니없이 미신적이지 않은 것처럼 말이다. 모든 것에 우선하며 사람들이 자발적으로 참여하는 게임 없이 평화가 존재할 수 있다고 생각하는 건 큰 실수다. 분열된 부족주의의 위협은 어디서나 항상 존재하며 우리를 아주 쉽게 파국으로 몰아넣을 수 있다.

일단 사회적 세계의 압력으로 다양한 하위 인격이 통합되었다면, 아이는 다른 아이들과 어울릴 수 있다. 그런 뒤 고도로 체계화된 목표, 기술, 규칙을 익혀 직업 세계라는 더 진지한 게임에 참가해야 한다. 나이를 먹으면서 구애의 몸짓도 배워야 한다. 아이는 자신의 인격을 다른 사람의 인격과 통합하여 짝을 이뤄야 하고, 그 관계를 사회 안에서 오랫동안 평화롭고 생산적으로 유지하기 위해 노력해야 한다. 이 통합은 심리적·사회적 차원에서 동시에 이루어지며, 견습 기간 동안에는 타인의 온전한 정신에서 도움을 받는다. 이 과정을 충실히 거친 아이는 마침내 사회적으로 세련되고, 생산적이고, 심리적으로 건강하며, 남에게 호혜를 베풀고, 자녀를 문제없이 양육하는 어른으로 성장한다.

하지만 통합과 사회화는 이것으로 끝이 아니다. 그 이유는 견습 기간에 두 가지 일이 동시에 진행되기 때문이다(아이가 게임을 하는 법과 공정한 게임을 하는 진정한 승자가 되는 법을 동시에 배우는 것처럼 말이다). 우선 아이가 게임의 규칙을 따라야 하듯이, 견습생은 전통·체계·도그마dogma에 복종해야 한다. 복종의 바람직한 형태는 다양하게 나타날 수 있지만, 기본적으로 복종은 가부장적 질서를 갖는 수련 제도를 감사한 마음으로 받아들이는 걸 의미한다. 견습 생활은 열과 압력이다(신참은 고참 아래서, 실습 나온 법대생은 현직 변호사 아래서, 수련의는 의사·간호사·환자 아래서 수련한다). 이 열과 압력의 목표는 미발달된 인격(아직은 진정한 '개인'이 아니다)을 하나의 길에 예속시켜 미숙한 초심자를 뛰어난 장인으로 변화시키는 것이다.

하지만 견습 기간을 잘 마치고 장인이 되면 더 이상 도그마에 복종하지 않는다. 오히려 장인이 도그마를 지배한다. 장인은 도그마를 유지할 뿐 아니라 필요할 때는 변화시킬 책임을 떠맡는다. 그래서 한때 예속을 자처했던 장인은 이제 '정신'을 따르는 새로운 일원이 된다. "바람(정신)이 임의로 불매 네가 그 소리는 들어도 어디서 와서 어디로 가는지 알지 못하나니"(「요한복음」 3장 8절). 이제 장인은 자신의 직감을 따라도 된다. 그동안 수련하면서 얻은 지식을 바탕으로 자신의 생각에서 결함을 찾거나 그 진정한 가치를 평가할 수 있기 때문이다. 장인은 도그마의 토대를 이루는 근본적인 패턴과 원리를 더 분명하게 파악하고, 현재의 규칙을 맹목적으로 따르는 대신 그 패턴과 원리에서 영감을 얻는다. 장인은 자신의 인격과 그간 받아온 훈련이 조화롭게 통합되었음을 믿고, 직관으로 파악한 근본적인 패턴과 원리를 수정하거나 변경함으로써 한층 더 높은 통합을 이끌어낸다.

도그마와 정신

한계를 가르치는 훈육은 게임의 전제 조건이자 통일성 발달의 필수 조건으로, '하지 말지니라Thou Shalt Nots'라는 금지로 보는 게 도움이 된다. 하지 말아야 할 것을 분명하게 강조하는 규칙들이 정해지면 바람직한 행동들이 수면으로 떠오르기 때문이다. 이 규칙들을 지키는 과정에서 구체적인 성질이나 본질을 지닌 성격이 발달한다(개인의 바람직한 성향이 발달한다). 다른 것과 마찬가지로 이 생각 역시 우리 문화의 토대를 이루는 이야기들에 이미 함축되어 있다. 특히 「마가복음」에서 명확히 볼 수 있는데, 그 복음서는 가장 영향력 있는 게임의 규칙 중 하나인 모세의 십계명에 대한 그리스도의 해설을 담고 있다. 모세의 십계명은 다음과 같다.

1. 나 이외의 다른 신을 섬기지 마라.
2. 우상을 섬기지 마라.
3. 하나님의 이름을 망녕되이 부르지 마라.
4. 안식일을 거룩히 지켜라.
5. 너희 부모를 공경하라.
6. 살인하지 마라.
7. 간음하지 마라.
8. 도둑질하지 마라.
9. 이웃에 대하여 거짓 증언을 하지 마라.
10. 네 이웃의 재물을 탐내지 마라.

첫 번째는 최고의 통일성을 목표로 두라는 말이며, 두 번째는 거짓 우상을 숭배하면 위험하다는 경고다(표상이나 이미지를 형언할 수 없는 대상과 혼동할 수 있기 때문이다). 세 번째는 신의 이름을 빌려 고의로 죄악을 범하지 말라는 뜻이며, 네 번째는 정기적으로 시간을 내어 무엇이 진정으로 가치 있거나 성스러운 것인지를 생각해보라는 의미다. 다섯 번째는 가족이 함께 모여 지내며, 자식이 부모의 희생에 공경·존중·감사를 표해야 한다는 말이다. 여섯 번째는 살인을 금지함으로써 여러 세대에 걸친 반목의 순환에 빠지지 말라는 명령이다. 일곱 번째는 결혼 서약의 신성함을 더럽히지 말라는 명령으로, 다섯 번째 계명과 함께 가족의 안정과 가치가 다른 어떤 것보다 중요함을 강조한다. 여덟 번째는 열심히 정직하게 일하는 사람들이 (빼앗길 수 있다는 두려움 없이) 노력의 결실을 맺을 수 있게 하라는 명령으로 문명 사회의 기초가 된다. 아홉 번째는 법을 무기로 사용하지 말고 법의 온전함을 유지하라는 명령이고, 열 번째는 시기와 그로 인한 분노가 세상을 파괴하는 가장 강한 힘이 될 수 있다는 경고다.

십계명은 게임이 반복될 수 있는 안정된 사회가 지켜야 할 최소 규칙이다. 십계명은 「출애굽기」에 명시된 규칙이자 '잊을 수 없는 이야기'의 한 부분이다. 하지만 십계명은 규칙들로부터 나타나지만 동시에 규칙들을 초월하며 규칙의 본질을 새롭게 구성하는 어떤 것을 가리킨다. 핵심은 다음과 같다. 사회가 결정한 규칙, 전통에 의해 공식화된 규칙에 자발적으로 복종하라. 그러면 규칙을 초월하는 어떤 통일성이 출현할 것이다. 만일 구체적인 목표에 집중하여 그것을 끝까지 해낸다면, 그 통일성은 당신의 잠재적 존재의 일부가 될 것이다.

이와 관련된 이야기가 「마가복음」에 나온다. 이야기는 그리스도가 예루살렘 성전을 둘러보는 장면으로 시작한다. 그곳에서 그리스도는 매매하는 자들과 돈을 바꾸는 자들을 내쫓고, 놀라우리만치 권위 있게 무리를 제압했다 한다. 그런 뒤 "대제사장들과 서기관들이 듣고 예수를 어떻게 죽일까 하고 꾀하니 이는 무리가 다 그의 교훈을 놀랍게 여기므로 그를 두려워함일러라"라고 전한다(「마가복음」 11장 18절). 결국 그들은 서로 공모하여, 이 이상한 예언자를 의심하고 그를 꾀어 이단적이고 위험할 수도 있는 말을 하게끔 유도하기 위해 사람을 보낸다. "그들이 예수의 말씀을 책잡으려 하여 바리새인과 헤롯당 중에서 사람을 보내매"(「마가복음」 12장 13절), 그리스도가 그야말로 장인의 솜씨로 그들의 질문을 처리하자 그들은 분을 삭이며 입을 다물었다. 이 단락 후반에 교활하기 짝이 없지만 속으로는 마지못해 그리스도를 존경했을 사람이 가장 어렵고 음험한 질문을 던진다.

서기관 중 한 사람이 그들이 변론하는 것을 듣고
예수께서 잘 대답하신 줄을 알고 나아와 묻되
모든 계명 중에 첫째가 무엇이니이까.
예수께서 대답하시되 첫째는 이것이니 이스라엘아 들으라.
주 곧 우리 하나님은 유일한 주시라.
네 마음을 다하고 목숨을 다하고 뜻을 다하고 힘을 다하여
주 너의 하나님을 사랑하라 하신 것이요
둘째는 이것이니 네 이웃을 네 자신과 같이 사랑하라 하신 것이라.
이보다 더 큰 계명이 없느니라.

질서 너머

서기관이 이르되 선생님이여 옳소이다. 하나님은 한 분이시요

그 외에 다른 이가 없다 하신 말씀이 참이니이다.

또 마음을 다하고 지혜를 다하고 힘을 다하여

하나님을 사랑하는 것과 또 이웃을 자기 자신과 같이 사랑하는 것이

전체로 드리는 모든 번제물과 기타 제물보다 나으니이다.

예수께서 그가 지혜 있게 대답함을 보시고 이르시되

네가 하나님의 나라에서 멀지 않도다 하시니

그 후에 감히 묻는 자가 없더라.

— 「마가복음」 12장 28~34절

이 모든 것의 의미는 무엇일까? 훈련을 통해 규칙을 익히고 충실히 따름으로써 통합을 이루는 동안, 그 사람은 동시에(어쩌면 자신도 모르게) 가장 높은 이상으로 인도되거나 그 이상을 모방한다. 그 '이상'은 '도덕적'이라는 말에 공통으로 들어 있는 요소이자 모든 규칙을 선하고 정의롭고 필수적으로 만드는 것이다. 그리스도의 답변에 따르면, 그 단일한 '이상'은("유일한 주") 철저히 체현된 뒤("마음을 다하고 목숨을 다하고 뜻을 다하고 힘을 다하여"), 자기 자신과 모든 인간을 똑같이 사랑하는 것으로 드러난다.

서양 문화는 유대-그리스도교에서 발원한 까닭에 이 심오한 드라마에 '무의식적으로' 기초해 있다. 심리학의 관점에서 보면, 그리스도는 도그마를 완벽히 숙달한 결과로서 정신이 출현한 존재를 나타낸다. 그 정신은 나중에 도그마가 될 것을 창조하는 힘이자 그런 오래된 전통을 거듭 초월하는 힘이다. 이런 이유로 견습 기간은 걸작의 완

성으로 끝이 나는데, 걸작을 창조했다는 것은 필요한 기술을 완전히 습득했을 뿐 아니라 새로운 기술을 창조하는 능력까지 갖췄다는 의미다.

「법칙 1. 기존 제도와 창의적 변화를 함부로 깎아내리지 마라」에서 살펴보았듯이 그리스도는 혁신적인 행위를 많이 했지만, 복음서들이 묘사하듯 전통의 수호자이기도 했다. 그리스도는 그 자신을 이렇게 설명한다. "내가 율법이나 선지자를 폐하러 온 줄로 생각하지 말라 폐하러 온 것이 아니요 완전하게 하려 함이라"(「마태복음」 5장 17절). 『새국제성경New International Version of the Bible, NIV』(1978년 미국 뉴욕성서공회에서 출판한 성경 ─옮긴이)은 더 잘 이해할 수 있게 표현한다. "내가 율법이나 선지자를 폐하러 왔다고 생각하지 마라. 내가 온 것은 그들을 폐하기 위함이 아니라 완전하게 하기 위함이다." 따라서 그리스도는 전통의 산물이자 전통을 창조하고 변화시키는 존재다. 『구약성경』에도 이와 똑같은 패턴의 갈등이 가득하다. 『구약성경』은 대부분 불가피하게 타락하여 권력에 이용되는 도그마에 선지자들이 어떤 정신을 가지고 반대했는지를 연이어 들려준다. 그런 본보기들을 따라 하는 인격이야말로 가장 근원적인 의미에서 서양 정신의 정수라 할 수 있다.

한 가지를 위해 진심으로 노력한다면 당신은 변할 것이다. 또한 한때 여럿이었던 당신은 하나가 되기 시작할 것이다. 그 하나가 잘 성장했을 때 당신은 그저 희생·노력·집중을 통해 모양을 갖춘 훈련된 존재에 머물지 않고, 사회와 합일을 이루는 통일된 인격으로서 규율 또는 문명을 창조하고 파괴하고 변화시키는 존재가 된다. 이는 모두가

질서 너머

안심하고 따르는 질서, 혼돈으로부터 어렵게 얻어낸 질서를 뒷받침하는 진리의 말이다.

최소한 한 가지 일에 최대한 파고들고, 그 결과를 지켜보라.

법칙 8

방 하나를 할 수 있는 한 아름답게 꾸며보라

방을 청소하는 것으로는 부족하다

나는 사람들에게 "세상을 탓하기 전에 방부터 정리하라"(『12가지 인생의 법칙』 6장)라는 말로 유명해졌다. 평범한 충고였지만 내가 꽤나 진지했고, 방 청소가 생각보다 훨씬 어려운 일이라는 점이 그 인기에 한몫한 듯싶다. 그런데 나는 거의 3년 전부터 내가 일하는 방을 제대로 정돈하지 못했다(나는 그 방을 손대지 않은 상태로 놔뒀다). 그동안 나는 정치적 논쟁에 휩싸였고, 베스트셀러 작가가 되어 세계를 돌아다니느라 우편물은 산더미처럼 쌓였고, 줄곧 질병에 시달렸다. 너무 많은 변화가 생긴 탓에 내 삶은 혼돈에 휩싸였고 나는 어찌할 바를 몰랐다. 게다가 아내와 내가 집을 대대적으로 개조한 직후 제자리를 찾지 못한 물건들을 모두 그 방으로 옮겨놓았더니 어수선하기가 이루 말할 수 없을 정도였다.

이 때문에 나를 위선자라고 비난하는 사진이 인터넷에 떠돌아다닌다. 내가 그 방에서 찍은 비디오의 정지 화면인데, 배경이 아주 엉망이다(내 꼬락서니도 그보다 썩 낫다고 말하기 어렵다). 정작 자기 자신은 못 하면서 사람들에게 세상을 바꾸려 하기 전에 방부터 청소하라고 말하다니! 사실 이 비판은 의미 있는 어떤 사실과 직접적인 관련이 있다. 의심의 여지없이 내 방의 상태는 당시 엉망이었던 내 상태를 반영하고 있었다. 마치 여행을 떠났을 때처럼 집에 하루하루 물건이 쌓이고, 온갖 것이 내 주변으로 모여들었다. 변명을 하자면 그때는 예외적인 상황이었다. 또한 내 방이 난장판이 되는 동안에 다른 방들은 깨끗이 하고 살았다. 어쨌든 내게는 문제의 방으로 돌아가 깨끗이 정리할 도덕적 의무가 있다. 그런데 문제는 내가 그 잡동사니를 깨끗이 치우고 싶은 것에 그치지 않고 그 방을 아름답게 꾸미고 싶다는 것이다. 내게는 내 방, 우리 집, 그리고 내가 사는 동네를 어떻게든 꾸미고 싶은 절실한 욕구가 있다.

어떤 것을 아름답게 꾸미는 것은 어렵지만 놀라울 정도로 가치 있는 일이다. 삶에서 하나라도 아름답게 꾸밀 줄 아는 사람은 이미 미美와 관계를 맺은 셈이다. 여기에서 출발해 우리는 삶의 다른 요소들과 세계를 아름답게 꾸밀 수 있다. 이는 신성함으로 갈 수 있는 초대장이며, 유년기의 불멸성 그리고 초월자의 진정한 아름다움과 위엄에 다시 연결되는 행위다. 큰맘 먹고 도전해볼 가치가 있다.

우리는 우리 문명이 축적해온 지혜를 터득하기 위해서 예술(그리고 문학과 인문학)을 공부한다. 예술을 공부하겠다고 마음먹었는가? 아주 좋은 생각이며 반드시 필요한 일이다. 인간은 어떻게 살아야 하는지를 오랫동안 고민해왔고, 이상하지만 비슷한 게 없을 정도로 다채로운 작품을 많이 남겼다. 이런 문화유산들을 길잡이로 활용하면 어떤 일이 생길까? 시야가 더 넓어지고, 계획은 더 원대해질 것이다. 다른 사람들을 더 현명하고 깊이 있게 고려할 것이다. 자기 자신을 더 잘 돌보게 될 것이다. 현재를 낳은 과거의 뿌리를 이해하고, 훨씬 신중하게 결정할 것이다. 또한 시간관념이 발달해 미래를 더 구체적인 현실로 인식하고, 충동적인 즐거움에 이끌려 미래를 희생시키는 일이 줄어들 것이다. 깊이, 위엄, 배려심이 증가할 것이다. 더 정확하게 말할 것이고, 그에 따라 다른 사람들도 당신의 이야기에 더 귀를 기울이고 생산적으로 협력할 것이다. 더 주체적인 사람이 되어, 주변 사람의 압력·인기·유행·이데올로기에 덜 휘둘릴 것이다.

예술품을 사라. 당신에게 말을 거는 작품을 구입하라. 진정한 예술품은 당신의 삶에 파고들어 변화를 일으킬 것이다. 진정한 예술품은 초월자를 들여다보는 창이다. 우리는 유한하고 제한된 존재, 무지에 매인 존재이기 때문에 그런 창이 필요하다. 초월자와 연결되지 못하면 위협적인 도전 과제를 이겨낼 수 없다. 바다에 빠진 사람에게 구명구가 필요하듯이 우리는 자신 너머에 있는 어떤 것과 연결고리를 만들 필요가 있다. 그 연결고리란 우리 삶에 아름다움을 불러들이는 것이다.

그런 이유로 우리는 예술의 역할을 이해하고, 예술을 더 이상 선택이나 사치, 가식으로 여기지 않아야 한다. 예술은 문화의 토대다. 예술을 통해 우리는 심리적 통일성을 이루고, 다른 사람들과 평화롭게 지낼 수 있다. "사람이 떡으로만 살 것이 아니요"(「마태복음」 4장 4절)라는 말은 아주 정확한 지적이다. 우리는 아름다움으로 산다. 우리는 문학으로 살고 예술로 산다. 인간은 아름다움과 연결을 맺지 못하면 살지 못한다. 아름다움이 없는 인생은 너무 짧고 암울하고 비극적이다. 우리가 인간답게 살고 세상을 바르게 이끌려면, 또한 자기 자신과 세계를 파괴하지 않으려면 날카롭고 맑은 정신과 굳건한 의지가 필요하다. 아름다움을 삶에 들일 때 우리는 초월자의 경이로움을 이해하게 되고, 파괴적인 분노에 휩싸이는 대신 감사하는 마음을 갖게 된다.

기억과 환상

> 공작새의 자부심은 신의 영광.
> 염소의 정욕은 신의 선심.
> 사자의 격노는 신의 지혜.
> 여성의 나신은 신의 작품.
> 슬픔이 넘치면 웃고, 기쁨이 넘치면 눈물이 흐른다.
> 사자의 포효, 늑대의 울부짖음, 사납게 일렁이는 바다, 생명을 파괴하는 칼은, 사람의 눈에 들어오기에는 너무 거대한 영원의 부분들.
>
> — 윌리엄 블레이크, 「지옥의 격언들」 중에서

어렸을 때 나는 우리 동네 집들의 윤곽과 세부적인 특징을 훤히 꿰뚫고 있었다. 뒷골목, 울타리 안쪽의 비밀 장소, 금이 간 보도블록의 위치, 한 곳에서 다른 곳으로 빠르게 갈 수 있는 지름길을 모두 알고 있었다. 나의 활동 반경이 넓지 않은 데다 그곳을 샅샅이 탐험했기에 아주 세세한 것까지 기억이 난다. 어른이 되고 나서는 예전과 같지 않다. 나는 페어뷰에서 9년을 살면서 유년기와 청소년기의 대부분을 보냈는데, 지금도 그곳의 거리가 고화질로 생생하게 그려진다. 반면 지금 나는 토론토에서 그 두 배가 넘는 세월을 살았지만, 우리 집 주변에 어떤 집들이 있는지 아주 막연하게만 알고 있다.

어른이 되어 이렇게 변한 것은 좋은 일이 아니다. 나는 지금 사는 동네가 고향 집처럼 편안하게 느껴지지 않는다. 내가 거리를 걷다 한 가정집을 봤다고 치자. 나는 그걸 '집'이라는 하나의 기호로 인식할 뿐 곧바로 다른 것에 주의를 돌릴 것이다. 그 집의 특징들이 내게 어떠한 실용적인 쓸모도 없기 때문이다. 물론 세심하게 주의를 기울인다면 그 집의 지붕 모양, 색, 화단, 여타 건축학적 특징들은 충분한 흥밋거리가 될 수 있다. 하지만 나는 이 나이가 되도록 수많은 곳에서 수많은 집을 보아온 탓에, 어쩌다 한 번 그 앞을 지나간 경우라도 집이라면 이렇겠거니 단정하고 만다. 따라서 방향을 유지할 정도로만 주변을 살피면서 그 집의 세부적인 특징들(좋든 나쁘든 간에 그 독특한 성격들)은 무시하고 정신을 딴 데 둔다. 이런 태도는 정말 손실이 크다. 어른이 된 지금, 나는 어릴 적 고향 마을에 존재하던 방식으로 이 동네에서는 **존재하지 않는다.** 나는 현실과 동떨어져 있다. 그 때문에 이곳에 속해 있다는 느낌이 마음 깊이 일지 않는다.

나이를 먹을수록 지각은 기능적이고 실용적인 기억으로 대체되었다. 나는 몇몇 측면에서 더 능률적으로 바뀌었지만, 그 대가로 세계의 풍부함을 느끼는 경험이 빈약해졌다. 젊은 시절 내가 보스턴에서 계약직 교수로 일할 때, 내 아이들은 겨우 두 살과 세 살이었다. 당시에 나는 일에 정신이 팔려 있었다. 그 분야에서 뒤처지지 않고 경력을 쌓아서 외벌이로 가족을 부양하려고 노력했다. 퇴근 후에 태미와 함께 아이들을 데리고 산책을 나갈 때면 아이들을 몰아붙이곤 했다. 나는 항상 할 일이 너무 많았으며(또는 많다고 믿었으며) 집중의 끈을 놓지 않기 위해 스스로를 채찍질했다. 그래서 우리가 정확히 어디로 가고 있는지, 거기까지 가는 데 얼마나 걸릴지, 정확히 언제 돌아올지를 알고 싶었다. 그건 걸음마하는 아이들과 함께 즐겁고 합당하게 시간을 보내는 태도가 아니었다. 산책에 몰입하고 싶다면, 그리하여 아이들이 끝없이 발견하면서 즐거움을 느끼는 모습을 지켜보고 함께 기뻐하고 싶다면, 그래선 안 되었다. 정말 중요한 것을 흘려보내고 싶지 않다면, 그래선 안 되었다.

아이들은 특별한 종착지나 목적, 일정을 염두에 두지 않고 구불구불한 동네 길을 따라갔다. 도중에 강아지·벌레·지렁이를 만나면 즐거워했으며, 임의로 만들어낸 게임을 하며 신나했다. 하지만 그때의 나는 긴장을 풀고 현재에 집중하기가 무척 어려웠다. 가끔은 아이들과 똑같은 좌표계에 잠시 빠져들어(어린아이들이 주는 경이로운 선물 가운데 하나다), 그 원시의 세계에서 아이들이 실용적이고 효율적인 기억에 속박되지 않은 채 마주치는 모든 새로움에 순수하게 기뻐하는 모습을 보기도 했다. 그럼에도 여전히 미래에 집착했던 나는 저도 모르게 긴장의 끈을 조이고 다음에 할 일을 걱정했다.

조바심은 내 삶을 효율적으로 만들어주었지만, 아름다움과 의미 그리고 가족과 함께하는 기쁨은 내 손에서 빠져나가고 있었다. 나는 엄밀하고 예민하고 목표지향적이었으며 시간을 허투루 쓰지 않았지

질서 너머

만, 그런 효율성·성취·질서를 위해 많은 걸 외면해야 했다. 내 눈은 더 이상 세계를 향해 있지 않았다. 나는 최대 속도와 최소 비용으로 항행하는 데 필요한 몇 가지만 보고 있었다. 전혀 놀라운 일이 아니었다. 나는 성인으로서 책임이 있었고 일은 힘들었다. 가족을 돌봐야 했기에 현재를 포기하고 미래를 바라봐야 했다. 하지만 어린 자식들과 함께 있으면서 그들이 현재에 깊이 몰두하고 주변에 있는 것들에 매혹되는 것을 보고 있자니, 내가 어른이 되면서 얼마나 많은 것을 잃어버렸는지 처절하게 깨달을 수밖에 없었다. 윌리엄 워즈워스William Wordsworth 같은 위대한 시인들은 이 사실을 분명히 알았으며, 이를 깨우치는 작품을 우리에게 남겨주었다.

> 풀밭과 작은 숲과 시냇물과
> 대지와 모든 평범한 광경들이
> 천상의 빛을 차려입고 나에게
> 꿈처럼 찬란하고 생생하게
> 보였던 시절이 있었다.
> 그러나 지금은 과거와 같지 않다.
> 어디로 향하든지
> 밤이든 낮이든 간에
> 내가 보았던 것들을 이젠 더 이상 그렇게 볼 수가 없다…….
> 너희 축복받은 생명들아,
> 너희가 서로 부르는 소리를 들었다.
> 너희의 축제 속에 하늘이 함께 웃는 것을 본다.

내 마음은 너희의 축제에 함께 있다.

나는 머리에 화관을 쓰고 있다.

가득한 너의 지복을, 그 전부를 느낀다.

이런 날 내가 침울하다면 아, 얼마나 불운한가!

대지 스스로 이 달콤한

오월의 아침을 꾸미는 동안

그 아이들은 모으고 있다,

온 사방에서

멀고도 넓은 수천의 계곡에서

태양이 따뜻하게 비추는 동안에

신선한 꽃을.

그리고 아기들은 엄마의 팔에서 뛰논다.

나는 듣는다, 나는 듣는다, 즐겁게 나는 듣는다!

그러나 한 그루의 나무가 있다, 수많은 나무 중에 하나

내가 올려다본 하나의 외로운 들판,

그들 모두는 중요한 것을 말하고 있다,

그건 사라졌다는 것을.

내 발밑의 팬지꽃도

같은 이야기를 되풀이한다.

환희의 미광이 어디로 사라진 것인가?

지금 어디에 있는가, 그 광휘와 꿈은?

　　　— 윌리엄 워즈워스, 「어린 시절을 회상하고 영생불멸을 깨닫는 노래」 중에서

　　　　　　　　　　　　　　　　　　　　　　　질서 너머

실제로 어떤 이들은 유년기의 황홀한 눈을 잃지 않는다. 특히 예술가들이 그렇다(그러니 예술가리라). 영국의 화가이자 판화가이자 시인인 윌리엄 블레이크William Blake도 그런 사람이었다. 블레이크는 독특한 환상의 세계에 거주했으며, 철학자 임마누엘 칸트Immanuel Kant가 말한 "물物자체Ding an sich"[1](경험을 초월하는 본체—옮긴이)를 다른 사람들보다 더 가깝게 지각했다. 블레이크는 나이 들수록 주변 세계를 희미하게 지각하는 우리와는 아주 달랐다. 또한 겉으로는 개별적인 사건들의 은유적·극적 의미를 놀라울 정도로 잘 포착했다. 그의 시에는 각각의 사건들이 함축하는 의미가 끝없이 메아리친다.

> 모든 농부는 알고 있다
> 누구라도 눈에서 눈물을 흘릴 때는
> 영원히 아기가 되니
> 이는 여성이 현명하게 깨달은 지혜로
> 그 자체가 기쁨이 되어 돌아온다
> 양과 개의 우짖는 포효는
> 하늘의 해안에 부딪치는 파도 소리니
> 채찍 아래 우는 아이는
> 죽음의 땅에서 복수를 기록하고
> 허공에 펄럭이는 거지 누더기는
> 하늘을 갈기갈기 찢는다
> 칼과 총으로 무장한 병사는
> 한여름의 태양에 총을 겨누며

가난한 자의 동전 한 닢은

아프리카 해안의 모든 금보다 값지다

노동자의 손에서 쥐어짠 동전 하나로

구두쇠의 땅을 사고팔며

온 나라까지 사고파니

갓난아기의 신념을 조롱하는 이

늙고 죽을 때 조롱을 받게 될 것이며

아이에게 의심을 가르치는 자

썩어가는 무덤에서 결코 나오지 못하리라

아이의 신념을 존중하는 이

지옥과 죽음을 딛고 이겨낼 것이니

— 윌리엄 블레이크, 「순수의 전조」 중에서

블레이크 같은 진정한 예술가의 시야는 끝없이 깊고 넓다. 그의 눈은 기억에 매인 우리의 지각 바깥에 있는 것을 향한다. 거기에는 세계의 과거·현재·미래가 한데 합쳐진 것, 크기를 전혀 알 수 없는 전체가 있다. 모든 차원이 다른 모든 차원과 연결되고, 독립적으로 존재하는 것은 하나도 없으며, 모든 것이 우리가 이해할 수 없는 중요한 것을 암시하고, 모든 부분이 초월자의 압도적인 신비를 말한다. 시인은 누구나 눈으로 볼 수 있는 것을 마음의 눈으로 본다. 시인은 꽃이 담긴 꽃병에서 꽃들이 저마다 무에서 피어올라온 뒤 다시 무로 되돌아가는 그 심오한 아름다움을 포착한다. 또는 봄, 여름, 가을, 겨울의 건초 더미를 관찰한다. 그리고 똑같은 형태라도 계절에 따라 다양한 음양과 색조를 가진 신비로운 존재로 묘사한다. 우리는 거기 놓인 것을 이해할 수 없는 완전한 실재성으로 어렵지 않게 치환한다.

> 모든 새가 하늘길을 내지 않는다고 어떻게 말할 수 있으랴, 엄청난 기쁨의 세계가 당신의 오감에 가려져 있지 않다고?
>
> — 윌리엄 블레이크, 「기억할 만한 환상」 중에서

예를 들어 반 고흐Van Gogh의 그림 〈붓꽃Irises〉(이 장의 첫머리에 있는 삽화는 고흐의 작품을 모사했다)을 지각하는 것은 한때 우리가 지각했던 영원성을 그 그림을 통해 다시 바라본다는 것이다. 이를 통해 우리가 축소하고 친숙하게 만든 세계가 실제로 얼마나 경이롭고 기적 같은지를 떠올릴 수 있다. 우리는 고단하게 반복되는 일상생활 속에서 가장 좁고 실용적인 시각으로 세계를 보지만, 예술가의 지각을 공유함으로써 영감의 원천과 재결합하여 세계에 대한 즐거움을 다시 점화시킬 수 있다.

> 최초의 애정 때문에,
> 저 어렴풋한 회상 때문에,
> 그것이 무엇이든 간에
> 아직도 우리 모든 생애의 근원이 되는 빛이며,
> 아직도 우리 모든 시각의 주된 빛으로서,
> 우리를 지탱해주고, 품어주고,
> 우리의 소란스러운 세월을 영원한

침묵의 순간들로 보이게 만드는, 한번 깨달으면

결코 소멸되지 않는 진리

무기력도 광적인 노력도,

어른도 아이도,

기쁘거나 적대적인 그 무엇도

완전히 폐지하거나 파괴할 수 없으니!

— 윌리엄 워즈워스, 「어린 시절을 회상하고 영생불멸을 깨닫는 노래」 중에서

이 모든 것에 당신은 놀라며 겁먹을 것이다. 우리 자신이 걸치고 있는 껍데기들을 지각하고, 잠시라도 우리 바깥에 존재하는 초월적인 세계를 알아차렸으니 당연한 일이다. 우리는 위대한 그림을 찬양한답시고 그림에 장식이 많은 사치스러운 액자를 두르지만, 사실은 그렇게 함으로써 그 영광이 액자 안에서 끝나기를 바란다. 그 경계짓기, 그 테두리 때문에 우리에게 친숙한 세계는 변하지 않고 원래대로 남겨진다. 우리는 아름다움에 한계를 부과해, 그 아름다움이 밖으로 뻗어나와 익숙한 모든 것을 어지럽히는 걸 원하지 않는다.

박물관이 하는 일도 마찬가지다. 박물관은 천재성의 수용소다. 위대한 모든 것이 세상과 분리되어 이곳에 모인다. 원칙상 세계 어디에 갖다놓아도 되는 것들이다. 그렇다면 모든 소도시에 성소를 마련하고 위대한 예술품 하나를 모실 수는 없을까? 수많은 작품을 모아놓아 어떤 사람도 한 번에 둘러볼 수 없게 하는 대신에 전시실 하나, 건물 하나에 걸작 한 점이면 충분하지 않을까? 작품 하나하나가 그 자체로 하나의 세계일진대 전시실 하나에 그런 위대한 작품을 10점, 100점

질서 너머

씩 모아놓는 건 부조리하지 않은가? 그렇게 대량으로 모아놓음으로써 우리는 값을 매길 수 없을 정도로 매우 귀중하고 대체 불가능한 걸작들의 유일무이함과 가치를 떨어뜨리고 있다. 우리는 두려움 때문에 예술을 감옥에 가두고 있다. 사실 이런 일은 놀랍지 않다.

> 그대는 천 에이커가 크다 여겼는가?
> 그대는 이 대지가 대단하다 여겼는가?
> 읽는 걸 배우려고 그토록 오랫동안 연습해왔는가?
> 시의 의미에 도달하여 자부심을 느껴본 적 있는가?
> 이 낮과 밤에 나와 함께 머무르라,
> 그러면 그때 모든 시의 기원을 갖게 되리
> 대지와 태양의 이득을 누릴 터, (수백만 개의 태양이 남아 있다,)
> 그대 더 이상 두세 번 쓴 것을 갖지 않으리
> 죽은 사람의 눈을 통해 보지 않고,
> 책 속에 있는 유령에게 먹이를 주지 않으리
> 그대 내 눈을 통해 보지 않고,
> 나로부터 사물을 취하지 않으리
> 그대 사방에 귀 기울여
> 그대 자신으로부터 그들을 걸러내리라.
>
> — 월트 휘트먼, 「나 자신의 노래」

성인이 된 우리가 이미 단순화한 세계에서 다시 한번 아름다움에 마음을 열기란 힘들고 두려운 일이다. 하지만 그렇게 하지 않으면, 다시 말해서 어린아이와 제대로 산책하지 못하면 우리는 세계가 끊임없이 만들어내는 위엄과 경외를 놓치고 만다. 그 결과 우리의 삶은 황량하고 궁핍해진다.

우리가 아는 땅, 우리가 모르는 땅, 우리가 상상할 수조차 없는 땅

우리는 실제로든 관념적으로든 우리가 아는 땅에 거주한다. 하지만 그 바깥에 놓인 것을 상상해보자. 그곳에는 우리는 알지 못하지만 다른 사람들이 부분적으로나마 알고 있는 거대한 세계가 있다. 그리고 다른 사람들이 아는 그 공간 바깥에 아무도 모르는 세계가 존재한다. 알려진 우리의 세계가 있고, 그 바깥에는 비교적 알려지지 않은 세계가 있고, 다시 그 바깥에는 완전히 알려지지 않은 세계가 있으며, 훨씬 멀리에는 절대로 알 수 없는 세계가 있는 것이다. 이 모든 것을 합친 전체 풍경은 규범적이고 원형적이다. 알려진 것들 가운데서 알려지지 않은 것이 드러나는 순간은 때로는 흥미롭고 종종 아주 고통스럽지만, 그 과정에서 새로운 지식이 탄생한다. 하지만 근본적인 질문이 남는다. 지식은 어떻게 만들어지는 걸까? 우리가 알 수 있고 이해할 수 있는 것은, 알 수 없는 것으로부터 한달음에 튀어올라 완전하고 자명하게 드러나는 것이 결코 아니다. 지식은 여러 층의 분석 단계, 즉 여러 번의 변형을 거치면서 점차 일반적인 것으로 받아들여진다.

　첫 단계는 순수한 행동, 즉 가장 기초적인 수준에서 일어나는 반사 행동이다.[2] 어떤 것에 놀라면 먼저 몸이 반응한다. 놀란 사람은 방어적으로 움츠리거나 얼어붙거나 정신없이 달아난다. 모두 원시적인 형태의 위험을 표현하거나 범주화하는 행동들이다. 움츠리기는 포식자의 공격을, 얼어붙기는 포식자의 위협을, 공황은 도망갈 정도의 공포를 의미한다. 가능성의 세계는 무의식적이고 통제할 수 없는 본능적이고 구체화된 행동으로 가장 먼저 현실화된다. 가능성, 잠재성의 초기 실현은 관념적이지 않다. 몸으로 나타나기는 하지만 아직은 표상적이다. (이는 더 이상 앞에서 말한 물자체가 아니라, 어떤 것이 그에 상응하는 신체 반응으로 변환된 것이다. 이것이 '표상'이다.)

집에 혼자 있다고 가정해보자. 깊은 밤, 주위는 어둡다. 이때 예기치 못한 소리가 들린다. 당신은 깜짝 놀라고, 순간 얼어붙는다. 이것이 최초의 변환이다. 미지의 소리(어떤 패턴을 가진 소리)가 얼어붙는 자세로 변한 것이다. 다음으로, 심장이 빨리 뛰면서 당신은 어떤 행동을 할 준비를 한다.[3] 이것이 두 번째 변환이다. 몸이 이동할 준비를 하는 것이다. 다음으로, 당신은 어둠 속에서 그 소리를 내는 범인이 무엇인지를 상상한다.[4] 이것이 세 번째 변환으로, 앞의 변환들에 뒤이어 일어나는 현실화된 반응이다. 몸의 반응(얼어붙기와 심박수 증가)에 이어 심상적·상상적 표상이 출현하는 것이다. 후자는 탐험의 일부로, 당신은 별거 아니라고 마음을 진정시키고 공포로 얼어붙은 상태에서 벗어나 조금 전까지 당신의 안락한 집의 일부였던 곳을 조사해서 그 소리가 어디서 나는지를 알아내는 방식으로 탐험을 연장할 수도 있다. 이제 당신은 적극적인 탐험(직접적인 지각을 위한 선행 행동)에 돌입한다. (제발 별일은 아니기를!) 마침내 그 소리의 출처를 확실히 알아내 그 소리가 대수롭지 않은 것임을 확인했다면, 당신은 평소의 평화로운 상태로 되돌아간다. 이렇게 해서 모르는 정보가 아는 정보로 변한다. (그 소리가 대수롭지 않은 게 아니라면 어떤 문제가 있다는 뜻이다.)

예술가는 홀로 변경에 서서 모르는 것을 아는 것으로 변환하는 사람이다. 그들은 자진해서 미지의 세계로 뛰어든 뒤, 거기서 한 조각을 떼어내 이미지로 변환한다. 춤으로 변환하기도 한다. 자신에게 드러난 세계를 말이 아닌 몸동작으로 표현해서 전달하는 것이다. 연기(정교한 신체적 형상화와 모방)를 하거나 그림을 그리거나 조각을 할 수도 있다. 각본이나 소설을 쓰기도 한다. 그 모든 것이 이루어진 뒤에 지식인이 나타나 철학과 비평의 이름으로 작품의 표현과 법칙을 추상화하고 조리 있게 설명한다.

창조적인 사람이 도시에서 하는 역할을 생각해보자. 일반적으로 그들은 약간 궁핍하다. 예술가로서 상업적 성공을 거두기가 현실적으로 매우 어렵기 때문인데, 사실 그런 가난은 예술의 동력이 되기도 한다(궁핍의 유용성을 과소평가하지 마라). 그들은 도시를 탐험하고, 한때는 좋았으나 지금은 쥐가 돌아다니고 범죄가 만연할 법한 지역을 발견한다. 그들은 이곳저곳 찾아다니고 살펴보고 뒤적이면서 이렇게 생각한다. '조금만 손을 보면 멋진 곳이 될 수 있겠는걸.' 예술가는 그 동네로 이사해서 중고 자재로 화랑을 만들고 작품을 전시한다. 그들이 하는 일이 돈을 많이 벌어들이는 건 아니지만, 덕분에 동네가 약간 세련되어진다. 아주 위험했던 곳이 점차 활력이 넘치는 곳으로 변모한다. 그러자 커피숍 하나가 생기고, 색다른 옷 가게도 문을 연다. 그런 뒤 젠트리파이어gentrifier, 즉 빈민가를 고급화하는 사람들이 들어온

질서 너머

다. 그들도 창의적인 부류지만, 예술가보다는 보수적이다(덜 절박하고 위험을 기피하는 사람들이라 그런 변경에 가장 먼저 오지는 않는다). 이어 개발업자가 나타난다. 잠시 후 체인점이 생겨나고, 중산층이나 상류층이 자리 잡는다. 이제 예술가들은 떠나야 한다. 임대료를 낼 수 없기 때문이다. 이런 현상은 전위예술에 손해지만 나쁘지 않다. 가혹한 면이 있긴 해도, 안정적이고 예측 가능한 그곳에 예술가가 머물 이유는 없기 때문이다. 예술가들은 다른 곳에 활기를 불어넣을 필요가 있다. 다른 풍경을 정복할 필요가 있다. 그것이 예술가들의 자연환경이다.

예술가들이 혼돈을 질서로 변화시키는 그런 변경은 거칠고 위험한 곳이다. 그곳에 사는 동안 예술가는 혼돈에 빠져버릴 위험에 수시로 직면한다. 하지만 예술가들은 항상 인간이 이해하는 영역의 가장 자리에 살아왔다. 예술과 사회의 관계는 꿈과 정신 활동의 관계와 동일하다. 꿈을 꾸고 있을 때 우리는 대단히 창조적이다. 그런 이유로, 꿈을 기억할 때 우리는 '도대체 어디서 그런 꿈이 왔을까?'라고 생각한다. 머릿속에서 어떤 일이 벌어지는데, 그것이 어떻게 들어왔는지 또는 무슨 의미인지를 도통 알 수 없다니, 참으로 아이러니한 일이다. 꿈은 기적이고, 우리의 정신에서 울리는 자연의 목소리다. 더구나 매일 밤 그런 일이 일어난다. 예술처럼 꿈도 질서와 혼돈을 중재한다. 따라서 꿈은 절반이 혼돈이다. 그래서 꿈을 이해할 수 없는 것이다. 꿈은 환상이며, 충분히 발달해서 명확성까지 갖추게 된 생산물이 아니다. 그렇게 절반뿐인 환상을 예술적 생산물로 실현하는 사람은 우리가 이해하지 못하는 것을 일부라도 볼 수 있게 변화시키는 사람이다. 그것이 예술가의 역할이다. 그것은 선봉에 서는 일이다. 그 자리가 예술가의 생태적 지위다. 그들은 문명의 초기 매개자다.

예술가들도 자신이 지금 무엇을 하고 있는지 잘 알지 못한다. 정말 새로운 일을 하고 있다면, 그럴 만도 하다. 그렇지 않다면 그들의 의도가 무엇이고 그걸 어떻게 나타냈는지를 말로 표현할 수 있기 때문에, 춤·음악·그림으로 표현할 필요가 사라진다. 하지만 예술가를 이끄는 것은 느낌, 패턴을 감지해내는 직관이다. 그 느낌은 적어도 발생 초기에는 말로 명확히 표현된다기보다는 물질적으로 구현된다. 무언가를 창조하는 동안 예술가는 어떤 문제, 심지어 자기 자신도 잘 알지 못하는 문제와 싸우고 씨름하면서 새로운 어떤 것에 초점을 맞추려고 노력한다. 그러지 않으면 수사적이고 이데올로기적인 승리를 위해 이미 말로 표현할 수 있는 것을 그림과 예술로 바꾸는 선전원propagandist에 불과하다. 그런 행위는 높은 것을 낮은 목적에 이용하는 중대한 죄악이다. 예술과 문학을 정치에 종속시키거나 양자의 구분을 의도적으로 흐려놓으려는 전체주의자들이 그런 수법을 사용한다.

예술가는 이해하지 못하는 어떤 것과 싸워야 한다. 그러지 않으면 예술가가 아니라 그저 포즈를 취하는 사람, 낭만주의자(대개 낭만적 실패자), 자기도취에 빠진 사람, 또는 삼류 배우에 불과하다. 진정한 예술가는 자기만의 독특한 방식으로 자신의 직관에 사로잡힌다. 반대편의 거부와 비판 또는 현실적·재정적 실패의 가능성이 예상되더라도, 더 나아가 실제로 그런 상황에 처하더라도 그는 기꺼이 직관을 따른다. 마침내 예술가는 성공해 세계를 더 잘 이해할 수 있게 만든다(또는 한때 이해되었으나 시대에 뒤떨어진 것을 새롭고 더 좋은 것으로 대체

질서 너머

한다). 예술가는 미지의 것을 의식적이고 사회적이고 명료한 세계 쪽으로 더 가깝게 이동시킨다. 사람들은 그 예술품을 응시하고, 드라마를 보고, 이야기에 귀 기울이면서 깨달음을 얻지만, 그 깨달음이 어떻게 오고 왜 오는지는 알지 못한다. 마침내 사람들은 그 예술품에서 위대한 가치, 다른 어떤 것보다 더 큰 가치를 발견한다. 세계에서 가장 비싼 또는 값을 매길 수 없는 인공물이 위대한 예술작품인 이유다.

일전에 뉴욕에 있는 메트로폴리탄 미술관을 방문한 적이 있다. 거기에는 위대하고 유명한 르네상스 그림들을 소장한 전시실이 있다 (팔 수만 있다면 그림 하나가 몇억 달러는 족히 될 것이다). 그 전시실은 신자와 무신론자 모두에게 신성한 장소, 일종의 성소였다. 세계에서 가장 활기차고 흥미로운 도시, 가장 매력적이고 고급스러운 거리, 가장 비싸고 권위 있는 미술관에 바로 그 성소가 있었다. 소장품들은 오랜 세월에 걸쳐 아주 어렵게 수집되었다. 전시실은 사람들로 가득했고, 많은 관람객이 순례하듯 그곳을 거닐었다.

이런 생각이 들었다. '이 사람들은 대체 뭘 하고 있는 걸까? 그 먼 거리를 이동해 이곳에 와서, 작품 설명에 주의를 기울이며 그림들을 보면서…… 다들 자기가 뭘 하고 있다고 생각할까?' 그 그림들 중에는 훌륭한 구도를 보여주는 걸작 〈원죄 없는 잉태를 하신 성모The Virgin of the Immaculate Conception〉가 있었다. 성모가 행복에 찬 모습으로 온몸에 후광을 두르고 통통한 아기들에게 둘러싸인 채 하늘로 오르고 있었다. 모든 관람객이 황홀경에 빠져 그 작품을 바라보았다. 나는 이렇게 생각했다. '사람들은 이 그림이 무엇을 의미하는지 알지 못한다. 온몸을 감싼 후광의 상징적인 의미, 통통한 아기들의 의미, 성모 찬양의 개념이 무엇인지 알지 못한다. 어쨌든 신은 죽었는데(또는 그랬다는 이야기가 있는데) 그럼에도 저 그림은 왜 여전히 가치 있을까? 왜 다른 그림들과 함께 이 방, 이 건물, 이 도시에 있으면서 만지지도 못하게 엄격히 보호될까? 왜 이런 그림들은 값을 매길 수가 없을까? 이미 모든 걸 가진 사람들은 왜 이 작품들을 탐낼까? 왜 이 그림들은 현대의 성소에 이토록 조심스럽게 보관되어 있을까? 왜 전 세계 사람들은 마치 의무를 다하듯, 심지어 선망했던 일이나 필요한 일을 하듯 이곳을 방문할까?'

우리는 이 그림들을 성스러운 물건처럼 대한다. 적어도 그 근처에서는 그렇게 행동한다. 우리는 무지와 경탄의 상태에서 그 그림들을 보고, 잊었던 것을 떠올리고, 더 이상 볼 수 없는 것(더 이상 보려 하지 않는 것)을 희미하게 감지한다. 미지의 것이 위대한 예술가의 작품을 통해 얼마간 명확한 형태로 성소에 들어온 것이다. 형언할 수 없는 경외감을 불러일으키는 것이 비로소 구체성을 띠는 한편, 더없이 풍부한 초월적인 힘은 그대로 유지된다. 이것이 예술의 역할, 예술가의 역할이다. 우리가 그들의 위험하고 마법적인 생산물을 다른 모든 것과 분리하여 자물쇠를 채우고 액자에 끼우는 건 놀라운 일이 아니다. 행여 위대한 작품이 손상되었다는 소식이 전 세계로 퍼지면, 우리는 문화의 지반이 흔들리는 느낌을 받는다. 우리의 현실을 지탱하는 꿈이 동요하는 느낌을 받는다. 그때 우리는 불안하고 당혹스럽다.

질서 너머

방 하나

우리 부부가 사는 곳은 작은 집 두 채가 쌍둥이처럼 붙어 있는 반독립 주택으로, 거실이 13제곱미터(4평) 남짓하다. 하지만 우리는 그 거실을 포함해 집안 곳곳을 아름답게 꾸미려고 애썼다. 거실에는 큰 그림이 몇 점 걸려 있다(2차 세계대전이나 공산주의의 승리를 주제로 한 소련의 사실주의, 인상주의 그림들이라 대중적인 취향은 아니다). 그 밖에도 입체파 화가들의 세밀화와 원주민 전통의 영향을 강하게 받은 남아메리카 작품들이 있다. 최근에 리모델링하기 전까지 거실에는 작은 그림 15점을 포함해 적어도 25점의 그림이 걸려 있었다. 심지어 천장에는 루마니아의 어느 교회에서 가져온 중세의 동판화를 닮은 그림을 자석으로 붙여놓았었다. 가장 큰 그림은 높이가 약 1.8미터에 폭이 약 2.4미터였다. (이 모든 그림을 그렇게 작은 공간에 모아놓다니, 방 하나 심지어 건물 하나에 예술작품 하나면 충분하다고 앞서 한 말과 모순된다는 것을 잘 안다. 하지만 나는 집이 한 채뿐이라 좋아서 수집한 그림을 좁은 장소에 모아놓을 수밖에 없었다.) 나머지 공간을 꾸밀 때 우리는 건물 전체의 벽과 테두리에 36가지 색과 다양한 광택을 사용했다. 모두 1950년대 시카고의 한 조차장을 묘사한 사실주의 그림에서 빌려온 색깔들이었다. 우리는 집을 리모델링할 때 그 그림을 그린 화가의 도움을 받았다.

소비에트 작품들은 소비에트 시대의 공예품을 전문으로 취급하는 우크라이나 고물상들로부터 이베이를 통해 구입했다. 한때 나는 20여 명의 우크라이나인과 연락을 주고받았는데, 그들은 소련의 잔해

아래 묻힌 그림들을 쓸어모아 사진을 찍어 내게 보내주었다. 대부분
은 끔찍했지만, 어떤 그림은 참으로 놀라웠다. 예를 들어 최초의 우주
인인 유리 가가린Yuri Gagarin이 로켓과 레이더 앞에 서 있는 그림이 그
랬고, 처량한 병사가 커다란 라디오 앞에서 어머니에게 편지를 쓰는
1970년대 그림도 그랬다. 재능 있는 화가들이 현대의 사건들을 유화
로 그린 작품을 보는 건 정말 특별했다. (소련은 일찍이 19세기부터 미
술 아카데미들을 운영했다. 작품에 엄청난 제약이 가해지긴 했지만, 아카데
미를 졸업한 사람들은 대단히 숙련된 화가가 되었다.)

끝내 우리 집은 소비에트 회화에 점령당하고 말았다. 그림들이 대
부분 작고 저렴해서 몇십 점이나 구입해버렸기 때문이다. 냉전시대
소련의 인상주의는 독특한 개성이 있었다. 고전적인 프랑스 풍경화
와 달리 대부분 거칠고 가혹한 풍경을 묘사하고 있어 캐나다 서부에
서 자란 내 취향과 잘 맞았다. 마음에 드는 그림을 찾는 동안 나는, 감
히 말하건대, 역사상 그 누구보다도 많은 그림을 접했다. 2001년부터
최소 4년 동안 이베이를 검색하면서 그림을 대략 하루에 1천 점씩 보
고, 그중에서 좋은 작품 한두 점을 찾아냈다. 토론토의 화랑이나 미술
관에서 본 그림들보다 훨씬 좋은 작품이 많았는데, 러시아 또는 소련
의 풍경화라는 이유로 굉장히 저렴하게 팔고 있었다. 나는 구미가 당
기는 작품을 목록으로 만들어 출력한 뒤, 거실 바닥에 펼쳐놓고 태미
에게 선택지를 줄여달라고 요청했다. 태미는 안목이 있었고 그림 훈
련을 좀 받은 적이 있었다. 우리는 부족해 보이는 것들을 지워내고 남
은 그림을 구매했다. 이 때문에 우리 아이들은 미술품에 둘러싸여 자
랐고, 그로부터 영향을 받았다. 지금 아이들이 사는 집에는 내 그림들

이 걸려 있다. (아이들은 정치색이 강한 소비에트 선전화를 피하는 경향이 있지만, 나는 그 역사적인 의미 때문에 선전화를 좋아했다. 화가의 뛰어난 예술적 재능과 그가 봉사해야 했던 선전이 캔버스 위에서 여전히 전쟁을 벌이고 있다는 점이 매력적이었다. 세월이 흐른 뒤 소비에트 예술이 소비에트의 선전을 통해 성소에 들어왔다고 말할 수 있다. 참으로 흥미롭다.)

비슷한 시기에 나는 대학 연구실도 아름답게 단장하려고 시도했다. 이미 공들여 꾸며놓은 연구실을 떠나야 했기에 나는 우리 집 리모델링을 도와준 화가의 도움을 받아 새 연구실을 개조하기로 했다(나는 그의 큰 그림을 여러 점 구입했고, 우리 집에도 걸어놓았다). 새 연구실은 창문이 막히고 형광등이 비추는 1970년대 공장처럼 끔찍했다. 감각이 어느 정도 있는 사람이라면 30년 동안 그곳에 앉아 있으니 차라리 죽고 싶을 것이다. 노조의 의무 조항과 그에 대한 관리자들의 해석 때문에 교직원이 연구실을 크게 개조하는 건 금지되어 있었다. 그래서 화가 친구와 나는 대안을 만들어냈다.

우리는 콘크리트 벽에다 약 2.1미터 높이에 약 1.2미터 간격으로 니켈 도금한 육중한 갈고리 한 쌍을 박은 뒤, 한 면이 체리목으로 덮여 있고 샌딩과 스테인으로 마감한 18밀리미터 두께의 판을 걸기로 했다. 짜잔, 75달러짜리 합판 여덟 장에다 약간의 노동을 더하면 나무 벽면을 가진 연구실을 가질 수 있었다. 우리는 아무도 없는 주말을 이용해 합판을 설치하기로 했다. 그런 뒤 드롭실링drop ceiling(원래의 천장과 간격을 두고 설치한 두 번째 천장—옮긴이)을 칠하기로 계획했다(타일 뒤에 석면이 숨어 있기 때문에 조심해서 작업해야 했다). 드롭실링, 녹슨 환기통, 형광등은 지옥이나 진배없다. 그런 비용 절감형 설비는 지독한 불쾌감, 따분함, 우울감을 유발해 생산성을 떨어뜨린다. 세상에서 가장 저렴한 건축 기법과 가장 끔찍한 조명(형광등 아래 서면 누구나 시체처럼 보인다)도 그보다는 훨씬 더 나을 듯했다. 푼돈을 아끼면 큰돈이 든다고 하지 않는가.

천장에는 해머라이트Hammerite를 칠하기로 했다. 마르고 나면 쭈글쭈글한 금속판처럼 보이는 이 페인트를 칠하면 사색적이고 독특한 느낌이 풍길 것이었다. 이것도 최소 비용으로 해결할 수 있었다. 가구로는 좋은 페르시아산 카펫(이베이에서 아주 저렴하게 구입할 수 있었다), 품질이 괜찮은 커튼, 철제 책상이면 충분한 듯했다. 주말에 몰래 작업하면 문명인으로서 분개하거나 자기를 경멸하지 않고 지낼 수 있는 연구실이 완성될 터였다.

하지만 치명적인 실수를 하고 말았다. 심리학과의 한 선임 관리자에게 내 계획을 얘기한 것이다. 일전에 그녀와 나는 우리가 거주하는 층이 얼마나 추하고, 연구실 분위기가 얼마나 음울한지에 관해 이야기를 나눈 적이 있었다. 나는 우리가 그런 상태를 개선해야 한다는 데 합의했다고, 그녀도 같은 생각을 한다고 믿었다. 심지어 모퉁이에 있는 그녀의 연구실을 고치는 문제를 두고도 이야기를 나눴다. 나는 신이 나서 내 생각을 털어놓기 시작했다. 그러자 그녀가 행복한 낯빛이 아닌 못마땅한 표정을 지으면서 말했다. "그러면 안 돼요." 순간 내 귀가 의심스러웠다. 나는 고개를 저으며 이렇게 생각했다. '뭐라고? 이토록 보기 흉한 것을 더 좋게, 순식간에, 아무 문제도 없이, 이렇다 할 비용도 들이지 않고 바꾸려 하는데, 안 된다고?' 내가 말했다. "그게 무슨 말이죠?" 그러자 그녀가 말했다. "교수님이 하면 모두가 그렇게

질서 너머

하려고 할 거예요." 순간 네 가지 답변이 뇌리를 스쳤다. 첫째, "아니요, 아무도 안 할 겁니다." 둘째, "누구나 할 수 있어요. 푼돈이면 되니까요." 셋째, "지각 있는 성인으로서 대학교에 있는 중요한 공간을 개선할 방법에 관한 생산적인 대화를 기대했습니다. 그런데 실제 우리의 대화는 유치원 놀이터에서 티격태격하는 아이들의 말다툼과 크게 다를 바 없군요." 넷째, "난 지금 지각 있고 합리적인 사람과 이야기하고 있는 줄 알았어요. 그런데 내가 완전히 잘못 생각했군요." 그녀는 조금은 위협적인 어조로 대화를 끝냈다. "더 이상 날 몰아붙이지 마세요." 내가 어리석었다. 허락을 구하다니. (절대로 의도한 게 아니었다. 나는 흥미롭고 아름답고 신나는 이야기를 전하려 하고 있었다. 그런데 파워 게임이 되고 말았다.) 나는 넷 다 말하고 싶은 마음이 굴뚝같았지만 어떤 것도 입 밖에 내지 않고 즉시 내 전략을 조정했다.

화가 친구와 나는 이미 중간 관리자의 비정상적인 정신 상태와 완고함을 익히 알고 있었기에, 이미 조금 더 비싼 플랜 B를 마련해놓았다. 나무판을 붙이는 대신 벽에 칠할 페인트를 신중히 고르고, 중간중간에 다른 색 페인트로 포인트를 주기로 하는 한편, 어울리는 카펫과 커튼을 마련했다. 내가 고른 색들을 승인받기 위해 관리자들과 계속 싸웠고, 결국에는 승리했다. 플랜 B는 플랜 A만큼 좋지는 않았지만, 원래 모습보다는 훨씬 좋았다. 나중에 나는 금속 느낌이 나는 가벼운 접착식 플라스틱 타일을 이용해 드롭실링을 구리색으로 바꾸고, 벽에 그림 몇 점을 걸고, 분위기에 어울리는 조각상 두 점을 진열했다. 학생이나 동료 교수가 내 방에 들어오면 뒤늦게 깨닫고 재차 주위를 둘러본다. 지금 내 연구실은 형광등이 비추는 끔찍한 공장이 아니라 창조성과 아름다움이 살아 있는 공간이다. 방문자들은 놀라고 편안해하고 즐거워한다.

얼마 지나지 않아 학교 측은 예비 교직원들을 내 연구실로 데려오기 시작했다. 토론토대학교는 이 정도로 창조적 자유를 허용한다는 걸 보여주기 위해서였는데, 내가 보기에는 코미디 그 자체였다. 나는 오랫동안 이 모든 일에 관해 생각했다. 나에 대한 저항은 이해하기 어려울 정도로 컸다. 하도 의아해서 이런 생각까지 들었다. '저런, 내가 이 연구실에서 진행할 연구가 두려운 걸까? 아니면 내가 알지 못하는 어떤 중요한 이유가 있을지도 몰라.' 그때 나는 생물학자 로버트 새폴스키Robert Sapolsky의 이야기가 떠올랐다. 누라는 영양에 관한 이야기였다.[5] 무리지어 사는 초식동물인 누는 개체를 구분하기가 아주 어렵다 (자기들끼리는 잘 알아볼지 모르지만, 연구자들에게는 분명히 어렵다). 누는 한데 모여 있다. 누의 행동을 오랫동안 관찰하면서 몇 가지 결론을 이끌어내야 하는 생물학자들에게 누의 이런 특징들은 심각한 문제였다. 누 한 마리를 본 뒤 잠시 시선을 돌려 메모를 하고 나서 다시 눈을 들면 그 개체를 찾아내기가 불가능했다.

결국 학자들은 잠재적 해결책을 마련했다. 그들은 붉은 페인트 한 통과 맨 끝에 헝겊을 처맨 막대기로 무장하고서 지프를 타고 무리 근처로 다가갔다. 그리고 누 한 마리의 궁둥이에 붉은색 점을 찍었다. 이제 그들은 그 개체의 행동을 추적할 수 있게 되었고, 잘만 하면 누의 행동에 관한 새로운 사실을 알아낼 수 있었다. 하지만 그 누에게 무슨 일이 일어났을까? 이제 무리에서 구별되는 그 녀석을 근처에 항상 잠복해 있는 포식자들이 사냥했다! 누에게 가장 큰 위협이 되는 사자는 한 마리를 특정하지 못하면 누를 쉽게 쓰러뜨리지 못한다. 무리 중에서 개체를 구별할 수 없으면 사냥은 불가능하다. 사자들은 한번에 누 네 마리를 추적하지 못한다. 대신에 개체 하나를 식별한 뒤그 동물을 둘러싸고 조직적으로 사냥한다. 따라서 사자들이 어린 동물이나 다리를 절룩이는 동물을 쫓는 건 약한 놈을 골라서 추적하라는 자연의 이타심 같은 게 아니다. 사자들은 작거나 늙거나 병든 누보다는, 멋지고 건강하고 맛있고 생기 있는 누로 만찬을 즐기고 싶어 한다. 하지만 그런 먹잇감을 식별할 수 있어야 한다. 이 이야기가 주는교훈은 무엇일까? 화려하게 치장하고 돋보이면 사자 떼가 달려든다.그리고 사자는 언제나 존재한다.

목을 길게 빼고 있으면 칼이 온다. 이런 속담은 여러 문화에 존재한다. 영어 속담으로는, '높이 자란 양귀비가 제일 먼저 낫질을 당한다'가 있다. 일본에는 '튀어나온 못이 제일 먼저 망치로 얻어맞는다'라는 속담이 있다. 이건 중요한 관찰이고, 그만큼 보편적이다. 예술적·창조적 활동은 위험은 크고 보상 가능성은 작다. 하지만 예외적으로 높은 보상이 돌아올 가능성이 존재한다. 또한 창조적인 노력은 위험하고 성공할 가능성이 낮더라도 우리를 지탱해주는 변화에 반드시필요하다. 모든 것이 변한다. 고지식하게 전통을 고수하고자 하면 바로 그 때문에 파멸을 피하지 못한다. 현재 위치를 유지하려고 해도 새로운 것이 필요하다. 우리는 전문지식과 분업화 때문에 칸막이에 가려 보이지 않는 것들을 보려고 해야 한다. 그래야 지루함, 권태, 교만,미에 대한 무지, 영혼을 갉아먹는 냉소에 젖은 채로 죽지 않고 신의왕국에 도달할 수 있다. 한마디 덧붙이자면, 우리는 움츠리고 숨고 위

예술은 장식이 아니다

단순히 파격적으로 보이려고 혐오나 공포 같은 부정적인 반응을 조장하는 예술이나 추상 미술은 종종 사람들을 불편하게 만든다. 나 또한 전통적인 미 개념을 매우 존중하는 사람으로서, 그런 반응에 어느 정도 공감한다. 전통을 업신여기며 예술가인 척하는 사람이 많다는 사실도 잘 알고 있다. 하지만 시간이 흐르면 진정한 영감이 담긴 작품과 사기성이 농후한 작품이 불완전하게라도 구별되며, 중요하지 않은 것은 대개 우리와 멀어진다. 한편 정반대 오류를 범하는 것도 어렵지 않게 볼 수 있다. 어떤 사람은 예술이란 예뻐야 하고, 노력하거나 도전하지 않아도 쉽게 감상할 수 있어야 하며, 장식적이어야 하고, 거실 가구와 어울려야 한다고 생각한다. 하지만 예술은 장식이 아니다. 이는 순진한 초보자 또는 예술에 대한 두려움 때문에 발전하거나 배우지 못하는 사람의 태도다.

예술은 탐험이다. 예술가는 사람들에게 보는 법을 가르친다. 예술을 접해본 사람은 대부분, 예를 들어 인상주의 작품은 누가 봐도 아름다우며 전통적이라고 생각한다. 사실은 절대 그렇지 않다. 지금 우리가 세계를 지각하는 방식은 19세기 후반에는 인상파 화가들만이 지각할 수 있었던 방식이었다. 우리가 인상주의 화가들과 같은 방식으로 지각할 수 있는 이유는, 인상주의가 광고·영화·포스터·만화책·

사진 등 모든 형태의 시각예술을 점령했기 때문이다. 오늘날 우리는 한때 인상파 화가들만 이해할 수 있었던 빛의 아름다움을 본다. 그들이 우리에게 가르쳐준 것이다. 하지만 인상파 화가들이 전통적인 파리의 살롱전에서 거부당한 뒤 1863년 낙선자전에서 그 그림들을 처음 전시했을 때 쏟아진 건 박수가 아니라 조소와 경멸이었다. 형태가 아니라 빛에 주목한다는 생각은 당시에 너무 파격적이어서 사람들이 감정적 발작을 일으킨 것이다.

입체파의 화풍은 몇 가지 측면에서 인상주의보다 훨씬 극단적이고 이상하다. 그런 화풍이 우리의 일상적인 시각언어에 들어와 흔해진 것 역시 상당히 놀랍다. 심지어 만화책에서도 다차원적이고 납작하게 묘사된 입체파의 얼굴을 볼 수 있다. 초현실주의도 마찬가지다. 이 화풍은 이제 진부하게 느껴질 정도로 우리의 시각 세계에 깊이 들어왔다. 다시 한번 강조하지만, 화가는 사람들에게 보는 법을 가르친다. 세계를 인지하는 일은 매우 어려운데, 다행히 우리에게는 이 천재들이 있어서 그들에게 세계를 인지하는 법을 배우고, 잃어버린 세계와 다시 연결되고, 세계가 어떤 곳인지를 깨닫는다. 그리스도의 말을 새기면 도움이 되는 것도 그런 심리적인 이유에서다.

그때에 제자들이 예수께 나아와 이르되 천국에서는 누가 크니이까.
예수께서 한 어린아이를 불러 그들 가운데 세우시고 이르시되
진실로 너희에게 이르노니 너희가 돌이켜 어린아이들과
같이 되지 아니하면 결단코 천국에 들어가지 못하리라.

—「마태복음」18장 1~3절

아름다움은 우리가 잃어버린 것으로 다시 우리를 인도하며, 무엇이 냉소주의를 영원히 막아주는지 상기시킨다. 아름다움은 목표로 똑바로 나아가게끔 우리에게 손짓한다. 아름다움은 더 작은 가치와 더 큰 가치가 있음을 상기시킨다. 사랑, 유희, 용기, 감사, 일, 친구, 진리, 우아함, 희망, 미덕, 책임 등 많은 것이 인생을 살 만하게 한다. 하지만 그중에서도 으뜸은 아름다움이다.

한때 그처럼 찬란했던 광채가

이제 영원히 눈앞에서 사라졌다 한들 어떠랴

초원의 빛, 꽃의 영광, 이런 시간을

그 어떤 것도 돌려놓을 수 없다 한들 어떠랴

우리는 슬퍼하지 않으리, 오히려

그 뒤에 남은 것에서 힘을 찾으리라

지금까지 있었고 또 영원히 있을 원초적인 공감에서

인간의 고뇌로부터 나온 위로하는 마음에서

죽음 너머를 보는 믿음에서

지혜로운 정신을 가져다주는 세월에서

— 윌리엄 워즈워스, 「어린 시절을 회상하고 영생불멸을 깨닫는 노래」 중에서

방 하나를 할 수 있는 한 아름답게 꾸며보라.

법칙 9

여전히 나를 괴롭히는 기억이
있다면 아주 자세하게 글로 써보라

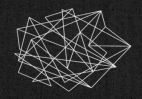

당신은 과거와 관계를 끝냈는가

당신이 과거에 아주 안 좋은 행동을 저질렀다고 상상해보자. 사람들을 배신하고 큰 상처를 입혔다. 빈정거리고 험담을 해서 그들의 명성을 더럽혔다. 그들의 공을 가로챘다. 재물을 빼앗았거나 정신적으로 괴롭혔다. 그들을 속였다. 또는 당신이 그런 사건의 피해자였다고 상상해보자. 그리고 어느 쪽이든 다시는 이런 일이 반복되지 않을 정도로 당신이 현명해졌다고 가정해보자. 가해자였든 피해자였든 그 사건과 관련된 기억은 당신에게 두려움, 죄책감, 수치심을 유발한다. 왜 그럴까?

가해자가 된다는 건 자기 자신을 배신하는 행위다. 당신이 고통스러운 이유는 중장기적인 게임을 올바로 하지 않았기 때문이다. 사람들은 그런 사람과 함께하고 싶어 하지 않는다. 심지어 당신 또한 그런 자신을 곁에 두고 싶지 않을 것이다. 피해자가 된다는 건 다른 사람이 당신을 함부로 대하게 방치하는 행위다. 하지만 고통의 원인이 자기 배반이든 타인의 소행이든 현실에서 중요한 점은 당신이 재발을 원하지 않는다는 사실이다.

의도했든 아니든 과거의 부정적인 기억이 떠오르면서 공포·수치심·죄책감이 함께 밀려든다면, 당신이 구멍(더 정확하게는 구덩이)에 빠졌거나 구멍으로 떠밀렸다는 의미다. 좋은 일은 아니다. 더 안 좋은 건 왜 그런 일이 일어났는지 모른다는 점이다. 어쩌면 너무 쉽게 남을 믿었을지 모른다. 어쩌면 너무 순진했을지 모르고, 어쩌면 일부러 외면했기 때문일지 모른다. 어쩌면 당신 또는 타인의 악의 때문일지 모른다(최악의 상황은 자기 자신의 악의가 원인인 경우다). 하지만 당신을 보호하도록 진화한 감정 체계는 당신이 빠졌든 떠밀렸든 신경 쓰지 않는다. 감정 체계는 오로지 당신이 실수를 되풀이하지 않는 것에만 신경을 쓴다.

감정 체계가 활성화하는 경보는 두려움에 기초한다(사실 두려움은 너무 약한 표현이고, 공포가 더 정확하다. 공포는 시간과 장소를 가리지 않고 활성화된다). 경보는 여전히 우리 곁에 존재하는 위험을 상기시키는 것에만 신경을 쓴다. 그런데 현실의 일부분, 특히 위험한 부분은 당신의 지도에 표시되어 있지 않거나 해상도가 낮아 세부 사항을 확인할 수가 없다. 또한 당신도 완벽하진 않다. 당신은 전과 똑같은 미로를 잘 빠져나갈 수 있을 정도로 충분히 영민하거나 주의 깊거나 도전적이거나 조심성이 높거나 현명하거나 배려심 있지 않다. 이 때문에 당신의 감정 체계는 공포를 불러들인다.

공포가 끝없이 되풀이되지 않게 하려면, 우리는 과거에서 배워야 한다.

　사람들은 과거의 끔찍한 일들을 이해하기보다, 관심 밖으로 몰아내거나 다른 활동에 전념함으로써 생각 자체를 하지 않으려 한다. 그럴 만도 하다. 트라우마를 가진 사람이 자신에게 닥친 일을 이해하지 못하는 경우는 흔하다. 예를 들어 학대당한 어린이가 인간의 모든 동기를 철학적으로 정교하게 이해하고 있을 리 없다. 아이들은 누군가가 왜 자신을 신체적으로 학대하거나 성적으로 폭행했는지를 결코 이해하지 못한다. 만일 더 어린 아이들이라면 무슨 일이 일어났는지조차 명확히 이해하지 못한다. 그런 끔찍한 사건을 이해하는 것은 성인에게도 아주 어려운 일이다. 분명 불운하고도 잘못된 사건이었지만 이해하길 거부하거나 이해할 능력이 부족하다면 그 사건은 기억한 켠에 자리를 잡는다. 그 영역은 위험으로 가득한 미개척지다. 잘 알려진 심리학적 진실에 따르면, 과거에 겪은 위험하고 해로운 일은 이해하지 못하면 절대로 잊을 수 없다.[1]

　세계를 헤쳐나가려면 우리가 지금 어디에 있고 어디로 가고 있는지 알아야 한다. 지금 있는 곳을 알려면 지금까지의 모든 경험이 가급적 완전한 이야기 형태로 정리되어야 한다. 당신이 어느 길로 왔는지를 알지 못하면 여기가 어딘지 계산하기 어렵다. 어디로 가고 있는가라는 질문에는 우리의 궁극적 이상이 투영되어야 한다. 단순히 어떤 성취나 사랑, 부 또는 권력의 획득이 목표가 되어서는 안 된다. 우리가 가려는 곳에는 행운의 결과가 나올 가능성을 높여주고 불운한 결과가 나올 가능성은 낮춰주는 성숙한 인격이 있어야 한다. 우리가 세계를 지도로 나타내는 까닭은 지금 있는 곳(A 지점)에서 가고 있는 곳

(B 지점)으로 이동하기 위해서다. 우리는 그 지도를 길잡이 삼아 이동하는 길 위에서 성공과 장애물을 만난다.

성공을 만나면 자신감이 쌓이고 유쾌해진다. 우리는 최종적으로 바라는 것을 향해 나아가고 있을 뿐 아니라 올바르게 나아가고 있으며, 단지 앞으로 나아가기만 하는 것이 아니라 우리의 지도가 옳다는 걸 확신한다. 반면에 장애물과 실패를 만나면 불안하고 우울하고 고통스러워진다. 장애물과 실패는 우리가 몹시 무지하다는 걸 가리킨다. 우리가 어디에 있었고 지금 어디에 있으며 어디로 가고 있는지를 충분히 이해하지 못하고 있음을 가리킨다. 또한 우리가 아주 어렵게 쌓았으며 반드시 지키고 싶은 어떤 것이 이해할 수 없을 정도로 심각하게 잘못되었음을 가리킨다.

우리는 경험을 떠올리고 그로부터 교훈을 이끌어내야 한다. 그러지 않으면 과거에 머물고, 기억에 잠기고, 양심의 가책에 괴로워하고, 그럴 수밖에 없었다며 냉소하고, 자기 자신을 용서하지 못하고, 힘들거나 슬픈 일에 부딪혔을 때 그 현실을 받아들이지 못한다. 스스로를 돌이켜보지 않는 자는 그 무지와 회피에 비례해서 고통받는다. 우리는 피하려고만 했던 과거를 받아들이고 잃어버린 기회들에 다시 불을 지펴야 한다. 표적을 명중시키지 못한 것을 반성하고 실수의 원인을 곰곰이 생각해서, 그때 얻어야 했던 것을 지금 획득하고 기운을 되찾아야 한다. 물론 항상 그럴 수 있는 건 아니다. 나는 작은 불씨마저 남아 있지 않을 정도로 절망한 사람들을 봐왔다. 그들은 과거를 돌아보는 것조차 불가능할 정도로 힘이 빠진 나머지 미래에 대한 냉소로 회피와 거짓을 합리화한다. 그들이 처한 상황은 그야말로 깊이를 알 수 없는 지옥이다. 그런 지옥에서 기어나올 때의 굴욕감은 그간 저질러온 불필요한 실수들에 비례해서 커진다. 제정신인 사람이라면 이런 상황에 빠진다는 생각만으로도 등줄기에 공포의 전율이 흐르는 걸 느낀다. 우리에게는 잠재성을 실현할 책임이 있으며, 그 책임을 회피할 자유는 없다. 과거에 실수를 했는데 이유가 무엇이든 간에 불분명한 점을 남겨두었다면, 우리는 그 실수를 절대 잊지 못하고 양심의 가책을 계속 느낀다.

당신이 아주 어리다고 상상해보자. 그렇다면 당신의 미숙한 자아가 사용하는 지도 역시 아이가 그린 집처럼 불완전할 것이다. 아이가 그린 집은 보통 어떤가? 그 집은 항상 도화지 중앙에 똑바로 서 있고, 전면만 묘사되어 있다. 거의 항상 문 하나에 창문은 둘이고, 외벽은 사각형에 지붕은 삼각형이며, 굴뚝에서 연기가 난다(이건 좀 놀랍다. 요즘은 연기 나는 굴뚝을 보기 어렵기 때문이다). 하늘에는 광선이 뿜어져나오는 동그란 모양의 태양이, 집 주변에는 일직선으로 된 줄기 양 옆으로 잎 두 개가 펼쳐지고 맨 위에는 꽃잎이 활짝 피어 있는 꽃 몇 송이가 그려져 있다. 아주 낮은 해상도로 집을 표현한 그림이다. 사실 이런 건 그림(스케치)이라기보다 상형문자(개념)에 가깝다. 아이는 집 또는 가정의 개념을 표현한 것이다('집house'과 '가정home'은 스펠링도 비슷하다). 하지만 이 정도만 그려도 거의 항상 충분하다. 그림을 그린 아이는 그것이 집이라는 걸 알고, 그림을 보는 다른 아이들과 어른들도 그걸 집으로 생각한다. 그림은 마치 마술을 부리듯 소기의 목적을 이룬다. 마찬가지로 아이의 지도도 그런대로 충분히 쓸 만하다.

하지만 집 안에서 너무도 자주 일어나는 끔찍한 사건들을 아이의 그림에 담아내기란 쉽지 않다. 엄마, 아빠, 할머니, 할아버지, 삼촌, 이모, 고모 중 누군가가 이렇게 말할지도 모른다. "여기서 일어난 일을 절대 절대 다른 사람한테 얘기해서는 안 돼!" 사각형 몇 개, 삼각형 하나, 같은 형태의 꽃 몇 송이, 활짝 웃는 둥근 태양은 집에서 흔히 벌어지는 끔찍한 일을 제대로 표현하지 못한다. 실제로 그 안에서는 용납할 수 없고 이해할 수 없는 일이 벌어지고 있을지 모른다. 하지만 이해할 수 없는 게 어떻게 무서울 수 있을까? 이해되지 않고서 어떻게 트라우마가 존재할 수 있을까? 어떤 면에서 이해는 경험의 필요조건 아닌가? 이 모두가 엄청난 수수께끼다. 하지만 모든 것이 생각의 차원에서만 경험되는 건 아니다. 용어상 모순처럼 보이지만, 우리는 미지의 것을 만날 때 겁에 질린다. 이때 마음이 이해하지 못하는 것을 몸은 안다. 그리고 기억한다. 이해하라고 요구한다. 그 요구를 피할 방법은 없다. 우리를 공포로 얼어붙게 하고 생각만 해도 역겨워지는 어떤 일이 우리에게 닥치면(또는 우리가 그런 일을 벌이면) 그 순간부터 우리는 그 원초적인 공포를 이해로 바꿔야 하는 무지막지한 운명을 짊어져야 한다. 그러지 않으면 우리는 고통받는다.

같은 구덩이에 두 번 빠지지 마라

내담자는 나를 만나자마자 어릴 적 함께 살던 사촌 오빠에게 성적 학대를 당한 경험을 털어놓으면서 몹시 슬퍼하며 울먹였다. 학대를 당한 시점에 몇 살이었냐고 묻자 네 살이었다고 대답했다. 그리고 가해자가 자기보다 훨씬 크고 힘이 세고 나이가 많았다고 묘사했다. 이야기를 듣는 동안 나는 그녀의 묘사에 상응하는 가해자의 모습을 상상했다. 10대 후반이나 20대 초반의 흉악하고 가학적인 범죄자가 그려졌다. 나는 그녀와 가해자의 나이 차이가 어떻게 되느냐고 물었다. 그러자 그녀는 "두 살요. 나보다 두 살 많았어요"라고 대답했다. 생각지도 못한 말이었다. 그 순간 내가 그린 그림이 완전히 바뀌고 말았다.

나는 그녀에게 내가 상상한 것을 말했다. 그녀의 이야기를 들으면서 내가 어떻게 추정하고 있었는지를 알려주고 싶었다. 나는 이렇게 말했다. "자, 이제 당신은 다 컸습니다. 성인이 된 지도 꽤 되었지요. 그런데 당신은 이야기를 할 때, 그 일을 겪었던 네 살 때와 같은 방식으로 하고 있어요. 그때와 비슷한 감정에 사로잡혀서 말이죠. 당신은 사촌 오빠를 당신보다 훨씬 크고 힘이 세고 나이 많은 사람으로 기억하고 있어요. 물론 여섯 살이면, 당신이 산 나이의 절반이 더 많은 나이죠. 어린아이의 관점에서 보면 어른과 비슷할 수도 있어요. 하지만 사촌 오빠는 여섯 살이었고, 당신과 거의 똑같은 아이였어요. 그러니 그때 일을 다르게 생각해보면 어떨까요? 우선, 지금 당신이 알고 있는 여섯 살짜리 아이들을 떠올려보세요. 아이들은 당연히 서툴고 미숙하겠죠. 그리고 잘못을 저질렀더라도 성인처럼 자기 행동에 책임을 질 수도 없어요. 당신에게 일어난 일이 심각하지 않다는 게 아닙니다. 당신이 느끼는 슬프고 억울한 감정을 의심하는 것도 아니에요. 다만 당신이 지금 알고 있는 두 아이에게 그런 일이 벌어졌다고 가정하고 그 상황을 다시 생각해보라는 겁니다. 아이들은 호기심이 많지요. 의사 놀이를 하곤 해요. 주위에서 어른들이 관심을 기울이지 않으면,

그런 게임은 쉽게 선을 넘을 수 있습니다. 당신을 학대한 존재가 한 성인을 강간할 때처럼 엄청나게 강하고 악의적인 힘이 아니었다고 생각할 수도 있지 않겠어요? 어쩌면 당신과 사촌 오빠는 단지 어른에게 적절한 관리를 받지 못한 아이들이었다고 말입니다."

어릴 적 경험에 대한 그녀의 기억은 성인이 되는 동안에도 크게 변하지 않았다. 그녀는 어른으로 인지되는 손윗사람에게 무기력하게 당한 네 살짜리 아이의 공포를 여전히 경험하고 있었다. 하지만 스물일곱 살이 된 그녀의 자아는 그 기억을 업데이트할 필요가 있었다. 그런 취급을 조금이라도 당할 위험은 사라진 지 오래였다. 과연 과거의 사건을 재구성하자 큰 위로가 밀려왔다. 이제 내담자는 그 일을 어른들의 관심 밖에서 얼마든지 일어날 수 있는 호기심의 결과로 여길 수 있었다. 그러자 사촌 오빠, 그 상황, 자기 자신을 보는 눈이 달라졌다. 그녀는 그 사건을 어른의 관점에서 볼 수 있었다. 더 이상 사촌 오빠를 힘세고 악의적인 가해자로, 자기 자신을 그런 힘에 무기력하게 당하는 피해자로 보지 않게 되었다. 과거의 공포에 자발적으로 맞서고 트라우마가 훨씬 적은 인과적 설명을 발견하자, 마침내 그 기억과 관련된 공포와 수치심에서 빠르게 벗어날 수 있었다. 이 모든 변화가 상담 한 번으로 이뤄졌다. 과거의 사건을 재구성하는 이야기의 힘은 이토록 강력하다.

이 경험은 나에게 심오한 철학적 수수께끼를 던져주었다. 내담자가 상담실에 올 때 그녀의 기억은 수십 년 동안 변하지 않은 상태였다. 상담실에서 걸어나갈 때 그녀의 기억은 확연히 변해 있었다. 그렇다면 어느 게 진짜일까? 언뜻 보면 원래 이야기가 더 정확하다고 주

질서 너머

장할 수 있다. 텅 빈 도화지 같은 네 살짜리 아이의 마음에 각인되어 심리 치료가 있을 때까지 바뀐 적 없는 이야기가 진짜 아닐까? 하지만 어느 날 어떤 걸 의미하는 사건이 다른 날에는 아주 다른 걸 의미할 수 있다. 예를 들어 정말 희한하게도, 도저히 설명할 수 없었던 부모의 행동이 우리가 자식을 낳고 보니 더 잘 이해되지 않는가? 그렇다면 어느 기억이 더 정확할까? 성인의 동기에 대해 어렸을 때 품는 부분적인 그림일까, 성인이 되어 수정·보완하게 된 기억일까? 만일 후자라면(그것도 불합리해 보이진 않는다. 내 내담자의 경우에는 분명히 그런 것 같았다) 원래 기억보다 수정된 기억이 어떻게 더 정확해질 수 있는 걸까?

귀신에 홀리다

과거를 기억해냄으로써 자기 자신을 변화시킨 내담자는 또 있었다. 그의 기억은 알 수 없는 이유로 훨씬 더 철저히 가려져 있어서 기억해내기까지 오랜 시간이 걸렸으며, 그 과정에서 보기 드문 놀라운 사실들을 발견할 수 있었다. 젊은 동성애자이고 아프리카계 미국인인 그는 이해할 수 없는 몸과 마음의 증상들로 고생하고 있었다. 최근에 그는 조현병(정신분열증) 진단을 받았는데, 젊은이를 병원에 데리고 간 그의 이모는 검사 시간이 너무 짧았다며 조카를 다시 진찰해달라고 내 상담실로 데리고 왔다. 우리는 단둘이 만났다.

젊은이는 수줍음이 많고 내성적이었지만 옷차림이 단정하고 깔끔

했으며, 살아온 이력을 말할 때도 방향을 놓치는 법이 없었다. 게다가 안경을 쓰고 있었는데, 관리가 잘되어 있어서 안경테나 안경다리에 테이프를 붙인 자국도 없고 렌즈도 아주 깨끗했다. 이것은 중요한 단서였는데, 조현병 환자는 자기 자신을 관찰하는 능력을 잃어버리기 때문에 옷매무새가 심하게 흐트러져 있고 망가진 안경(특히 렌즈가 심하게 얼룩진 안경)을 쓰고 있는 경우가 많기 때문이다(항상 그렇지는 않으므로, 여러분 중에 수준 이하의 안경을 쓴 사람이 있다 해도 자신을 조현병 환자로 분류할 필요는 없다). 그는 정규직으로 적정 수준의 복잡성을 가진 일을 수행하고 있었고(조현병 환자에게는 드문 일이다) 종종 수줍어하는 걸 제외하고는 아무 문제없이 대화를 잘해나갔다. 나는 그와 정기적으로 만나기 시작했다.

그를 몇 번 본 뒤에야 나는 왜 그 정신과 의사가 그를 조현병 환자로 진단했는지 알 수 있었다. 먼저 젊은이는 지난 4년 동안 우울하고 불안했다고 말했다. 여기에 특별히 이상한 점은 없었다. 또한 몇 년 동안 사귄 남자친구와 심하게 다투고 헤어진 후로 그런 증상이 나타났다고 했다. 여기에도 특이한 점은 없었다. 그들은 함께 살았고, 남자친구와의 관계는 정서적으로나 현실적으로나 그에게 중요했다. 사람들 대부분은 그런 친밀한 관계가 끝나면 불행과 혼란에 빠지고, 기질에 따라 심한 불안과 우울 상태가 지속되기도 한다. 하지만 4년이나 지속되는 경우는 드물었다. 사람들은 대개 1년 이내에 마음을 추스르고 새롭게 시작한다. 그게 불변의 법칙은 아니지만, 4년은 너무 길었다. 나는 호기심이 일었다. 젊은이는 도저히 정상이라고 할 수 없는 증상도 털어놓았다. 밤에 잠을 자려고 할 때마다 이상한 신체적 경

질서 너머

련이 일어난다는 거였다. 팔을 교차해 얼굴 위를 막은 상태로 몸이 태아처럼 웅크려졌다. 잠시 후 진정되고 나면 또다시 그 동작이 반복되는 일이 몇 시간이고 계속되었다. 왜 이런 증상이 나타나는지 도무지 이해할 수 없어서 걱정스러운 것은 둘째 치고, 그 때문에 잠들기가 몹시 어려웠다. 이런 일이 불안하고 우울한 기간 내내 계속되었으니, 그 동작이 아니더라도 수면 부족이 불안과 우울을 더 부추긴 것은 분명했다. 나는 젊은이에게 무슨 일이 일어나고 있는 것 같으냐고 물었다. 그는 웃으면서 이렇게 말했다. "우리 가족은 내가 귀신에 홀렸다고 생각해요. 그게 정말인지 아닌지 저도 잘 모르겠어요."

내담자의 가정환경은 좀 특이했다. 미국 남부에서 캐나다로 이주한 그의 부모는 정규교육을 받지 못했다. 게다가 대단히 미신에 심취해서 아들이 귀신에 씌었다고 진지하게 믿고 있었다. 내가 "혹시 귀신 들렸다는 말을 그 의사에게 했나요?"라고 묻자 그는 "네"라고 대답했다. 그렇다면 의사가 조현병으로 진단할 만도 했다. 내 경험상 이상한 신체적 증상과 함께 그런 설명이면 충분했다.[2] 하지만 내담자를 몇 번 더 만나면서 그가 앓고 있는 병이 조현병은 아니라는 게 분명해졌다. 그는 이성적이고 의식이 또렷했다. 하지만 도대체 무엇 때문에 그런 발작적이고 이상한 경련이 밤마다 일어날까? 그때까지 나는 그 같은 증상을 겪는 사람을 만나본 적이 없었다. 내가 세운 첫 번째 가설은 젊은이가 아주 심한 형태의 수면마비(가위눌림)를 겪는다는 것이었다. 수면마비는 꽤 흔하며, 주로 사람들이 똑바로 누워 잘 때 발생한다(젊은이도 주로 그렇게 잤다). 수면마비에 빠진 사람은 잠에서 반쯤 깨는데, 근육을 움직일 수 없는 렘Rapid Eye Movement, REM수면에서 빠져

나와 꿈꾸기를 중단할 정도로 깨어나지는 않는다. 사람이 꿈을 꿀 때는 깨어 있을 때 운동을 지배하는 뇌 영역이 종종 자극을 받는다. 그래서 꿈꾸는 동안에 주위를 돌아다니는 것처럼 느낀다. 하지만 실제로 돌아다니지는 않는데, 신경화학적 기제가 수의근(의지에 따라 행동하는 근육—옮긴이) 조직의 생리적 스위치를 꺼놓기 때문이다.[3] 그러지 않으면 침대에서 빠져나와 꿈에서처럼 행동하다 다칠 수 있다.

수면마비에 들어서면 반쯤 깨어 실제 세계를 어렴풋이 인식하면서도 여전히 렘수면 중이라 근육이 마비된 상태로 꿈을 꾼다. 그런 상태에서 온갖 종류의 이상한 경험이 일어날 수 있다. 예를 들어 많은 사람이 외계인에게 납치당해서 의학적 검사를 받았다고 주장해왔다.[4] 이 현상은 운동 불능이라는 조건과 그에 수반하는 기괴하고 무서운 공상 때문에 일어난다고 여겨진다(다른 이유로는 도저히 설명할 수 없다. 아니면 호기심 많고 해부하길 좋아하는 외계인의 존재를 인정하는 수밖에 없다).[5] 젊은 내담자는 상당히 영특하고, 글에 능통하고, 호기심이 있었기 때문에 나는 『밤에 다가오는 공포The Terror That Comes in the Night』[6]라는 책을 그에게 주었다. 수면마비 중에 일어날 수 있는 이상한 현상을 말해주는 책이다. 저자인 데이비드 허포드David Hufford는 제목이 가리키는 야경증night terror이란 '올드 해그Old Hag'(민담에서 전해지는 경직된 몸에 올라타 극도의 공포를 주는 마녀를 말한다. 해그hag는 올라탄다는 뜻이다—옮긴이)라는 경험의 한 종류라고 설명한다. 전체 인구의 약 15퍼센트가 그런 경험을 하는데 두려움과 마비, 숨이 막히는 느낌, 악의적인 존재와의 만남을 보고한다. 내담자는 그 책을 읽고 나서 허포드가 묘사한 것이 자신의 경험과 정확히 일치하지 않는다고 말했다.

질서 너머

그는 자신의 경험이 일반적인 수면마비와도 일치하지 않는다고 생각했다. 첫째, 그의 경직은 잠들기 전에 일어났고, 둘째, 그는 운동 불능을 경험하지 않았기 때문이다.

상담이 거듭되는 동안 나는 그를 훨씬 더 잘 알게 되었다. 예를 들어 그는 대학에서 역사 전공으로 학사 학위를 받았다. 그의 부모는 아주 엄격해서 유년기와 청소년기에 친구 집에서 외박하는 걸 허락하지 않았으며, 그가 대학에 갈 때까지 일거수일투족을 감시했다. 그는 마지막 관계가 깨지기 전에 벌어진 싸움에 대해서도 제법 자세히 얘기했다. 그는 술집에서 남자친구와 술을 몇 잔 마시고 말다툼을 한 뒤 함께 사는 아파트로 돌아왔다. 집에서 싸움은 물리적 충돌로 변했다. 그들은 강도를 더해가면서 서로를 밀쳤다. 그러다 남자친구가 너무 세게 밀치는 바람에 내담자가 거실 바닥에 쓰러졌다. 내담자는 가만있지 않고 바닥에 쓰러진 상태에서 남자친구의 발을 걸어 넘어뜨리고, 몸을 일으켜 집을 나갔다. 며칠 후 그는 남자친구가 없는 걸 확인하고 아파트로 돌아와 짐을 챙겨 나왔다. 둘의 관계는 그렇게 끝났다.

그의 성격 중 일부 요소가 이 충돌에 반응한 게 틀림없었지만 그것이 무엇인지 불확실했다. 어쨌든 그는 남자친구의 폭행에 매우 큰 충격을 받았다. 일련의 사건을 이야기하는 동안 내담자는 사람이 어떻게 폭력을 쓸 수 있는지 믿지 못하겠다고 말했다. 내가 말했다. "그게 무슨 말이죠? 당신은 역사를 전공했어요. 인간이 과거에 저지른 무섭고 잔학한 행위에 관해 분명히 읽어봤을 텐데. 뉴스도 보고 말이죠……." 그는 사실 뉴스를 보지 않는다고 말했다. "좋습니다." 내가 말했다. "하지만 대학에서 뭘 배웠나요? 인간의 공격성이 엄연한 사실이고, 아주 보편적이라고 가르치지 않던가요?" 그가 말했다. "책에서 읽긴 했죠. 하지만 대학에서 배운 건 다 구석에 밀쳐두고 더 이상 생각하지 않았어요." 이 말에 귀가 번쩍 뜨였다. 특히 다음에 그가 한 말이 더욱 놀라웠다. "어렸을 때 나는 사람들이 선하다고 믿었어요. 부모님이 어른들은 천사라고 가르쳤거든요." 내가 물었다. "그게 무슨 뜻이죠? 어른들은 절대로 나쁜 짓이나 잘못을 하지 않는다는 건가요?" 그가 대답했다. "아니, 그게 아니에요. 부모님은 나와 형제들에게 어른들은 진짜 신을 모시는 천사이고, 그래서 선하다고 가르쳤어요." 내가 말했다. "그 말을 믿었어요?" 그는 진심으로 믿었다고 대답했다. 첫째는 울타리에 갇혀 있었고, 둘째는 부모가 완강했으며, 셋째는 물론, 위안이 됐기 때문이라고 덧붙였다.

나는 그에게 이 순진함을 극복할 필요가 있다고 제안했다. 순진함은 그에게 아무런 도움이 되지 않았다. 그런 유치한 꿈을 품고 있기에는 나이도 있었고 머리도 굵었다. 우리는 20세기에 일어난 끔찍한 사건들, 그리고 최근에 일어난 무차별 총격과 테러 사건들을 짚어보았다. 나는 그에게 왜 그런 일들이 일어나는지 설명해보고, 자신이 분노와 적대감을 느낀 사건들에 특히 주의를 기울여보라고 요구했다. 하지만 내담자는 자신에게는 그런 감정이 아예 없다고 주장하면서, 사건의 발생 원인에 관해서도 설득력 있게 설명하지 못했다.

그래서 나는 『보통 사람들Ordinary Men』[7]이라는 책을 그에게 줬다. 나치 독일에 점령당한 폴란드에서 평범한 남성들이 어떻게 야만적인 학살자가 되었는지를 자세히 연구한 책이다. 그 책을 읽다 보면 몸서리가 쳐진다는 것밖에는 달리 표현할 말이 없다. 나는 그야말로 정색

질서 너머

을 하고서, 그 일이 실제로 일어난 사건이며 내담자와 그의 지인들 역시 똑같은 극악무도한 행위를 저지를 수 있다고 충고했다. 그도 어른이 될 때가 되었다. 이즈음에 우리 둘 사이에는 이미 굳건한 신뢰 관계가 형성된 상태였다. 내담자는 장밋빛 세계관 때문에 삶이 무너질 수도 있다는 내 말을 진지하게 받아들였다. 일주일이 지나 다시 만났을 때 내담자는 책을 다 읽고 왔다. 그의 얼굴은 굳어 있었다. 이제 좀 더 어른스러워지고 더 현명해 보였다. 사람들은 자신의 어두운 부분을 한쪽으로 밀쳐놓는 대신에 자신의 일부로 흡수했을 때 더 이상 헤드라이트에 갇힌 사슴 같은 표정을 짓지 않으며, 이제 당하기만 하는 사람이 아니라 결의에 찬 사람이 된다. 다음으로 나는 내담자에게 1936년 일본이 중국에서 저지른 잔혹 행위를 다룬 『난징의 강간 The Rape of Nanking』[8]을 권했다. 이 책을 쓴 저자가 자살했을 정도로 소름이 끼치는 책이다. 내담자가 그 책을 다 읽은 뒤 우리는 이야기를 나눴다. 그는 더 슬프지만 현명해 보였다. 하지만 밤에 찾아오는 증상은 누그러지지 않았다.

어른은 다 천사라는 말, 악에 관한 지식은 구석으로 밀쳐뒀다는 주장, 설명할 수 없는 경련에 시달리고 있다는 사실이 내 머릿속에서 톱니바퀴처럼 맞물려 돌아가기 시작했다. 오래전에 나는 히스테리 간질을 앓는 여성 환자를 만났다. 히스테리 간질이란 심리적인 문제가 몸의 증상으로 나타나는 전형적인 프로이트 히스테리다. 그녀는 중서부 시골에서 빅토리아 시대를 연상케 하는 기독교 근본주의의 억압적인 분위기 속에 성장했다. 그녀는 내 상담실에서 한번 '발작'을 일으켰다. 완전한 대발작이었지만 나는 동요하지 않고 몇 분 동안 눈을 뒤집은 채 격하게 몸부림치고 뒹구는 그녀를 태연하게 지켜보았다. 나는 걱정하거나 안쓰럽게 생각하지 않고 심리적 거리를 유지했다. 나는 생각했다. '자, 흥분하지 말고 기다리자. 이건 분명 히스테리성 경련일 테니.' 나는 구급차를 부르지 않았다. 그녀가 발작을 그치고 멍한 표정으로 다시 앉았을 때, 나는 그녀에게 말했다. 그녀의 발작(의식적이었든 무의식적이었든 둘 다였든)은 누구라도 믿을 만큼 진짜 같았지만 나는 거기에 물리적으로 대응하거나 감정적으로 반응하지 않았다고 말이다. 과거에 비슷한 발작이 일어났을 때 그녀는 정신병원에 실려갈 뻔했다. 또한 정신병으로 진단받고 약을 처방받을 뻔한 적도 있었다. 우리는 그녀의 발작에 관해 진지한 대화를 몇 차례 나눴다. 나는 그녀의 간질을 믿지 않는다고, 본인에게는 정말 진짜 같겠지만, 나는 거짓이라는 걸 알고 있다고 말했다(일전에 받은 간질 검사에서 그녀는 '불분명함equivocal'으로 판정되었다).

그녀는 심리적 증상을 '신체화somatization', 즉 신체적으로 표현하는 사람이었다. 프로이트는 그런 신체화가 종종 상징성을 띤다고 말했다. 정신적 트라우마가 신체적 무능력이나 기이함을 촉발시킬 수 있다는 것이다. 그녀의 히스테리 간질은 성에 대한 무지와 양가감정, 어린애 같은 미성숙, 자기 자신을 대상으로 한 위험한 놀이에서 비롯하는 것으로 보였다. 우리는 상담을 통해 큰 진전을 이루었다. 그녀는 우둔하기는커녕 오히려 현명한 편이었다. 발작은 끝이 났다. 발작만큼 위험했던 드라마와 함께. 더욱 다행스럽게도 그녀는 정신병원행을 피하고 대학에서 학업을 이어나갔다. 어쨌든 그때 단 한 번의 치료 경험으로 나는 프로이트 히스테리가 존재한다는 걸 알게 되었다.

나는 이 내담자도 그녀와 비슷한 신체화 장애를 앓고 있다고 가정하기 시작했다. 그의 증상이 시작되기 직전에 마지막 관계에 종지부를 찍은 싸움이 마음에 걸렸다. 혹시 그의 이상한 동작이 그 사건과 관련 있는 건 아닐까? 게다가 그는 '구획화compartmentalization'에 능한 사람이었다. 그는 사건들을 마음 한구석에 밀쳐두고 다시 생각하지 않으려는 경향이 있었다. 나는 최면을 많이 해보지는 않았지만 구획화에 능한 사람은 최면에 아주 잘 걸리며 과거에 신체화 장애를 치료하는 데 최면이 꽤 효과적이었다는 사실을 알고 있었다. 프로이트는 최면으로 히스테리 환자들을 치료했는데, 환자들은 주로 성적인 것·연극적인 것·극적인 것에 집착하는 빅토리아 시대의 유명 상류층 인사들이었다.[9] 그래서 나는 내담자에게 최면을 시도하기로 했다.

당시에 나는 이완 유도 기법을 주로 사용했다. 내담자를 안락의자에 편안히 앉힌 다음, 호흡과 이완에 집중하면서 생각의 초점을 먼저 발바닥에 맞춘 뒤, 천천히 다리와 몸통으로 이동하고, 두 팔을 잠깐 거친 뒤 정수리에 이르게 했다. 그렇게 7~8분 동안 이완을 유도한 뒤 나는 10에서 1까지 숫자를 거꾸로 세면서, 한두 숫자마다 긴장을 풀라고 말했다. 이 기법은 격앙, 불안, 불면증을 효과적으로 빠르게 치료했다. 최면도 기본적으로 이 방법을 사용하는데, 추가로 이완 상태에서 과거의 트라우마나 그 밖의 문제에 대해 질문을 던진다. 최면의 효과는 개인에 따라 편차가 크다.[10] (그런 이유로 무대 공연자가 관객에게 최면을 걸 때에는 20명을 앞으로 나오게 해서 몇 가지 최면 암시로 시험해본 뒤, 확실하게 반응하는 몇 사람만 남겨두고 모두 자리로 돌려보낸다.) 나는 그에게 지금 최면을 걸려고 하는데 남자친구와 싸운 그날 밤에 대해 얘기해주면 도움이 될 것 같다고 말했다. 그리고 그가 밤중에 취하는 동작이 그 사건과 관련되었을지 모른다고 넌지시 얘기했다. 최면이 정확히 어떻게 진행되는지를 설명한 다음 본인 의사에 따라 거부하거나 동의할 수 있다고 말했다. 나는 그가 요구하면 즉시 최면을 중단할 수 있으며, 다 끝났을 때는 모든 걸 기억할 수 있다고 설명했다.

그는 치료에 동의했고 최면이 시작되었다. "의자에 편하게 앉으세요. 의자 팔걸이나 무릎 위에 손을 올려놓으세요. 가장 편한 곳에 올려놓으면 됩니다. 눈을 감으세요. 주위에서 들리는 소리에 귀를 기울이세요. 그런 뒤 자기 안으로 돌아와 본인의 호흡에 주의를 집중하세요. 숨을 깊이 들이마시고, 잠시 멈추고, 이제 내뱉으세요. 이제 당신의 몸으로 주의를 돌리세요. 허벅지로, 아랫다리로, 발로 갑니다. 두 발을 바닥에 꼭 붙이세요. 발가락에 집중하세요. 발바닥, 발목에 집중하세요. 숨을 천천히, 규칙적으로, 깊이 쉬세요. 발에서 모든 긴장이 빠져나갑니다. 계속해서 숨을 천천히, 규칙적으로, 깊이 쉬세요. 종아리에 집중하시고, 정강이에 집중하세요." 이런 식으로 해서 몸 전체를 도는 게 보통이다.

하지만 발을 지나기도 전에 그는 깊은 최면 상태에 빠졌다. 그의 머리가 축 늘어졌다. 나는 내 소리가 들리느냐고 물었다. 그가 들릴락 말락 한 소리로 "네"라고 말했다. 그의 말을 알아듣기 위해 나는 머리를 넘기고 그의 입 근처에 귀를 댔다. 그에게 지금 여기가 어딘지 아느냐고 묻자, 그는 "상담실이요"라고 대답했다. 이제 됐다. 내가 말했다. "자, 이제 아파트에서 나가기 전에 남자친구와 싸웠던 때로 돌아

질서 너머

가볼까요? 무슨 일이 있었죠?" 그러자 그가 말했다. "우린 방금 아파트로 돌아왔어요. 둘 다 술을 마셨어요. 술집에서 돈 문제와 우리 미래에 대해서 싸웠어요. 둘 다 화가 났어요. 우린 걸어서 아파트 문을 통과했어요. 저기요." 그는 힘 빠진 팔로 어렴풋이 가리키는 동작을 했다. 눈꺼풀이 4분의 3쯤 덮인 가운데 눈동자가 좌우로 빠르게 움직이는 걸 보니 그는 렘수면에 빠진 상태였다. "난 그를 보며 뒷걸음질 치고 있었어요. 우린 거실로 가고 있었어요. 난 그를 밀었고, 그도 나를 밀었어요. 나는 다시 그를 밀었죠. 다시 그가 나를 미는 바람에, 난 커피 테이블 위로 넘어지고 바닥으로 굴렀어요. 그는 스탠드 조명을 머리 위로 들어 올렸어요. 나는 그의 눈을 똑바로 쳐다봤어요. 그렇게 적의에 찬 표정은 본 적이 없었어요. 난 몸을 공처럼 말고 손으로 얼굴을 감쌌어요. 나를 보호하려고요." 내담자는 이 모든 것을 아주 천천히 말했고, 말하는 내내 마치 아파트를 상상하면서 그 장소를 가리키듯이 어색하고 미세하게 손짓을 했다. 기이하게도 그가 실시간으로 그 일을 다시 경험하고 있는 것 같았다. 시계를 보았다. 설명, 준비, 이완, 느린 이야기에 예약한 한 시간이 훌쩍 지나가 있었다. 내가 말했다. "자, 무리하진 않겠습니다. 시간이 다 됐어요. 준비가 되고 편안해지면 눈을 뜨고 깨어나세요." 하지만 대답이 없었다. 머리는 여전히 축 처져 있었고, 눈동자는 계속 움직이고 있었다. 이름을 불렀지만 아무 반응이 없었다.

솔직히 걱정스러웠다. 마지막에 최면에서 깨어나지 못한 사례는 들어본 적이 없었다. 하지만 어떻게 해야 할지 알 수 없었다. 다행히 그가 그날의 마지막 내담자였다. '그렇다면 깊은 최면 상태에서 이 이야기에 완전히 빠지게 해보자. 어쩌면 모든 이야기를 다 말할지 모른다. 계속하면서 어떻게 되는지 지켜보자. 이야기를 마쳤을 때 돌아오게 하면 된다.' 나는 복도에서 기다리고 있는 그의 이모에게 시간이 좀 더 필요하다고 말한 뒤 되돌아와서 내담자 옆에 다시 앉았다. 내가 물었다. "그런 다음 어떻게 됐지요?" 그가 대답했다. "그의 얼굴……난 그런 표정을 어디에서도 본 적이 없었어요. 그때 나의 남자친구가 나를 해칠 수 있다는 걸 알았어요. 사람이, 심지어 다 큰 성인이 다른 사람을 해치고 싶어 하다니. 그런 일이 가능하다는 걸 실제로 깨달은 건 그때가 처음이었어요." 그는 눈물을 흘리기 시작했지만 이야기를 이어갔다. "난 누운 상태로 그의 발을 걸어 넘어뜨리고, 일어나 달아났어요. 그는 거실에서 현관으로, 문밖으로 쫓아왔어요. 내가 더 빨라서 그를 따돌릴 수 있었죠. 새벽 4시라 아직 어두웠어요. 난 무서워서 멀찍이 달아나 자동차 뒤에 숨었어요. 그는 나를 찾지 못했어요. 오랫동안 날 찾더니, 결국 포기하고 돌아갔어요." 이 무렵 내담자는 소리 내어 흐느끼고 있었다. "그가 사라진 걸 확인하고, 어머니 집으로 가서 며칠 머물렀어요. 어떻게 그런 일이 일어날 수 있는지 믿을 수가 없었어요. 그가 나를 죽였을 수도 있었어요. 그는 진심으로 그러려고 했어요. 그 일을 떠올리면 참을 수가 없어서 머리에서 지우고 다시는 생각하지 않으려 했어요."

잠시 침묵이 찾아왔다. 내가 그의 이름을 부르자 그가 대답했다. 그에게 물었다. "지금 여기가 상담실이고, 당신이 늘 앉던 의자에 앉아 있다는 걸 알고 있지요?" 그가 고개를 끄덕였다. "하고 싶은 이야기를 다 했나요?" 그는 그렇다고 대답했다. "아주 잘했어요. 끝까지 해내다

질서 너머

니 정말 용감했어요. 이제 눈을 뜰 준비가 됐나요?" 그는 그렇다고 대답했다. "서두르지 마세요. 준비가 되었을 때 잠에서 천천히 깨어나세요. 긴장이 풀리고 편안할 겁니다. 방금 내게 말한 것, 여기서 일어난 일이 전부 기억날 겁니다." 내담자가 고개를 끄덕였다. 잠시 후 그가 눈을 떴다. 나는 그에게 무슨 일이 있었는지, 무엇을 기억하는지 물었다. 그는 우리가 맨 처음 최면에 대해 의논한 것을 포함하여 그날 오후의 사건들을 간략하게 설명했다. 나는 그의 이모를 불러서, 그가 힘든 상담을 했으니 집에 가서 쉬게 하고 곁에서 돌봐주라고 말했다. 어른들은 천사가 아니며, 다른 사람을 해칠 수 있을 뿐 아니라 해치고 싶어 하기도 한다. 하지만 내담자는 이 사실에 어떻게 대처해야 할지 몰랐다. 울타리에 갇혀 있었고, 부모에게 기만당했으며, 스스로 진실을 '구획화'하고 외면했다. 그의 존재를 이루고 있던 그런 불분명한 요소들은 일종의 방해물이 되어, 의도적인 가해가 존재한다는 것과 그런 의도가 속한 더 포괄적인 악이 존재한다는 것을 깨닫지 못하게 했다. 그 결과 그는 남자친구와 싸울 때 취했던 바로 그 방어적인 동작을 재현하게 되었다.

다음 주에 내담자는 상담실에 오지 않았다. 이런 생각이 들었다. '맙소사, 내가 심각한 문제를 일으킨 건 아닐까?' 하지만 그다음 주에 와서는 지난번에 오지 못한 것에 대해 사과하며, 그간 매우 화가 나고 너무 혼란스러워서 상담하러 오거나 심지어 내게 연락하고 싶은 생각조차 들지 않았다고 말했다. 내가 이유를 묻자 그는 이렇게 말했다. "지난번 상담을 한 다음 날 시내 레스토랑에서 옛 남자친구를 봤어요!" 지독한 우연의 일치였다. "몸이 덜덜 떨렸어요. 하지만 아무 일도 없었죠. 하루 이틀 지나니까 진정되더군요. 그리고 무슨 일이 있었는지 아세요?" "무슨 일이죠?" "이번 주에 경련이 한 번만 왔어요! 그것도 몇 분 만에 끝났어요!" "잘됐군요! 정말 대단해요! 정말 다행입니다! 뭐가 바뀐 것 같으세요?" "그렇게 싸울 때 나를 충격에 빠뜨린 건 우리 미래에 대한 충돌이 아니었어요. 밀치고 넘어뜨리고 했던 물리적 충돌도 아니었고요. 그건 바로 그 사람이 정말로 나를 해치고 싶어 한다는 사실이었죠. 그의 얼굴에 쓰여 있었어요. 표정이 정말로 무서웠어요. 도저히 이해할 수 없었죠. 하지만 지금은 이해할 수 있어요."

나는 그에게 최면을 다시 해도 되겠느냐고 물었다. "당신은 분명더 좋아졌어요. 하지만 우리가 놓친 게 없는지 확인하고 싶군요." 그의 동의하에 최면이 시작됐다. 그는 이번에도 쉽게 최면 상태에 들어갔다. 하지만 이번에는 내용을 압축해서 이야기했다. 지난번에 90분이 걸렸던 것과는 달리 이번에는 15분 만에 이야기를 끝냈다. 그는 중요한 것들만 뽑아냈다. 자신이 위험에 처했던 일, 누군가가 그를 해치려 했다는 사실, 자기 자신을 제대로 방어했다는 사실, 세계에는 천사만 있는 게 아니라 악마도 살고 있다는 사실. 내가 최면에서 나오라고 지시하자 이번에는 거의 바로 눈을 떴다. 그는 차분했고 의식이 또렷했다.

내담자의 상태는 눈에 띄게 달라졌다. 다음 주에 그는 문제의 증상이 완전히 사라졌다고 말했다. 경련이 사라지고 인간이 흠 한 점 없이 선하다는 믿음도 사라졌다. 부쩍 성숙해진 그는 자신이 겪은 경험의 진실뿐 아니라 세계의 본성도 두려움 없이 마주했다. 멋진 일이었다.

악의가 존재한다는 사실을 의식적으로 인정하자 오랜 고통이 사라졌다. 이제 그는 주변에 널린 잠재적 위험을 충분히 이해하고 인정하기 때문에 훨씬 안전하게 세상을 살아갈 것이다. 대학에서 배웠지만 인정하길 거부했던 진실이 더 이상 극적이고 구체적인 형태로 그를 억압하지 않을 것이다. 그는 뒤늦게 알게 된 진실을 자신의 인격, 앞으로 그의 행동을 인도할 지도에 포함시키고, 그를 사로잡았던 귀신과 결별했다.

이해되지 않은 적의

이번에 소개할 내담자는 대학 신입생 시절에 심하게 따돌림을 당한 젊은이다. 맨 처음 나를 보러 왔을 때 그는 거의 말을 하지 못하고, 다량의 항정신성 약물을 복용하고 있었다. 내 책상 앞에 놓인 의자에 앉은 젊은이는 아주 비정상적이고 기계적으로 머리와 어깨를 이리저리 비틀었다. 지금 뭘 하고 있느냐고 묻자 그는 형태를 사라지게 하고 있다고 말했다. 눈앞에서 어떤 기하학적 그림을 지각하고 그걸 조작해 없애야 한다고 느끼는 것이 분명했지만, 그런 행동이 뭘 의미하는지는 도무지 알 수가 없었다. 그는 자신만의 세계에 빠져 있었다.

나는 몇 달 동안 상담을 진행하면서 예전보다 더 체계적인 방식을 도입했으며, 그와 소통할 수 있는 몇 가지 수단을 개발했다. 새로운 방식을 막 적용했을 때 이 젊은이는 조금밖에 소통하지 못했지만, 시작으로는 충분했다. 학교에서 어떤 여학생이 그에게 호감을 보였지만 그는 그녀에게 연애 감정을 느끼지 않는다고 말했다. 여학생은 앙심을 품고 그의 인생을 지옥으로 몰아넣기 시작했다. 여학생은 그의 성적 버릇에 관한 나쁜 소문을 퍼뜨렸다. 몇몇 남성 친구를 부추겨서 학교에서 그에게 신체적 위협을 가했다. 또한 사람들을 동원해서 등하굣길에 그를 지속적으로 잔인하게 모욕했다. 그가 괴로워하는 것을 보고 부모는 학교에 알렸지만 대책은 나오지 않았다. 그가 막 사귀게 된 친구들은 갈수록 커지는 또래 압력 때문에 그를 피하거나 외면했다. 그는 무너져내리기 시작했다. 그의 행동이 이상해질수록 따돌림은 더욱 심해졌다. 결국 그는 완전히 무너져내렸다.

나는 젊은이에게 정확히 무슨 일이 있었는지, 힘들겠지만 기억을 더듬어보라고 요청했다. 그가 의도치 않게 놓이게 된 상황에서 왜 그렇게 당할 수밖에 없었는지 그리고 그에게 퇴짜 맞은 여학생에게 괴롭힘을 당할 때 정확히 무슨 일이 일어났는지 알고 싶었다. 그리고 그가 이 이야기를 말하고 쓸 수 있도록 지도했다(정확히 말하면 글로 먼저 쓴 다음 말하게 했다). 나는 자신의 과거를 돌아보고 이해하려는 사람들을 돕기 위해 동료들과 함께 온라인 글쓰기 프로그램[11]을 개발했는데, 내담자에게 이 프로그램을 한번 해보자고 권했다. 집에서 혼자 하기에는 그의 동기 부여 체계와 사고 능력이 너무 손상된 상태라 내 상담실에서 글을 쓰게 했다. 나는 컴퓨터 앞에 그를 앉히고, 프로그램 양식에 있는 질문을 하나씩 읽은 뒤 답변을 적고, 그 답변을 소리 내어 읽게 했다. 그가 쓴 것이 이해되지 않거나 더 자세하게 쓸 필요가 있다고 느껴지면 곧바로 글을 수정하고 다시 읽게 했다.

이 글쓰기 프로그램을 시작하면 가장 먼저 자기 인생을 주요 시기로 나눠야 한다. 자기 이름으로 된 자서전에 특정 단위 또는 주제에 따라 장章이나 절節을 세우는 것이다. 가령 작성자는 두 살에 유치원 입학, 초등학교 시절, 중학교 시절, 고등학교 시절, 대학교 시절 등으로 자기 인생을 나눌 수 있다. 나이가 많은 작성자는 다른 사람과의 다양한 관계에 따라 자신의 경험을 분류하기도 한다. 자신이 선택한 방식으로 과거를 세분화하고 나면 프로그램은 시기별로 가장 핵심 경험을 묻는다. 이때 작성자는 좋든 나쁘든 지금의 자신을 만드는 데 일조했다고 생각하는 사건들을 기억해내야 한다. 명백히, 사람들이 나빴다고 생각하는 사건들은 불안·분노·복수심 같은 부정적인 감정과 함께 기억되는 경향이 있고, 그래서 사람들은 그 사건들을 기억해 내고 깊이 생각하기를 대체로 회피하려는 경향이 강하다.

내담자는 살아온 인생을 자신에게 의미 있는 시기들로 구분했고, 그런 뒤 각 시기를 규정하는 긍정적 또는 부정적인 핵심 사건을 모두 떠올렸다. 다음으로 그 사건들의 원인과 결과를 분석해 어떤 일은 왜 잘되었고, 어떤 일은 왜 그토록 엉망이 되었는지를 이해하려 했다. 특히 과거에 가장 충격적이었던 사건들이 왜 발생했는지를 집중적으로 파헤쳤고, 그 과정에서 자신의 구체적인 행동, 다른 사람들의 동기, 시간과 장소의 특징을 면밀하게 평가했다. 또한 그 사건들이 좋든 나쁘든 어떤 결과를 낳았는지를 깊이 생각하고(우리는 힘든 경험에서 교훈을 얻을 수 있다), 그 밖에 어떤 일이 일어날 수 있었는지 또는 다르게 행동했다면 어떤 결과를 낳았을지 따져보았다. 이 모든 과정이 끝나면, 적어도 이론상으로는 과거의 경험들이 인지와 행동 차원에서 새로운 의미를 드러내며 내담자의 자서전을 업데이트한다.

그는 자신의 인생을 학년에 따라 세분화했다. 유치원에서 출발해 의무교육을 거치는 동안 그는 점점 더 조리 있게 말했다. 지난 삶을 회고하면서 자기 자신을 되찾고 있었다. 글을 쓰고 쓴 글을 읽고 내 질문에 답하면서, 그는 점점 더 자세하게 대답하고 자신의 답을 더 깊이 있게 이해했다. 우리는 어린아이들이 서로에게 하는 바람직하지 못한 행동에 대해 이야기하다가 성인의 세계에서도 볼 수 있는 적의와 악으로 자연스럽게 화제를 돌렸다. 그는 이 문제에 대해 지나치게 순진했다. 정작 자신은 정반대를 경험하고 있음에도 그는 인간이 보편적으로 선하다고 믿었다. 파괴 동기, 잔인성, 상해 욕구에 관해서는 아는 바가 전혀 없었다.

우리는 내담자의 인생을 답사하면서 여학생이 그에게 가한 모든 고통을 특히 자세히 살펴보았다. 그는 그녀의 동기를 조리 있게 설명할 정도로 생각이 정교해졌다. 그녀는 퇴짜를 맞아 상처받았고 부끄러웠으며 화가 났다. 그는 자신의 거절이 그녀에게 얼마나 큰 충격을 주었는지 또는 일반적으로 거절이 사람들에게 얼마나 충격적인 일인지 잘 몰랐다. 게다가 그는 자신을 방어할 권리가 있다는 점을 이해하지 못했다. 우리는 그가 스스로를 보호하기 위해 다르게 행동했다면 어땠을지 그리고 앞으로는 어떻게 대처할지에 대해 이야기했다. 그는 학교에서 너무 심하게 모욕당하고 있었는데도 도움을 구하지 않았다는 걸 깨달았다. 학교 측에 문제를 알릴 수도 있었다. 처음 괴롭힘을 당할 때 그 여학생을 직접 만나 사람들 앞에서 그만하라고 요구할 수도 있었다. 학교 친구들에게 그가 단지 데이트를 거절했기 때문에 이런 괴롭힘을 당하고 있으며, 그녀가 그의 거절을 잘 받아들이지 못하고 거짓말을 지어내 복수하는 거라고 알릴 수도 있었다. 극단적인 경우에는 그녀를 괴롭힘과 명예훼손으로 고소할 수도 있었다. 어떤 방법도 효과를 장담할 수는 없지만, 그래도 시도해볼 만한 가치가 있었으며, 그 상황에서는 분명히 정당하고 필요한 일이었다.

대학에서 보낸 지난 한 달을 되돌아보는 동안 내담자의 정신병적 증상은 몰라보게 호전되었다. 상담을 거듭할수록 말과 생각이 명석해졌다. 이상한 행동들도 멈췄다. 그는 여름 계절학기에 등록해서 남은 수업을 해결했다. 그야말로 기적 같은 회복이었다.

잠재성을 현실로

사람들은 종종 앞에 놓인 것에 대해 노심초사하며 걱정한다. 현재에서 미래로 가는 길이 여러 갈래이기 때문에 걱정을 하고, 동시에 그 길을 조사하는 과정에서도 걱정을 한다. 줄지어 늘어선 걱정거리에 종종 저도 모르게 심각해지기도 한다. 직장에서 겪는 골치 아픈 문제, 연인이나 친구 간의 문제, 경제적·물질적인 생존과 관련된 문제. 한 가지 걱정거리에도 결정해야 할 일은 여럿이다. 어떤 문제를 해결해야 할까? 어떤 순서로 처리해야 하지? 어떤 전략을 구사해야 하나? 이 모든 것이 일종의 선택(자유로운 선택, 자유의지)을 요구한다. 이런 상황에서 어떻게 행동할지 선택하는 것은 각자의 자발적인 의지다. 이때 의지를 마비시키고 아무 선택도 하지 않는 것이 가장 쉬운 길이지만 심리적으로는 매우 불만족스럽다.

반면에 자발적으로 자유롭게 결정하기는 힘들고 부담스럽다. 이는 반사적·습관적 경로를 따라 생각 없이 돌진하는 자동적인 과정과 다르다. 우리 자신은 모종의 결정론적인 방식으로 과거에 의해 수동적으로 움직이지 않는다. 우리는 스프링이 톱니바퀴를 돌리고 톱니바퀴가 바늘을 돌려 시간을 알려주는 시계가 아니다. 결정을 내릴 때 우리는 능동적으로 미래를 마주 본다. 우리는 미지의 잠재성을 마주하고 현재, 곧이어 과거가 될 것을 스스로 결정하는 존재다.

우리는 많은 가능성을 인식하고 지금의 세계를 만든다. 우리가 그 일을 한다는 것은 우리 존재, 어쩌면 존재 그 자체에 중요한 사실이다. 우리는 다양한 전망, 여러 개의 있을 법한 현실과 대면하고, 그중 하나를 선택해 복수의 가능성을 하나의 현실로 압축한다. 그 과정에서 우리는 세계를 가능한 것에서 존재하는 것으로 만든다. 이때 가장 근원적인 수수께끼가 등장한다. 우리가 직면하는 그 잠재성이란 과연 무엇일까? 그 가능성을 구체화하고, 처음에는 상상에 불과했던 것을 구체적인 현실로 만드는 우리의 희한한 능력은 무엇으로 이루어져 있을까?

이 능력과 함께 똑같이 중요한 능력이 있다. 가능성을 현실로 만드는 능력조차 거의 발휘하지 못한다는 점을 고려할 때, 그 능력까지 갖춘다는 게 불가능해 보이긴 하지만 말이다. 복수의 미래를 하나의 현실로 바꾸는 데 우리의 선택이 결정적인 역할을 한다고 했지만, 엄밀히 말하면 그 선택의 '도덕성'이 결정적인 역할을 한다. 책임을 받아들이는 마음, 세상을 더 좋게 만들겠다는 마음, 유혹에 빠지지 않고 피하고 싶은 일을 똑바로 마주 보겠다는 마음, 자발적이고 용감하고

질서 너머

진실하게 행동하겠다는 마음, 이런 마음에 기초한 행동이 앞으로 존재할 것을 모든 면에서 더 좋게 만든다. 반면에 회피, 분개, 복수심, 상해 욕구는 반대되는 결과를 낳는다. 다시 말해 가장 깊고 보편적인 의미에서 윤리적으로 행동한다면, 우리가 마주한 잠재성으로부터 무서운 현실이 아니라 적어도 우리가 노력한 만큼 좋은 현실이 나온다.

이를 모르는 사람은 없을 것이다. 해야 한다는 걸 알고 있으면서 아직 하지 못한 것이 있을 때 사람은 누구나 양심의 가책을 느낀다. 마찬가지로 하지 말았어야 했다고 생각하는 것을 했을 때도 괴로움을 느낀다. 이런 경험은 보편적이다. 비윤리적이거나 파괴적인 행동을 저질렀거나, 행동해야 할 때 하지 않았다면 새벽 4시에라도 양심의 가책을 느끼는 게 우리 인간이다. 그 피할 수 없는 양심은 대체 어디서 나오는 걸까? 만일 우리가 모든 가치를 직접 만들어내고 우리 자신을 완전히 지배한다면, 스스로의 선택에 따라 행동을 하든 하지 않든 후회·슬픔·수치로 괴로워하지 않을 것이다. 하지만 나는 그런 사람을 만나본 적이 없다. 아무리 정신병적인 사람이라도 입에 발린 거짓말로 자신의 잘못을 포장하려 한다(그 포장지의 두께는 그가 저지른 잘못의 심각성과 정비례한다). 천하에 둘도 없는 악당도 자신의 악을 정당화할 구실을 찾는다.

책임의 윤리를 지키지 않는다면 다른 사람들은 우리가 비윤리적이고 진실하지 않다고 여긴다. 문제는 여기서 그치지 않는다. 우리는 사람들(우리 자신을 포함하여)이 잘못된 행동을 하거나 좋은 행동을 하지 않았을 때 그 책임을 져야 한다고 생각한다. 마찬가지로 스스로 좋은 결정을 내린 사람이면 그 결정에서 나올지 모를 이익을 누릴 자격이 있다고 생각한다. 바로 이 때문에 한 사람이 정직하게 자발적으로 노동을 했다면 그 결실을 획득하는 것이 정당하다고 우리는 믿는다. 그런 판단은 자연스럽고 불가피해 보인다. 마치 심리적으로나 사회적으로 누구든 피할 수 없는 어떤 보편적인 힘이 작용하는 듯하다. 이 모든 것을 종합하면 우리는 다음과 같은 결론에 이른다. 자기 자신과 타인, 아이와 어른을 모두 포함하여 사람은 누구나 기계의 톱니바퀴처럼 선택권과 자유를 박탈당한 존재로 취급받는 것에 반대하며, 개인의 행동·자유의지·책임을 부정한다면 자기 자신을 포함해 그 누구와도 긍정적인 관계를 맺을 수 없다.

구원의 말씀

쌍을 이루는 두 개념을 더 깊이 살펴보자. 첫째, 우리는 모두 창조 그 자체에 자발적으로 참여하고 있다. 둘째, 선택의 도덕성이 그 창조물의 품질을 결정한다. 이 두 개념은 우리의 사적·공적 관계에 무수히 반영된다. 또한 우리 문화의 근저에 놓인 이야기들 속에 요약된 형태로 담겨 있다. 궁극적으로 전달하는 형이상학적 의미가 무엇이든 간에 그 이야기들은 오랜 시간 동안 관찰을 통해 우리의 기본적인 행동 패턴을 증류하여 얻어낸 소중한 결과물이다. 우리는 지형을 탐구하는 지도 제작자이자 지리학자다. 하지만 더 정확히 말하자면, 우리는 경로 설계자·항해자·탐험가이기도 하다. 우리는 출발지, 즉 자신의 이야기가 시작될 때 서 있던 장소를 기억한다. 우리는 과거에 만난 함정과 성공을 떠올리는 능력을 발휘해 함정을 피하고 성공을 재현할 수 있다. 이를 위해 우리는 우리가 지나온 길, 현재 있는 곳, 나아가는 방향을 알아야 한다. 그리고 그 이야기를 인과적 구조로 요약해야 한다. 다시 말해 무슨 일이 왜 일어났는지를 최대한 간단하고 실용적인 형태로 알아야 한다.

바로 이런 이유로 우리는 자신의 경험을 간결하고 정확하게 요점만 전달하는 사람에게 빠진다. 그리고 과거와 현재에 나는 누구이고 어디에 있(었)으며 어디로 왜 가고 있는지에 대해 그들에게서 배운다. 그런 정보는 우리 모두에게 거부할 수 없이 매혹적이다. 우리는 먼저 세상에 온 사람들의 경험담에 귀 기울이고 그로부터 지혜를 이끌어 낸다. "그땐 그렇게 살았어. 그때 우린 이걸 이런 이유로 원했어. 우린 이런 미래를 그렸고, 이렇게 전략을 세우고, 계획을 짜고, 실행했어. 가끔은 성공하고 목표를 달성했어. 하지만 성공하지 못한 때가 너무 많았어(위대한 이야기에서 가장 중요한 부분이다). 우리가 예상치 못했던 일이 이렇게 일어났고, 이렇게 경로에서 벗어나 실수를 하고 비극을 만났어. 그리고 이렇게 세계를 복구했어(또는 복구하지 못했어)." 그 중에서 영웅이 미지의 것과 싸우는 이야기나 질서가 붕괴되고 혼돈이 되살아난 뒤 다시 인도적인 사회가 확립되는 이야기처럼 일반성이 높은 것에는 특별한 가치가 부여된다.[12] 사람들이 이야기를 말하고 또 열심히 듣는 광경은 그야말로 어디에서나 볼 수 있다.[13]

좋든 나쁘든 서양에서 가장 근원적인 차원의 이야기들은 성경 문헌에 있다. 고대의 영향력 있는 책들을 집대성한 이 문헌은 하나님 그분God Himself으로 시작한다. 아버지의 모습을 하고 등장하는 하나님은 혼돈에 맞서 인간이 거주할 수 있는 질서를 창조한다.

> 땅이 혼돈하고 공허하며 흑암이 깊음 위에 있고
> 하나님의 영은 수면 위에 운행하시니라.
>
> ― 「창세기」 1장 2절

이 혼돈, 공허, 흑암, 물(서로 다른 속성의 혼란스러운 집합체)은 히브리어 성경 구절 토후 와-보후tohu wa-bohu를 번역한 것이다. 이 말은 토후tohuw와 보후bohuw라는 두 단어로 이루어져 있다. 토후는 단순히 무정형, 형체 없음보다 훨씬 복합적인 의미를 가진다. 또한 버려진 것, 헛된 마음(심리적 버려짐), 사막(인간이 살 수 없는 텅 빈 곳)을 가리키기도 한다.14 이 단어는 '깊다'는 뜻의 히브리어 단어 테홈tehom과 관련이 있다. 테홈은 '심연'을 의미하며, 앞서 소개한 신 티아마트15와도 관련이 있다. 메소포타미아의 창세 설화 「에누마엘리시」에서 티아마트는 애인인 아프수와 함께 세계를 창조한 위대한 어머니 여신/용(바다 생물)이었다.

창세기에 따르면 태초에 어떤 것, 어떤 잠재성이 있다. 그것은 상징적으로 대양처럼 깊은 심연과 관련이 있지만, 또한 사막·용·모성/가모장제·공허·무정형·어둠과도 관계가 있다.16 이들은 모두 그 형체 없는 어떤 것에 최초의 질서 있는 개념적 형태를 부여하기 위해 시적·은유적 표현을 시도한 것이다. 심연은 무서운 것, 지구의 끝에 있는 것, 인간의 죽음과 나약함을 숙고할 때 응시하게 되는 것, 희망을 집어삼키는 것이다. 물은 깊이이자 생명의 원천이다. 사막은 포기·

질서 너머

고립·외로움의 장소이며, 더 나아가 압제의 땅과 약속의 땅 사이에 놓인 텅 빈 공간이다. 용은 원래 부족과 마을의 경계 너머 우거진 숲에 영원히 잠복해 있는 포식자(불을 내뿜는 나무-고양이-뱀-새[17])를 상징하는 고대의 이미지다. 그것은 또한 깊은 바다에 숨어 있는 '리워야단Leviathan'(「욥기」 41장 25~34절, 「시편」 74장과 104장 24~26절, 「이사야」 27장 1절을 비롯해 『구약성경』의 수많은 구절에서 여호와가 극복하라고 이른 무서운 괴물)이다.

하나님에게는 가능성과 공허에 직면할 때 그분을 돕거나 그분이 의지하는 어떤 속성, 또 하나의 인격, 기능, 수단이 있다. 이는 그리스도교의 관점에서 '말씀'이지만, 종교적 관점이 아니더라도 분명 말하는 능력이다. 창세기는 말하기의 중요성을 끊임없이 주장한다. 모든 날에 신의 창조는 "하나님이 이르시되"로 시작한다(또한 "○○라 부르시니"라는 말로 명명을 강조한다). 7일에 걸친 천지창조는 다음과 같이 시작한다.

> 하나님이 이르시되 빛이 있으라 하시니
> 빛이 있었고 빛이 하나님이 보시기에 좋았더라.
> 하나님이 빛과 어둠을 나누사
> 하나님이 빛을 낮이라 부르시고 어둠을 밤이라 부르시니라.
> 저녁이 되고 아침이 되니 이는 첫째 날이니라.
>
> ―「창세기」 1장 3~5절

하나님은 그분 자신, 그분의 창조 행위, 최초의 창조물을 보여준 직후에(따라서 우리가 그분을 알게 된 거의 직후에) 인간을 창조한다. 하나님의 창조에는 즉시성 외에도 세 가지 특징이 나타난다. 첫째, 인간이 모든 것을 다스리게 했다는 점이다.[18] 둘째, 하나님이 그분의 형상대로 남자와 여자를 창조했다는 점이다(이 창조 행위는 「창세기」 1장 27절에 두 번 언급된다. 남녀 모두를 똑같이 그분의 형상대로 창조했다니 매우 현대적이면서 평등주의적이다). 셋째, 창조한 인간이 다른 창조물처럼 보시기에 좋았다는 점이다(이 역시 놀랍다). 여기에 묘사된 대로라면 하나님의 형상대로 창조된 남자와 여자는 하나님과 중요한 것을 공유한다고 볼 수 있다. 이 이야기의 요점은 인간이 신과 유사한 운명, 불가피성, 또는 책임을 갖는다는 것이다.

어떤 잠재성을 실현하기 위해 신이 사용하는 도구는 말씀, 곧 진리의 말이다. 하지만 말씀이 있으려면 모든 두려움이 잠재해 있는 미지의 가능성과 대면할 용기가 반드시 필요하며, 그때 비로소 현실이 생겨난다. 그리고 진리와 용기는 최종적으로 사랑이라는 더 큰 원리에 포섭되어야 한다. 사랑은 그 모든 취약함·가혹함·배신에도 불구하고 존재 그 자체를 사랑하는 마음, 모든 것에게 가장 유익할 수 있는 최고의 상태를 지향하는 마음이다. 이상적인 신은 진리·용기·사랑의 조합이며, 그 조합이 개인의 마음에 들어와 활동할 때 미래의 잠재성을 거머쥐고 최고의 현실을 만들 수 있다. 누가 이것을 부정할 수 있을까? 사랑하는 아들에게 곤란한 상황에 부딪히면 겁쟁이처럼 두려움에 떨며 비굴해지라고 가르치는 사람은 없다. 사랑하는 딸에게 세상은 속임수로 돌아가니 편법을 적극 사용하는 걸 높이 사고 본받으라고 가르치는 사람도 없다. 또한 자신이 아끼는 이에게 아픔, 고통,

질서 너머

상해, 재앙을 일으키고자 하는 욕망과 적의로 세상의 존재들을 대하라고 말하는 사람도 없다. 따라서 우리 자신의 행동을 분석해보면, 인간은 선한 길과 악한 길의 차이를 알고 있으며(의식적으로 저항하고 거만한 주장을 늘어놓긴 해도) 선과 악의 존재를 믿는다고 볼 수 있다. 하지만 이게 다가 아니다. 창조한 것이 보기에 좋았다는 신의 말에는 그분의 창조 행위에 진리, 용기, 사랑이 결합되어 있다는 사실이 반영되어 있다. 이렇게 「창세기」의 창조 이야기에는 보편적 윤리가 함축되어 있다. 창조 행위(신의 창조든 인간의 창조든)를 통해 가능성의 영역에서 출현하는 모든 것은, 그 창조의 동기가 좋은 한에서는 반드시 좋다. 나는 모든 철학과 종교를 살펴봐도 다음 주장보다 더 대범한 주장은 없다고 믿는다. "믿고 행동하라. 그것이 진정한 신앙이다."

훨씬 나중에 『신약성경』에 나오는 주장이 있다. 그리스도가 제자들에게 전하는 말인데, 잃어버린 것을 되찾아 인생을 완성하고 더 나아가 존재하는지조차 몰랐던 것을 발견할 가능성에 관한 이야기다.

> 내가 또 너희에게 이르노니 구하라 그러면 너희에게 주실 것이요
> 찾으라 그러면 찾아낼 것이요
> 문을 두드리라 그러면 너희에게 열릴 것이니
> 구하는 이마다 받을 것이요 찾는 이는 찾아낼 것이요
> 두드리는 이에게는 열릴 것이니라.
> 너희 중에 아버지 된 자로서 누가 아들이 생선을 달라 하는데
> 생선 대신에 뱀을 주며 알을 달라 하는데 전갈을 주겠느냐.
> 너희가 악할지라도 좋은 것을 자식에게 줄 줄 알거든

하물며 너희 하늘 아버지께서

구하는 자에게 성령을 주시지 않겠느냐 하시니라.

—「누가복음」11장 9~13절

　무심코 하는 말이 아니다. 천진한 말이 아니다. 불로소득이나 선물을 요구하라는 게 아니다. 하나님은 아무 소원이나 들어주는 존재가 아니다(아마 이 때문에 「마태복음」 4장 7절에서 그리스도가 "또 기록되었으되 주 너의 하나님을 시험하지 말라"라고 했을 것이다). 이 이야기는 '진실로 구함'의 문제다. 소망과 일치하지 않는 것은 남김없이 포기해야 한다. 그러지 않는다면 진실로 구하는 것이 아니기 때문이다. '아, 해야 하는 일을 하지 않고서는 원하는 걸 가질 수 없다니'라며 억울해하는 어린애처럼 굴면 안 된다. 그걸로는 부족하다. 구하고 찾고 두드린다는 건, 미처 끝내지 못한 것으로 돌아가 이제 그걸 끝내기 위해 필요한 모든 일을 한다는 뜻이다. 또한 무엇을 구해야 하는지 안다는 뜻이다. 그것은 신에게서 나올 만한 것이어야 한다. 달리 구할 수 있다면 왜 신에게 구하겠는가?

　잠시 필요한 조건이 모두 갖춰졌다고 상상해보자. 당신 안에는 적절한 순간에 불러내기를 기다리는 가능성이 있고, 당신 바깥에는 당신이 깨닫고 배워야 할 모든 게 있다. 하지만 그걸로는 부족하다. 좋은 것, 나쁜 것, 참을 수 없는 것을 전부 아우르는, 그야말로 모든 것이 필요하다. 어떤 일이 잘되지 않을 때 문제를 분석하고 해결하고 사과하고 뉘우치고 바꿔야 한다는 걸 우리는 잘 안다. 해결하지 않고 내버려둔다고 문제가 정지 상태로 가만히 있는 게 아니다. 히드라처럼 거기서 새로운 머리가 자란다. 한 번의 거짓말, 한 번의 회피는 더 많은 거짓말, 더 많은 회피를 부른다. 한 번의 자기기만은 또 다른 거짓을 불러내 원래의 거짓된 믿음을 보강한다. 파탄이 난 관계를 방치하면 당신의 평판은 엉망이 되고 당신 자신에 대한 믿음도 무너져 더 나은 관계를 새롭게 시작할 가능성을 끌어내린다. 과거의 실수를 인정하고 받아들이려는 의지나 능력을 갖추지 못하면 실수의 원천은 더욱 커진다. 당신을 둘러싼 미지의 세계가 커질수록 그곳에 사는 괴물은 점점 더 포악해진다.

그동안 당신은 점점 더 약해진다. 당신이 될 수 있었던 사람보다 못한 존재가 된다. 당신은 변하지 않기 때문에 변화를 통해 될 수 있었던 사람이 되지 못한다. 뿐만 아니라 그런 외면이 용인될 수 있다는 것을 알았기 때문에 미래에 같은 실수를 저지를 가능성이 커진다. 그 사이 당신이 외면했던 것은 더욱 세력을 키운다. 이런 일은 일회성으로 끝나지 않으며, 긍정적인 피드백 순환과는 거리가 멀다. 따라서 당신이 틀렸다면, 적어도 자기 자신에게는 솔직히 고백하고 후회하고 변해야 한다. 그런 뒤 겸손하게 구하고 찾고 두드려야 한다. 당신은 이 모든 장애물을 극복하고 깨달음에 이를 수 있고, 또 이르러야 한다. 삶의 모든 두려움과 마주할 용기를 끌어모으는 일은 결코 쉽지 않지만 그러지 못했을 때의 결과는 너무 끔찍하다.

혼돈을 질서로 바꾸는 것은 우리의 운명이다. 과거가 무질서했다면 지금까지 남아 있는 혼돈이 우리를 괴롭힌다. 어떤 정보, 중요한 정보는 부정적인 기억과 맞물려 있다. 마치 인격의 일부가 어딘가에 숨어 있다가 감정이 혼란스러워질 때만 나타나는 듯하다. 불쾌하지만 설명할 수 없는 형태로 남겨진 것은 우리의 항해를 이끄는 지도가 어떤 면에서 불충분하다는 사실을 가리킨다. 과거의 고통에서 벗어나고 싶다면 이 부정적인 것을 잘 이해해야 한다. 그래야 암초를 돌아서 미래로 나아갈 수 있다. 이때 치유의 힘은 그저 감정을 표출하는 데서 나오지 않는다. 그 힘은 정교한 인과론을 발전시키는 데서 나온다. 내가 왜 위기에 처했을까? 나를 위험하게 만든 외부 요인은 무엇이었을까? 내가 무엇을 하거나 하지 않고 있었기에 그토록 취약했을까? 부정적인 사건들까지 고려해 상황을 파악하고 이해하려면 내가 따르는 가치의 위계를 어떻게 변화시켜야 할까? 나의 낡은 지도를 얼마나 고통스럽게 많이 찢어내고 태워야 내 모든 경험을 설명해줄 새로운 지도를 만들 수 있을까? 나에게는 없어져야 할 것을 버리고 더 현명한 인격으로 거듭날 수 있다는 믿음이 있을까? 당신의 상당 부분은 당신이 세운 가정으로 이루어져 있다. 그 가정이 당신의 세계를 조직한다. 믿었던 진리('사람들은 기본적으로 선해')에 도전하지 않으면 토대가 흔들리고 벽이 허물어진다. 당신은 씁쓸한 진실을 피하지 않고 똑바로 마주해야 한다. 자기 자신을 지키기 위해서는 현재와 과거를 명확히, 충분히 이해해야 한다. 당신을 끊임없이 괴롭히는 기억이 있는가? 그렇다면 그 고통에서 헤어날 가능성이 당신을 기다리고 있음을 기억하라.

여전히 나를 괴롭히는 기억이 있다면 아주 자세하게 글로 써보라.

질서 너머

관계의 낭만을 유지하기 위해
성실히 계획하고 관리하라

참을 수 없는 데이트

나는 부부 관계 치료사가 아니다. 그래서 문제의 부부가 원하는 것이 결혼 상담이라면 그쪽 전문가를 찾아가라고 한다. 하지만 상담을 진행하면서 한두 번은 내담자의 배우자가 참석해야 할 경우가 있다. 나는 내담자의 요청이 있을 때만 배우자를 상담에 참여시킨다. 내담자가 말하는 주된 문제 중에 결혼 생활의 불만족이 들어 있다면, 둘 중 한 사람과 이야기하는 것은 종종 역효과를 부르기 때문이다. 또한 배우자가 내담자의 치료사인 나를 신뢰하지 못하는 경우가 적지 않으므로, 삼자대면을 해도 문제 해결이 오래 걸릴 수 있다.

부부 상담 전에 나는 관계 개선의 기본 규칙을 내담자와 논의한다. 내담자가 시간을 내어(이를테면 일주일에 4시간을 들여) 서로를 향한 애정을 되살리기로 했다고 생각해보자. 바쁜 일상에 쫓기는 성인이라도 이 정도 시간은 낼 수 있을 것이다(어쩌면 그 이상도 가능할 것이다). 하지만 일주일에 4시간도 내기 어렵다면 훨씬 신중하게 접근할 필요가 있다. 또한 부부 간 관계 개선을 위해 처음으로 노력하는 경우 서툴러서 상황이 의도와 다르게 흐르기 십상이고, 그에 따라 마음이 아프고 화가 나고, 심하면 앙심을 품을 수도 있다. 그런 부정적인 감정이 커지면, 때로는 영원히 관계에 금이 가기도 한다.

세 사람이 함께 첫 상담을 할 때 내담자와 그의 배우자는 이미 소원해진 지 몇 년은 되었다. 그들은 어색한 자리를 마련한 나를 미워한다. 어쩌면 서로를 미워하는 것보다 훨씬 더 많이 미워할지 모른다. 그들은 한 치도 양보하지 않을 기세로 멀찍이 떨어져 팔짱을 끼고 눈을 굴리면서(제발 이러지 않기를. 이건 나쁜 징조다[1]) 앉아 있었다. 나는 두 사람이 마지막으로 낭만적인 행동을 했을 때, 그러니까 마지막으로 밖에서 데이트했을 때가 언제냐고 물었다. 부부는 언제적 얘기냐는 듯 겸연쩍게 웃거나 노골적으로 코웃음쳤다. 그래도 나는 둘이 함께 외출을 하거나 정기적으로 데이트를 하라고 권유했다. 그들에게 첫 번째 제안은 기가 막히고, 두 번째 제안은 몸이 근질거린다. 그 의미는 이럴 것이다. '데이트 같은 건 절대로 안 할 거야. 결혼하기 전에는 했지. 그땐 그럴 만했으니까. 지금은 만나면 싸우기만 하는걸.'

이렇게 화나고 억울하고 못마땅하다는 듯한 반응을 보이면 나는 이렇게 말했다. "두 사람은 지금 다음과 같이 믿고 있어요. 그 누구도 부부로 사는 동안 배우자하고는 데이트하지 않는다, 낭만과 친밀함도 마찬가지다, 그런 건 그냥 포기하고 살아야 한다고요. 하지만 한번 해보면 어떨까요? 좋은 곳에 가서 좋은 시간을 보내는 겁니다. 용기를 내서 팔짱을 끼거나 상대의 무릎에 손을 올려보는 거예요. 두 분은 서로에게 화가 나 있어요. 그럴 이유가 충분히 있을 겁니다. 나는 두 분을 다 만나봤고 왜 그렇게 느끼는지 이해합니다. 하지만 그냥 시도해보세요. 잘해야 한다거나 분노를 내려놓아야 한다거나 좋은 시간을 보내야 한다는 강박관념을 가질 필요는 없어요. 그냥 참기만 하면 됩니다."

두 사람은 비위에 거슬리는 제안을 했다며 화가 난 채로 상담실을 나섰다. 하지만 마지못해 제안을 따르고, 다음번에 와서 이렇게 말했다. "우리가 생각했던 대로였어요. 완벽하게 끔찍한 시간을 보냈죠. 나가기 전에도 싸우고, 나가 있는 동안에도 싸우고, 집에 돌아와서도 싸웠어요. 그런 외출은 두 번 다시 안 할 거예요." 두 사람은 그런 결론에 도달한 것에 자부심까지 느끼는 듯 보였다. 그들은 아마 처음부터 내 제안이 전적으로 무의미하다고 결론지었을 것이다.

나는 이렇게 얘기했다. "그럴 계획이었죠, 그렇죠? 두 분은 앞으로 평생 부부로 살 테니 이번 데이트에 어떤 정성이나 노력도 기울이지 않았을 거예요. 두 분은 이미 사이가 좋지 않았어요. 그래서 즐겁게 외출할 가능성이 조금도 없었습니다. 게다가 유치한 제안을 했다고 짜증까지 났으니, 두 분 다 외출을 망치고 싶었을 겁니다. 그래서 두 분은 그렇게 했어요. 그리고 나서 여생을 함께 사는 동안 서로를 존중하는 대신에 화를 내고 괴롭히겠다고 결심했어요. 하지만 거꾸로 이렇게 생각해보세요. 두 분 다 데이트하는 기술이 없다고 말입니다. 그러니 한 번 시도하는 걸로는 부족하겠죠. 어쩌면 열다섯 번, 또는 마흔 번은 해봐야 할지 몰라요. 요령을 잊어버렸으니 다시 연습을 해야죠. 데이트하는 습관과 서로를 향한 애정도 회복해야 하니까요. 어쩌면 두 분 다 애초에 사랑꾼은 아니었을 수 있고, 설사 과거에 사랑꾼이었다 해도 까마득히 오래된 일이겠죠. 데이트는 큐피드가 공짜로 주는 선물이 아니라, 두 분이 배워야 하는 기술입니다."

당신이 결혼을 했고(또는 그 비슷한 관계에 속해 있고) 일주일에 두 번씩 부부만의 시간을 보낸다고 가정해보자. 물론 어떤 주에는 더 적게 할 수도 있고 어떤 주에는 더 많이 할 수도 있지만, 여기서는 일주일에 두 번이라 치고 계산해보겠다. 그렇다면 1년에 100번이다. 당신의 결혼 생활이 30년은 남았다고 가정해보자. 30 곱하기 100이면 3000번이다. 당신에게 주어진 시간 중에 아주 적은 시간을 내어 당신의 기술, 유혹, 대화, 성생활을 개선하는 데 쓰기가 그렇게 힘들단 말인가? 비참한 데이트를 열다섯 번 한 뒤에 꽤 괜찮은 데이트를 시작할 수 있는데? 3000번 중 열다섯 번이면, 앞으로 당신이 배우자와 함께할 낭만적인 시간의 0.5퍼센트다. 둘 사이가 좋아질 수 있는지를 확인하기 위해서 도전해볼 만한 일 아닌가? 왜 당신은 결혼 생활을 유지하는 것만큼 복잡한 일이 헌신, 연습, 노력을 기울이지 않아도 잘 돌아갈 것이라고 가정하는가?

"첫 데이트는 비참하고 끔찍할 수 있지요. 다시는 하고 싶지 않겠지만 그래도 해야 합니다. 결혼 생활을 끝장내기보다는 되살리는 게 나으니까요. 아마 다음번 데이트는 5퍼센트 나아질 겁니다. 그리고 반복하다 보면 과거에 왜 이 사람과 결혼하고 싶었는지가 잠시라도 떠오를 겁니다. 팔짱을 끼는 것보다 조금 더 짜릿한 걸 해볼 수도 있겠죠. 마음은 차갑게 식고 쭈그러들었지만 그래도 서로를 걱정하고 있다는 작은 신호를 주고받을 수도 있을 겁니다. 그리고 처음에 했던 결혼 서약처럼 당신이 삶을 다할 때까지 배우자를 사랑하고 존중하겠다면, 문제를 바로잡기 위해 시간을 낼 수도 있겠지요."

아마도 부부는 지난 세월을 돌아보면서 그저 흘려보낸 모든 시간뿐 아니라 애정 없는 삶의 허전함·원망·괴로움을 숙고한 뒤, 데이트를 두 번, 세 번, 또는 열 번까지 해보겠다고 동의할 것이다. 그리고 열번째 상담 시간에 두 사람은 미소를 지으며 나타나 나에게 아주 좋은 시간을 보냈다고 말할 것이다. 바로 그때 우리는 사랑과 존경을 유지하고 욕구와 반응을 끌어내려면 어떻게 해야 하는지에 대해 더 진지한 논의에 들어갈 수 있다. 어떻게 해야 상대방에게 오랫동안 신비함을 느낄 수 있을까? 앞으로 3000번 데이트를 하는 동안 좋은 시간을 보내고 이를 유지하기 위해 당신은 의지와 낭만적인 상상력과 장난스러움을 충분히 발휘할 수 있을까? 그러기 위해서 당신은 노력해야 한다.

사람은 정말 깊이를 알 수 없는 수수께끼 같은 존재다. 주의를 기울인다면 우리는 자신이 선택한 사람에게 남아 있는 신비를 계속 재발견하여 처음에 서로 결합하게 한 그 마음을 되살릴 수 있다. 주의를 기울인다면, 편리한 크기의 상자에 상대방을 집어넣고 둘 중 누구라도 그 상자에서 나오면 바로 응징하거나 깊이 들어가 있지 않았다는 이유로 쉽게 경멸하는 일을 피할 수 있다. 만일 운이 좋다면 당신은 처음 상대방에게 끌렸을 때 타오르던 마음의 불꽃, 당신이 지금보다 더 나은 사람이었을 때 당신의 삶을 비추던 불꽃을 되살릴 것이다. 이것이 바로 두 사람이 사랑의 마법에 빠질 때 일어나는 일들이다. 한동안 두 사람은 과거보다 더 좋은 사람이 되고 서로의 그런 모습을 눈으로 보지만, 어느덧 마법은 조용히 사라진다. 대신 두 사람은 그 시절의 경험을 선물로 받는다. 두 사람은 눈을 크게 뜨고 다른 사람에게 보이지 않는 것들을 본다. 사랑은 진실한 관계에서 일어날 수 있는 일을 잠깐 보여준다. 사랑은 운명이 건네주는 선물에서 시작되지만, 그로부터 진실한 관계가 피어올라 지속되려면 엄청난 노력이 요구된다. 이를 이해한 순간 목표는 분명해진다.

관계의 기반

부부 관계의 성적 요소는 종종 결혼 생활의 실상을 보여주지만, 항상 그런 건 아니다. 내가 아는 부부 중에는 개와 고양이처럼 매일 싸우면서도 성생활(적어도 단기적으로는)은 아주 잘하는 부부도 있고, 서로 기질적으로 잘 맞으면서도 성욕을 느끼지 못하는 부부도 있다. 이렇듯 부부 관계는 너무 복잡해서 문제의 원인을 어느 한 요소에서만 찾을 수 없다. 그럼에도 좋은 결혼 생활을 유지하려면 상호 욕구와 상호 보답이 모두 있어야 한다는 말은 충분히 타당하다. 애석하게도 욕구만 따로 떼어 관리할 수는 없다. '우리 성생활을 개선해보자'라는 것은 목표를 달성하기에는 너무나 좁은 해결책이다.

배우자와 낭만을 오랫동안 유지하려면 관계 전반을 아우르는 폭넓은 전략이 있어야 한다. 어떤 전략이든 그 성공은 협상 능력에 달려 있다. 협상을 하려면 당신과 협상 대상자는 먼저 상대가 필요로 하는 것과 원하는 것이 무엇인지를 알아야 하고, 이에 대해 솔직히 터놓고

질서 너머

이야기할 수 있어야 한다. 그런데 당신이 원하거나 필요로 하는 것을 알아내고 논의하는 걸 가로막는 장애물이 많이 있다. 당신이 무엇을 원하는지 알게 되었다는 것은 정확히 언제 그걸 얻지 못하는지도 알 수 있다는 뜻이다. 물론 언제 성공했는지를 알게 된다는 이득도 누릴 것이다. 하지만 당신은 실패할 수도 있다. 당신은 필요한 것과 원하는 것을 얻지 못할까 봐 두려운 나머지 당신의 욕구를 애매하고 불분명하게 남겨둘지 모른다. 하지만 필요한 것과 원하는 것을 분명하게 겨누지 못한다면 그것을 얻을 가능성은 매우 낮다.

당신은 원하는 것을 목표로 삼는 데 문제가 있을 수 있다. 거기에 배우자가 있다면 문제는 더 복잡해진다. 배우자가 당신에 관해 당신보다 더 잘 알고 있을 가능성은 거의 없다(당신의 내밀한 욕구에 관해서는 더욱더 모를 것이다). 당신이 자신의 욕구를 구체적으로 표현하지 못하면 당신의 불행한 배우자는 당신이 무엇을 좋아하고 무엇을 싫어하는지 추측해야 하고, 추측을 잘못했을 때는 어떤 식으로든 응징을 당할 것이다. 게다가 당신이 원할 만한 것과 원하지 않을 만한 것에 관해 당신의 배우자는 틀림없이 오해하고 있을 것이다. 당신은 자기 자신조차 알려고 하지 않은 것을 알아채지 못했다는 이유로 배우자를 적어도 은연중에, 말없이, 무의식적으로 비난할 것이다. 당신은 이렇게 생각할 것이다. '나를 정말로 사랑한다면, 당신은 어떻게 해야 내가 행복해질지 당연히 알고 있을 거야.' 이는 행복한 결혼 생활에 도움이 되는 접근법이 아니다.

이것만으로도 충분히 나쁘지만 또 다른 심각한 문제가 있다. 당신이 스스로 무엇을 원하는지를 알아내 언어의 형태로 상대방에게 알린다면, 그 순간 당신은 그에게 위험한 힘을 부여하게 된다. 당신이 신뢰하는 그 사람은 당신의 욕구를 충족시켜줄 수 있는 위치에 서고, 동시에 당신은 약자의 위치에 선다. 그는 당신이 원하는 것을 내놓지 않거나, 그런 걸 원한다고 창피를 주거나, 다른 방식으로 상처를 줄 수도 있다. 순진한 사람은 모든 사람이 선하고, 어떤 사람도 맹목적인 복수심 때문에든 단지 그러는 게 즐거워서든 남에게 상처와 불행을 줄 동기가 없으며, 특히 나를 사랑하는 사람은 더욱 그럴 리 없다는 망상에 빠져 있다. 하지만 어른이 되어 순진함을 초월한 사람은 자기 자신이나 타인에 의해 상처받고 배신당할 수 있음을 안다. 그러니 왜 누군가를 끌어들여 상처받을 위험을 자초하겠는가? 순진함이 냉소주의로 바뀌는 이유는 그런 배신을 막기 위함이며, 많은 사람이 냉소가 순진함보다 낫다고 진심으로 말한다. 하지만 순진함을 냉소로 대체하는 건 지혜로운 일이 아니다. 신뢰는 냉소를 능가하며, 진정한 신뢰는 순진함이 아니다. 순진하지 않은 사람들 간의 신뢰는 일종의 용기다. 항상 배신의 가능성이 있다는 점을 의식적으로 분명하게 이해하고 있기 때문이다. 이 원리는 친밀한 관계에서 특히 강하게 작용한다. 누군가를 신뢰한다는 것은 당신 자신과 당신의 자유로운 신뢰를 미끼로 내놓아 상대에게 최선의 모습을 끌어내는 것이다. 이는 위험을 감수해야 하는 일이지만, 그렇게 하지 않으면 진실한 친밀감을 형성할 수 없다. 혼자 고투할 때는 힘들기만 한 삶의 문제들을 두 사람이 함께 대화로 극복할 수 있으니 그 정도 희생은 충분히 감내할 만하다.

낭만은 신뢰를 필요로 하며, 신뢰가 깊을수록 낭만도 깊어진다. 하지만 신뢰에는 위험을 무릅쓰고 배우자를 신뢰하는 용기 외에도 필요조건이 따른다. 그중 첫 번째가 진실이다. 거짓말을 하거나 어떤 일이 발각되었을 때 거짓말을 해야 할 행동을 한다면, 자기 자신에 대한 신뢰가 유지되지 못한다. 마찬가지로 배우자가 거짓말을 하거나 행동이나 침묵으로 당신을 배신한다면, 배우자에 대한 신뢰가 유지되지 못한다. 따라서 결혼의 낭만적인 요소를 지켜주는 첫 번째 맹세는 무엇보다도 서로에게 거짓말을 하지 않겠다는 결심이다.

이 결심을 올바르게 실천하면 실질적으로 엄청난 이득이 있다. 당신이 하지 말아야 할 일을 했거나 해야 할 일을 하지 않았을 때가 인생에 한 번쯤은 올 것이다. 그때 당신은 조언과 지지가 필요할 것이다. 바로 그것을 배우자가 제공해줄 수 있다. 그리고 언젠가는 둘 다 그런 상황에 처할 수도 있다. 혼자 살기에 인생은 너무 고되다. 부부 사이에 진실만을 말하고 정직하게 행동하려 노력한다면, 풍랑이 일어 당신의 배가 침몰할 위기를 맞았을 때 배우자에게 기댈 수 있다. 이는 그야말로 삶과 죽음의 문제일 수도 있다. 낭만이 온전히 유지되는 관계에는 진실이 최고 자리에 있어야 한다.

촛불 속의 그리스도

스칸디나비아 혈통을 가진 캐나다인 친구가 있다. 그는 같은 혈통의 캐나다 여성과 결혼했다. 두 사람은 공통 조상을 기리는 뜻에서 스웨덴에서 결혼하기로 했다. 둘 다 그리스도교인이라 종교 예식을 거행했다. 신부와 신랑은 촛불을 높이 든 채로 서약을 교환했다. 나는 그

의식의 의미를 오랫동안 생각했다.

「창세기」 2장 21~22절에 따르면 하나님은 아담의 갈빗대 하나를 취해 이브를 창조했다. 생물학적으로 보면 여성의 몸에서 남성이 태어나는 게 순서일 텐데, 이 수수께끼 같은 이야기에는 그 순서가 완전히 뒤집혀 있다. 또한 이 구절은 신이 만든 최초의 인간인 아담이 암수한몸(절반은 남성, 절반은 여성)이었다가 나중에 양성으로 나뉜 것이라는 신화적 상상을 유발한다. 이는 신이 창조한 통일체가 분리되어 있을 뿐 아니라 양쪽이 서로 결합하기 전에는 불완전하다는 것을 의미한다.[2] 신랑 신부가 함께 초를 들고 있다는 사실은 두 사람이 결합했음을 나타낸다. 이때 높이 들어올린 촛불은 더 높은 어떤 것이 두 사람의 결합을 표현하거나 주관함을 의미한다. 그것은 빛, 하늘의 빛, 어둠 속의 빛, 계시, 깨달음이다. 전구가 발명되기 전에는 주로 양초가 이 목적으로 사용되었다. 흔히 크리스마스트리로 선택하는 상록수는 낙엽송과는 달리 겨울에도 죽지 않기 때문에 우주의 기초가 되는 생명의 나무Tree of Life, 즉 영원한 생명을 상징한다.[3] 그래서 북반구에서는 1년 중 밤이 가장 긴 12월 21일경에 생명의 나무에 불을 밝힌다.[4] 이것이 크리스마스가 그즈음인 이유다. 나무에 불을 밝히는 것은 만인의 구세주가 탄생하여 어둠에서 빛이 영원히 다시 출현했음을 나타낸다.

그리스도는 오래전부터 제2의 (완벽해진) 아담으로 여겨져왔다. 신이 양성을 분리하기 전에 최초의 아담에게 자웅동체성을 부여했다는 견해가 있듯이 그리스도의 정신적 완벽성은 남성적 요소와 여성적 요소가 이상적으로 균형을 이룬 결과라는 견해가 있다(이와 똑같은 개넘이 수백 년 동안 연금술 문헌에 계속 등장했다. 2장 '레비스' 참조).[5] 하나로 합쳐진 개인들이 필사적으로 숨고 피하기를 중단하고, 진실하게 살려고 노력하며, 그들의 결합에서 나오는 빛으로 스스로를 바로잡기란 매우 어렵다. 그래서 두 사람이 영원한 서약을 엄숙하게 맹세하는 것이다. "이제 둘이 아니요 한 몸이니 그러므로 하나님이 짝지어 주신 것을 사람이 나누지 못할지니라"(「마태복음」 19장 6절). 한 사람이 "나는 당신과 결합했다"라는 말로 상대방에게 동의를 구하면, 상대방이 "나 또한 당신과 결합했다"라고 말한다. 이제 두 사람은 불필요한 고통을 미연에 방지하기 위해 자기 자신과 상대방을 변화시켜야 한다. 이때 결혼한 부부가 복종을 맹세해야 하는 상위 원리는 무엇일까? 그 원리는 추상적인 말로 표현된 계시가 아니다. 진실을 생각하고 말하는 것만으로는 부족하다. 부부는 진실을 행동으로 실천해야 한다. 이는 말씀은 육신이 되어야 한다는 오래된 개념과 부합한다.

부부가 된 두 사람은 관념적이기 짝이 없는 질문 하나를 놓고 평생 싸우기도 한다. '결혼을 하면 누가 누구의 부하인가?' 그런 서열 매기기는 한 명이 이기면 한 명이 지는 제로섬 게임이다. 하지만 부부 관계는 둘 중 한 명이 승자가 되거나 공정을 기하기 위해 교대로 승자 자리에 오르는 문제가 돼서는 안 된다. 대신에 부부는 각자가 더 높은 원칙에 복종하기로 약속할 수 있다. 우리는 깨달음과 진리를 추구하는 마음으로 결합했으므로 우리의 두 인격 중 가장 좋은 부분으로 이루어진 이상적인 결합체를 상정하고 이를 결혼 생활의 지배자로 받아들이겠다고 다짐하는 것이다. 인간은 잘못을 잘 저지르는 존재라 최대한 신에 가까운 어떤 것을 받들 필요가 있다. 이것이 촛불 의식의 의미다. 어느 한 사람이 다른 사람을 지배하지 않는다. 두 사람 모두 깨달음의 원리를 따르기로 맹세한다. 그 상황에서는 한 사람이 상대방이 원하는 대로(또는 그 반대로) 행동할 필요가 없다. 대신에 둘 다 가장 바람직한 미래를 지향하기로 하고, 진실만을 말하는 것이 흔들리지 않고 앞으로 나아가는 최고의 길이라는 점에 동의한다. 그 방향과 진실성에 기반해 언어적·비언어적 대화가 이뤄지고, 당사자들이 그 결과를 충실히 이행한다면 변화가 일어난다. 이 높은 원리에 자발적으로 복종할수록 결속력과 회복력이 높아진다.

당신이 이제 막 그런 의식에 참여했다고 상상해보자. 당신의 참여는 무엇을 의미할까? 방금 행동으로 나타낸 그 생각을 **믿는다**는 뜻인가? 한때 한 몸이었다가 분리된 남녀가 다시 결합체를 이루어야 한다고? 당신은 그 생각을 합리적이고 기계론적으로 믿는 대신 극적이고 시적이고 은유적으로 믿을 수 있으며, 그 믿음을 통해 심오한 진실에 이를 수 있다. 당신은 '영혼의 단짝'을 찾고자 하는가? 이 말은 누가 봐도 낭만적 수사지만, 이런 표현이 존재하는 데는 이유가 있다. 아마 당신은 데이트를 할 때 로맨스 영화를 보러 갈 것이다. 그런 영화에서는 남녀 주인공이 영혼의 단짝을 찾는다. 그리고 운이 좋다면 영화를 보는 동안 당신은 '아무렴, 내 곁에 앉아 있는 이 사람이 내겐 영혼의 단짝이지'라고 생각할 것이다. 당신의 데이트 상대도 그걸 바라고 있다면 금상첨화다. 하지만 현실 세계에서는 이뤄지기 힘든, 너무 큰 바람일 수도 있다. 그럼에도 당신의 낭만적인 부분은 영혼의 단짝을 갈망한다.

인간은 본성상 낭만적인 결합을 통해 완전한 삶을 이루기를 자연

질서 너머

스럽게 갈망한다. 그러지 않으면 무언가를 놓치고 있다는 느낌에 사로잡힌다. 당신이 실제로 무언가를 놓치고 있다는 것은 느낌만이 아니라 사실이다. 그렇지 않다면 섹스는 진화하지 않았을 테니 말이다. 최초의 번식은 세포분열에서 시작되었다. 하지만 현재의 몸을 단순히 복제하는 것보다 서로 다른 두 생물이 몸을 합쳐 새로운 개체를 탄생시키는 것이 결함을 제거하는 데 더 유리했다. 우리를 빚어내는 생물학적 과정은 바로 이 진화적 진실에 기초해 발달했다. 우리에게는 인간의 특이성, 인간의 맹점, 인간의 편향이 있다. 그중 일부는 은밀하다. 어떤 것은 당신의 독특한 재능과 불가분의 관계가 있으며, 그에 따른 불이익을 감수하지 않으면 이익을 얻을 수 없다. 당신은 특별한 속성을 가진 특수한 개인이다. 그런 당신이 혼자라면 불가피하게 한쪽으로 치우친다. 이는 최선의 모습과는 거리가 멀다.

오늘날 미성숙하고 순진한 많은 사람이 결혼 제도에 냉소적이지만, 이 제도에는 사람들이 깨닫지 못한 유용한 측면이 있다. 결혼은 일종의 서약이다. 신랑 신부는 남들 앞에서 한목소리로 이렇게 선언한다. "나는 아플 때나 건강할 때나, 가난할 때나 부유할 때나 당신을 떠나지 않겠습니다. 그리고 당신도 나를 떠나지 않을 겁니다." 이는 사실상 다음과 같이 위협하는 말이다. "우리는 어떤 일이 있어도 상대방을 제거하지 않겠습니다." 결혼은 뚜껑이 덮인 쌀통에 갇힌 성난 고양이 두 마리처럼 서로에게 구속되어 있는 것과 같다. 원칙상 탈출은 불가능하다. 그러니 이런 생각을 하는 것도 당연하다. '맙소사, 정말 소름 끼치는 가능성인걸.' 자유를 바란다는 주장에는 사실 영원한 관계라면 다 싫고, 뭔가 책임지는 일은 소름 끼친다는 생각이 숨겨져 있다. 그래서 당신의 한 부분은 탈출할 수 있는 뒷문을 원한다. 뒷문을 내는 것은 편리해 보이며 견디기 힘든 결혼이 있는 것도 사실이지만 극도로 위험한 선택이다. 항상 선택의 여지를 남겨놓았기 때문에 당신은 죽는 날까지 본인이 올바른 결정을 내렸는지 의심에 시달릴 것이다. 이렇게 살고 싶은 사람은 없다. 이론상 최적의 상대를 찾을 확률은 제로에 가깝다. 전 세계에 70억 명의 사람이 있으니 1억 명은 당신에게 좋은 배우자가 될 수 있겠지만, 다 만나볼 시간이 없기 때문이다. **최적의 상대는 찾기보다는 만드는 것이다.** 당신이 이 진실을 모른다면 문제는 심각하다. 게다가 탈출구가 있으면, 둘이 갇힌 그 방에서 충분한 열이 발생하지 않고, 그 결과 두 사람 모두에게 필요한 변화가 일어나지 않는다. 사람이 성숙하고 지혜가 깊어지려면 얼마간 고통이 필요한데, 그 구멍으로 고통이 새나간다.

당신들은 서로 다른 사람이기 때문에 잘 지내지 못하는 게 당연하다. 한쪽이 지배를 묵인하면 적어도 당분간은 수월하게 지낼지 모르나 나중에 복수하려 들 것이다. 당신 둘만 유독 힘든 것이 아니다. 사실 모든 사람이 다 다르기 때문에 다른 사람과 결혼했어도 마찬가지다. 한 걸음 더 나아가 당신들은 결점투성이다. 이게 다가 아니다. 제아무리 선의와 덕성으로 무장한 사람이라 해도 결혼 생활에 갇혀 있으면 지루하게 반복되는 하루하루가 비극적이고 끔찍하게 느껴진다. 인생에는 믿기 어려울 만큼 힘든 순간이 반드시 찾아온다. 그래서 인생은 참으로 고단하다. 어떤 때는 정신을 차리고 멋지게 이겨낸다 해도, 잔인한 순간은 거듭 찾아오며 순간으로 끝나지 않기도 한다. 두 사람이 함께하면 인생이 더 나을 수 있지만(지금까지 말했듯, 그게 우리의 희망이자 가능성이다) 둘이 있어도 힘든 순간은 여지없이 찾아온다. 따라서 부부는 이렇게 힘든 인생을 함께 헤쳐나가기 위해 서로의 차이를 극복하고 진정한 동의, 진실한 합의를 만들어가야 한다. 선의를 갖고 끊임없이 협상하면서 평화롭고 생산적으로 지내야 한다. 만일 그러지 못한다면? 앞으로 60년 동안 서로의 목을 조일 것이다.

나는 임상심리학자로 일하는 동안 그런 상황에 놓인 가족을 숱하게 봐왔다. 다섯 사람이 원 안에 있고 각 사람이 자기 앞에 있는 사람의 목에 손을 올려두었다고 상상해보자. 몇십 년 후에는 다섯 사람 모두 상대방의 목숨이 끊어질 정도로 힘을 주고 있다. 이는 자신의 속내를 털어놓지 않고 타협을 거부한 결과다. 사람들은 아마 오랜 시간에 걸쳐 소리 없이 외쳤을 것이다. "난 당신을 죽이겠어. 평생토록." 아마 당신은 가족 중 서서히 숨통을 조이고 싶은 사람이 있을지 모른다. 또는 가족 중에 당신에게 그렇게 하고 있는 사람이 있을 수도 있다. 아닐 수도 있고 제발 아니길 바라지만(알면서도 선뜻 인정하지 않을 수도 있다), 충분히 흔한 일이다. 당신이 배우자와 타협하지 않을 때 당신이 처할 상황이다. 사회적 존재에게는 기본적으로 세 가지 상황이 있다. 폭정(하고 싶은 대로 한다), 노예(상대방이 원하는 대로 한다), 협상이 그것이다. 폭정은 지배당하는 사람에게 분명히 안 좋지만 폭군에게도 좋지 않다. 폭군에게는 왕으로서의 고상함은 없고 냉소, 잔인성, 무절제한 분노와 충동만 있기 때문이다. 노예는 비참하고 불행하고 원통하다. 노예는 손에 넣을 수 있는 모든 수단을 동원하여 폭군에게 복수하려 하고, 폭군은 온갖 저주와 상해에 시달리는 신세가 된다. 상대에게 방망이를 휘둘러서 최선을 끌어내기는 쉽지 않다. 특히 좋은 일을 하려고 할 때는 더욱 어렵다(폭정은 의지를 꺾는다). 그런데도 폭군이 되고 싶다면 이것을 기억해라. 노예는 비록 하찮것없고 의미 없는 복수일지라도 기회가 오면 반드시 감행할 것이다.

일전에 아내에게 끔찍한 이야기를 들었다. 말기 환자 병동에서 봉사를 할 때 어느 부부를 보았다고 한다. 아내는 죽어가는 남편의 손톱을 깎아주고 있었다. 그런데 너무 짧게 자르고 있었다. 톡톡 소리가 날 때마다 생살에 상처가 생겨 피가 났다. 그런 일을 목격할 때 현명한 사람은 끔찍한 진실을 깨닫는다. '저기서 무슨 일이 벌어지고 있는지 **정확히** 알 것 같아.' 그것은 바로 부정직하고 잔인한 관계의 마지막 단계다. 이 끔찍한 진실은 미묘해서 살인처럼 소란스럽게 드러나지 않는다. 죽어가는 남편과 어떤 이유에서인지는 몰라도 그의 죽음을 조금 더 비참하게 만들기로 작정한 아내(비록 그 상황에서 둘 다 모른 척하기 위해 최대한 노력하고 있을 테지만) 그리고 그들을 바라보는 목격자를 제외하고는 아무도 모른다. 이런 상황은 바람직한 결과가 아니다. 누구도 그런 상황 또는 조금이라도 그와 비슷한 상황에 이르기를 바라지 않는다. 우리는 협상을 원한다. 그렇다면 '우리가 그토록 절박하게 협상에 임하려는 이유는 과연 무엇일까?' 이 문제는 낭만적인 결혼 생활을 원한다면 반드시 풀어야 할 수수께끼 중 하나다.

협상, 폭정, 노예

협상은 무척 어렵다. 이미 살펴봤듯이 협상을 하려면 자신이 무엇을 원하는지를 확인하고, 용기를 내어 상대방에게 정확히 말해야 한다. 그런데 사람들은 요령을 부려 협상을 피하기도 한다. 어려운 상황에서 당신은 배우자에게 뭘 원하는지 물어볼 것이다. 이때 흔히 돌아오는 대답이 "잘 모르겠어"다. 이는 아이들, 특히 사춘기 아이들에게서 자주 듣는 말이다. 하지만 서로에게 성실할 것을 맹세한 두 사람의 대화에서는 용납될 수 없다. "잘 모르겠어"는 그 말을 하는 사람이 정말 그게 뭔지 몰라서 하는 말일 수 있지만, 대개는 다음과 같은 뜻을 가리킨다. '이 문제에 대해서는 말하고 싶지 않아. 그러니 나 좀 혼자 있게 내버려둬.' 이런 반응은 종종 노골적인 짜증이나 화를 동반하여 질문자의 입을 다물게 한다. 그러면 대화가 이루어지지 않는 상태가 무한정 지속되기도 한다. 아마 이런 일이 한두 번 또는 열 번쯤 되풀이되면 당신은 배우자의 거부 반응에 신물이 날 것이다. 그리고 더 이상 비겁하게 피하지 않기로, 더 이상 배우자를 안쓰럽게 보지 않기로 마음먹고서 "잘 모르겠어"를 대답으로 받아들이지 않는다. 그래서 당신은 끈질기게 추궁한다. "그럼 추측이라도 해봐, 테이블 위에 뭔가를 꺼내 보라고, 제발. 그게 뭐든 괜찮아. 틀려도 돼. 최소한 출발점은 되잖아." "잘 모르겠어"는 '나 좀 혼자 있게 내버려둬'만을 의미하지 않는다. 그 말은 종종 '그렇게 똑똑하면 저리 가서 뭐가 문제인지 좀 생각해봐. 그런 뒤 다시 얘기해. 그게 나을 거 같아'라는 뜻이거나, '내가 스스로 뭘 원하는지 알고 싶지도 않고 알 의지도 없다는데, 이렇게 간섭하다니 참을 수 없이 무례하군. 당신 때문에 내 문제를 조용히 생각해볼 수가 없어'라는 뜻이다. 하지만 당신의 태도는 무례하지 않을 뿐더러 설령 무례하더라도 당신은 당신의 배우자가 무엇을 원하는지 알아내야 한다(당신의 배우자도 마찬가지다). 대화를 하지 않으면 도대체 어떻게 알아내겠는가? 그것은 무례한 게 아니라 사랑의 잔인한 손길이다.

그런 상황에서 고집을 꺾지 않는 건 수술처럼 끔찍하지만 꼭 필요한 일이다. 당신은 두렵고 힘들고 괴로울 것이다. 배우자에게 저리 꺼지라는 말, 아니 그보다 심한 말을 듣고도 대화를 계속한다는 건 용기를 넘어서 무모함이 필요한 일이다. 하지만 그건 좋은 일이고, 존경할 만한 행동이다. 말하고 싶지 않은 어떤 이유로 괴로워하는 사람은 그 문제에 대해 두 가지 마음을 갖고 있을 가능성이 매우 높기 때문이다. 한편으로는 화를 내며 회피하고 싶어 하지만, 다른 한편에서는 대화를 통해 문제를 해결하고 싶어 한다. 하지만 대화를 통해 문제를 해결하는 일은 인지적으로 부담스럽고, 도덕적으로 까다롭고, 정서적으로 스트레스가 따른다. 그 밖에도 신뢰가 필요한데, 사람들은 버럭 화를 내어 신뢰를 시험한다. 감히 누군가가 내 민감한 문제에 접근하려고 할 때, 그가 내 마음속 장벽을 하나든 둘이든 셋이든 열이든 모두 뛰어넘어 사태의 끔찍한 밑바닥까지 이해할 정도로 충분한 애정을 갖고 있는지 확인하는 것이다.

또 다른 심각한 장애물은 눈물이다. 많은 사람이 눈물의 의미를 슬픔으로 인한 고통으로 잘못 이해한다. 특히 마음씨 고운 사람들은 눈물을 보면 잘못된 연민을 느껴 사고 기능이 정지된다. (왜 잘못된 연민일까? 운다고 내버려두면 고통은 곧 멈추더라도 문제의 해결은 요원하기 때문이다.) 하지만 눈물은 슬픔이나 고통이기도 하지만 그에 못지않게 (때로는 더욱 빈번하게) 노여움이다. 당신이 추궁하며 벽으로 몰고 있는 사람이 눈물을 흘리는 동시에 얼굴이 빨개진다면, 그 사람은 지금 아픔을 느끼는 게 아니라 화를 내는 중이다(반드시 그런 건 아니지만 꽤 일반적인 징표다). 눈물은 효과적인 방어기제다. 상대의 눈물을 이겨 내려면 마음이 돌덩이 같아야 하기 때문이다. 하지만 눈물은 회피의 최후 방어선일 때가 많아 눈물을 돌파하면 진정한 대화에 이를 수 있 다. 하지만 노여움(첫 번째 방어선)으로 발생하는 모욕과 상처, 눈물(두 번째 방어선)이 유발하는 연민과 동정심에 흔들리지 않으려면 마음을 단단히 먹어야 한다. 당신은 장기적인 이익을 위해 자신의 숨겨진 본 성(완고함, 가혹함, 냉정함)을 끌어낼 필요가 있다. '친절하다'는 '옳다' 가 될 수 없음을 명심하라.

앞서 얘기했듯이 협상, 폭정, 노예라는 선택지가 있다. 셋 중에 협 상이 가장 덜 무섭지만 가장 어려운 일이다. 지금 당장은 결전을 벌여 야 하고, 얼마나 깊이 파고들어야 할지 얼마나 많은 상처를 도려내야 할지 아무도 모르기 때문이다. 당신이 지금 싸우고 있는 대상은 알코 올의존자 남편에게 학대당한 아내의 할머니가 남긴 그림자일 수 있 다. 치유되지 않은 학대의 상처와 남녀 간 불신의 결과가 몇 세대가 지난 지금까지 메아리처럼 울려퍼지고 있는 것이다. 아이는 모방의 천재다. 아이들은 언어를 사용하기 한참 전에도 많은 것을 은연중에 배우고, 좋은 것과 함께 나쁜 것을 모방한다. "아비의 죄악을 자식에 게 갚아 삼사대까지 이르게 하리라"(「민수기」 14장 18절)라고 한 것도 이런 이유에서다.

물론 우리는 희망에 이끌려 협상의 고통을 감내하지만, 희망 하나 로는 충분하지 않다. 희망과 함께 절박함이 필요하다. 이때 "죽음이 우리를 갈라놓을 때까지"라는 구절이 유익하다. 이 말을 진지하게 받아들여라(진지하지 않다면 당신은 아직 어린애다). 당신네 두 사람은 좋든 싫든 떨어질 수 없는 사이다. 이 맹세의 핵심은 서로를 구원해줄 수 있는 건 둘뿐이라는 점, 두 사람이 함께해야 이 지상에서 구원에 가장 가까이 다가갈 수 있다는 점이다. 건강만 버텨준다면 당신은 앞으로 60년 동안 약속의 땅을 찾아 사막을 건너는 모세처럼 모래밭 길을 걸을 것이다. 평화가 오기까지 산더미처럼 쌓인 문제를 하나도 빠짐없이 해결해야 할 것이다. 그래서 결혼을 했으면 진정한 어른이 되어 마치 당신의 목숨, 아니 영혼을 걸고 평화를 위해 전력을 다해야 한다(평화를 이루지 못하면 비참할 정도로 고생한다). 때로는 회피·노여움·눈물에 기대고 싶고, 이 모든 것을 피해 이혼이라는 뒷문으로 빠져나가고 싶을지 모른다. 하지만 당신이 화를 내고 울다가 결국 헤어진다면 실패는 당신을 유령처럼 따라다닐 것이다. 당신의 고질적인 문제는 그대로이고 협상 기술은 여전히 형편없을 테니, 다음에 새롭게 시작한 관계에서도 실패는 불 보듯 뻔하다.

마음 한구석에 탈출 가능성을 숨겨둔 사람들이 있다. 이 사람들은 영원하겠다는 약속을 피할 수 있지만 변화를 이룰 수는 없다. 변화는 긁어모을 수 있는 모든 노력을 요구하기 때문이다. 하지만 어려움을 극복하고 협상을 성사시키고 나면 멋진 미래와 성공이 따라온다. **행복한 결혼 생활을 이루고 유지하는 삶** 말이다. 이렇게 역경을 딛고 마침내 달성한 평화로운 결혼 생활은 피부로 느낄 수 있는 값진 성취지만 쉽지 않아서 자주 보기 힘들다. 인생에 그 정도로 큰 성취를 꼽자면 네 가지가 될 것이다. 노력해서 견실한 결혼 생활을 이뤘다면, 이것이 **첫 번째** 성취다. 그때 우리는 아이를 낳아 키울 수 있는 튼튼하고 안정적인 집, 정직하고 즐거운 가정을 세울 수 있다. 이제 당신이 아이를 낳았다면, 이것이 **두 번째** 성취. 당신은 최선을 다해야 할 더 큰 책임을 안게 된다. 당신이 운이 좋고 신중하다면, 아이들은 훌륭하게 잘 자란다. 아이들이 다 크고 나면, 당신의 손자 손녀들이 그 빈자리를 새롭게 채운다. 우리는 마치 서른 살에 죽을 것처럼 살아가지만 실제로는 아주 오래 산다. 그럼에도 인생은 순식간에 지나가는 법이다. 따라서 다른 사람들이 하듯 결혼도 하고, 아이도 낳고, 손주도 안으며 인생의 절반 이상을 차지하는 고통과 아픔을 겪어보는 편이 바람직하다. 그것들을 놓치면 인생은 아주 위험해진다.

지혜롭지 못한 데다 냉소주의에 물든 젊은이들은 단정적으로(심지어 자랑스럽게) 이렇게 말한다. "난 아이를 갖고 싶지 않아." 열아홉 살 때 많은 젊은이가 그렇게 말한다. 어떤 면에서는 충분히 이해할 수 있다. 그들은 열아홉 살이고, 시간이 있기 때문이다. 솔직히 열아홉 살짜리가 뭘 알겠는가? 그리고 스물일곱 살이 되었을 때도 많지는 않지만 그렇게 말하는 사람이 있다. 특히 자기 자신에게 솔직하지 못한 여성이 그런 편이다. 그리고 마흔다섯 살이 되어 과거 시제로 그렇게 말하는 사람이 있다. 그들 중 일부는 진심일지 몰라도, 대부분은 소가 뛰쳐나간 뒤에 외양간 문을 닫으며 자신을 다독이는 중이다. 아무도 아이를 갖는 문제에 대해 진실을 말하지 못한다. 젊은 여성들이 진정으로 원하는 것이 무엇인지에 관해 우리는 그들에게 거짓말을 하고 있다. 그러나 그 사실을 대놓고 말하는 것은 지금 우리 문화에서 금기시되고 있다. 대신 인생의 주된 만족은 경력에서 찾아야 한다(이런 경우는 흔치 않다. 사람은 대부분 경력이 아니라 직장을 가지고 있을 뿐이다)는 참으로 이상한 주장이 퍼져 있다. 하지만 임상에서나 대학에서나 내가 경험한 바에 따르면, 스물아홉, 서른다섯, 심지어 마흔이 될 때까지도 아이를 낳는 데 따르는 희생은 그 무엇도 치르지 않겠다고 고집하는 여성은 흔치 않았다. 개인의 특출함이나 재능, 교육 수준, 자기계발, 부모의 바람, 치기 어린 망상, 문화적 세뇌와 상관없이 말이다.

정말 말리고 싶은 불행한 길이 하나 있다. 이 책을 읽는 여성들이 귀 기울이기 바란다(현명한 남자친구와 남편도 똑같이 주목하라). 바로 스물아홉 살이나 서른 살에 아이를 갖겠다고 결심한 뒤 아이를 갖지 못하는 것이다. 이런 결심은 정말 권하고 싶지 않다. 좌절감을 회복할 수가 없다. 아이를 가질지 말지를 선택할 수 있다는 생각은 대단한 착각이다. 어리고 현명함이 부족할 때 사람들은 '임신은 당연한 거 아냐?'라고 생각한다. 이런 생각은 당신이 아이를 절대 원해서도, 낳아서도 안 되는 경우, 그러니까 열다섯 살에 자동차 뒷좌석에서 섹스를 할 때에만 옳다. 계속 그렇게 생각하면 반드시 곤경에 빠진다. 임신은 원한다고 해서 누구나 될 수 있는 일이 아니다. 많은 사람이 임신 계획을 최대한 늦추려고 한다. 주변에서도 그렇게 하라고 격려한다. 하지만 30퍼센트에 달하는 부부가 임신에 어려움을 겪는다.[6]

이처럼 인생이 허락하는 것과 허락지 않는 것에 대해 부주의한 경우는 또 있다. 어떤 사람은 결혼 생활에 권태를 느끼고서 혼외정사로 욕구불만을 해결할 수 있다는 망상을 품기 시작한다. 그 방법을 고려하거나 이미 채택한 내담자에게 나는 현실을 직시하라고 조언한다.

질서 너머

"장기적으로 생각해보세요. 이번 주나 이번 달만 생각하지 말고요. 당신은 50세입니다. 저쪽은 스물네 살이고, 마음만 먹으면 당신의 결혼을 깨뜨릴 수 있습니다. 그 여잔 어떻게 생각하죠? 어떤 사람이죠? 뭘 알고 있죠?" "글쎄요, 아무튼 정말로 끌리긴 합니다." "그렇겠죠. 하지만 그녀에겐 성격 장애가 있어요. 그것도 심각하죠. 당신과 도대체 뭘 하려는 건가요? 왜 이 결혼을 깨뜨리려는 걸까요?" "그녀는 내가 기혼이라는 걸 신경 쓰지 않아요." "아, 그런가요? 그렇다면 그녀는 누군가와 제대로 된 관계를 원하지 않는 겁니다. 장기적으로 꾸준하게 말이죠. 당장은 당신에게도 그게 좋을 테죠, 그렇죠? 하지만 생각해보세요. 당신은 아내에게 잘못하고 있어요. 비밀을 유지하려면 거짓말도 무수히 해야 할 테죠. 당신에겐 아이들도 있습니다. 나중에 아이들이 알고 뭐라고 할까요? 법정에서 10년 동안 겪을 일도 생각해보세요. 30만 달러에 이르는 소송 비용과 양육권 분쟁에 들어갈 그 모든 시간과 에너지까지요."

양육권 분쟁에 휘말린 사람들이 질색을 하고서 차라리 암에 걸리는 편이 낫다고 말하는 걸 나는 여러 번 보았다. 법원에 발목이 잡히면, 농담이 아니고 정말 수시로 죽고 싶을 것이다. 바로 이것이 당신이 '불륜'을 저지른 결과다. 하지만 당신이 착각하는 훨씬 더 심각한 문제가 있다. 결혼 생활을 하는 동안 진짜 어려운 일들을 함께 겪는 과정에서 당신은 배우자의 최악의 모습을 자주 본다. 반면 불륜 상대하고는 좋은 것만 느낀다. 책임감을 느끼지 않고, 비싼 레스토랑에 가고, 밤을 짜릿하게 보내고, 정성스럽게 준비된 낭만적인 시간을 향유할 수 있으니까. 그리고 배우자가 현실적인 문제를 해결하느라 고투

하는 동안 자신은 그곳에서 해방된 듯한 꿈같은 기분을 만끽할 수 있으니까. 하지만 누군가와 불륜 관계에 있다고 해서 그 사람과 인생을 함께하는 건 아니다. 불륜은 끝없이 디저트를 먹는데, 디저트 위에 올린 크림만 떠서 게걸스럽게 먹는 것과 같다. 당신과 불륜 상대는 최고의 모습을 하고 만난다. 지금 당신을 막는 장애물은 없다. 머릿속에는 오로지 섹스만 있다. 하지만 그 관계가 조금이라도 지속적인 관계로 변하는 순간, 대부분은 결혼 생활을 망치고 만다. 불륜은 누구에게도 도움이 되지 않을뿐더러 주변 사람들에게 잔인한 상처만 남긴다. 특히 아이들, 당신이 가장 헌신해야 할 어린 존재들에게 더욱 잔인하다.

　결혼과 가족이 무조건 옳다고 단정하려는 건 아니다. 모든 사회제도가 모든 사람에게 최선일 수는 없다. 가끔 우리는 병적으로 폭력적인 사람, 구제 불능의 타고난 거짓말쟁이, 범죄자, 알코올의존자, 가학성애자와 결혼한다(어쩌면 이 다섯 가지 모두에 해당하는 사람일 수도 있다). 그럴 때는 '탈출'해야 한다. 그건 뒷문으로 도망치는 게 아니다. 이와 같은 허리케인급 재난 상황에서는 그 경로에서 벗어나야 한다. 당신은 상대에게 이렇게 말하고 싶을지 모른다. "그렇다면 우리 결혼하지 말고 함께 살면 어떨까? 서로 한번 시험해보는 거야. 그게 합리적이지 않겠어?" 하지만 서로에게 헌신하지 않고 누군가를 받아들여 함께 산다는 건 정확히 무엇을 의미할까? 자동차를 살 때 시험 운행하는 것처럼 결혼하기 전에 살아봐야 하지 않겠느냐고 변명하지 말고 현실적으로 냉정하게 평가해보자. 그러면 그 의미는 다음과 같을 것이다. '지금 당장은 당신이 만족스러워. 그리고 당신도 나에게 그렇게 느끼는 것 같아. 우린 바로 결혼할 수도 있을 거야. 하지만 세상의 관습은 신경 쓰지 말고, 언제든 더 좋은 상대가 있으면 바꿀 권리를 계속 남겨두자.' 만일 이것이 동거의 의미로 충분히 명확하지 않다고 생각한다면, 더 그럴듯한 이유를 찾아보기 바란다.

혹자는 이렇게 말할지 모른다. "이보시오, 선생. 아주 냉소적이시 군." 그렇다면 나라는 개인의 견해를 잠시 밀어두고 통계를 살펴보 면 어떨까? 결혼을 하지 않고 동거만 하는 남녀(형식적인 것만 제외하 고 모든 면에서 결혼한 남녀)가 헤어지는 비율은 결혼한 부부의 이혼율 보다 상당히 높다.[7] 게다가 동거하다가 결혼을 한 경우 이혼할 확률은 애초에 동거하지 않고 결혼했을 때 이혼할 확률보다 낮기는커녕 훨 씬 높다.[8] 그러니 서로를 시험한다는 생각은 유혹적인 말이지만, 도움 이 되지 않는다.

동거가 아무 도움이 안 된다는 사실만큼, 아니 그보다 더 중요한 사 실이 있다. 기질상 이혼할 가능성이 큰 사람들은 결혼 전이나 결혼하 지 않은 채 동거할 가능성이 크다. 둘의 인과 관계를 밝히기란 간단한 일이 아니지만, 사실 중요하지 않다. 영원히 헌신하겠다는 약속을 진 지하게 고려한 뒤 사람들 앞에서 선언하고 의식을 통해 확정하지 않 고 동거를 하는 사람들이 견실한 결혼 생활을 할 수 없는 건 당연하 다. 좋을 것도 전혀 없는데, 특히 아이들에게 그렇다. 아이들은 외부 모(일반적으로 아버지가 없는) 가정에서 자랄 때 훨씬 더 불리하다.[9] 따 라서 나는 동거를 정당한 사회적 대안으로 보지 않는다. 나는 동거를 가리켜, 아내가 나와 결혼하기 전에 누군가와 함께 산 것이라고 말한 다. 이 점에서는 나 역시 결백하지 않지만, 그건 내가 잘했다는 뜻이 아니다. 그 밖에도 결코 사소하지 않은 문제가 하나 더 있다. 친밀한 관계를 잘 유지하고 발전시킬 기회는 인생에 몇 번 오지 않는다. 인연이 될 수 있는 사람을 만나기까지 대략 2~3년이 걸리고, 그 사람이 정말 내가 생각했던 사람인지를 확인하기까지 다시 2~3년이 걸린다. 그러면 5년이다. 지금 나이가 몇 살이든 당신은 생각보다 훨씬 빨리 나이를 먹는다. 그리고 가족이 있어야 할 수 있는 일(결혼, 아이 등)은 대부분 대략 20세에서 35세 사이에 몰려 있다. 그렇다면 5년 터울로 좋은 기회가 몇 번 오겠는가? 세 번, 운이 좋으면 네 번이다.

이 말은 기다릴수록 선택지가 늘어나지 않고 줄어든다는 뜻이다. 당신이 배우자를 잃고 혼자가 되어 마흔 살이나 마흔다섯 살에 이성을 사귀어야 한다면, 그건 어쩔 수가 없다. 당신은 슬픈 일을 겪었고, 그게 당신의 인생이다. 나는 그런 친구들을 지켜보았는데, 가까운 사람에게 무심코라도 빌어줄 만한 운명은 아니었다. 계속해서 다음과 같이 생각해보자. 16세에서 18세 사이의 모든 아이에게는 많은 공통점이 있다. 이들은 아직 무르익지 않았다. 다시 말해서 재료가 굳지 않았다. 이 말은 모욕이 아니라 사실이다. 대학에 가서 룸메이트와 한 학기 만에 평생 친구가 될 수 있는 것도(이건 냉소가 아니다) 그런 이유에서다. 하지만 40대 중반이 되면, 당신은 나름대로 고유하고 독특한 사람이 된다. 내가 그 무렵에 만나 10년 동안 알고 지낸 사람들은 여전히 새로운 사람처럼 느껴진다. 이는 나이가 들수록 복잡해지는 삶의 자연스러운 작용이다. 그리고 이는 단순한 친교이지 인생을 함께하고 심지어 두 가족이 결합하는 사랑은 아니다.

그래서 당신은 결혼을 하고 아이를 낳는다. 그리고 가정의 평화를 위해 협상하고 기꺼이 희생을 감수한다. 그러지 못했을 때 지옥이 펼

처진다는 것을 충분히 알고 있기 때문이다. 자신의 일 또는 직장에 임하는 태도도 더욱 단단해진다. 이것이 당신이 이룰 수 있는 네 가지 성취 중 **세 번째**다(행운이 따르고 강인한 정신을 갖췄다면, 눈 깜짝할 새에 이루리라). 가장 친밀하고 사적인 관계에서 생산적인 조화를 이루면서 얻은 지혜의 일부가 일하는 공간에서도 발휘되면서 당신은 존경받는 멘토, 도움이 되는 동료, 믿음직스러운 부하로 인정받는다. 또한 당신은 동네를 엉망으로 만드는 대신 더 살기 좋은 곳으로 만든다. 만일 모든 사람이 이렇게 한다면 세계는 훨씬 덜 비극적이고 덜 불행한 곳이 될 것이다. 또는 확연히 더 좋은 곳이 될지도 모른다. 또한 당신은 가정과 직장 바깥에서 보내는 여가 시간을 의미 있고 생산적인 활동을 하는 데 쓸 것이다. 이것이 네 가지 성취 중 **네 번째**이며, 다른 성취와 마찬가지로 더 커질 수 있다. 당신은 협상과 희생에 더 능숙해져서 점점 더 어려운 문제들을 해결해나갈 테고, 마침내 자신만의 방식으로 인류의 정신에 이바지할 것이다. 그것이 인생이다.

결혼 생활로 되돌아가보자. 어떻게 하면 당신의 부부 관계에서 낭만을 유지할 수 있을까? 먼저, 다음 문제를 결정해야 한다. "나는 내 인생에서 낭만을 원하는가?" 소원해진 배우자와 앞으로 잘 지낼 일은 없을 거라고 단정하지 말고, 잠깐만 마음을 누그러뜨리고 차분히 생각해보자. 대부분은 "네"라고 답할 것이다. 이성 간의 낭만이란 신의 손길 안에서 우리가 경험할 수 있는 모험, 기쁨, 친밀함, 짜릿함이다. 당신은 그런 낭만을 원한다. 삶의 기쁨은 드물고 귀하니, 정당한 이유 없이 낭만을 저버리고 싶지는 않을 것이다. 어떻게 하면 낭만을 차지할 수 있을까? 운이 따른다면 당신과 당신이 좋아하는 사람 사이에서 그 일이 일어날 것이다. 운이 더 좋고 충분히 노력한다면, 당신과 당신이 사랑하는 사람 사이에서 그 일이 일어날 것이다. 하지만 쉽지 않다. 어떤 사람과 가정을 꾸렸다면, 당신은 '좋아함'과 '사랑함'을 함께 유지하기 위해 무수히 많은 협상을 벌여야 한다.

가사 관리

현실적인 문제 몇 가지를 고려해보자. 이 문제들은 낭만이라는 주제와 동떨어진 것처럼 보이지만 살펴볼 필요가 있다. 오늘날 우리는 과거의 전통적인 성 역할을 초월 또는 분실했지만, 그 대안을 찾지 못했기 때문이다. 과거(피임약을 발명하기 전)에 남자는 남자 일을 하고 여자는 여자 일을 했다. 그 일이 무엇이든 말이다. 전통적인 역할 분담은 현대인이 생각하는 것보다 훨씬 더 유용하다. 현대인은 자유와 선택을 지나치게 용인한다. 지금보다 느리게 변했던 사회에서는 모든 사람이 각자에게 주어진 의무를 알고 있었다. 물론 사람들 간 긴장이 있었지만(어떤 것도 그 긴장 상태를 완전히 제거하지는 못한다), 적어도 어떤 틀이 있었다. 당신이 누군가와 함께 살 때 각자가 해야 할 일을 정하는 틀이 없다면 매번 싸워서 이기거나 협상을 해야 한다. 협상에 능하면 좋겠지만 애석하게도 그런 사람은 드물다.

　당신이 사랑하고 좋아하는 사람과 앞으로도 계속 좋은 감정을 유지하면서 평화로운 가정을 이루고 싶다면 누가 무엇을 할지 확실하게 정해야 한다. 그것이 성 역할을 대신한다. 누가 침대를 정돈할까?

그 일을 언제 할까? 얼마나 완벽하게 정돈해야 둘 다 만족할까? 그런데 이 기준이 확실하지 않으면 대화는 금세 거칠어진다. "침대 정돈했어." "글쎄, 잘된 것 같진 않은데?" "당신에겐 모든 게 부족해 보이지. 내가 침대 정돈을 잘 못하는 것 같으면 그만둘게. 앞으론 당신이 해!" "그게 아니라 당신이 기준을 조금 높여야지. 침대 정돈만이 아니라!" 이 문제가 해결되기까지는 며칠이 걸릴 수 있다. 침대를 정돈하는 문제 하나를 해결했다 해도, 하루를 시작하고 첫 10분간의 평화만 이룩했을 뿐이다. 게다가 그 밖에도 해결해야 할 문제가 많다 보니 침대 문제는 나중으로 미뤄질 수도 있다. 어쩌면 앞으로 60년 동안 침대를 정돈하는 문제는 미해결 상태로 남아 있을 수 있다. 하지만 침대 문제가 해결되지 않으면 1년 365일, 하루가 시작될 때마다 문제가 되고, 아침에 눈을 뜨거나 침실에 들어갈 때마다 적어도 마음속으로는 화가 치밀 것이다. 그리고 다른 일들이 삐거덕거리기 시작할 것이다. 여기에는 좋은 게 하나도 없다.

누구의 경력을 우선시할 것인가? 언제 그리고 왜인가? 아이들 교육과 훈육은 어떻게 시키고, 누구에게 맡길 것인가? 청소는 누가 할까? 식탁은 누가 차릴까? 쓰레기 내놓는 일은? 욕실 청소는? 은행 계좌는 어떻게 개설하고 관리할까? 장보기는 누가 할까? 옷 구입은? 가구 구입은? 누가 무슨 비용을 책임질까? 세금은 누가 처리해야 할까? 기타 등등, 기타 등등, 기타 등등. 가정을 제대로 운영하려면 200가지 일을 처리해야 한다. 회사 운영 못지않게 복잡할뿐더러 가족과 함께 관리하는 회사라 어려움이 가중된다. 물론 대부분의 일이 매일 되풀이된다. 인생은 결국 일상의 반복 아닌가. 당신은 그 많은 책임을 하나 하나 놓고 협상을 하거나 영원히 밀고 당기기를 하면서 고집과 침묵과 적당한 '협조'를 무기 삼아 조용히 싸워나가야 한다. 이런 태도는 낭만적인 상황을 만드는 데 전혀 도움이 되지 않는다. 결론을 말하자면, 모든 가사 관리는 확실한 토대 위에 놓여야 한다.

가사 관리는 놀라우리만치 해결하기 어려운 문제다. 두 사람 사이에 수많은 책임을 위계화하여 의식적으로 분류해야 하기 때문이다. 당신은 사소하지 않은 그 모든 일(사소해 보인다면 착각이다)을 두고 세부적으로 협상해야 한다. 누가 식사를 준비할 것인가? 언제 할 것인가? 다른 일들과 맞거래할 때 그 가치는 얼마인가? 상대가 주방 일을 제대로 했을 때 어떻게 고마움을 전할 것인가? 먹고 난 그릇은 누가 식기 세척기에 넣을 것인가? 설거지는 누가 할까? 식사를 마친 뒤에 얼마나 빨리 식탁을 치워야 할까? 어떤 그릇을 사용할까? 뭘 먹을까? 아이들에게 어떤 역할을 맡길까? 다 함께 앉아 먹을까? 시간을 정해놓고 규칙적으로 식사할까? 이 모든 문제 하나하나가 잔혹한 전쟁으로 번질 수 있다. 한 사람은 이렇게 생각하고 다른 사람은 저렇게 생각하는데, 누가 옳은지 어찌 알겠는가? 그러니 싸우고 합의해야 한다. 아마 수십 번은 고사하고 수백 번은 싸워야 할지 모른다. 하지만 그 싸움에는 목표가 있다. 우리는 해결책을 찾아서 그 문제로 더 이상 싸우지 않기를 원한다. 다시 말해 싸움의 목표는 평화다. 평화는 협상을 통해서만 얻을 수 있는데, 그러려면 크고 심각한 갈등에도 흔들리지 않는 아주 강한 의지가 필요하다.

다음에 해야 할 일은 현실적이고 개인적인 문제에 관해 일주일에 90분씩 배우자와 솔직한 대화를 나누는 것이다. 30년 차 임상심리학자로서 또한 30년 차 결혼 선배로서 내가 깨달은 점이다. "회사에서 별문제는 없어?" "당신이 보기에 아이들은 어떤 것 같아?" "집 주변에 손봐야 할 곳이 있어?" "당신이 괴로워하는 문제 중에 우리가 해결할 수 있는 일은 없을까?" "다음 주에도 사이좋게 지내려면 뭘 해야 할까?" 그냥 현실적인 대화면 된다. 당신에게 이야기가 있고 배우자에게 이야기가 있는 것처럼, 두 사람에게도 공통의 이야기가 있기 때문이다. 당신의 이야기를 알리려면 당신은 말을 해야 하고, 배우자는 들어야 한다. 그런 대화가 가능하려면 지속성이 필요하다. 갑자기 일주일 치를 하루에 몰아 90분 동안 대화할 필요는 없다. 하루에 15분씩 나눠서 할 수도 있다. 실용적인 대화를 스스럼없이 나누다 보면 상대방이 어디쯤 있는지 알게 되고, 상대방도 당신이 어디쯤 있는지 알게 된다. 일주일에 90분을 채우지 못하면 재고 물량이 쌓이듯 두 사람의 이야기에 구멍이 나기 시작한다. 구멍이 커지다 보면 어느 순간부터는 내가 어떤 사람이고 내 배우자가 어떤 사람인지 모르게 되고, 서로 멀어진다. 관계에서 논리적 일관성이 깨지는 그런 상황은 위험하다.

내담자의 결혼 생활 문제를 함께 풀어나갈 때, 우리는 지극히 평범한 일상에 주목한다. 나는 휴가, 집안 행사, 특별한 사건에 관심을 두지 않는다. 그런 것들이 중요하지 않아서가 아니라 일상적인 일처럼 필수적이지 않기 때문이다. 바로잡아야 할 것은 일상의 일들이다. 내가 알고 싶은 것은 당신의 평범한 하루가 어떤 상호작용들로 채워지는가다. 아마 당신은 함께 일어나 함께 식사할 것이다. 아침에 일어나 씻고 나갈 준비를 하고, 아침저녁으로 함께 식사를 하는 데 하루에 5

시간 소요된다. 이는 깨어 있는 시간의 3분의 1이고, 인생의 3분의 1이다. 일주일로 치면 35시간인데, 이는 주 노동시간과 같다. 이 시간을 노려라. 스스로에게, 서로에게 이렇게 질문하라. 이 시간을 어떻게 이용하면 좋을까? 아침에 깨어 있는 시간을 어떻게 하면 즐겁게 보낼 수 있을까? 식사하는 동안 게임에 한눈팔지 말고 정중하고 세심하게 서로를 배려하며 관심을 보인다면 어떨까? 유쾌하고 따뜻한 분위기를 만들어보면 어떨까? 저녁에 퇴근하는 순간을 생각해보자. 하루에 10분이라고 해보자. 그렇다면 일주일에 1시간인데, 1년이면 50시간, 그러니까 주 노동시간의 1.5배에 달한다. 1년 동안 문을 열고 들어와 인사를 나누는 것에 주 노동시간의 1.5배를 쓴다면, 그건 삶의 상당한 부분이다. 당신이 현관에 들어설 때 누군가가 반갑게 당신을 맞이하는가? 아니면 스마트폰에 빠져 당신을 무시하는가? 아니면 불평한 바가지를 쏟아붓는가? 집에 도착하는 순간이 두렵지 않으려면 그 시간을 어떻게 써야 할까? 당신들이 함께하는 평범한 일들, 매일 하는 일들이 모여 당신의 인생을 이룬다. 따라서 그 일들을 바로잡는다면 예상보다 훨씬 더 큰 효과를 볼 수 있다. 가사 관리를 조화롭게 하는 전쟁에서 성공한다면 두 사람 모두 승리자가 된다. 그런 뒤 당신은 개성 넘치는 부티크 호텔이나, 부모님의 시골 오두막이나, 편의 시설이 다 갖춰진 리조트나, 여행지에서 낭만적인 휴가를 보낼 때 또는 앞에서 제안한 외출, 즉 둘 다 꺼림칙하게 생각했던 격주 데이트에서 그 시간에 집중할 수 있다.

먼저 이 일들부터 바로잡아라. 그러면 평화로운 식사 시간이 되돌아오고, 좌절해서 혈압이 올라 죽을 것만 같은 순간이 사라질 것이다.

질서 너머

우리는 그런 성취를 위해 싸워야 한다. 중요한 것은 그 결과가 평화여야 한다는 점이다. 화해의 요점은 서로 타협하여 해결책을 만드는 데 있다. 부부라면 누구나 두 사람이 공유하는 모든 책임과 기회, 마주치는 모든 장애물에 대하여 원만한 타협점에 이르길 원한다. 부부 간의 타협에 성공하고 나면 우리는 살다 보면 어쩔 수 없이 찾아오는 복잡한 순간에 누군가와 머리를 맞대고 의논할 수 있다. 서로 의견이 같지 않더라도 두 사람의 머리를 합치는 게 훨씬 낫다. 결론적으로, 낭만적인 관계가 유지되려면 먼저 당신이 무엇을 원하는지를 알고 그에 대해 배우자와 함께 이야기할 수 있어야 한다.

우리는 타인이 있어야 온전한 정신을 유지한다. 결혼이 좋은 이유이기도 하다. 왜 그럴까? 우리에게는 제정신이 아닌 부분이 절반쯤 있고, 배우자도 (꼭 절반이 아니더라도) 마찬가지다. 하지만 다행스럽게도 그 절반이 둘 다 똑같은 경우는 거의 없다. 가끔 우리는 똑같은 약점을 가진 부부를 만난다. 그러면 서로의 약점이 뒤섞여 심각해진다. 예를 들어 둘 다 와인을 너무 좋아한다면, 당신과 배우자는 손잡고 알코올의존으로 걸어 들어갈 수 있다. 그런 운명을 피하기 위해 당신은 배우자가 와인을 좋아하는 사람이 아니기를 원할 수 있다. 단기적으로는 술을 마시고 있거나 마실 것 같은 상황에서 충돌이 일어나겠지만, 장기적으로는 누구도 알코올의존자가 되지 않으니 서로에게 유익하다. 당신의 배우자는 평소 술을 잘 마시지 않지만 사교적인 자리에서 분위기를 위해 한두 잔 마실 테고, 당신은 평소에도 술을 즐겨하지만 고삐가 풀릴 때 제지를 받을 것이다.

우리의 독특한 성향은 어느 정도 무작위로 분포하기 때문에 당신이 일반적으로 자신의 약한 면에서 강점을 보이는 사람이나 자신과 반대인 사람과 결합하게 된다는 건 다행스러운 일이다. 두 사람이 결합해서 원래의 존재를 재창조할 때(이는 상징적인 개념이다), 당신은 합리적이고 온전한 한 사람으로 태어날 기회를 갖는다. 이는 두 사람 모두에게 좋은 일이고, 아이들에겐 훨씬 더 좋으며(이제 아이들은 싸움을 통해 일반적으로 온전한 행동이라 할 수 있는 것에 적응한다), 주변 사람들과 세계에도 좋은 일이다.

두 사람의 역할을 결합하는 과정은 대부분 대화와 소통으로 이루어진다. 연륜 있는 사람은 누구나 심각한 하자가 하나쯤 있다는 걸 안다. 반면에 아직 어리고 경험이 많지 않다면 다음과 같은 두 가지 가정을 전혀 의심하지 않는다. 첫 번째는 어딘가에 완벽한 사람이 있다는 가정이다. 심지어 당신은 그 완벽하다는 사람을 우연히 만나 콩깍지가 씌어 어리석고 열렬한 사랑을 나눈다(어리석은 것은 그 사람과 사랑에 빠진 것이 아니라 당신이 투사한 완벽한 상과 사랑에 빠졌기 때문이다. 그럴 때 사랑의 진짜 대상이 누구인지 매우 혼란스럽다). 두 번째는 당신에게 완벽한 사람이 어딘가에 있다는 가정이다. 이 두 가정 때문에 당신은 낭만적인 관계를 형성하고 유지하는 데 실패한다. 가정이 둘뿐이라는 점을 고려하면 상당히 심각한 결과다.

우선, 완벽한 사람은 없다. 세상에는 하자가 있는 사람들뿐이다. 고쳐 쓸 수 없는 정도는 아니지만, 그래도 꽤 심한 하자가 있는 사람들이 수두룩하다. 또한 다들 개인적으로 특이한 면을 가지고 있다. 설사 완벽한 사람이 있다 하더라도 그는 당신을 보면 비명을 지르며 달아날 것이다. 누군가를 속이고 있는 게 아니라면 당신이 어떻게 당신보다 더 나은 사람과 맺어지겠는가? 그에게 당신이 데이트 상대로 받아들여진다면 실은 두려워해야 한다. 지각 있는 사람이라면 사귀자는 사람이 나타났을 때 이렇게 생각해야 한다. '아이고 이런! 당신은 눈이 멀었거나 절박하거나 나처럼 하자가 있군요!' 적어도 당신만큼 하자 있는 사람과 맺어진다는 건 소름 끼치는 일이다. 혼자인 것보다는 나쁘지 않지만, 뜨거운 팬에서 나와 불로 뛰어드는 일이기 때문이다. 다행히 불로 들어가면 변할 수 있다. 따라서 용기를 내어 서약을 받아들이고 책임을 지려는 두 사람은 성숙한 어른으로서 결혼을 한 뒤 완전체로 거듭난다. 결혼에 대한 확신이 없어도 사람은 결혼 생활을 통해 성장한다. 그러니 배우자와 모든 것에 관해 대화하라. 물론 서로 대화하고 협상하는 과정은 매우 고통스러울 수 있으나, 결국 평화를 가져올 것이다. 그리고 어렵사리 평화를 이룩했다면 감사하라. 둘이 모이면 반드시 싸우는 법이니 말이다.

우리의 종착지, 낭만

우리는 막상 관계에 낭만을 불러오고 이를 유지하는 것에 관해서는 많은 이야기를 하지 않았다. 낭만은 유희이고, 유희는 어떤 문제가 있을 때는 쉽게 시작할 수 없다. 낭만은 평화를 필요로 하고, 평화는 협상을 필요로 한다. 그런 뒤에도 운이 따라야 우리는 유희를 즐길 수 있다.

결혼 생활의 낭만(친밀함과 섹스)과 관련된 모든 문제는 그 아래에 용이 하나씩 도사리고 있다고 말할 정도로 복잡하다. 예를 들어보자. 결혼한 사람들은 서로에게 어떤 성적 의무를 수행해야 할까? '섹스 안 함'은 답이 되지 않는다. 그 이유는 서로 만족스러운 방식으로 낭만적인 생활을 꾸리는 것이 결혼 당사자들의 협약에 포함되어 있기 때문이다. 낭만은 안정적인 결혼 생활에 암묵적으로 필요한 전제 조건이다. 하루에 열다섯 번씩 섹스하라는 건 아니지만, 마지못해 1년에 한 번 하는 것도 나쁘다. 암묵적인 적정선은 양극단의 중간이며, 협상은 거기서부터 시작해야 한다.

일반적인 성인 부부(직업과 아이들이 있고, 우리가 방금 논의한 대로 가사를 관리하고, 그에 딸린 모든 책임과 걱정을 짊어진 부부)는 일주일에 한두 번, 드물게는 세 번가량 섹스를 한다. 그 정도 횟수라면 두 사람 모두 불만이 없을 것이다. 내가 관찰한 바로는 한 번보다는 두 번이 더 좋지만, 전혀 없는 것보다는 한 번이 훨씬 좋다. 전혀 없는 건 나쁘다. 섹스가 없다는 건 한쪽이 다른 쪽을 학대하고, 다른 쪽이 복종하는 것과 같다. 섹스가 없으면 어느 한쪽이 (신체적이든 감정적이든 상상이든 간에 어떻게든) 바람을 피우게 된다. 바람을 피우라고 권하는 것이 아니라, 섹스가 사라지면 불가피하게 그쪽으로 끌려간다는 말이다. 이는 절대 가벼운 문제가 아니다. 해결책이 필요하다. 낭만이 사라지고 성적으로 친밀한 횟수가 바닥을 칠 때는 어떻게든 이건 아니라고 표현해야 한다. "이건 괜찮지 않아"라고 강하게 알려야 한다. 어쩌면 당신은 이별의 가해자보다는 피해자가 되려고, 그런 방도를 선택해 상대가 바람피우게 만들었을지 모른다. "아내가 나를 배신하고 바람을 피웠어요." "왜 그랬을까요?" "음, 우린 성생활이 원활하지 못했어요."(이 대답은 더 깊이 파고들 필요가 있다.) "'원활하지 못했다'는 건 무슨 뜻인가요?" "음, 2년 동안 잠자리를 안 했죠. 그런데 아내가 바람을 피웠어요."

아내의 바람은 충격을 받을 일이 아니다. 당신은 배우자가 적정 수준의 성욕을 가진 지극히 정상적인 사람이라고 가정해야 한다. 예를 들어 바쁘게 사는 조건에서 일주일에 한 번이나 두 번이라고 정량화할 수도 있다. 신혼 때는 서로에 대한 성적 관심을 표현하는 데 아무 문제가 없을 수 있지만 살다 보면 해야 할 일이 아주 많다. 독신자였을 때 데이트를 생각해보자. 데이트에는 짜릿한 모험도 있지만, 대부분은 영화 속에서나 그럴 뿐이다. 현실에서는 인터넷 데이팅사이트, 문자 메시지 교환, 그리고 커피숍·레스토랑·호프집에서의 어색한 첫 만남이 데이트의 시작이다. 그럼에도 외롭고, 관심에 굶주렸고, 육체적 친밀함이 절실한 독신자는 데이트를 성공시키기 위해 정말 열심히 노력한다(기혼자보다 독신자가 평균적으로 섹스를 훨씬 적게 한다. 물론 그중 몇몇은 많은 사람과 거칠게 섹스한다고 나는 추정한다. 하지만 자기 자신을 소중히 여긴다면 그럴 수 없다고 생각한다).

독신자는 외롭고 허전하기 때문에 데이트에 몰두할 것이다. 하지만 결코 간단한 문제가 아니다. 데이트를 위해 당신의 생활 안에 여지를 마련해야 한다. 계획을 세우고, 상상력을 발휘하고, 돈을 쓰고, 괜찮은 데이트 상대를 찾고, 왕자를 발견하기 위해(또는 공주를 발견하기 위해) 수많은 개구리와 키스를 해야 한다. 사람들이 결혼했을 때 안도하는 것은 그 모든 수고를 다신 안 해도 되기 때문이다. 하지만 결혼했다고 해서 곤경에서 완전히 벗어난 것은 아니다. 낡은 흰 속옷을 입고 양말을 신은 채 누워서, 휴 헤프너Huge Hefner(《플레이보이》창업자—옮긴이)가 누렸음 직한 즐거움이 당신의 집 안에 자동으로 올 거라고 생각해서는 안 된다. 낭만이 사라지길 원하지 않는다면 배우자와 어렵고 창피한 대화를 해야 한다. "이번 주 화요일과 목요일 어때? 수요일과 금요일? 월요일과 토요일?" 그 순간 이런 생각이 든다. "맙소사, 이건 너무 건조하잖아. 너무 평범하고 계획적이야. 너무 틀이 정해져 있고 뻔하고 속물적이고 반낭만적이고 기계적이야. 모욕적이고 제약이 느껴지고 잠자리를 의무로 만들어. 재미가 없잖아! 자연스러움, 가벼운 재즈, 칵테일, 예기치 못한 끌림 같은 짜릿함이 없어. 턱시도와 검은색 미니 드레스는 어디 갔지?" 그걸 기대하는가? 어리석은 판타지 속에서 무의식으로라도? 데이트를 하던 중에 당신은 몇 번이나 그렇게 했는가? 한 적이 있기는 한가? 그리고 잊지 말자. 여기서 이야기하고 있는 우리는 성인이라는 것을. 당신은 맞벌이, 아이 두 명, 적당한 생활수준을 원하면서 자연스러움을 원하는가? 그 이하로는 '타협' 하지 않을 셈인가?

행운을 빈다. 정말 많이 노력하지 않으면 그런 일은 일어나지 않는다. 내 진료실에서도 일어나지 않았고, 내 삶에서도 그런 경험은 하지 못했다. 오히려 삶에 절대적으로 필요한 일들이 당신이 바라는 일들을 밀어내고 윗자리를 차지할 것이다. 하루에 해야 할 일이 열 가지라면, 섹스는 일곱 번째일 것이다. 당신이 섹스를 중요하지 않게 생각해서가 아니라 열 가지 중 다섯 가지도 해내지 못하기 때문이다. 섹스를 하려면 당신은 매우 의식적으로 시간과 공간을 마련해야 한다. 이런 생각을 해보자. '내가 과거에 낭만적으로 끌렸던 이 사람과 잠시 시간을 보낸다면 어떤 일이 벌어질까?' 이 문제를 골똘히 생각하길 바란다. 어쩌면 30분 동안 같이 텔레비전을 보다가 침대로 건너뛰어야 할지 모른다. 사는 게 너무 정신이 없다 보니 남는 시간이 고작 한 시간에서 한 시간 반 정도일지 모른다. 샤워를 하는 건 꽤 좋은 생각이다. 살짝 립스틱을 바르거나 가볍게 향수를 뿌리는 것도 좋다. 야한 옷도 괜찮으리라. 당신이 남자라면 아내에게 란제리를 사주고, 여자라면 용기 내어 입어보라. 당신이 남자라면 에로틱하면서도 너무 과하지 않은 옷을 파는 남성용품점에 가보라. 너무 저속해서 스스로에게도 민망한 옷이 아닌, 적당히 섹시한 옷을 찾을 수 있다. 그리고 상대방이 그 모든 용기를 발휘했을 때 한두 마디 칭찬을 건네는 것도 나쁘지 않다. 당신이 자신감을 높이고 싶다면 은은하고 멋진 조명을 준비하라. 양초 몇 자루가 될 수도 있다(배우자가 양초를 산다고 하면 옆에서 격려해주는 것이 좋다. 깨지기 쉬운 것이 두 사람의 삶에서 영원히 사라지기를 원하지 않는다면 냉소적인 생각은 깊이 묻어두어라). 이때 따라야 할 법칙이 있다. 당신이 배우자에게 바라는 일을 그가 계속해주길 원한다면, 절대 그의 행동을 비난하지 마라. 특히 의무감을 뛰어넘는 진정한 용기를 발휘했다면 더더욱 비난해서는 안 된다.

만일 당신이 불륜을 상상하고 있다면, 낭만적인 방식으로(당신에게 남아 있는 상상력을 모두 동원하여) 그런 상황을 만들어보면 어떻겠는가? 어차피 사람들은 불륜을 상상할 때 그런 상황을 그려보지 않는가? 당신의 아내 또는 남편과 바람을 피우는 것이다. 아내가 욕실에서 준비하는 동안 남편은 침대를 준비할 수 있다. 양초와 함께 음악을 준비하면 어떨까? 사정이 허락한다면 방을 깨끗하고 매력이 넘치는 공간으로 꾸미는 건 어떨까? 그건 낭만의 시작이 될 수 있다. 그러면 두 사람은 서로를 괴롭히며 사는 부부처럼(실제로 많은 부부가 이렇게 산다) 빨리 늙고 뚱뚱한 사람, 병에 잘 걸리고 신경질적인 사람이 되지 않을 것이다. 그럴 때 어쩌면 두 사람은 필요한 것, 더 나아가 원하는 것을 갖게 될지 모른다. 하지만 그러려면 당신은 자신의 욕망을 인정하고, 배우자와 협상을 해야 한다. 당신은 무엇을 좋아하는가? 그녀는 무엇을 좋아하는가? 그걸 서로에게 알릴 수 있는가? 잘 해내지 못할 가능성은 없는가? 처음 시도할 때는 바보처럼 느껴지더라도 새로운 기술을 배워보는 건 어떤가?

그중 어떤 것도 쉽지 않다. 서로 의논하지 않고 그런 일을 함께하거나 상대에게 하는 건 도움이 되지 않는다. 거래하는 분위기에서 호의적으로 접근한다면 통할 수 있다. 그런 분위기에서는 필요한 것과 원하는 것을 결정한 뒤 정직하고 정확하게 거래를 진행할 수 있다. 이런 의문이 들 수도 있다. '자, 이걸 어떻게 준비해야 앞으로 20년 동안 내 배우자에게 계속 낭만적인 관심을 느낄 수 있을까? 다른 사람들처럼 방황하거나 어리석은 짓을 하지 않으려면? 성적 만족을 느끼기 위한 나의 최소 조건은 무엇일까?' 당신은 그런 건 필요 없다고 애써 믿으려 할지도 모른다. 당신은 심지어 바닥이면서도 지금의 상태를 견딜 수 있다고 믿으려 한다. 하지만 자존감이 있고 지각이 있다면 그건 불가능하다. 당신이 원하고 필요로 하는 것은 항상 존재한다. 그게 무엇인지 둘 다 솔직하게 말해야 서로에게서 원하는 것을 얻을 수 있고, 더 나아가 기대한 것보다 훨씬 더 많이 얻을 수 있다.

데이트를 계획하고 실행하라. 전문가가 될 때까지 계속하라. 협상하고 실행하라. 당신이 원하는 것, 필요한 것을 알아내고, 배우자에게 품위 있게 그 비밀을 알려라. 배우자 아니면 누구에게 그걸 말하겠는가? 정직하고 용감한 관계의 기초로서 더 높은 이상에 진지하게 헌신하여 당신의 영혼을 온전하게 유지하라. 결혼 서약을 지키고 정직한 협상에 모든 걸 걸어라. 배우자가 모른다고 핑계 대거나 대화를 거절하며 당신을 매정하게 뿌리치지 못하게 하라. 순진함을 버려라. 당신이 노력하지 않아도 아름다운 사랑이 저절로 유지될 거라고 기대하지 마라. 집 안에서 필요한 일들을 두 사람 모두 수긍할 수 있는 방식으로 분배하고, 폭군이나 노예가 되지 마라. 침대 안에서나 밖에서나 항상 만족할 수 있으려면 무엇이 필요한지를 확인하라. 그 일을 해냈을 때 어쩌면 당신은 인생의 사랑을 유지할 수 있을지 모른다. 당신 곁에 평생의 친구이자 동지를 둘 수 있을지 모른다. 그리하여 우리가 삶의 터전으로 삼은 우주 끝자락의 이 차가운 돌덩이가 조금 더 따뜻하고 편안한 곳이 될지 모른다. 우리에겐 진실한 관계가 필요하다. 힘들고 고된 시간은 늘 있으므로, 그와 반대되는 시간을 마련하는 것이 좋다. 그러지 않으면 삶에 절망이 깃들어 떠나지 않는다.

관계의 낭만을 유지하기 위해 성실히 계획하고 관리하라.

분개하거나 거짓되거나
교만하지 마라

이야기는 중요하다

당신이 분개하고 거짓되고 교만한 데에는 이유가 있다. 우리는 끔찍한 혼돈의 힘에 직면하고, 때로는 그 힘에 압도당한다. 불안, 의심, 수치심, 고통, 질병, 양심의 가책, 영혼을 짓누르는 슬픔, 좌절된 꿈과 실망, 배신하고 배신당하는 현실, 굴종을 강요하는 사회적 압제, 죽음에 이르는 노화. 이런 상황에서 도대체 어떻게 타락하지 않고, 분노하지 않고, 죄를 짓지 않고, 심지어 희망 그 자체마저 미워하지 않을 수 있겠는가? 나는 당신이 어떻게 하면 그렇게 타락해서 지옥으로 떨어지는 운명을 피할 수 있는지 알려주고 싶다. 그런 어둠의 유혹에 빠지지 않으려면 우선 당신을 가로막는 것이 무엇인지 알아야 한다. 그리고 어떤 동기가 당신을 악으로 끌어들이는지 이해해야 한다. 분개, 거짓, 교만은 악의 구조를 분해할 때 어김없이 만나게 되는 세 가지 기본 요소다.

가장 낮은 길을 걷고 싶은 유혹을 이겨내려면 세계를 어떻게 이해해야 할까? 문제를 분명히 하고 깊이 이해할수록 더 유익하다는 오랜 지혜에 따라 생각을 전환해보자. 우선 이렇게 물어보자. **이 세계는 무엇으로 이루어져 있을까?** 유물론에 젖은 현대인에게는 어렵고 당혹스러울지 모른다. 어쨌든 이 질문에 답하기 위해 현실이란 무엇인지 생각해보자. 현실은 살아 있고 깨어 있는 사람이 경험하는 대상인 동시에 주관적 존재의 내면에 있는 꿈, 감각 경험, 감정, 충동, 환상 등이 존재하는 곳이다. 세계는 개인의 의식 속에서 명백하게 그 모습을 드러낸다(더 정확히 표현하자면 우리와 정면으로 만난다).

아침에 잠에서 깰 때를 생각해보자. 눈을 뜬 순간에 뭘 인지했느냐고 물으면, 당신은 누구나 볼 수 있는 구체적인 사물들을 말할 것이다. 방 여기저기에 당신이 비치해둔 책상·의자·옷 등을 묘사할 것이며, 그것들은 당신의 기질과 기호 그리고 전날 밤 상태에 따라 어질러져 있거나 깔끔하게 정돈되어 있을 것이다. 당신은 기본적으로 무대의 소품을 보면서 설명하는 것처럼 객관적이고 사실적으로 대답할 것이다. 물론 그 대답이 틀렸다고 할 수는 없지만, 우리는 주변의 익숙한 물건에 생각보다 별 관심을 기울이지 않는다. 왜 그냥 기억해낼 수 있는 것들을 다시 인지하느라 굳이 시간과 에너지를 낭비하겠는가?

침실의 가구와 비품은 사실 당신이 처음 눈을 뜰 때 인지하는 것들이 아니다. 당신은 잠을 자는 곳과 그 안에 있는 물건들을 익히 알고 있다. 이미 알고 있는 것은 애써 의식하고 이해할 필요가 없다. 그래서 우리는 우리 주변을 대개 '심리적으로' 인지한다. 우리는 어쩔 수 없이 서게 된 이 무대 위에서 어떻게 행동할지, 그 결과 어떤 일이 벌

질서 너머

어질지를 생각하는 것으로 하루를 시작한다. 잠에서 깨자마자 당신이 보는 것들은 일련의 가능성이며, 그중 다수는 당일과 관련이 있고 그 밖의 것들은 몇 주, 몇 달, 몇 년 뒤와 관련이 있다. 당신이 눈을 뜨는 순간 신경 쓰는 것은 다음 질문에 대한 답이다. '내 앞에 펼쳐진 이 모든 가능성, 다시 말해서 머리 아플 수도, 걱정스러울 수도, 흥미로울 수도, 지루할 수도, 제한적일 수도, 무제한적일 수도, 운이 좋을 수도, 비참할 수도 있는 상황들을 나는 어떻게 이용할 것인가?'

그 잠재성의 영역에서 당신은 모든 것을 가질 수 있다. 그곳은 실현되지 않은 가능성의 영역이며, 그 범위가 얼마나 되는지 누구도 알지 못한다. 아직 모습을 드러내지 않은 것으로부터 만들어질 수 있는 것은 원칙상 무한하다. 생겨날 수 있는 모든 것이 그 안에 도사리고 있다. 우리는 당연히 언제든 마주칠 수 있는 그 영원한 보물창고에 관해 생각해본다. 하지만 그건 이야기의 절반에 불과하다. 그 잠재성이 당신의 실수 또는 세계의 변덕 때문에 부적절한 모습을 드러내면 당신은 지독한 곤경에 처할 수 있다. 당신이 잠에서 깼을 때 씨름하는 미래는 좋은 것과 무섭고 끔찍하고 고통스럽고 위험한 것이 한데 뒤섞여 있는 미지의 세계다. 따라서 **잠재적인 것**은 단순하고 물리적인 논리 규칙을 따르지 않는다. 현실적이고 논리적인 규칙에 매인 사물들은 한 번에 하나로만 존재할 수 있을 뿐 동시에 정正과 반反일 수 없다. 하지만 잠재성은 그렇지 않다. 잠재성은 그렇게 하나로만 분류되지 않는다. 잠재성은 희극이면서 비극일 수 있고, 선이면서 악일 수 있으며, 동시에 양쪽 다일 수 있는 모든 것이다. 또한 우리가 고려하는 것이 감지할 수 있는 것이어야 한다면, 잠재성은 감지할 수 있는 것이 아니다. 잠재성은 오로지 '무엇이 존재할 수 있는가'라는 형태로만 존재한다. 잠재성은 현실이 구체적으로 드러나는 시점 이전, 다시 말해 현실이 가장 자명하게 존재하는 것처럼 보이는 시점 이전에 놓인 또 다른 현실의 구조라고 생각하는 것이 가장 좋을 듯하다. 하지만 우리 같은 생물은 현재와 씨름하지 않는다. 따라서 적어도 우리의 의식 속에서 가장 현실적인 것은 현재가 아닐 수 있다. 현자들이 일러주듯이, 우리는 '지금 여기' 있기 위해 싸워야 한다. 우리는 다른 도구의 힘을 빌리지 않고 오로지 우리의 마음에 의지해 미래에 무엇이 존재할 수 있는지 조사해야 한다. 이 질문에 답하려는 것, 그것이 인생이다. 현실과의 진정한 만남이다. **무엇이 존재하는가?** 지금 존재하는 것은 이미 완성된 죽은 과거다. **무엇이 존재할 수 있는가?** 살아 있는 의식이 광활한 가능성과 결합할 때 새로운 모험이 펼쳐지고 새로운 존재가 등장한다.

우리가 씨름하는 것이 가능성이라는 사실에서 입증되듯이 가장 현실적인 것이 실제 존재하는 세계가 아니라 가능성이라면, 가장 중요한 조사는 가능성을 조사하는 것이다. 하지만 여기에도 저기에도 어디에도 존재하지 않는 것을 어떻게 조사할 수 있을까? 아직 모습도 드러내지 않은 것을 어떻게 살펴볼 수 있을까? 존재할 수만 있고 아직 존재하지 않는 것을 어떻게 탐색할 수 있을까? 그런 시도에 관해 어떻게 상대방과 효율적으로 대화할 수 있을까? 이와 관련된 가장 효과적인 개념과 접근 방식과 전략과 그 밖의 정보들을 어떻게 주고받을 수 있을까? 이에 대해 내가 아는 대답은, 무엇이 존재하고 그와 동시에 무엇이 존재할 수 있는지에 관해 '이야기'를 주고받으면 된다는 것이다. 우리가 씨름하는 현실의 궁극적인 요소가 가능성이라면, 우리에게 가장 필요한 지혜를 담고 있는 그릇은 바로 이야기다.

우리는 자연스럽게 우리의 인생을 이야기로 여기고, 우리의 경험을 이야기 형식으로 전달한다. 우리는 무의식적으로 지금 우리가 어디에 있는지(자신의 무대가 펼쳐질 곳), 어디로 가고 있는지를 사람들에게 말한다. 그래야 목적지를 향해 가는 동안 튀어오르는 가능성으로부터 현실을 창조해낼 수 있다. 그런 설명은 일상과 동떨어져 있을 수 없다. 하지만 우리는 한 사람의 인생을 그저 연속된 사건들로 묘사하지 않는다. 그 설명 안에는 더 깊은 뭔가가 있다. 예를 들어 우리는 어떤 사람의 행동을 묘사할 때, 그들이 어떻게 지각하고 평가하고 생각하고 행동하는지까지 묘사한다. 그렇게 해야 비로소 이야기가 펼쳐진다(그런 묘사를 잘할수록, 당신의 설명은 더 이야기처럼 들린다). 게다가 우리는 세계를 경험할 때, 우리가 씨름해야만 하는 것들을 상징하는 인물들이 거주하는 곳으로 경험한다. 미지의 것, 예기치 못한 것, 새로운 것을 모두 포함하는 가능성의 세계는 극적인 형식으로 표현된다. 우리가 예측한 세계, 만들어나가고 싶어 하는 세계 또한 마찬가지다. 우리 자신은 미지의 것과 예측 가능한 것을 모두 맞닥뜨리는 배우로 표현된다. 우리는 이야기를 사용해 이 모든 것을 표현한다.

우리가 이야기로 소통하고 이해하는 이유는 모든 사람이 저마다 세계에서 하고 있는 것이 본질적으로 이야기가 되기 때문 아닐까? 그렇다면 경험의 세계는 이야기와 실질적으로 구분되지 않으며, 이야기보다 더 정확한 방식으로 표현될 수 없는 것 아닐까? 원칙상 우리는 세계에, 그 현실에 맞춰서 산다. 따라서 우리가 세계를 이야기로 이해하게끔 타고났다면 아마 그 세계를 가장 정확하게, 적어도 가장 실용적으로 이해하는 수단은 이야기일 것이다. 반대로 여러분은 어떤 면에서 과학적 세계관이 이야기보다 더 정확하며, 과학적 견해는 기본적으로 이야기가 아니라고 주장할지 모른다. 하지만 내가 아는 한, 과학적 견해 역시 이야기에 속한다. 다시 말해 그것은 '신중하게 한쪽으로 치우치지 않고 진리를 추구함으로써 고통을 줄이고, 생명을 연장하고, 부를 증대하여 모든 사람에게 더 좋은 세상을 만들 수 있다'라고 흘러가는 이야기다. 아니면 왜 과학을 하겠는가? 그런 동기가 없다면 어느 누가 힘들고 엄격한 과학 훈련을 받으려 하겠는가? 진정한 연구자가 될 정도로 똑똑하고 교육받은 사람이라면 더 효과적으로 돈을 벌 방법이 얼마든지 있다. 내재적 동기를 고려하면 과학을 사랑하는 마음이 순수한 지식 추구와 정확히 일치하지 않는다. 내가 아는 위대한 실험가들과 과학 이론가들은 열정적으로 학문을 추구한다. 이때 그들을 움직이는 건 어떤 감정이다. 그들은 자신의 학문이 긍정적인 결과를 가져오기를 바란다. 물론 현재로서는 뭔가를 알아내겠다는 순수한 지적 목표만 있지만 결국에는 과학적 앎이 더 나은 세계를 만드는 데 이바지하길 희망한다. 그런 바람, 희망이 그들이 추구하는 일에 서사 요소, 좋은 줄거리에 필요한 동기, 그리고 최고의 이야기를 만드는 인물의 변화를 제공한다.

우리는 자신의 경험을 이야기로 개념화한다. 그 이야기에는 우리가 지금 있는 곳뿐 아니라 우리가 향하고 있는 곳, 그 과정에서 실행하는 전략과 경험하는 모험·몰락·재건에 관한 묘사가 담겨 있다. 우리는 항상 그 구조 안에서 지각하고 행동한다. 실제로 우리는 항상 어

질서 너머

딘가에 있고, 항상 어딘가로 가고 있으며, 지금 어디까지 왔고 무슨 일이 일어나고 있는지를 항상 평가하기 때문이다. 이렇게 우리가 이야기 형식으로 생각하는 것은 세계를 등장인물의 묶음으로 보는 경향과 관련 있다. 각각의 등장인물은 우리가 있는 곳, 가고 있는 곳, 우리가 맞닥뜨릴 예기치 못한 사건, 행위 주체인 우리 자신을 대표한다. 우리는 모든 곳에서 살아 있는 의도를 보고,[1] 아이들에게 세계를 그런 방식으로 보여준다. 그렇기에 증기기관차 토마스에게 얼굴과 미소가 있고, 태양에게도 얼굴과 미소가 있으며, 달 속에 사람들이 있고, 별들 속에 신들이 흩어져 있다. 생물이든 무생물이든 모든 것을 마치 의도를 가진 사람처럼 취급하는 건 우리의 성향이다. 누군가가 차 전면을 얼굴로 간주하더라도 이상하게 생각하지 않는 건 그런 이유에서다(많은 사람이 그런다).

우리가 세계를 의인화해 지각하고 생각하고 반응하고 행동하는 이유는 인간이면 누구나 좋든 싫든 거의 대부분의 시간을 다른 사람들과 함께 보내기 때문이다. 오래전부터 늘 그랬다. 인간이 현재의 모습으로 진화하기까지 겪은 거의 모든 사건은 사회적이었다. 인간끼리 상호작용하지 않을 때는 동물과 상호작용했다. 동물을 사냥해서 길들인 후에 풀을 뜯게 하거나 함께 놀았다. 아니면 동물들이 우리를 사냥했으니, 그들에게서 도망치거나 우리 자신을 보호하기 위해 그들의 습성을 이해해야 했다. 부족 안팎에서 그리고 종 안팎에서 주고받은 그 모든 상호작용 속에서 우리의 뇌는 형태를 갖추었고, 그 결과 객관적이고 과학적인 성격이 아니라 사회적인 성격이 우세해졌다. 우리의 본능은 원소 주기율표에 적합하지 않다. 절대 아니다. 우리가 주기율표를 알아낸 지는 고작 몇백 년밖에 되지 않았다. 주기율표를 확립하는 데는 많은 시간과 노력이 필요했다. 게다가 많은 사람이 진 땀 흘려 완성해놓은 이 소중한 업적은 배우기가 무척 힘들다. 대부분의 사람에게 주기율표는 본능적으로 흥미롭지 않다. 거기에는 이야기가 없기 때문이다. 주기율표는 존재하는 객관적인 사실을 일말의 의혹도 없이 정확하고 유용하게 표현하고 있지만 그런 추상적인 개념을 능숙하게 인지하기는 아주 어렵다.

정반대로 누군가의 이야기를 들을 때는 즉시 흥미가 솟구친다. 복잡하고 인지적으로 부담스러운 이야기라서 몇 시간 동안 집중해야 하더라도 말이다. 심지어 주기율표가 어떻게 발견되었는지 그리고 그 과정에서 어떤 업적과 난제가 있었는지에 관한 이야기일 수도 있다. 뭐가 됐든 중요하지 않다. 잘 만든 이야기는 듣는 이를 사로잡고 그의 기억을 점령한다. 아이들에게 어떤 것을 가르칠 때 그들의 관심을 끌어내고 싶다면, 이야기를 들려줘라. 아마 자꾸 해달라고 조를 것이다. "아빠, 자기 전에 원소 주기율표 한 줄만 더요!"라고 애원하며 당신의 바짓가랑이를 붙잡는 아이는 없다. 대신 아이들은 이야기에 열광한다. 때로는 매일 밤 같은 이야기를 들려줘도 좋아한다. 이 사실은 이야기의 깊이와 중요성을 가리킨다. 간혹 애들에게 들려주는 이야기는 단순하다고 생각하는 사람들이 있다. 하지만 아이들은 귀를 쫑긋 세우고 들으면서, 당신이 들려주는 오래되고 심오한 이야기에 표현된 다층적인 의미를 처리한다. 오히려 그 의미를 알아채지 못하는 건 당신이다.

우리는 모두 인간이다. 이는 우리의 경험에 공통적인 면이 있음

질서 너머

을 의미한다. 그렇지 않으면 인간이라는 하나의 이름으로 불리지 않을 것이며, 서로 소통하지도 못할 것이다. 역설적이지만 소통을 하려면 말하지 않아도 통하는 것들이 있어야 한다. 당신이 어떤 사람에게 "오늘 아침엔 정말 화가 났어"라고 말했다고 가정해보자. 당신이 계속 대화하길 원한다는 기색을 보이고 상대방이 그걸 받아들인다면, 그는 "왜 화가 났어?"라고 묻지 "'화가 났다'는 건 무슨 뜻이야?"라고 묻지 않을 것이다. 이미 경험을 통해 '화가 났다'가 무슨 뜻인지 알기 때문이다. 우리는 그 말을 설명하기보다는 알고 있다고 가정한다. 사실 우리가 어떤 것에 관해 대화를 할 수 있는 이유는, 말할 필요가 없이 당연하게 여기는 것들이 있기 때문이다. 예를 들어 모든 인간과 많은 동물이 기본적인 감정을 공유한다는 건 누구나 아는 사실이다.[2] 어미 곰이 새끼들을 가로막고 서서 이빨을 한껏 드러내고 으르렁거릴 때 우리는 그 뜻을 이해한다. 말할 필요가 없는 그런 것들이 있기에 우리는 인간일 수 있으며, 사회적 행동과 환경에 따라 곧잘 변하긴 하지만 그래도 본질이라는 것을 공유한다.

이야기에 관한 이야기를 계속해보자. 먼저 등장인물을 만나보자. 그들이 있어야 우리는 세계의 잠재성을 체계적으로 이해할 수 있다. 그리고 운이 따른다면 그들이 분개·교만·거짓에 어떻게 대처하는지를 이해하고, 그로부터 자구책을 이끌어낼 수 있다.

인간 극장의 영원한 등장인물

혼돈의 용

내 아들 줄리언은 네 살 무렵 만화영화 〈피노키오〉에 푹 빠졌다. 특히 거대한 고래 몬스트로가 불을 뿜는 용으로 변하는 장면이 아이를 사로잡았다. 줄리언은 〈피노키오〉를 50번 정도는 봤을 것이다. 아이가 그 장면을 보면서 즐거워했는지는 알 수 없지만 두려워한 건 분명했다. 아이 얼굴을 보면 확실히 알 수 있었다. 그럴 만도 한 것이 아이가 자신과 동일시했던 인물들이 모두 위기에 처했기 때문이다. 그 영화에는 위험과 희생이라는 강력한 주제가 있었다. 그럼에도 아이를 가장 매료시킨 건 아이가 두려워했던 바로 그 장면이었다.

그 영화를 수십 번 보면서 아이는 대체 뭘 하고 있었을까? 더구나 두려워하면서까지? 왜 아이들은 이런 이야기에 빠져드는 것일까? 줄리언은 이제 막 형성되고 있는 마음의 모든 기능, 이성적·무의식적 기능을 총동원하여 이야기 속에 표현된 관계를 처리한다. 〈피노키오〉 같은 이야기들은 밀도 있고 다층적이고 복잡해서 아이들의 상상력을 사로잡고 놓아주지 않는다. 이는 우연이 아니다. 아이들은 작고 어리며, 개인적 경험이 거의 없기 때문에 어떻게 보면 아는 게 전혀 없다. 하지만 그들도 매우 오래된 창조물이기 때문에 절대로 멍청하거나 부주의하지 않다. 아이들이 〈피노키오〉 같은 동화에 사로잡힌다는 사실은 아이들이 그런 이야기를 얼마나 깊이 이해하는지를 가리킨다. 애석하게도 성인이 된 당신은 이제 그 깊이에 도달하지 못한다.

고래 몬스트로는 혼돈의 용이다. 이 용은 잠재성, 즉 좋고 나쁜 가

질서 너머

능성을 상징한다. 잠재성을 표현하는 인물은 어느 이야기에서나 나오며, 아이들은 그 인물이 뭘 의미하는지 전혀 모르면서도 그를 본다. 예를 들어 디즈니 만화영화의 고전인 〈잠자는 숲속의 공주〉에서 악의 여왕 말리피센트는 필립 왕자를 납치한다. 말리피센트는 왕자를 성으로 데려가 지하 감옥에 가두고, 끔찍한 동화를 들려주면서 마법을 건다. 말리피센트는 왕자에게 60년이나 70년 뒤에 늙고 초라해질 그의 모습을 묘사해 들려주며, 그때가 되면 마법이 풀릴 거라며 즐거워한다. 그러고는 왕자를 가짜 영웅이라고 놀리면서 한동안 재미난 시간을 보낸 뒤 문을 잠그고 사악한 웃음을 연신 터뜨리며 계단을 올라 자신의 성으로 돌아간다. 말리피센트는 아들을 집에 묶어두어 그 자신의 운명을 따르지 못하게 하는 '욕심 많은 오이디푸스적 어머니 devouring Oedipal mother'(자식을 이기적으로 사랑하는 어머니를 가리키는 카를 융의 용어 — 옮긴이)다.

왕자는 밝은 마음을 가진 세 명의 친절한 여자 요정의 도움을 받아 지하 감옥에서 탈출한다. 이 요정들은 말리피센트와 대응 관계에 있는 신화적 존재다. 왕자가 말에 올라타는 것을 본 악의 여왕은 군대를 보내고, 도개교를 올리고, 왕자가 자신의 성으로 되돌아가는 길목마다 가시나무 덩굴을 세운다. 하지만 왕자가 이 모든 장애물을 통과하자 당황한 그녀는 작은 탑들을 이리저리 건너뛰어 가장 높은 곳으로 올라간다. 그곳에서 악의 여왕은 격분하며 지옥의 불을 불러내더니 불을 뿜는 거대한 용으로 변신한다. 영화를 보는 사람은 대부분 다음과 같이 받아들인다. "아무렴, 악의 여왕은 용으로 변신해. 문제없어." 왜 다들 문제가 없다고 할까? 겉으로 보기에 그 변화는 전혀 말이 되지 않는데. 어쨌든 지나치게 화를 내긴 해도 악의 여왕은 충분히 이해할 수 있는 모습이다. 그런데 갑자기 제자리에서 몇 바퀴 돌더니 뿡 하고 불을 뿜는 거대한 파충류가 된 것이다. 이 글을 읽고 있는 당신은 아마 다음과 같이 생각할 것이다. '왜 이걸 문제 삼는 걸까? 우리 집에 있는 네 살짜리도 다 이해하는데!' 나는 악의 여왕이 용으로 변하는 걸 문제 삼는 게 아니다. 이 일은 너무 당연해 보이는 탓에 심지어 대중 영화에서도 등장하며, 액면 그대로 받아들여진다. 그러다 보니 아주 이상한 일이 일어났다고 보는 생각에 사람들의 관심을 유도하는 것만으로도 힘이 들 정도다.

하지만 영국 여왕 엘리자베스 2세가 어느 지루한 행사 도중에 갑자기 불을 뿜는 거대한 도마뱀으로 변신한다면 온 국민이 놀라 자빠질 것이다. 현실에서 사람은 위험한 파충류로 돌변해 손님들을 공격하지 않는다. 하지만 이야기 속에서 그런 일이 일어나면 우리는 쉽게 받아들인다. 이야기니까 그런 거라도 해도 수수께끼는 해결되지 않는다. 이야기라고 해서 아무 변신이나 일어날 수 있는 건 아니기 때문이다. 만일 말리피센트가 요정처럼 반짝이는 분홍색 외투를 걸치고 필립 왕자가 말을 타고 탈출하는 길에 장미를 뿌린다면, 말이 되지 않을 것이다. 이런 전개는 말리피센트의 본성과 맞지 않고, 영화를 보는 관객이 암묵적으로 기대하는 이야기와도 맞지 않는다(정교하게 설계된 반전이 아니라면, 관객은 이상하다고 생각할 것이다). 하지만 말리피센트가 용이 되는 건 문제가 되지 않는다. 왜 그럴까? 자연은 이해할 수 있는 위험을 대혼란으로 바꿀 수 있고, 결국 바꾸기 때문이다. 그런 일은 주변에서도 일어난다. 예를 들어 캠핑장에서 모닥불을 피우고 핫도그를 요리하며 둘러앉아 노래를 부르는데 갑자기 덥고 건조한 바람이 불어온다. 텐트를 쳐놓은 바짝 마른 숲에 불씨가 옮겨붙어 순식간에 숲 전체가 불바다로 변한다. 이처럼 우리가 다룰 수 있는 위험이 갑자기 다룰 수 없는 위험으로 변하는 일은 언제든 일어난다. 따라서 악의 여왕이 혼돈의 용이 되는 건 누구에게도 놀라운 일이 아니다.

우리가 선사시대의 원시 인류라고 생각해보자. 우리는 밤에 야영을 한다. 야영지는 경계가 둘러쳐진 영토라 당분간은 안전성과 예측 가능성이 보장된다. 거기에는 친구들과 친척들이 있다. 창이 있고 불도 있다. 적어도 그 시절 기준으로 그곳은 안전하다고 할 수 있다. 하지만 아무 생각 없이 돌아다니다가 모닥불에서 60미터만 벗어나도 날카로운 이빨과 비늘을 가진 무서운 동물에게 잡아먹힌다. 미지의 세계가 무서운 이유다. 우리 마음속에는 이 생각이 깊이 새겨져 있다. 인간이 파충류 포식자를 선천적으로 두려워하는 데는 충분한 이유가 있다. 우리는 두려움을 학습할 장비를 갖추고 태어날 뿐 아니라 두려움 자체를 갖고 태어난다.[3] 우리 마음속에는 어둠 속에 숨어 있는 맹수의 이미지가 존재한다. 그래서 아이들은 혼자 돌아다닐 수 있을 즈음부터 어둠을 두려워하기 시작한다.[4] 밤에 아이들은 "아빠, 저기 어두운 곳에 괴물이 있어!"라고 우긴다. 그러면 아빠는 아들이나 딸에게 괴물 같은 건 없다고 안심시킨다. 하지만 여기서는 어른이 틀리고 아이가 맞다. 지금 당장은 괴물이 없을지 모른다. 하지만 1미터 남짓한 아이가 먹음직스럽게 생겼을 때는 안심할 수 없다. 어둠 속에는 언제든 괴물이 있을 수 있고, 있기 마련이다. 따라서 어둠 속에는 항상 사악하고 위험한 것이 있으며, 준비된 자만이 거기에 맞서 숨겨진 보물을 쟁취할 수 있다는 사실을 말이나 행동으로 알려주어야 한다. 어른과 아이가 함께 역할극을 한다면 더욱 효과적이다.

줄리언이 피노키오를 만나기 약 1년 반 전에 나는 아이를 데리고 보스턴과학박물관에 갔다. 그곳에는 공룡의 왕 티라노사우루스의 골격이 전시되어 있었다. 내가 봐도 크기가 인상적이었으니 아이의 관점에서는 어마어마했을 것이다. 45미터 지점에서 아이는 호기심에 이끌려 앞으로 나아갔다. 하지만 30미터 지점에 이르자 더 이상 걸음을 떼지 못했다. 이는 신경학적 현상이기도 하다. 아이는 호기심에 이끌려 괴물에게 다가가고 몇 가지 유용한 정보를 얻었지만, 어느 지점부터는 두려움에 얼어붙는다. 나는 그 경계가 정확히 어디에 있는지 볼 수 있었다. 30미터는 티라노사우루스가 갑자기 머리를 숙여 아이를 물려고 해도 안전한 거리였다.

인간의 마음에는 잠재성이 한순간에 무시무시한 공포, 즉 크고 다양한 포식자로 돌변할 수 있다는 개념이 깊이 새겨져 있다. 애초에 인간은 힘없는 피식자였기 때문이다. 다만 쓸 만한 무기로 무장하고 서로 결속하고부터 포식자들에게 까다로운 먹잇감이 되었을 뿐이다(개인적으로 다행이라고 생각한다. 나는 회색곰이 많은 곳에서 야영을 한 적이 있다. 지구상에 그런 곳이 있다는 건 좋은 일이지만, 나는 녀석들이 수줍고, 너무 배고프지 않고, 멀찍이서 그림 같은 풍경을 이루며 존재하는 걸 더 좋아한다). 하지만 어떤 정신적·심리적 힘들은 포식자처럼 우리를 파괴할 수 있는데, 이 힘들이 포식자보다 훨씬 더 위험할 수 있다. 인간의 마음속에 있으면서 사람들이 범죄를 저지르게 몰아가는 악의가 대표적이다. 또한 악은 복수와 약탈과 탐욕이 판치는 전쟁을 일으키고, 순수하게 재미를 목적으로 하는 살인과 파괴를 부추긴다. 악의는 다른 사람뿐 아니라 당신의 마음속에도 있다. 다른 어떤 용보다 거대한 이용을 지배하는 것이야말로 개인이 이룰 수 있는 가장 위대하고 놀라운 성취다.

우리의 신경 체계는 이렇게 극적인 방식으로 세계를 해석하게끔 이루어져 있다. 시상하부[5](척수 위에 자리한 작은 부위)라 불리는 오래된 뇌 영역은 위험과 잠재성을 개념화할 때 기본적인 감정 반응을 조절한다. 시상하부의 두 모듈 중 하나는 번식(성적 흥분과 행동)과 자기보호(굶주림, 갈증 그리고 위험 앞에서의 방어적 공격성)를 담당하고 나머지 하나는 탐험[6]을 담당한다. 먼저 시상하부의 절반은 기본적인 욕구를 누그러뜨리거나 충족시키기 위해 과거에 탐험했던 것을 다시 사용하라고 명령한다. 그리고 공격에 대비해 우리를 미리 준비시킨다. 나머지 절반은 우리에게 항상 묻는다. 저 바깥에 뭐가 있을까? 그걸 어떻게 이용할 수 있을까? 얼마나 위험할까? 그것은 어떤 습관을 갖고 있을까? 그러므로 그건 어떤 이야기일까? 식량이 떨어질 때까지는 먹고 마시고 즐겨라(하지만 괴물은 항상 조심하라). 그런 뒤에는 위험과 희망이 모두 잠들어 있는 미지의 세계를 탐험해 거기에 뭐가 있는지를 밝혀내라. 왜 그래야 할까? 우리는 알아야 하는 것을 아주 많이 알고 있지만 충분히 알고 있지는 않다. 당신이 이 말을 이해한다면 그 이유는 인생이 아직 가능한 만큼 좋지 않기 때문이고, 당신은 언젠가 죽을 것이기 때문이다. 분명 그런 조건에서 우리는 더 많은 걸 알아야 한다. 그래서 우리는 탐험 충동을 느낀다. 우리는 그렇게 세계에 반응하도록 설계된 존재이기 때문에 현실을 영원한 포식자가 지키는 영원한 보물창고라는 표상으로 바꿔 인식하는 것이다.

자연: 창조와 파괴

우리 모두에게는 자연의 이미지가 있다. 우리는 대개 아름다운 풍경과 모든 걸 소생시키는 자비로운 자연을 떠올린다. 환경보호주의자들의 감상적인 세계관을 뒷받침하는 것도 그런 이미지다. 하지만 앨버타주 북부에서 태어난 나는 자연을 그렇게 보지 않는다. 내 고향 페어뷰에서는 1년 중 6개월은 죽을 만큼 춥다. 추위가 물러가면 적어도 2개월은 곤충에 시달려야 한다. 페어뷰에서 자연은 낭만적이라기보다는 붉은 이빨과 발톱을 드러내는 맹수와 비슷하다. 그곳의 자연은 생물학적 존재인 우리에게 닥칠 수 있고 닥치고야 마는 상처, 질병, 죽음, 정신이상 등 아주 부정적인 사건들을 연상시킨다.

아직 실현되지 않은 미래의 잠재성(혼돈의 용)이 있다. 하지만 우리가 살아가면서 직접 마주치는 자연이 있으며, 이 또한 우리가 전혀 알지 못하는 세계에 속한다고 생각할 수 있다. 자연에는 호의적인 면이 있다. 우리가 살아가는 이곳에는 매력적이고 흥미로운 사람들이 있으며 눈길과 손길을 사로잡는 것들이 넘쳐난다는 사실을 생각해보라. 육지의 풍경은 놀라울 정도로 아름답고, 대양의 아름다움과 불멸성과 거대함은 전율을 일으킨다. 이 모두가 자연을 풍부하고 경이롭게 만든다. 하지만 그와 함께 자연에는 파괴, 질병, 고통, 죽음 같은 아

질서 너머

주 무서운 것들이 있다. 이 두 종류의 경험 요소는 어깨를 맞대고 나란히 존재한다. 심지어 후자가 없으면 전자가 존재할 수 없는 경우도 있다. 건강한 사람의 몸 안에서 쓸모를 다한 세포의 죽음과 그 자리를 대체하는 새로운 세포의 생성이 아주 미묘하게 균형을 이루듯 말이다. 이런 균형은 존재의 필수 조건이다.

존재의 이 두 가지 요소는 우리의 상상 속에서 의인화된 형태로 등장한다. 하나는 악의 여왕, 즉 파괴와 죽음의 여신이고, 다른 하나는 그 대척점에 있는 대모 요정, 즉 자비로운 군주, 힘없는 자를 항상 지켜보고 도와주는 젊고 사랑이 넘치는 어머니다. 바람직한 삶을 위해서는 두 가지 요소와 모두 친해질 필요가 있다. 만일 당신이 어릴 때 어머니에게 학대당해 악의 여왕하고만 친하다면, 사랑과 관심의 부족으로 당신은 몸과 마음이 엉망이 되고, 수시로 두려움과 고통과 공격성에 빠져들 것이다. 인생은 그렇게 사는 것이 아니다. 그런 환경에서는 불신과 적의와 복수심이 없는, 유능하고 온전한 사람으로 성장하기가 매우 어렵다. 따라서 당신은 자비의 여왕이 되어줄 사람을 찾을 필요가 있다. 친구나 가족 또는 가상의 인물이 그런 사람이 되어줄 수 있다. 당신 안에 있는 정신의 일부가 그런 존재가 될 수도 있다. 그 정신은 학대가 잘못되었다는 걸 깨닫는 순간 작동하기 시작한다. 그리고 기회가 오면 반드시 불행한 환경에서 벗어나 다시는 돌아가지 않고 균형 있는 삶을 영위하겠다고 다짐한다. 이 방향으로 가는 첫걸음은 그렇게 학대를 당했음에도 스스로 사랑받을 가치가 있다고 믿는 것이고, 두 번째 발걸음은 다른 누군가에게 사랑을 주는 것이다.

공포와 자비라는 자연의 양극성을 이해한다면 당신은 영속적이고 피할 수 없는 두 가지 경험의 기본 요소를 인정하게 되고, 희생에 이끌리는 우리의 성향을 이해하기 시작한다. 희생 또는 제물이 신들을 행복하게 한다는 말은 종교적 수사이긴 하나, 가령 어떤 신들이 불행한지 알고 그들이 불행할 때 얼마나 무서운지를 이해한다는 건 우리의 지혜가 한층 더 깊어졌다는 뜻이다. 현대인은 희생(제물)의 의미를 잘 이해하지 못한다. 보통 제단 위에 올려놓고 통째로 태워 바치는 것으로 생각하기 때문인데, 고대에는 희생이라는 개념을 그런 행동으로 표현했다. 하지만 희생을 심리적으로 개념화하는 데는 현대인도 아무 문제가 없다. 누구나 미래에 늑대가 들어오지 못하게 하려면 지금의 만족을 포기해야 한다는 걸 잘 안다. 우리는 부정의 여신을 희생으로 달램으로써 긍정의 여신을 불러들인다. 우리는 의사나 간호사, 사회복지사가 되기 위해 오랫동안 힘든 훈련을 거친다. 그런 희생이 미래와 협상하고 거래하는 능력, 미래에 대비하는 능력과 맞물릴 때 우리는 위대한 보물을 발견한다. 당신은 충동적인 만족을 접는다. 지금 당장 필요로 하고 원하는 것을 포기한다. 그리하여 결국 가치 있는 것을 얻는다(공포를 저지한다). 당신은 파티와 안락한 시간을 포기한다. 대신 당신은 삶의 어려운 문제에 집중한다. 그러면 삶의 어려운 문제들은 점점 줄어든다. 당신은 적절한 희생을 통해 기른 힘을 발휘해 더 좋은 보수를 받고, 주변 사람들을 돕는다. 우리는 항상 이런 방식으로 거래를 한다. 현실의 잠재된 구조와 협상할 수 있다는 믿음을 실천한다. 그리고 의외로 협상은 빈번하게 일어난다. 당신은 최악의 상황, 악의 여왕이 찾아올 때를 대비한다. 그녀의 존재를 인지했으면 당신은 해야 할 일들을 한다. 충분히 현명하고 운도 따른다면 당신은 그녀를 저지하는 데 성공한다. 그리고 이 모든 일을 해냈을 때 자비로운 자연이 우리를 보고 미소 짓는다. 그 미소는 영원하지 않지만, 우리는 그 상황을 적어도 얼마간 통제할 수 있다. 우리는 가만히 앉아 있는 오리, 숲속에 버려진 아기, 놀이공원에 온 촌뜨기가 아니며 그렇게 되어서도 안 된다.

자연은 그 존재론적 대응물인 문화를 시시각각 파괴한다는 점에서 혼돈이기도 하다. 로버트 번스는 다음과 같이 표현했다. "생쥐와 인간이 아무리 정교하게 계략을 꾸며도 빗나가기 일쑤다." 자연은 긍정적인 동시에 부정적인 모습으로 나타나 그 일을 한다. 한편에는 생명의 허약함과 번식의 필요성 그리고 임신·출산·양육의 불확실성이 있고, 반대편에는 확실성·예측 가능성·질서를 향한 욕구가 있다. 둘 사이에 균형을 맞추기란 쉬운 문제가 아니다. 죽음은 말할 것도 없다(어찌 보면 암도 다른 형태의 생명에 불과하다). 하지만 이 모든 걸 고려한다 해도 혼돈이 질서보다 무가치하다고 말할 수는 없다. 예측 불가능성이 조금 줄어들면 훨씬 좋을 수 있지만, 아예 없으면 삭막하다.

이 자연과 혼돈의 조합은 대중문화에서 자주 볼 수 있다. 앞서 말했듯이, 악의 여왕은 디즈니 만화영화 〈잠자는 숲속의 공주〉에도 등장하지만, 〈인어공주〉(우르술라 마녀), 〈백설공주와 일곱 난쟁이〉(새엄마 그림하일드), 〈101마리의 달마시안〉(악녀 크루엘라 드빌), 〈신데렐라〉(새엄마 트레메인 부인), 〈라푼젤〉(엄마 고델), 〈이상한 나라의 앨리스〉(하트 여왕)에도 등장한다. 악의 여왕은 자연의 가혹한 힘을 상징한다. 〈잠자는 숲속의 공주〉의 마녀는 여기에서도 아주 적절한 예다. 영화 첫 부분에서 벌어지는 일을 생각해보자. 왕과 왕비는 오랫동안 아기를 간절히 원했다. 드디어 축복이 찾아왔다. 아기가 태어나고 이름은 오로라(새벽)다. 왕과 왕비는 대단히 기뻐하고, 왕국의 모든 백성도 함께 기뻐한다. 그도 그럴 것이 새 생명이 탄생했기 때문이다. 왕과 왕비는 성대한 세례식을 준비한다. 그런데 악의 여왕 말리피센트를 초대하지 않는다. 모르고 초대하지 않은 게 아니다. 그들은 말리피센트의 존재뿐 아니라 그녀의 힘도 익히 알고 있다. 따라서 말리피센트를 초대하지 않은 것은 고의적인 외면이고 나쁜 결정이다. 그들은 세계에 부정적인 요소가 분명 존재한다는 걸 알면서도, 갓 태어난 소중한 딸을 그로부터 보호하는 데 급급한 나머지 딸에게 부정적인 현실에 대처할 힘과 지혜를 제공하지 않기로 결정한 것이다. 그 결과 오로라는 순진하고 위험에 취약해진다. 말리피센트는 어떤 식으로든 나타날 것이고 이건 거의 확실하기 때문이다. 따라서 이 이야기에는 다음과 같은 메시지가 담겨 있다. 당신 아이의 인생에 악의 여왕을 초대하라. 그러지 않으면 당신 아이는 온실의 화초처럼 약하게 자란다. 당신이 아이를 지키기 위해 온갖 대책을 세워도 악의 여왕은 아이 앞에 나타난다. 실제로 악의 여왕은 세례식에 찾아와 공주에게 저주를 안긴다. "오로라가 열여섯 살이 되었을 때 뾰족한 물레 바늘에 찔려 죽음을 맞이할 것이다." 이 저주는 어린 공주의 세례식에 악의 여왕을 초대하지 않은 결과다. 인정 많고 강력한 힘을 가진 한 손님(긍정적인 여성성을 상징하는 세 요정 중 하나)이 중재한 덕분에 그 저주는 죽음에서 깊은 무의식(잠)으로 바뀌지만, 치명적이긴 매한가지다.

열여섯 살이 되도록 여전히 잠에 빠진 미녀들에게는 다음과 같은 일이 일어날 수 있다. 그들은 깨어나길 바라지 않는다. 자연의 부정적인 힘에 맞설 용기와 능력을 기르지 않았기 때문이다. 마찬가지로 온실에서 곱게 자란 아이는 자연의 부정적인 힘에 맞설 수 없다. 당신이 악의 여왕을 잠깐이라도 초대하지 않았기 때문이다. 악의 여왕이 나타나 무시무시한 힘을 휘두를 때, 준비되어 있지 않은 아이는 어떻게 하겠는가? 살고 싶지 않을 것이다. 무의식을 간절히 원할 것이다. 그뿐이 아니다. 아이를 지나치게 보호하면, 바로 당신이 아이의 위험이 된다. 삶에 필요한 모험을 박탈하여 아이를 나약하게 만들고 있는 당신이야말로 파괴의 힘이고 의식을 집어삼키는 마녀다.

나는 몇 년 전에 잠자는 숲속의 공주를 현실에서 만났다. 그녀는 마른 몸에 큰 키와 금발이 매력적이었지만 아주 불행했다. 그녀는 4년제 대학을 들어가기 위해 가까운 곳에 있는 2년제 대학에 다니고 있었다. 그녀가 나를 보러 온 이유는 살고 싶지 않아서였다. 정말로 죽고 싶은 건 아니었다(적어도 적극적으로는 그렇지 않았다). 대신에 그녀는 발륨(신경안정제)과 수면제를 복용해 무의식 상태로 지냈다. 그녀는 몇몇 의사에게 처방을 받아 충분한 양을 확보했으며, 의사들은 너무 바빠 그녀가 처방약으로 뭘 하고 있는지 확인하지 못했다. 그녀는 하루에 15~16시간 동안 잠에 빠져 있었다. 그녀는 영리하고 글을 잘 썼는데, 자신의 인생뿐 아니라 모든 인생이 기본적으로 무의미하다는 내용의 철학 에세이를 내게 보여주었다. 그녀는 책임감을 견디기 어려워했고, 주변에서 마주치는 잔인함을 처리하지 못했다. 예를 들어 그녀는 비건(엄격한 채식주의자)이었는데, 생명체에 가해지는 물리적 고통에 매우 예민했다. 슈퍼마켓에서 고기가 진열된 통로에 발을 들이지 못했다. 다른 사람들에게는 가족에게 요리해줄 고기가 그녀에게는 토막 난 몸뚱이로 보였다. 그런 장면을 보면 인생은 본래 끔찍하다는 믿음이 굳어지기만 했다.

그녀는 어렸을 때 친어머니를 잃고 아버지와 의붓어머니 밑에서 자랐다. 의붓어머니는 끔찍했다. 나는 그녀와의 상담 시간에 딱 한 번 그 어머니를 함께 보았다. 그녀는 한 시간 내내 나를 혹독하게 비난했다. 우선 내가 임상심리학자로서 거의 자격 미달이라며 목소리를 높였고, 내담자의 모든 문제를 '의심의 여지없이' 자기 탓으로 돌렸다며 화를 냈다. 나는 그녀가 숨을 고르는 사이에 간신히 끼어들어 열 마디 정도밖에 하지 못했다. 무엇이 의붓어머니를 그렇게 만들었는지는 분명했다. 내가 내담자에게 학교에 있을 때는 매일 서너 번씩 전화 거는 횟수를 10분의 1로 줄여야 하고, 통화 내용도 더 즐거울 필요가 있겠다고 조언했기 때문이었다(나는 그중 녹음된 어떤 통화를 들어봤다). 하지만 나는 그 모든 것이 의붓어머니의 잘못이라고 말하려는 게 아니었고, 그렇게 믿지도 않았다. 분명 그 어머니에게도 좌절할 만한 이유가 있었다. 의붓딸은 인생을 열심히 살지 않았고, 대학 졸업장을 2년 만에 따야 했지만 비싼 등록금을 내고 4년 가까이 학교에 다니면서 과락을 밥 먹듯 하고 있었다. 하지만 하루에 세 번씩 전화를 받으면서 의붓어머니의 분노와 모욕이 섞인 말을 견디는 상황에서는 삶의 의욕이 되살아날 수 없었다. 나는 내담자에게 일주일에 한 번 정도가 무난하다고 제안했고, 만일 대화가 나쁜 쪽으로 흐르기 시작하면 전화를 끊으라고 권고했다. 그녀는 내 충고를 실행에 옮겼고, 이 모든 것에 격분한 의붓어머니가 나를 만나 따지기로 작정한 것이다.

내 내담자, 잠자는 공주는 어린 시절에는 평화로웠다고 묘사했다.

자신이 동화 속 공주처럼 살았으며, 외동딸이라 부모의 사랑을 넘치게 받았다고 말했다. 하지만 사춘기가 오자 모든 것이 변했다. 의붓어머니의 태도는 신뢰에서 깊은 불신으로 변했고, 그때부터 두 사람은 끊임없이 충돌해서 이젠 싸움을 빼고는 모녀 관계를 규정하기 힘든 지경이 되었다(나를 만났을 때 내담자는 30대 초반이었다). 그 배후에는 섹스 문제가 도사리고 있었다. 의붓어머니는 마치 자신의 순진한 아이가 부정한 사기꾼으로 돌변한 듯 반응했고, 그럴수록 의붓딸은 덜 떨어진 남자들과 데이트했다. 어린 공주의 순수함을 잃어버린 자신에겐 그런 남자들이 어울린다고 생각했고, 의붓어머니에게도 완벽한 복수가 될 것 같았기 때문이었다.

나는 두려움 극복에 도움이 되는 노출 훈련을 내담자와 함께 계획했다. 먼저 동네 정육점을 함께 방문하기로 했다. 가게 주인은 나와 오랜 친분이 있는 사람이었다. 나는 내담자의 허락을 받고 그에게 사정을 설명한 뒤, 그녀의 마음이 준비됐을 때 그녀를 가게 뒤로 데리고 올 테니 직원들이 죽은 동물을 트럭에서 내리고, 통로로 작업장까지 운반하고, 요리하기 좋게 자르는 과정을 보여줄 수 있느냐고 물었다. 주인은 흔쾌히 허락했다. 우리의 첫 번째 목표는 단지 함께 정육점에 가는 것이었다. 나는 언제든 중단하거나 완전히 그만둘 수 있으며, 어떤 상황에서도 그녀가 참을 수 없는 것을 억지로 하게끔 속이거나 유도하거나 회유하지 않겠다고 약속했다. 첫 방문에 그녀는 간신히 가게에 들어가 진열장을 만져보았다. 몸이 떨리고 눈물이 났지만 남들 앞에서 해냈다. 네 번째 방문에서 그녀는 정육점 직원들이 칼과 톱을 휘두르며 동물의 시체를 판매용 규격으로 자르는 걸 지켜보았다. 이 훈련은 분명히 효과가 있었다. 그녀는 무의식 속으로 숨어드는 경향이 줄어들고, 수업에 더 많이 참석했다. 또한 더 강인하고 거칠고 냉혹해졌다. 이 말들이 늘 칭찬의 의미로 쓰이지는 않지만, 위험하리만치 모든 걸 순진하게 보는 감상적 마음이 지나칠 때는 아주 효과적인 해독제가 된다. 우리는 돼지, 말, 닭, 염소 등 일반 가축을 기르는 시골 농장에서 그녀가 주말을 보내도록 계획을 세웠다. 그 농장 주인도 나의 고객이었다. 나는 그에게 가축을 돌볼 때 그녀를 옆에 있게 해달라고 부탁했다. 내담자는 도시에서만 살아서 동물에 관해 아무것도 몰랐고, 그 까닭에 어렸을 때나 어울리는 동화적인 방식으로 동물을 낭만화하는 경향이 있었다. 시골에서 이틀을 보내며 그녀는 우리가 길러서 식탁 위에 올리는 동물의 진짜 모습을 훨씬 더 현실적으로 이해하게 되었다. 동물들도 지각이 있는 존재이므로 필요 이상으로 고통을 줘서는 안 되지만, 그들은 인간이 아니고 어린아이는 더욱 아니다. 우리는 이 점을 구체적인 차원에서 이해할 필요가 있다. 지나친 감상은 병이고, 발달장애이며, 보살핌이 필요한 아이들과 노약자들에게는 일종의 저주가 될 수 있다.

잠자는 공주는 놀랄 정도로 꿈을 많이 꿨다. 보통 하루에 꿈을 두세 번 꾼다고 하는 사람들을 상담해본 적이 있긴 했지만, 그들도 모든 꿈을 자세히 기억해내지는 못했다. 그런데 그녀는 꿈을 많이 꿨을 뿐 아니라 자세히 기억했다. 게다가 잠자는 중에 꿈을 꾸고 있다는 의식이 또렷해지는 경우도 종종 있었다. 내가 만난 사람 중 꿈에 나타난 인물들에게 당신의 의미가 무엇인지, 무슨 메시지를 갖고 왔는지 묻고 그 대답을 직접 들을 수 있는 사람은 그녀가 유일했다. 어느 날 그녀

질서 너머

가 꿈을 하나 갖고 상담실에 왔다. 혼자 오래된 숲속으로 깊이 들어갔는데, 어둡고 음울한 곳에 난쟁이 한 명이 할리퀸(여자 광대) 차림으로 서 있었다. 그녀가 질문하면 난쟁이는 대답했다. 그래서 그녀는 대학 졸업장을 따려면 어떻게 해야 하느냐고 물었다. 앞서 말했듯 그녀는 4년째 학교를 다니고 있었고, 학적을 유지하느라 대학 담당자와 수많은 협상을 벌여왔다. 그녀는 어떤 대답을 들었을까? "도축장에서 일하는 걸 배워야 해."

내 개인적인 생각을 말하자면, 꿈은 자연의 진술이다. 우리가 꿈을 창조한다기보다는 꿈이 우리 앞에 모습을 드러낸다. 나는 내가 사실이 아니라고 믿는 것이 꿈에 나타나는 걸 본 적이 없다. 나는 프로이트와는 달리 꿈이 그 의미를 위장한다고 생각하지 않는다. 오히려 꿈은 만개한 생각들이 출현하는 과정의 초반부라고 생각한다. 꿈은 아무것도 없는 데서 마술처럼 생겨나지 않기 때문이다. 우리는 미지의 세계, 거대한 혼돈의 용이나 악의 여왕과 마주해야 하는데, 처음에는 어떻게 맞서야 하는지를 모른다. 이때 두려움이나 호기심이나 얼어붙기 같은 기초적인 정서적·동기적·신체적 반응이 가장 먼저 나타난다. 뒤이어 미지의 것이 우리가 실행할 수 있고 심지어 뚜렷하게 표현할 수 있는 지식으로 바뀌는 인지 과정이 시작되는데, 그 인지의 첫 번째 단계가 바로 꿈에 해당한다. 꿈은 생각이 탄생하는 곳이다. 그곳에서는 종종 의식에 쉽게 진입하지 못하는 생각이 태어나기도 한다. 꿈은 어떤 것도 감추지 않지만, 명확히 표현하는 솜씨는 뛰어나지 않다(그렇다고 해서 꿈이 심오할 수 없다는 건 아니다).

어쨌든 이 꿈은 해석하기가 어렵지 않았다. 주인공인 난쟁이가 자기 생각을 그대로 말하지 않았는가. 그래서 나는 내담자의 이야기에 귀를 기울였고(정육점과 농장을 방문한 뒤였다), 우리가 어떻게 하면 좋을지 그녀에게 물었다. 나는 어떻게 해야 도축장을 방문할 수 있을지 전혀 몰랐고, 심지어 우리가 사는 도시에 도축장이 있는지도 몰랐으며, 설령 있다 해도 그런 곳에서 동기와 무관하게 방문객을 받아줄 것 같지 않았다. 하지만 그녀는 자신이 진실을 들었으니 비슷한 일이라도 반드시 해야 한다고 확신했다. 그래서 우리는 그녀가 강해짐으로써 나타나고 있는 결과들과 그녀가 의붓어머니의 잔소리 공세를 성공적으로 막아낸 사실을 확인하고, 그 문제에 관해 더 이야기한 뒤 상담을 마쳤다. 그리고 도축장을 대신할 적당한 장소를 찾아보기로 했다.

일주일 뒤 예약 시간에 맞춰 나타난 그녀는 누구에게도 들으리라고 상상조차 못 한 계획을 발표했다. "시신 방부 처리를 봐야겠어요." 나는 말문이 턱 막혔다. 개인적으로는 절대로 보고 싶지 않았다. 과학 박물관에서 신체 부위를 본 적이 있는데, 기억에서 쉽게 지워질 경험이 아니었다. 또한 약 10년 전에 크게 유행한 전시회에서 플라스틱으로 근골격을 표현한 인체 모형을 보았는데 그 역시 무서웠다. 내가 외과의나 검시관이 아니라 임상심리학자가 된 데는 이유가 있었다. 하지만 이번에는 내 문제가 아니었다. 내 내담자, 잠자는 숲속의 공주는 깨어나고 싶은 소망이 있었다. 내가 그녀의 무의식 깊은 곳에 거주하는 난쟁이가 전해주려는 지혜를 가로막으면 안 될 일이었다. 나는 그녀에게 내가 어디까지 할 수 있는지 보고 싶다고 말했다. 예약은 생각보다 훨씬 간단했다. 나는 전화기를 들어 시내에 있는 장의사에게 전화했다. 정말 놀랍게도 장의사는 즉시 수락했다. 그는 직업이 직업이

니만큼 슬퍼하고 무서워하는 사람을 많이 보았고, 그 사람들을 침착하고 현명하게 다루는 일에 익숙할 것 같았다. 더 할 이야기가 없었다. 내담자는 그 모든 걸 경험하고 싶어 했고, 나는 마지못해 따르기로 했다.

2주 후 우리는 시체안치소를 방문했다. 그전에 내담자는 친구 한 명을 데리고 가도 되느냐 물었고, 나는 괜찮다고 대답했다. 장의사는 먼저 우리 세 사람에게 한 바퀴 둘러볼 기회를 줬다. 우리는 장의사를 따라 예배당과 관 전시실을 둘러보았다. 우리는 장의사에게 죽음과 고통과 슬픔에 끝없이 집중하는 그 일을 어떻게 해내느냐고 물었다. 그는 유족에게 닥친 큰 아픔을 조금이라도 덜어주기 위해 최선을 다하고 있으며, 그 일을 해냈을 때 용기를 얻는다고 말했다. 우리 두 사람은 그 말에 고개를 끄덕였고, 그가 어떻게 날이면 날마다 그 일을 해내고 있는지 어느 정도 이해할 수 있었다. 안치소를 둘러본 뒤 우리는 10제곱미터(3평) 남짓한 방부처리실로 이동했다. 스테인리스 테이블 위에 나이 든 남자의 얼룩덜룩한 잿빛 시신이 미동도 없이 누워 있었다. 공간이 좁기도 하고 내담자와 내가 거리를 유지할 수 있도록 우리 세 사람은 문 바깥쪽 복도에 서서 처리 과정을 지켜보았다. 테이블에서 멀어지긴 했지만 장의사의 처리 과정을 어느 정도는 볼 수 있었다. 그는 시신에서 피와 그 밖의 체액을 빼냈다. 체액은 아무렇지 않게 흘러내렸지만, 어떤 의미에서는 그 처리 방식이 너무나 평범해서 더 끔찍하다는 생각이 들었다. 그렇게 소중하고 긴요했던 것은 더 정성스럽게 처리되어야 할 것만 같았다. 장의사는 외과적 시술로 들어가 눈꺼풀을 봉합하고, 얼굴에 화장을 하고, 방부액을 주입했다. 나는 장의사를, 그리고 내담자를 지켜봤다. 처음에 그녀는 고개를 숙인 채 앞에서 펼쳐지고 있는 장면을 회피했다. 하지만 몇 분이 흐르자 그 과정을 힐끗 보기 시작했고, 15분이 흐르자 회피하는 시간보다 관찰하는 시간이 더 많아졌다. 하지만 나는 그녀가 슬며시 친구의 손을 잡더니 그 후에도 계속 움켜쥐고 있는 걸 볼 수 있었다.

내담자는 소름 끼치게 무서울 것이라 믿었던 것이 실은 그렇지 않다는 걸 직접 깨닫고 있었다. 그녀는 잘 대처했다. 걱정했던 것과 달리 겁에 질리거나 불쾌해하거나 도망치거나 눈물을 흘리지 않았다. 그녀는 장의사에게 시신에 손을 대볼 수 있느냐고 물었다. 그녀는 장의사가 건네준 고무장갑을 양손에 낀 뒤, 침착하게 처리실로 걸어 들어갔다. 테이블 앞에 선 그녀는 시신의 갈빗대에 손을 대고, 마치 그녀 자신과 세상을 떠난 가엾은 영혼을 위로하듯이 잠시 그대로 있었다. 그런 뒤 절차는 종료되었다. 우리는 장의사에게 진심 어린 감사를 전하고 조용히 안치소를 벗어났다.

우리 세 사람은 우리가 그런 곳을 방문했다는 사실에 놀라움을 감추지 못했다. 내담자는 삶의 공포를 견디는 방식에 관하여 아주 중요한 것을 배웠다. 또한 두려움의 기준점을 알게 되었고, 이후로는 그 기준에 의거하여 진정한 경외감을 불러일으키는 것, 정말로 심각하고 무섭고 생생하고 사실적인 어떤 것과 그보다 작고 불가피한 공포들을 분별하게 되었다(그렇다고 그녀가 완전히 치료된 것은 아니다). 살면서 불가피하게 겪는 불행들이 그녀가 자발적으로 경험한 그 일만큼 힘겨운가? 동네 정육점이 그렇게 가까운 거리에서 생생하게 봤던 인간의 죽음보다 더 무서운가? 그녀는 끔찍한 자연이 그녀 앞에 던질

질서 너머

수 있는 최악의 사건을 피하지 않고 용감하게 마주할 수 있음을 스스로 입증하지 않았는가? 그 일은 그녀에게 역설적이고 깊디깊은 위안의 원천이 되었다.

잠자는 숲속의 공주 이야기에서처럼 내담자의 가족은 악의 여왕, 무시무시한 자연을 아이의 인생에 초대하지 않았다. 그로 인해 내담자는 삶의 기본적인 가혹함에 완전히 무방비했다. 구체적으로 그녀는 섹스 문제 그리고 서로 먹고 먹히는 자연의 법칙에 대해 전혀 준비되어 있지 않았다. 그 결과 악의 여왕은 의붓어머니 형태로 사춘기에 나타났고, 더 나아가 성인으로서의 책임과 생존의 가혹한 의무를 감당하지 못하는 자신의 무능력으로 다시 나타났다. 잠자는 숲속의 공주처럼 그녀는 모험심, 용기, 강인함을 일깨울 필요가 있었다. 종종 말을 탄 왕자로 대표되는 그 힘들을 그녀는 자신의 내면에서 발견해냈다.

문화: 안전과 폭정

혼돈의 용과 자비의 여신, 악의 여왕이 잠재성과 미지의 세계를 상징한다면, 지혜로운 왕과 권위주의적인 폭군은 사회적·심리적 구조들을 대표한다. 그 구조들 덕분에 우리는 잠재성을 실현할 수 있다. 우리는 문화의 렌즈를 통해 현재를 해석한다. 그리고 우리가 배워온 것과 개인적으로 가치 있다고 여기는 것을 현실로 가져오려 시도함으로써 앞날에 대비한다. 이 모든 건 좋게 보이지만, 현재 우리 앞에 있는 것과 우리가 추구해야 할 것을 너무 융통성 없이 이해하면 새로움·창의성·변화의 가치를 못 보고 지나칠 수 있다. 우리를 이끄는 구조들이 안전하면서도 융통성이 있을 때 우리는 일상적인 것과 예측 가능성을 향한 욕구에 호기심을 더해 발효를 유도할 수 있다. 호기심은 우리를 제도 바깥에 있는 것에 흥미를 느끼고 그 가치를 알게 한다. 그런 구조들이 쇠락하여 정체할 때 우리는 아직 이해하지 못한 것, 아직 만나지 못한 것에서 멀어지고, 그 존재를 부인하게 된다. 그 결과 우리는 변화가 필요할 때 변하지 못한다. 삶에 필요한 균형을 확립하려면 이 두 가지 가능성을 이해하는 게 아주 중요하다.

이해를 돕기 위해 우리가 지금까지 살펴본 경험의 요소들을 시적 은유로 표현해보겠다. 혼돈의 용이 거주하는 영역이 밤하늘이라고 상상해보자. 맑은 날 머리 위에 무한히 펼쳐진 밤하늘은 우리가 영원히 이해할 수 없는 것을 상징한다. 해변에 서서 하늘을 올려다보면 혼자만의 생각과 상상에 빠져든다. 그런 뒤 바다로 주의를 돌린다. 바다는 별이 빛나는 우주처럼 장대하지만, 비교해서 말하자면 만질 수 있고 분명하고 이해할 수 있다. 바다는 자연이며, 잠재성에 불과한 것이 아니다. 바다는 완전히 이해할 수 없다기보다는 이해에서 벗어난 상태로 눈앞에 존재한다. 바다는 아직 길들여지지 않았으며, 질서의 영역에 들어오지 못했다. 바다는 신비롭고 아름답다. 수면에는 달이 비치고, 파도가 부서지면서 자장가를 들려주고, 사람들이 잔잔한 물에서 헤엄을 친다. 하지만 아름다움에는 대가가 따른다. 우리는 상어를 조심해야 한다. 독을 가진 해파리도 조심해야 한다. 당신이나 아이를 집어삼킬 수 있는 격랑도 조심해야 한다. 따뜻하고 아늑한 바닷가 별

질서 너머

장을 파괴할 수 있는 태풍도 조심해야 한다.

당신이 서 있는 해변은 어느 섬의 외곽이다. 그 섬은 문화다. 거기에 사람들이 산다. 어쩌면 자애로운 통치자 밑에서 조화롭고 편하게 살 수도 있고, 압제와 굶주림과 약탈과 전쟁으로 피폐해진 지옥 같은 상태에서 근근이 버티고 있을 수도 있다. 그것이 문화다. 문화는 지혜로운 왕일 수도 권위주의적인 폭군일 수도 있다. 악의 여왕과 자비의 여신의 경우와 마찬가지로, 다사다난한 인생에 잘 적응할 수 있는 균형 잡힌 태도를 갖추기 위해서는 반드시 두 인물 모두와 친해져야 한다. 지혜로운 왕을 너무 강조하다 보면 사회구조의 결함 때문에 불가피하게 생겨나는 부당함과 불필요한 고통을 보지 못한다. 반대로 권위적인 폭군을 너무 주장하다 보면, 잘 부서지지만 그럼에도 우리를 묶어주고 혼돈으로부터 보호해주며 무질서를 막아주는 이 구조들을 고마워하지 않게 된다.

우리가 흔히 채택하며 정치적으로나 개인적으로 양극화를 초래하는 이데올로기적 체계들을 지금 이 개념화에 비추어보면 유익하다. 이데올로기적 체계는 종교, 신화 또는 연극에 스며 있는 기본적인 하부구조에서 기생하는 문화적 서사들이다(그 하부구조는 오랫동안 진화를 통해 생물학적 본성에 부합하도록 빚어졌다). 이데올로기는 본질상 종교와 똑같은 이야기의 구조를 취하지만, 경험의 요소나 인물 중 일부분만 수용하고 다른 것들은 무시했기 때문에 불완전하다. 그럼에도 그 힘은 표현된다. 기본적으로 신화적·생물적 성격(무의식 차원의 의미)이 포함되어 있기 때문이다. 하지만 빠진 요소가 있다는 것은, 남아 있는 것이 아무리 강력한 힘을 발휘한다 해도 결국 한쪽으로 편향

되어 그 유용성이 제한될 수밖에 없다는 걸 의미한다. 물론 그런 편향에는 바람직한 면이 있다. 너무 복잡해서 이해하기 어려운 것을 단순화해주기 때문이다. 하지만 그 일면성이 항상 위험을 부른다. 우리가 사용하는 지도에 빠진 부분이 있다면, 빠진 요소가 그 모습을 드러낼 때 우리는 완전히 무방비할 것이다. 어떻게 하면 단순화의 이점을 살리면서도 그에 딸린 맹목성에 잡아먹히지 않을 수 있을까? 이에 대한 답은 서로 다른 사람들 사이에 오가는 끝없는 대화에서 찾을 수 있다.

사람들의 정치적 신념은 대체로 타고난 기질에 기초한다. 우리의 감정이나 동기가 한쪽으로 기우는 경향만큼이나(이는 대체로 생물학적 성향의 결과다) 보수나 진보를 채택하는 경향이 있다. 이건 견해의 문제가 아니다. 동물들은 각자에게 맞는 장소나 공간에 서식한다. 그곳 환경은 그들의 생물학적 성향과 잘 어울린다. 사자는 드넓은 바다에서 살지 않고, 범고래는 아프리카 초원을 배회하지 않는다. 동물과 그 서식 환경은 한 몸이다.

최소한 관념의 세계에서 인간도 그와 비슷하다. 그럼에도 우리는 거의 모든 곳에 집을 짓고 살 수 있다. 필요에 따라 지형을 바꾸고, 더 나아가 우리 자신의 행동을 수정할 수 있기 때문이다. 하지만 우리에게는 지각적으로나 인지적으로 어울리는 자리가 있다. 예를 들어 진보주의자는 새로운 생각에 끌리고 마음을 뺏긴다. 새로운 생각에 끌리는 이점은 분명하다. 살다 보면 종종 문제가 발생하고 새로운 해결책이 필요한데, 새로운 생각을 즐기는 사람이 그 해결책을 발견하기 쉽다. 그런 사람들은 질서를 특별히 좋아하지는 않는다.[7] 새로운 생각에 사로잡혀 그 생각을 시험하거나 실행하려면, 낡은 생각이 붕괴될

질서 너머

때부터 새로운 생각이 지배할 때까지의 혼돈을 수용할 수 있어야 하기 때문이다. 만일 당신이 보수주의자라면 이와 반대되는 이점과 문제점을 가질 것이다. 당신은 새로운 생각을 경계하고 좋아하지 않는다. 새로운 생각과 그로 인한 가능성에는 덜 민감한 반면 예기치 못한 결과에 대해서는 걱정이 많다. 어떤 새로운 생각이 어떤 문제를 해결한다 해도, 그로 인해 다른 문제(들)가 생기지 않는다고 보장할 수 없기 때문이다. 보수주의자는 모든 것이 제시간에, 제자리에 있기를 바란다. 그들은 사람들이 관습에 따라 책임감 있게, 예측할 수 있게 행동해야 안심한다.

모든 것이 잘 돌아가서 변화가 위험할 수 있을 때는 그 상태를 유지하기 위해 보수주의자가 필요하다. 반면에 일들이 원활하지 않을 때는 그 상황을 타개하기 위해 진보주의자가 필요하다. 하지만 어떤 것을 언제 보존하고 언제 바꿔야 하는지를 결정하기란 쉬운 일이 아니다. 다행히 우리에게는 전쟁·독재·복종 대신에 정치가 있고, 대화가 있다. 우리는 안정과 변화의 상대적인 가치에 대해 열심히 소리 높여 주장해야 한다. 그래야 어느 것이 얼마만큼 필요한지 결정할 수 있다.

기본적인 정치적 신념의 차이는 결국 두 위대한 아버지 중 누구를 현실의 토대로 보느냐의 차이라는 말은 퍽 흥미롭다. 진보주의는 이 세계에서는 권위주의적인 폭군이 자비의 여왕을 억압한다고 확신하는 경향이 있다. '수명을 다한 문화의 변덕스러운 구조들이 국민과 외국인을 똑같이 타락시키고 억압한다' 또는 '현대사회의 군산복합체가 환경오염·대량 멸종·기후변화를 야기하며, 살아 있는 어머니 지구, 가이아를 위협하고 있다'는 식이다. 실제로 문화가 아주 폭력적이고 억압적일 때가 적지 않은데, 이때는 분명 진보주의적 관점이 유용하다. 반면에 보수주의는 이 세계에서 지혜로운 왕(안전한 공간, 질서, 예측 가능성)이 악의 여왕(무질서와 혼돈의 자연)을 굴복시키고 길들이고 훈육한다고 보는 경향이 있다. 이 역시 우리에게 분명히 필요하다. 자연은 아름답지만 또한 우리를 굶주리게 하고 병들게 하고 죽이기 위해 항상 공모한다. 문화라는 안전한 보호막이 없었다면 우리는 야생동물에게 잡아먹히고, 한겨울 찬바람에 얼어붙고, 사막의 열기에 쓰러지고, 식량을 마련하지 못해 수시로 굶주렸을 것이다. 그래서 두 개의 다른 이데올로기가 있는 것이며, 둘 다 '옳긴' 해도 각자만으로는 반쪽짜리 진실에 불과하다.[8]

경험의 세계를 균형 잡힌 관점으로 보기 위해서는 두 문화 요소가 모두 실재한다는 걸 믿어야 한다. 보수적인 사람들은 현 상태가 안전하다는 생각에 기질적으로 끌리게 되어 있으므로 질서만으로는 충분치 않다는 걸 이해해야 한다. 미래와 현재는 과거와 다르기 때문에 과거에 통했던 것이 현재에도 반드시 통하는 건 아니다. 따라서 조상들이 물려준 안정과 폭정을 가르는 선은 변화에 따라 쉽게 흔들리고 이동할 수 있음을 이해해야 한다. 진보적인 사람들은 모든 것을 권위주의적인 폭군 탓으로 돌리는 경향이 있으므로 자연의 공포와 미지의 존재로부터 우리를 항상 지켜주고 유용한 해석 틀로 기능하는 사회적·심리적 구조들에 감사할 줄 알아야 한다. 마지막으로 누구든 자신의 본성이 가로막고 있는 것을 알아채기 어려우므로 우리는 나와 다른 사람, 그리고 내가 감지하지 못하는 걸 보고 적절히 대응할 능력이 있는 사람에게 항상 귀 기울여야 한다.

개인: 영웅과 적대자

밤하늘이 혼돈, 바다가 자연, 섬이 문화라면 영웅과 적대자는 그 섬 한복판에서 서로 싸우는 형제들이다. 자연(악의 여왕과 자비로운 어머니)과 문화(권위주의적인 폭군과 지혜로운 왕)처럼 혼돈, 보물, 용에게도 긍정적인 요소와 부정적인 요소가 있다. 개인도 마찬가지다. 긍정적인 요소는 영웅적인 측면이다. 영웅은 자연 앞에 적절한 제물을 바치고 운명과 타협을 해서 자비를 제 편으로 끌어들이는 사람, 맑은 정신으로 빈틈없이 경계하고 주의를 기울이고 다른 사람과 소통하고 책임을 짊어지고 폭압을 저지하는 사람, 자신의 결점 또는 적의와 거짓에 끌리는 성향을 알아채고 올바른 방향을 유지하는 사람이다. 부정적인 요소는 비열하고 한심한 모든 것이다. 이 부정적인 요소는 자기 자신에서도 발견할 수 있고, 다른 사람에서도 발견할 수 있으며, 이야기에서는 더 분명하게 확인할 수 있다. 긍정적인 요소와 부정적인 요소는 오래된 신화에서 맞서 싸우는 형제로 나타난다. 이 두 가지 힘을 의인화한 전형적인 인물이 카인과 아벨이다. 이는 1차원적인 표현이고, 훨씬 더 깊은 차원에서는 그리스도와 사탄으로 나타난다. 어쨌든 카인과 아벨은 인간이 아닌가(하나님이 직접 창조한 아담과 이브와 달리, 그들은 인간적인 방식으로 태어난 최초의 인간이다). 반면에 그리스도와 사탄은 영원성 자체를 의인화한(또는 신격화한) 존재다.

이처럼 영웅과 적대자가 있다. 지혜로운 왕과 폭군이 있다. 긍정적인 어머니와 부정적인 어머니가 있다. 그리고 혼돈이 있다. 이 여섯 인물과 다른 모든 것의 모태가 되는 일곱 번째 요소인 혼돈이 함께 세계의 구조를 이룬다. 이 일곱 요소가 모두 존재하며 영원히 존재할 것임을 이해하는 것이 중요하다. 다시 말해 이 일곱 요소는 부자든 빈자든, 축복받은 자든 저주받은 자든, 재능 있는 자든 재능 없는 자든, 여자든 남자든 간에 모든 영혼이 불가피하게 씨름해야 하는 경험의 요소들이다. 그것이 삶이다. **그것들이 삶이다.** 그 배역들을 의식적으로든 무의식적으로든 알지 못하면 당신은 무방비 상태, 순진하고 준비되지 못한 상태에 머물러서 거짓과 분개와 교만에 쉬이 사로잡힌다. 보물이 용의 손아귀에 있고, 아름다운 자연이 한순간에 발톱을 드러낼 수 있으며, 당연하게 생각하는 평화로운 사회가 권위주의나 폭정의 위협에 항상 노출되어 있고, 그 모든 나쁜 변화가 일어나길 바라는 적대자가 우리 내면에 있다는 걸 알아야 한다. 그렇지 않을 때 우리는 현실을 부분적이고 불충분하게 보여주는 이데올로기의 초라한 신봉자가 되어 자기 자신과 남들을 모두 위험에 빠뜨린다. 당신이 현명하다면 명확한 말로 표현할 수 없을지라도 이 일곱 가지 요소를 모두 당신의 정치철학에 담을 것이다. 우리가 건설한 현실의 얇은 얼음 밑에는 거대한 포식자가 잠복해 있다. 내 딸이 아주 어렸을 때 나는 이런 장면을 상상하곤 했다. 내가 자란 앨버타주 북부에서는 겨울마다 호수들이 매끄럽고 투명한 바위처럼 단단하게 언다. 그 광경은 황폐하지만 나름대로 아름답고 신비하다. 그 광활한 얼음에 물수제비를 뜨면 돌이 미끄러운 표면을 스치는 소리가 메아리쳐서 음악처럼 들렸다. 나는 이제 막 걸음마를 시작한 미카일라가 저 얼음 위에 앉아 있다고 상상했다. 그러면 바로 밑에서 거대한 상어가 몸을 곧추세운 채 입을 뻐끔거리며 꼼짝하지 않고 기다리는 걸 볼 수 있었다. 이것은 목숨이 달린 문제다. 상어는 우리가 힘들게 얻은 확실성을 파괴하는 순수한 혼돈이다. 하지만 상어에게 삼켜졌다가 살아 나오면 우리는 지혜와 새로운 삶을 얻는다.

그렇다면 우리가 혼돈을 충분히 처리할 수 있다고 가정할 때, 나머지 인물들과 관련하여 영웅이 취해야 하는 태도는 무엇일까? 분명 우리는 자연을 보존하기 위해 노력해야 한다. 삶에 필요한 모든 것이 결국 자연의 자비에 달려 있으니 말이다. 하지만 동시에 자연은 온갖 방법으로 우리를 죽이려 하므로, 종종 환경에 안 좋은 영향을 끼칠지라도 우리를 보호하기 위한 인공적인 구조물들을 계속 건설해야 한다. 우리는 이 사실을 진지하게 여기고 받아들일 필요가 있다.[9] 문화도 비슷하다. 우리는 조상들이 비싼 대가를 치르고 우리에게 물려준 지혜와 사회구조에 백번 감사해야 한다. 하지만 그렇다고 해서 그 혜택이 공평하게 분배되고 있다는 말은 절대 아니다. 자연의 혜택이 공평하게 분배되지 않는 것처럼 사회적 혜택의 분배도 공평하지 않고, 앞으로도 영원히 그럴 것이다. 또한 그렇게 감사한다고 해서 사회구조를 맹신하는 눈먼 낙관주의를 정당화해서는 안 된다. 적대자와 권위주의적인 폭군에 동시에 맞서 싸우는 개인으로서 우리는 기능적인 위계 구조가 눈 깜짝할 사이에 비생산적이고 전제적이고 맹목적으로 돌변할 수 있음을 경계해야 한다. 그 구조들이 철저하게 타락하고 불공평해져서 능력이나 성과가 아니라 권력이나 신분에 따라 보상이 분배되게 해서는 안 된다. 우리는 이 위험에 끊임없이 주의하고 모든 요소를 신중하게 적용해서 충분히 안정적이면서도 적당히 역동적인 상태를 유지해야 한다. 이것이 용감하게 선을 추구하는 개인으로서 우리가 감당해야 할 역할이고 책임이다. 우리는 민주주의 선거제도를 이용해 정기적으로 기존 지도자를 몰아내고 이데올로기가 다른 사람을 선출함으로써 그 역할을 어느 정도 해낸다. 이러한 능력과 기회를 보장하는 것이야말로 민주사회의 근본적인 업적에 속한다. 현명하고 선한 사람을 정기적으로 선출할 능력이 없거나 그런 사람을 발견하지 못할 때는 현실의 절반을 보지 못하는 한 집단의 사람들과 나머지 절반을 보지 못하는 다른 집단의 사람들을 차례로 선출하는 것이 바람직하다. 그렇게 하면 적어도 10년 주기로 대부분의 사회적 문제에 적당히 주목할 수 있다.

나는 미국 건국자들의 전망이 조금은 비관적이더라도 분명히 현실적이었다고 생각한다(그들이 펼친 주장은 영국을 비롯한 유럽의 초기 민주주의자들과 의회주의자들의 행동과 태도에서 발원했다). 그들의 관점은 기본적으로 유토피아와 거리가 멀었다. 그들은 그들의 후손이 자신들과 자신의 조상들만큼 결함이 있을 거라고 믿었다. 그런 상황에서 당신이라면 어떻게 하겠는가? 당신이 이데올로기에 눈이 멀지 않았고 일곱 요소로 이루어진 세계를 명확하게 이해하고 있다면, 아마도 인류가 무한히 완벽해질 수 있다고 기대하지 않을 것이며 우리의 구조를 도달할 수 없는 이상적인 수준으로 끌고 가지도 않을 것이다. 대신 우리와 똑같은 죄인들이 반쯤 눈이 멀고 분개하더라도 영구적이고 심대한 손상을 입힐 수 없는 구조를 설계하고자 할 것이다. 나는 그 전망에 담긴 지혜를 믿으며, 세계는 그런 식으로 봐야 한다고 생각한다. 너무 거창한 사람이 되지는 말자. 우리는 평화·안전·자유, 그리고 점진적 개선을 허락하는 구조를 설계할 수 있다. 이렇게 할 수만 있어도 그 자체로 기적이다. 개인과 사회와 자연이 동시에 모두 좋아질 수 있다는 말을 들을 때 우리는 정신을 바짝 차리고 의심해야 한다. 특히 우리 자신의 내재적·개인적 선의의 결과로 그런 개선을 이룰 수 있다고 한다면 더욱 의심해야 한다. 우리는 아니라고 주장하지만 그런 선의는 언제 어디서나 턱없이 부족하기 때문이다.

분개

분개는 노여움과 자기연민의 혼합, 자아도취와 복수심이 교묘하게 배어 있는 무시무시한 감정 상태다. 당신은 왜 분개의 포로가 되는가? 세계를 무대로 이해하고 주요 등장인물들을 확인하고 나면 그 이유가 분명해진다. 당신이 분개하는 이유는 전혀 알지 못하는 것들과 그에 대한 공포 때문이다. 자연이 당신을 해치기 위해 공모하기 때문이다. 당신이 문화의 폭압적 요소에 희생당하고 있기 때문이다. 당신과 남들이 품고 있는 적의와 증오 때문이다. 이것들은 충분한 이유가 된다. 그렇다고 해서 당신의 분개가 정당해지는 건 아니지만, 이제 그 감정을 이해할 수는 있다. 방금 말한 문제들은 어느 하나도 사소하지 않다. 사소하기는커녕 대단히 심각해서, '당신은 왜 분개하는가?'가 아니라 '왜 모든 사람이 모든 것에 항상 분개하지 않는가?'가 오히려 적절한 질문처럼 보인다. 믿을 수 없이 강력하고 종종 적의를 드러내는 초월적 힘들이 당신을 노린다. 비유적으로 말하자면 무서운 육식 파충류가 당신을 항상 쫓아다닌다. 시계를 삼킨 탓에 재깍재깍 소리를 내는 악어가 겁쟁이 폭군 후크 선장을 추적하듯이 말이다. 그리고 자연이 있다. 자연은 온갖 무시무시한 방법으로 당신을 덮치기 위해 혈안이 되어 있다. 또한 사회구조의 폭압이 있다. 이 요소는 당신을 일정하게 주조해 적당히 쓸모 있는 존재로 만들지만, 그와 동시에 당신이 가진 막대한 양의 생명력을 으스러뜨리고, 네모난 당신을 둥근 구멍에 억지로 끼워 넣는다. 당신은 수많은 모습으로 성장할 수 있었다. 그중 어떤 모습은 현재의 당신보다 컸을 것이다. 하지만 사회적 요구가 가해지면서 당신은 줄어들고 왜소해진다.

또한 당신은 자기 자신에게 붙들려 있는데 이는 간단한 일이 아니다. 당신 안에는 꾸물대고 게으르고 거짓말을 하고 당신 자신과 남들에게 못된 짓을 하는 인격이 있다. 이처럼 당신 앞에 펼쳐진 혼돈, 자연의 가혹한 힘, 문화의 폭정, 자신의 악한 본성을 고려할 때 당신이 스스로를 피해자로 느끼는 건 그리 놀랍지 않다. 억울하다고 느끼는 것도 놀랍지 않다. 또한 어떤 사람에게는 그 힘들이 특별히 더 심각하고 부당하고 변덕스럽고 지속적이고 예측할 수 없는 방식으로 해를 가하는 것도 분명한 사실이다. 그런 상황에서 어떻게 피해의식과 억울함을 느끼지 않을 수 있겠는가? 인생은 근본적으로 잔인하기 이를 데 없다.

하지만 반박할 수 없는 듯 보이는 이 논리에는 문제가 있다. 우선 모든 사람이 실제로 자기 자신을 희생자로 해석하고 억울해하지는 않는다. 살면서 아주 힘든 시기를 겪은 많은 사람도 여기에 포함된다. 오히려 너무 쉽게 살아온 사람들, 주변에서 응석을 받아주니 자존감이 엉뚱하게 높아진 사람들이 피해자 역할을 자처하고 분개하는 태도를 쉽게 채택한다. 반면에 회복을 바랄 수 없을 정도로 깊은 상처를 입었으면서도 분개하지 않는 사람들이 있다. 그들은 부끄러움을 모르고 피해자인 척 연기하려 들지 않는다. 그런 유형이 흔하다고 볼 수는 없지만 드물지도 않다. 따라서 분개는 고통의 불가피한 결과는 아니다. 어떤 사람이 분개에 사로잡힐 때는 삶의 비극 외에도 다른 요인들이 작용한다.

당신 또는 당신과 가까운 사람이 중병에 걸렸다고 가정해보자. 그런 상황에서는 대개 다음과 같이 묻는다. '왜 나에게 이런 일이 일어날까?' 이 말은 무슨 뜻인가? 당신은 정말로 친구나 이웃 또는 모르는 누군가에게 그 일이 대신 일어나길 바라는가? 이 불행을 남들에게 퍼뜨리고 싶은 마음이 들 수는 있지만, 그런 행동은 옳지 않으며 좋은 사람이 제정신을 가지고 할 만한 선택도 아니다. 설령 그렇게 된다 해도 상황이 더 공평해지는 것도 아니다. 하지만 '왜 나에게?'라는 질문은 심리적으로 적절하다. 과거에 끔찍한 사건이 일어날 확률을 높이는 어떤 일을 한 적이 없는지 스스로 되돌아봄으로써 그 일의 재발 가능성을 낮출 수 있기 때문이다. 하지만 우리는 거의 그러지 않는다. 흔히 '왜 나에게 이런 일이 일어날까?'에는 부당함에 대한 원망이 담겨 있다. 그래서 "세상에는 나쁜 사람이 널려 있는데, 다들 악행을 저지르고도 벌받지 않고 지나간다" 또는 "세상 사람들은 모두 운이 좋아 건강하게 잘 사는데, 나는 그렇지 못하다니 얼마나 불공평한가?"라고 말한다. 이렇듯 '왜 나에게?'라는 질문을 던질 때, 우리는 불공평하다는 피해의식에 물들어 있다. 당신에게 닥친 끔찍한 경험이 왜인지는 몰라도 유독 당신을 노린다는 이 말도 안 되는 오해는 비극에 노출되었을 때 분개에 사로잡히게 하는 주된 요인이다.

당신에게 불행한 일이 일어나고 있거나 조만간 일어나리라는 것은 현실의 구조가 정해놓은 기정사실이다. 끔찍한 일은 반드시 일어나지만, 거기에는 무작위 요소가 있다. 당신은 '그래 봤자 별 위로도, 도움도 되지 않아'라고 생각할지 모른다. 하지만 무작위 요소를 인정하면 개인적인 요소를 멀리할 수 있다. 무작위성은 방호벽이 되어 맹렬히 밀려드는 자기중심적인 분개를 막아낼 수 있다. 게다가 인간을 따라다니는 부정적인 요소들은 대체로 그 짝인 긍정적인 요소들과 균형을 이룬다는 것을 알면 매우 유용하다.

내가 임상심리학자로 일할 때 알게 된 것이 있다. 나는 인생으로부터 상처받은 사람들을 꾸준히 만나왔다. 그들은 억울함을 느낄 이유가 있었고 그 이유는 사소하지 않을 때가 많았다. 그래도 나는 항상 이렇게 제안했다. "실제로 많은 문제가 뒤섞여 있겠지만, 그래도 문제를 분리해서 생각해봅시다. 어떤 문제는 당신 탓일 수 있고 다른 문제는 모두가 겪는 삶의 불행일 수 있으니, 둘을 신중하게 가려보세요. 다른 문제는 우리가 모두 겪는 삶의 불행이겠지요. 그걸 신중하게 따져봅시다. 그런 뒤 당신 때문에 악화되고 있는 측면이 있다면 그 문제를 하나씩 고쳐나가는 겁니다. 또한 인생의 비극에 해당하는 것들에 대해선 어떻게 맞서야 할지 체계적인 계획을 세우고, 열린 마음으로 진실하고 용감하게 실행하세요. 그다음에 무슨 일이 일어나는지 지켜보죠."

내담자들은 더 나아졌다. 물론 모두가 나아진 것은 아니었으며, 그 모든 계획을 실행했는데도 죽음을 피하지 못한 사람도 있었다. 그들

질서 너머

은 상담 치료를 받는 도중에 암으로 갑자기 세상을 떠나거나 교통사고로 눈을 감았다. 아무리 고귀한 사람이라도 인생에는 정해진 길이 없다. 세계의 변덕스러움은 항상 불시에 뛰쳐나오므로, 어리석을 정도로 순진하거나 낙천적인 태도를 유지할 어떤 이유나 변명도 존재할 수 없다. 결론적으로 대부분은 실제로 나아졌다. 그들은 용기를 내어 자신에게 닥친 문제에 정면으로 맞섰고, 그렇게 자발적으로 맞서자 두려움이 어느 정도 사라졌다. 그들을 둘러싼 상황이 안전해져서가 아니라 위험 앞에 선 사람들이 더 용감해져서였다. 사람들은 믿기 힘들 정도로 강하고 용감해질 수 있다. 또한 두 발로 힘차게 일어섰을 때는 기적과 같은 힘을 발휘하여 어떤 짐이라도 짊어질 수 있다. 물론 그럴 수 있는 능력이 우리에게 무한한 건 아니지만, 어떤 의미에서는 한계가 없다는 것이 나의 믿음이다. 더 자발적으로 맞설수록 더 많은 것을 견딜 수 있다. 그 상한선이 어디인지 나는 알지 못한다. (이제는 분명히 말할 수 있다. 아내가 2019년에 말기 암 진단을 받은 뒤 보여준 용기와 아름다움에 나는 항상 경외감을 느낀다. 또한 부끄러움도 느낀다. 나 역시 그렇게 할 수 있을지 자신이 없기 때문이다.)

사람들은 용감해지면 심리적 두려움과 분개에서 벗어날 뿐 아니라 더 유능해진다. 인생의 짐을 피하지 않고 더 좋은 사람이 된다. 사람들은 세계를 더욱 암울하게 만들 수 있는 적의와 분개를 자제하기 시작한다. 더 정직해지고 더 좋은 친구가 된다. 더 생산적이고 의미 있는 직업을 선택한다. 더 높은 목표를 지향한다. 그럼으로써 사람들은 문제에 심리적으로 더 잘 대처할 뿐 아니라 자신과 주변 사람들이 해결해야 하는 문제의 양을 줄인다. 그럴 때 사람들은 불필요한 고통을 덜 겪는다. 그들의 가족도 그렇게 된다. 어쩌면 그들의 동네에서도 똑같은 일이 일어날지 모른다. 또한 이 이야기의 나머지 절반에는 용이 지키는 보물, 자연의 자비로운 요소, 사회와 문화가 제공하는 안전과 보호, 개인의 강인함이 있다. 이것들은 힘들 때 당신의 무기가 된다. 부정적인 요소들과 마찬가지로 긍정적인 요소들도 현실적이고 강력해서 삶이 무너질 때 그에 대처하는 쓸모 있는 수단이 된다. 문제는 다음과 같다. 그 보물을 발견하고, 자연이 당신을 향해 미소 짓고, 지혜로운 왕의 통치를 받고, 영웅의 역할을 할 수 있도록 당신은 현실의 구조를 조직할 수 있는가? 희망적인 소식은 상황이 그쪽으로 기울어지게끔 당신이 행동할 수 있다는 것이다. 우리가 할 수 있는 건 그뿐이지만, 아무것도 하지 않는 것보다는 훨씬 낫다. 만일 당신이 고통과 적의에 맞서 진실하고 용감하게 싸운다면 당신은 더 강해지고, 당신의 가족도 더 강해지고, 세계는 더 좋은 곳이 된다. 모든 것이 더 나빠지길 바란다면, 그 대신 분개를 선택하면 된다.

거짓과 교만

거짓에는 크게 두 가지 형태가 있다. 잘못인 줄 알면서도 저지르는 과오의 죄와 모른 척하고 지나가는 태만의 죄다. 태만은 어떤 것을 보거나 어떤 일을 하거나 어떤 말을 해야 한다는 걸 알면서도 하지 않는 것이다. 예를 들어 동업자가 장부를 부정하게 작성하는데도 회계감사를 실시하지 않거나, 비행을 저지르고도 숨기거나, 가정에서 자녀와 배우자가 나쁜 짓을 저질렀는데도 조사하지 않고 그냥 넘어가는 것 등이 있다.

이런 거짓의 동기는 무엇일까? 잘못인 줄 알면서도 과오의 죄를 저지를 때, 그 이면에는 다른 사람은 어찌 되든 자기 자신에게 편리한 상황을 만들고자 하는 동기가 숨어 있다. 당신은 자신이 좋아하는 쪽으로 세상을 기울어뜨려 우위를 점하려 한다. 정당한 처벌을 피하려 들고, 종종 다른 사람에게 책임을 떠넘긴다. 아니면 당신이 피하고 있는 것이 그냥 지나갈 거라고 믿으면서 태만의 죄를 저지른다. 하지만 파문을 일으키지 않는 돌멩이는 없다. 우리는 종종 현재를 위해 미래를 희생하고 나서 노한 양심의 화살을 맞고 아파한다. 그럼에도 같은 실수를 완강하고 고집스럽게 되풀이한다.

사람들이 다른 사람들이나 심지어 미래의 자신을 희생시키면서까지 지금의 자신에게 이득이 되게 하려고 현실의 구조를 왜곡할 때, 그 왜곡은 어떻게 정당화될 수 있을까? 왜곡을 정당화하려는 것이 바로 분개의 숨은 동기다. 거짓말은 억울해하는 영혼의 밑바닥에 숨어 있는 믿음, 즉 세상의 무서운 일들이 고통받는 당사자를 특별히 겨냥하고 있다는 그릇된 믿음을 정당화한다. 하지만 우리가 왜 습관적으로 거짓에 빠지는지를 제대로 이해하기 위해서는 분개뿐 아니라 교만을 추가로 살펴볼 필요가 있다. 거짓과 교만이라는 두 심리 상태는 서로 뒤얽혀 공존하는 것처럼 보인다. 말하자면 거짓과 교만은 공모자들이다.

과오

거짓과 교만의 첫 번째 공모는 신성과 진리와 선함의 관계를 부인하거나 거부하는 태도에서 나온다. 「창세기」의 초반에서 하나님은 용기, 사랑, 진리를 통해 혼돈으로부터 질서를 창조했다. 용기는 무無와 맞서겠다는 신의 의지라 할 수 있다. 무일푼인 상태에서 멋진 인생을 건설할 때나 재난이 닥쳐 혼돈에 빠진 삶을 재건할 때의 용기가 그것이다. 사랑은 궁극의 목표로, 이룰 수 있는 가장 좋은 것이다. 우리 안에서 사랑은 가장 상층부에 있으며, 평화롭고 조화로운 가정을 이루고자 하는 진실한 욕구로 존재한다. 신이 무에 맞서기 위해 사용하는 말은 진리다. 진리는 무엇인가를 창조하지만 아무거나 창조하지 않는다. 진리는 선한 것, 즉 사랑이 명하는 최고의 것을 창조한다. 신이 고집스럽게 선한 것들만 창조하는 데에는 그런 이유가 있다. 반면에 교만과 거짓이 합쳐진 마음은 사랑을 목표로 하는 용기 있는 진리가 선한 것을 창조한다는 생각에 반기를 든다. 대신 자기에게만 이익이 되는 편협한 목적을 위해 언제든 크고 작은 변덕을 부려도 된다는 생각이 자리를 잡는다.

거짓을 작동시키는 두 번째 교만은 자신에게 신과 같은 힘이 있다는 가정에서 비롯된다. 행동이나 무행동, 말이나 침묵을 통해 거짓말을 하는 사람은 혼돈 속에서 아직 형태를 갖추지 않고 존재하는 잠재성 중 어느 것이 드러나고 어느 것이 드러나지 않을지를 이미 선택한 사람이다. 즉 남을 속이는 행위는 현실의 구조를 바꾸려는 것과 관련이 있다. 왜 그러는 걸까? 이기적인 허위가 만들어내는 세계가 무엇이든 진실된 말이나 행동이 만드는 세계보다 더 좋다고 생각하기 때문이다. 거짓된 세계가 그 대안보다 자신에게 일시적으로만 더 이익이 된다고 해도 말이다. 하지만 속임수를 통해 현실의 구조를 바꿀 수 있다고 생각하고, 그렇게 해도 무사히 넘어갈 수 있다고 믿는 건 교만이다. 그 믿음을 자세하게 들여다보면 어떻게 그토록 착각할 수 있는지 신기할 따름이다. 첫째, 거짓말은 반복하기 어려운데, 사람들이 조만간 거짓말쟁이의 말이나 행동을 신뢰하지 않게 되기 때문이다. 게다가 거짓된 말과 행동은 진정한 자존감이 진실에 의존하는 정도에 비례해서 본인의 인성을 훼손시킨다. 또한 거짓말쟁이는 남들과 똑같은 진짜 세계에서 사는 것이 아니라서 진실이 무엇인지를 알았을 때의 그 자신보다 더 나약하다. 둘째, 거짓말이 '무사히 넘어갈 것'이라고 진심으로 생각하면 자신이 남들보다 똑똑하다고 굳게 믿어야 한다. 다시 말해 그는 아무도 알아채지 못할 거고 심지어 신조차 모를 거라고 믿어야 한다. 실제로 한 번이나 두 번, 운이 아주 좋으면 열 번까지 그럭저럭 넘어갈지 모른다. 거짓말로 이익을 얻을 때마다 그의 교만은 하늘을 찌르고, 더 크고 많은 보상을 얻고 싶은 마음이 생긴다. 이 때문에 더 크고 더 위험한 거짓말이 되풀이되고, 모든 거짓이 들통날 때 추락하는 시간은 더 길어진다. 이 전략은 실패할 수밖에 없다. 덫에 걸린 사람을 점점 더 빨리, 점점 더 깊은 곳으로 끌어내리는 구조이기 때문이다.

거짓의 밑바탕이 되는 세 번째 교만은 거짓된 행동이 스스로 강력한 토대를 구축하여, 현실이 바로잡히고 새로워지더라도 자신의 거짓은 폭로되거나 파괴되지 않을 거라는 믿음과 관련이 있다. 거짓말쟁이는 지금까지 거짓된 말과 행동으로 세계의 형태를 바꿔왔으며,

그 거짓 위에서 아무렇지 않게 계속 살 수 있을 거라 믿는다. 하지만 현실은 대단히 복잡하고, 거의 모든 것이 다른 모든 것과 연결된다. 예를 들어 바람피운 사실을 완전히 숨기기는 매우 어렵다. 누군가는 분명 본다. 그럼 혀가 꼬리를 치기 시작한다. 바람피운 시간을 해명하기 위해 더 많은 거짓말을 해야 하고, 결백을 입증해야 한다. 그러나 냄새가 좀처럼 가시지 않고 두 사람의 애정이 증오와 경멸로 바뀌기 시작한다(특히 배신당한 사람이 정말 좋은 사람이라면 변명의 여지는 없다).

거짓을 정당화하는 네 번째 교만은 왜곡된 정의감과 관련이 있는데, 이 잘못된 정의감은 종종 분개에서 싹이 튼다. 이 네 번째 상황에서 사람들이 거짓에 기대는 이유는, 세계의 비참한 지옥에서 자신이 피해자가 되었다고 억울해하고 분노하기 때문이다. 이 반응은 충분히 이해할 만하지만, 그렇다고 그 위험성이 줄어드는 건 아니다. 이 논리는 단순명료하고 매력적이어서 정말로 상처받은 사람의 마음을 움직인다. '나는 불공평한 취급을 받아왔기 때문에 원하는 대로 할 수 있어.' 이 논리는 완전히 정당해 보일 수 있다. 하지만 현재 당신의 거짓말이나 기만에 당하고 있는 피해자와 과거에 당신을 불공평하게 취급한 가해자가 같은 사람인 경우는 거의 없다. 사실 교만이 고개를 드는 때는 불공평한 대우가 자연적·사회적·개인적 존재에게 필연적으로 예견된 것이라고 생각할 때라기보다는, 운 나쁘게 나한테만 닥친 것이라고 믿을 때다. '만일 적의에 찬 초월적인 힘이 특별히 나를 희생자로 만들었다면, 왜 굳이 그 부당함을 눈곱만큼이라도 바로잡기 위해 젖먹던 힘까지 다해서 노력해야 할까?' 하지만 이런 사고방식에 빠지면 인생이 더 깊은 나락으로 떨어질 뿐이다. 나쁜 행동을 한 이유가 인생이 불우했기 때문이었다고 합리화한다면, 그런 행동을 계속해서 인생을 더 깊은 나락에 빠뜨리는 것은 합리적일까? 그건 말도 안 되는 논리다.

태만

당신이 무섭고 나쁜 일을 만났을 때 뒷짐 지고 아무것도 하지 않는 이유는 다양하다. 첫 번째 이유는 허무주의다. 허무주의는 자만과 관련 있으며, 이 둘은 태만의 죄로 이어진다. 허무주의는 모든 것이 무의미하거나 심지어 부정적이라는 일종의 확신이다. 내가 보기에 그런 결정이나 판단을 내리는 것은 자만의 죄를 범하는 것이다. 존재의 구조 자체를 뒤흔드는 끔찍한 위험을 겪지 않기 위해서 우리는 자신의 무지를 알고 겸손해야 한다.

태만의 죄를 부추기는 또 다른 동기는 쉬운 길을 가도 괜찮다는 생각이다. 당신은 어떤 책임도 지지 않고 살아도 전혀 잘못이 아니라고 생각할지 모른다. '진정한 책임을 지려는 사람들이 줄지어 있는데 나까지 노력할 필요가 있을까? 위험을 감수할 필요가 있을까? 다른 사람이 떠맡을 때까지 기다리다가 슬쩍 빠져나오는 게 현명하지 않나?' 하지만 모든 사람은 사회적 상호작용의 이득을 주고받으며, 그런 상호작용이 지속될 수 있도록 번갈아가며 책임을 진다. 세 살 때 이런 상호작용을 배우지 못한 아이는 친구를 사귀지 못한다. 시간을 초월해 꾸준히 이어지는 게임을 할 줄 모르면 우정을 쌓을 수 없다. 친구를 사귀는 능력은 회사에서 좋은 상사, 동료, 부하 직원을 만들 때도 필요하다.

월급을 많이 받지 못한다면 일에서 슬쩍 발을 빼도 괜찮으며, 심지어 그래야 현명하다는 말은 또 어떤가? 이 말에는 존재에 대한 부정적 판단이 함축되어 있다. "내가 쉬운 길을 가도 크게 문제없어"라는 말에서 "크게 문제없어"의 이면에는 나라는 사람은 중요하지 않다는 평가가 녹아 있다. "내가 쉬운 길을 가도"는 스스로에게 내리는 저주다. 만일 당신이 피하지 않고 어려운 일을 해낸다면 사람들은 당신을 신뢰하게 되고, 당신도 자기 자신을 신뢰하게 되며, 그로 인해 어려운 일을 더 잘하게 된다. 그럼 상황은 좋아질 수밖에 없다. 만일 그 모든 것을 외면하고 내팽개쳐둔다면, 당신은 부모가 모든 걸 대신해주는 아이가 되어 인생의 어려움과 도전에 직접 부딪치며 성장하는 능력을 잃는다. "내가 쉬운 길을 가도 크게 문제없어"라는 말은 말하는 사람에게 모험에 끌리는 요소가 전혀 없을 때만 참이다. 게다가 앞으로 나아가야 할 때 자신의 운명을 피해 뒤로 물러나는 것은 다른 사람의 이익을 빼앗는 것과 다를 바 없다. 쉬운 길 대신 자신의 가능성을 최대한 발휘하겠다고 결심한 사람은 다른 사람에게도 이로웠을 테니 말이다.

마지막으로 태만은 자기 자신을 포함해 모든 인간에 대한 믿음의 부족에서 나온다. 인간은 근본적으로 취약한 본성을 가졌다. 「창세기」에는 아담과 이브의 눈에서 비늘이 떨어지고, 그들이 취약하고 벌거벗었다는 걸 깨닫는 장면이 나온다. 취약함과 벌거벗음은 둘 다 자의식의 중요한 부분이다. 그와 동시에 두 사람은 선과 악을 알게 된다. 이 두 가지 발전이 동시에 일어나는 까닭은, 우리가 자기 자신을 해칠 수 있다는 것을 알기 전까지는 다른 사람을 해치는 것이 불가능하기 때문이다. 또한 우리가 상처받을 수 있다는 것은 어느 정도 충분한 자의식을 갖춘 뒤, 십자가의 고통이 찾아올 수 있다는 걸 안 뒤, 죽을 수 있다는 것을 안 뒤, 존재의 한계를 깨달은 뒤에야 알 수 있다. 이 모든 것을 아는 순간부터 우리는 자기 자신의 벌거벗음을 깨닫고, 취약성에 대한 그 지식을 사악한 의도로 다른 사람에게 적용할 수 있다. 이제 우리는 선과 악을 이해하고 행할 수 있다.

금단의 열매를 왜 먹었는지 설명하라는 요구에 아담은 이브 때문에 고통스러운 자의식이 생겼으며, 그녀를 만든 건 하나님이라고 책임을 돌린다. "아담이 이르되 하나님이 주셔서 나와 함께 있게 하신 여자 그가 그 나무 열매를 내게 주므로 내가 먹었나이다"(「창세기」 3장 12절). 최초의 인간이 자신의 행동을 책임지기를 거부한 것은 분개(고통스러운 지식을 갖게 되었기 때문에), 거짓(아내의 행동과 무관하게 자유롭게 선택했음을 알기 때문에), 교만(감히 신과 그 신이 창조한 여자를 비난한다)과 관련 있다. 아담은 쉬운 길로 빠져나가려 한다. 당신이 혼잣말로 이렇게 중얼거릴 때와 비슷하다. "난 아내와 이렇게 싸울 필요가 없어. 폭군 같은 상사에게 맞설 필요가 없어. 내가 진실하다고 믿는 것에 따라 살 필요가 없어. 책임을 회피해도 탈 없이 넘어갈 수 있어." 이 심리는 한편으로는 타성과 비겁함에서 비롯되지만, 다른 한편으로는 당신 자신에 대한 깊은 불신에서 나온다. 아담처럼 당신은 자신이 벌거벗은 상태임을 알아차린다. 자기 자신의 결점과 취약성을 너무도 잘 알게 되고 그 부족함을 느낄 때마다 스스로를 믿지 못하게 된다. 충분히 이해할 수 있는 반응이다. 하지만 그런 반응은 도움도 되지 않고 변명도 될 수 없다.

교만과 거짓의 존재론적 위험

「잠언」 9장 10절은 "여호와를 경외하는 것이 지혜의 근본이요"라고 말한다. 이 말에 비추어 뭔가를 지향하는 가장 깊은 본능이 거짓과 연결되면 어떻게 되는지 살펴보자. 인생의 어려움을 헤쳐나가게 하는 가장 근본적인 본능이 거짓에 더럽혀지거나 왜곡될 수 있음을 이해한다면, 그 결과가 두려워 말과 행동을 조심하게 될 것이다. 진실한 사람은 의미와 진리를 추구하는 자기 자신의 본능적 감각을 날마다, 달마다, 해마다 해야 하는 선택의 듬직한 길잡이로 삼는다. 하지만 이때 컴퓨터 프로그래머들에게 익숙한 어떤 법칙이 끼어든다. "쓰레기를 넣으면 쓰레기가 나온다." 당신이 자기 자신을 기만하고 다른 사람들에게 거짓말을 하면 의미와 진리를 추구하는 본능이 뒤틀리기 시작한다. 그 본능은 무의식적인 길잡이여서 당신의 인지 기능 밑에서 작동하고, 특히 습관으로 굳어지고 나면 좀처럼 드러나지 않는다. 만일 그 무의식적인 메커니즘이 재설정되어 당신이 사실이 아니라고 생각하는 어떤 것에 기반을 두기 시작했다면, 당신은 뭔가를 지향하는 본능에 이끌려 그 본능이 타락한 정도에 비례해 가지 말아야 할 곳으로 가게 된다. 당신이 갖고 있는 기능들을 제때 발휘하여 적절한 결정을 내려야 할 때 그러지 못해 삶의 위험한 지점에 이를 수 있다는 것보다 더 끔찍한 일이 어디 있겠는가? 당신은 이미 거짓에 물들어 자신의 판단에 의지할 수 없다. 그러니 행운을 빈다. 그때가 되면 운수 말고는 어떤 것도 당신을 구하지 못할 것이다.

그리스도가 모호하게 규정한 죄가 있다. "또 누구든지 말로 인자를 거역하면 사하심을 얻되 누구든지 말로 성령을 거역하면 이 세상과 오는 세상에서도 사하심을 얻지 못하리라"(「마태복음」 12장 32절). 그리스도교 창시자 중 한 명인 성 바울은 성령을 양심과 연결지으며 이 구절의 의미를 밝힌다. "내가 그리스도 안에서 참말을 하고 거짓말을 아니하노라 나에게 큰 근심이 있는 것과 마음에 그치지 않는 고통이 있는 것을 내 양심이 성령 안에서 나와 더불어 증언하노니"(「로마서」 9장 1절). 양심은 도덕적 지식을 자신과 공유하는 것이다. 거짓을 행하려면 양심의 명령에 따르기를 스스로 거부해야 하는데, 이때 양심이 병든다. 타락에 상처 입지 않고 걸어나가기는 불가능하다. 이는 심지어 신경학적 측면에서도 사실이다. 중독성 약물은 일반적으로 신경전달물질인 도파민에 영향을 주며 갈수록 그 정도가 커진다는 특징이 있다. 도파민은 기본적으로 희망이나 가능성과 관련된 쾌감을 만들어낸다. 우리 뇌가 배선된 방식을 살펴보면, 우리가 기분 좋은 행동을 해서 도파민이 분비될 때 그 행동에 관여한 뇌 영역은 더 강력해져 다른 영역보다 우위에 올라 다른 기능들을 억제한다. 따라서 중독성 약물을 계속 사용하는 것은 머릿속에서 괴물이 자랄 수 있게 양분을 주는 셈이다. 그 괴물의 관심과 의도는 오로지 약물에 꽂혀 있다. 괴물은 약물을 원하고, 약물을 가장 중요하게 여겨야 하는 이유를 거창한 철학으로 포장한다.

당신이 약물중독에서 막 벗어나는 단계에 있다고 상상해보자. 삶에 어떤 문제가 생길 때, 당신은 분개하면서 이런 생각을 한다. '될 대로 되라지.' 그 일을 계기로 당신은 약물에 다시 손을 대고, 간만에 도파민의 효과를 온몸으로 느낀다. 그 결과, 약물을 거부하려는 정신력보다 '될 대로 되라지'라는 생각을 형성하는 뇌의 회로들이 더 강해진다. '될 대로 되라지'는 다면적인 철학이다. '이건 모든 걸 희생시킬 가치가 있는 일이야' '누가 내 인생에 신경이나 쓸까? 어쨌든 모든 게 무가치해' '나를 사랑하는 부모, 아내, 아이들, 그 밖의 사람들에게 거짓말을 해야 한다고 해도 난 괜찮아. 그게 뭐가 중요해? 내가 원하는 건 오로지 약인데'를 모두 의미한다. 그 수렁에서 다시 빠져나오기는 절대로 쉽지 않다.

　습관적으로 거짓에 빠지고, 그 거짓을 들키지 않고 무사히 넘기는 기간이 길어지면, 당신의 뇌는 거짓에 중독된다. 거짓말이 성공하면 보상이 따르는데, 들킬 위험이 높은데도 발각되지 않았을 때 그 보상은 더욱 짜릿하다. 보상이 반복될수록 당신의 뇌에는 거짓말을 하고 정당화하는 신경 메커니즘이 발달한다. 단기적으로나마 성공이 거듭되면 그 메커니즘은 점점 더 무의식적으로 작동하기 시작한다. 거짓말을 해도 무사히 넘어갈 수 있다는 것을 알고 교만하게 행동하는 것이다. 그 메커니즘은 과오의 죄에서 명백하게 모습을 드러내지만, 알면서도 외면하는 태만의 죄에서도 미묘하게 작동한다. 그 교만은 당신이 충분히 알고 있다는 믿음에서 나온다. 고통의 형태로 주변에 쌓여가는 증거가 있는데도 말이다. 게다가 당신은 그 모든 고통을 너무나 쉽게 현실의 구조와 신의 부족함 탓으로 돌린다.

당신이 있어야 할 곳

미래의 잠재성을 지금의 현실로 바꾸는 것은 우리 개인의 능력으로 충분히 할 수 있는 일이다. 세계가 어떤 모습으로 변할지는 우리의 윤리적·의식적 선택으로 결정된다. 우리는 아침에 일어나 그 모든 가능성, 그 모든 공포와 함께 하루를 맞는다. 그리고 좋든 나쁘든 방향을 가늠하고 경로를 정한다. 우리는 악하게 행동한 결과로 끔찍한 일들이 벌어질 수 있음을 잘 알고 있다. 하지만 또한 큰일은 아니더라도 선하게 행동할 수 있다는 것도 알고 있다. 책임감을 갖고 올바르게 행동하는 것, 진실하고 겸손하고 감사하는 태도를 유지하는 것이야말로 좋은 가능성을 높이는 최선의 방법이다.

실존적 공포에 대해 분개, 거짓, 교만으로 대응하는 건 올바르지 않다. 대신 당신과 사회와 세계의 존재를 정당화할 그 무엇이 충분하다고 가정해보자. 즉 당신 자신에 대한 믿음, 인간에 대한 믿음, 존재 자체의 구조에 대한 믿음을 갖는 것이다. 또한 세상의 위험과 맞설 수 있고 삶을 가장 훌륭한 모습으로 변화시킬 수 있는 힘이 당신에게 충분히 있다고 믿는 것이다. 우리는 고결함, 위엄, 의미가 활짝 꽃피우는 삶을 살 수 있다. 주변을 지옥으로 바꿀 정도로 원통해하지 않고 존재의 부정적인 요소들을 견딜 때 그런 삶이 가능해진다.

물론 존재의 불확실성이 우리를 짓누른다. 자연이 부당하고 고통스럽게 우리를 망가뜨린다. 사회는 폭정으로 기울고, 우리의 정신은 악에 빠지는 경향이 있다. 하지만 그렇다고 해서 우리가 선할 수 없거나 사회가 공정할 수 없거나 자연이 우리에게 호의적일 수 없는 건 아니다. 만일 우리가 마음속의 악의를 조금 더 억누르고, 우리의 제도에 더 책임감을 갖고 봉사하고, 올바른 변화를 위해 노력하고, 지금보다 덜 분개한다면 어떻게 될까? 변화의 한계가 어디일지는 신 말고 아무도 모른다. 만일 우리가 적극적 또는 소극적으로 존재의 구조를 왜곡하려는 유혹을 피한다면 세상은 얼마나 더 좋아질까? 우리가 운명의 변덕에 분노하는 대신 감사와 진실을 품는다면? 그리고 우리 모두 이모든 일을 부지런하고 일관되게 한다면? 자기 자신, 국가, 자연이 파괴적이고 잔인한 모습을 드러내지 않도록 잘 억제할 수 있지 않을까? 세계와 척을 지려는 동기를 잠재울 수 있지 않을까?

분개하거나 거짓되거나 교만하지 마라.

법칙 12

고통스러울지라도 감사하라

J. fogra

어둠이 빛을 정의한다

확실성을 찾아 헤맨 지 어언 수십 년이 되었다. 확실성을 찾는 것은 단지 생각을 만들어내는 문제가 아니라 그 생각을 뒤흔들고 파괴한 뒤 남은 것들을 신중하게 검토하고 보존하는 문제다. 질퍽질퍽한 수면 아래 안전하게 디딜 수 있는 돌들을 찾으며 늪지를 통과하는 길찾기와 같다. 나는 인생의 고통은 불가피하며 악의로 인해 그 고통이 커질 수 있다는 사실을 진리로 여긴다. 하지만 내가 그보다 훨씬 깊이 믿는 것이 있다. 사람은 자신의 고통을 심리적으로나 현실적으로 초월하고, 사회와 자연에 널린 사악함뿐 아니라 내면의 악의를 억제할 능력이 있다는 점이다.

인간은 인생의 시련에 용감하게 맞서 고통을 현실적으로 개선할 뿐 아니라 심리적으로 초월할 능력을 지녔다. 이는 학파를 초월하여 정신의학의 가장 기본이 되는 원리인 동시에 인류가 어떻게 성공과 진보의 역사를 만들어왔는지 밝혀주는 열쇠다. 만일 여러분이 인생의 한계에 용감하게 맞선다면, 고통의 해독제가 되어줄 삶의 목적을 갖게 된다. 심연과 자발적으로 눈을 맞춘다는 것은 삶의 어려움과 그에 딸린 책임을 회피하지 않고 짊어질 능력이 당신에게 있다는 뜻이다. 그 용기 있는 행동만으로도 당신은 가장 근본적인 차원에서 깊은 안도와 확신을 느낀다. 이는 마음속 깊이 존재하는 당신의 오래된 생물적·심리적 경보 체계가 원활히 작동하면서 세계의 위험을 잘 파악하고 있음을 뜻한다.

인생의 한계에 용감하게 맞서는 일은 심리적 안도감을 주는 데서 끝나지 않고 실용적으로 유용하기까지 하다. 만일 당신이 고통 앞에서 고결하게 행동한다면, 당신 자신과 다른 사람들의 불행을 현실적으로 바람직하게 개선하고 바로잡을 수 있다. 당신은 이 세계를 더 낫게 만들 수 있으며, 적어도 더 나빠지지 않게 만들 수 있다. 악의도 마찬가지다. 당신은 내면의 악의를 억누를 수 있다. 당신이 거짓말을 하려는 순간, 양심은 종종 당신에게 이렇게 말한다. "그건 사실이 아니야." 이 말은 내면의 목소리로 나타날 수도 있고, 수치·죄책감·나약함 또는 여타 부조화의 느낌으로 나타날 수도 있다(여기서 부조화란 표현하고 있는 정신이 이중적이기 때문에 나타나는 심리적 결과다). 이때 당신은 거짓말을 중단할 기회를 잡을 수 있다. 양심에 귀 기울이면 진실을 말하지는 못하더라도 최소한 거짓말은 하지 않을 수 있다.[1] 이는 악의를 억제하는 메커니즘의 일부다. 그리고 이 메커니즘은 우리 손바닥 안에 있다. 잘못인 줄 알면서도 거짓말하기를 멈추는 순간, 우리의 발걸음은 올바른 방향으로 성큼 나아간다.

우리는 고통을 제한할 수 있을 뿐 아니라 고통에 맞설 수 있다. 그럴 때 우리는 용감해진다. 우리는 우리 자신과 남들을 보살핌으로써 현실의 고통을 개선할 수 있다. 여기에는 한계가 없는 듯하다. 우리는 우리 자신과 가족을 진심으로 완벽하게 보살필 수 있다. 그런 뒤 그 보살핌을 더 넓은 지역사회로 확대할 수 있다. 어떤 사람은 이 어려운 일에 믿을 수 없으리만치 능숙하다. 말기 환자를 돌보는 사람들이 대표적이다. 그들은 고통받고 죽어가는 사람들을 끊임없이 보살피고, 매일 사람들을 떠나보낸다. 하지만 그러면서도 매일 아침 일어나고 출근해서 그 모든 고통, 비극, 죽음을 마주한다. 그들은 사실상 불가능한 상황에서 차이를 만들어낸다. 인생의 실존적 재앙과 정면으로 마주하는 것을 지켜보는 그런 사람들 덕분에 나는 비관적이기보다는 낙관적이고, 비관주의보다 낙관주의가 믿음직하다고 생각한다. 이 결론에 도달해 확신을 갖게 되는 과정은, 우리가 왜 빛을 보기 전에 어둠을 만날 필요가 있는지를 잘 보여준다. 순진하게 낙관하기는 어렵지 않다. 하지만 순진한 낙관주의는 쉽게 흔들려 허물어지고, 그 자리에 냉소주의가 자라난다. 하지만 어둠을 최대한 깊이 꿰뚫어볼 때 그곳에서 어떤 것도 막을 수 없는 빛이 흘러나온다. 이는 아주 놀라운 경험이자 큰 위안이다.

감사도 마찬가지다. 나는 실존의 무게를 뼛속 깊이 느껴보기 전까지는 우리에게 있는 그 모든 선함과 우리를 피해 가는 그 모든 악함에 감사한 마음을 가질 수 없다고 믿는다. 자신에게 끔찍한 일이 일어날 수 있었을 뿐 아니라 그런 일이 얼마나 더 끔찍해질 수 있는지를 알기 전까지 우리는 지금 가진 것에 제대로 감사하지 못한다. 이 필수적인 깨우침을 얻지 못하면 '내가 왜 어둠을 들여다봐야 하지?'라고 반문하게 된다. 하지만 우리는 저도 모르게 어둠에 눈길을 주고 악에 매혹된다. 우리는 드라마에서 연쇄살인범, 사이코패스, 범죄 조직의 두목, 갱단, 강간범, 청부살인업자, 스파이를 본다. 제 발로 극장에 찾아가 공포 영화를 보고 두려움과 혐오를 경험한다. 단순히 호기심만으로는 설명되지 않는 행동이다. 우리는 공포 영화를 보면서 인간의 도덕적 본성이란 본질적으로 선과 악 사이에서 부유한다는 것을 이해한다. 이 사실을 이해해야 우리는 무엇이 우리의 발밑에 있고 무엇이 우리의 머리 위에 있는지 깨달을 수 있고, 지각과 동기와 행동을 한 방향으로 정렬할 수 있다. 악에 대한 이해는 우리를 지켜준다. 아니면 무방비 상태로 악에 민감하게 반응하고 쉽게 휘둘린다. 악을 이해하지 못하거나 이해하려 들지 않는 정도에 비례해서 악한 사람들이 당신을 지배한다. 따라서 어둠이 나타날 때마다 당신은 그 어둠을 들여다봐야 한다. 그 안에서 빛을 발견하고 자신을 보호하기 위해서다. 이 일은 현실적으로 쓸모가 있다.

악마의 정신

영어권 문화에 셰익스피어가 있다면, 독일 문화에는 괴테Wolfgang Goethe라는 위대한 작가가 있다. 그의 유명한 희곡 〈파우스트Faust〉는 악마에게 영혼을 팔아 지식을 얻는 남자 이야기다.[2] 괴테의 작품에서 메피스토펠레스는 악마(적대자)다. 이 적대자는 신화 속 인물이자 우리의 긍정적인 의도를 영원히 방해하는 정신이다. 우리는 이 정신을 형이상학이나 종교 차원에서 이해하지만 심리 차원에서도 이해할 수 있다. 사람은 누구나 내면에서 좋은 의도가 생겨날 뿐 아니라 그에 따라 행동하라는 가르침이 계속 들려오지만, 안쓰럽게도 해야 할 행동을 하지 않고 하지 말아야 할 행동을 자주 한다. 우리 마음속에는 우리가 자발적으로 표출하는 욕구와 반대되는 위치에서 작동하는 어떤 것이 있는 듯하다. 실제로 그런 것들(악마들)이 꽤 많으며 심지어 악마들끼리 충돌하기도 한다. 어둡고 불분명한 동기와 믿음 체계들은 당신의 부분 인격으로 존재한다.

기이한 느낌마저 드는 이 깨달음에는 정신분석학자들이 크게 공헌했다. 그들은 무엇보다도 당신의 마음에는 당신이 통제할 수 없고, 심지어 의식하지 못하는 정신들이 거주한다고 주장했다. 그런데 이 말을 듣는 순간 엄청난 의문이 고개를 든다. 당신이 통제하지 못한다면 누가 또는 무엇이 통제할까? 당신이 아니라면, '당신'이라는 존재가 확실하고 통일되어 있고 실재한다는 생각 자체가 도전을 받는다. 또한 당신이 아닌 그 누구 또는 그 무엇은 대체 무슨 짓을 꾸미고 있을까? 그리고 어떤 목표를 이루려 할까? 우리는 누구나 우리가 주체적인 존재로서 자기 자신에게 뭘 해야 할지를 명할 수 있고, 자신의 의지에 따라 행동하는 생명체이길 바란다. 어쨌든 당신은 남이 아닌 당신이고, 당신 자신을 통제하는 사람 아닌가? 하지만 상황은 그렇게 되지 않을 때가 많고, 그 이유(들)는 아주 불가사의하다.

물론 해야 할 일을 하지 않고 방치하는 게 더 쉬운 경우가 자주 있다. 좋은 행동은 일반적으로 실천하기 어렵기 때문에 금방 피곤해지고 지칠 위험이 있다. 타성은 좋은 행동을 미루는 강력한 이유가 되며 어느 정도 즉각적인 안전을 제공하기도 한다. 그러나 이 문제에는 더 많은 이야기가 있다. 당신은 자신이 게으를 뿐 아니라 자신의 행동이 나쁘다고 스스로 판결을 내린다. 이 깨달음은 불쾌하지만, 그러지 않고는 더 좋아질 가능성이 없다. 당신(또는 당신의 양심)은 자기 자신의 결함을 비난한다. 당신은 자신의 일부가 부도덕적인 행위자인 것처럼 취급한다. 이 또한 너무나도 불쾌한 경험이다. 당신에게는 자기 자신의 판결을 피하고 싶은 동기가 충분하다. 하지만 어떤 단순한 합리화도 당신의 탈출을 허락하지 않는다.

보고자 한다면 우리의 내면에서 적대적 힘이 우리의 가장 좋은 의도를 허물어뜨리려고 애쓰는 걸 볼 수 있다. 이 힘의 정확한 성격을 알고 싶다면 철학적·문학적·심리적 그리고 무엇보다도 종교적·신학적 추측을 살펴볼 필요가 있다. 일례로 그리스도교의 악마(메피스토펠레스, 사탄, 루시퍼 등)는 상상을 통해 그 정신을 의인화한 것이다. 하지만 적대자는 상상으로만 존재하지 않는다. 행동 그 자체로도 드러나고, 흔히 악한 동기에 '사로잡혔다'고 표현되는 심리 상태로도 드러난다. 꼴사납게 행동한 뒤 "내가 무엇에 씌었는지 도무지 모르겠어"라고 할 때 이 말은 명확한 표현은 아니더라도 이 같은 사로잡힘이 실재함을 가리킨다. 결국 우리는 넋을 잃고 스스로에게 묻는다. '왜 이런 적대자가 존재하는 걸까? 왜 우리 안에 남아 있을까?'

이에 대한 답은 부분적으로 인간이란 모두 죽을 수밖에 없는 내재적 한계를 갖고 있으며, 자기 자신·사회·자연이 안겨주는 고통에서 자유롭지 못하다는 사실과 관련이 있다. 이 사실을 알고 나면 비통

질서 너머

한 마음이 들고 일종의 자기 경멸이나 혐오가 돋아난다. 스스로의 나약함과 부족함, 자신의 약점이 임의로 나에게 부여되었다는 억울함이 자기 경멸과 혐오를 더욱 부채질한다. 이 모든 실망스러운 깨달음을 고려할 때, 당신이 당신의 존재 그 자체에 만족하거나 흡족해할 거라고 가정할 이유는 깨끗이 사라진다. 그런 불만족, 그런 불행은 점점 커지고 강해져서 악순환을 형성한다. 불행하고 분개한 마음에 자기 자신과 타인에게 해로운 행동을 할 때마다 부끄러워해야 할 일은 더 많아지고 자기 자신을 적대시할 이유도 늘어난다. 대략 다섯 사람 중 한 명이 살면서 심각한 자해를 저지른다.[3] 가장 심각한 행위인 자살 또는 자살성 사고suicidal ideation(자살에 관해 깊이 생각하거나 스스로를 죽음으로 이끄는 사고 유형 ―옮긴이)를 하는 사람을 포함하지 않아도 이 정도다. 만일 당신 자신이 불만족스럽다면 왜 자신에게 가장 유익한 방향으로 노력하지 않을까? 어쩌면 당신은 스스로에게 유익하도록 노력하는 대신 마음속에 원한 같은 걸 품고 있을지 모른다. 그런 감정은 나름대로 자기 이유를 찾고, 마땅해 보이는 고통을 설계하고 배정한다. 하지만 그 목적은 당신의 앞날을 가로막는 것이다. 만일 당신이 머릿속으로 내면의 당신에게 반하는 모든 것, 친구들에게 반하는 모든 것, 남편이나 아내에게 반하는 모든 것을 끌어모아 합치면 적대자가 출현한다. 그것이 바로 괴테의 희곡에 나오는 악마 메피스토펠레스다. 적대자는 **반대하고 충돌하는 정신**으로, 메피스토펠레스가 본인을 바로 그렇게 묘사한다. "나는 곧 부정하는 정신이다."[4] 왜 그럴까? 세상의 모든 것은 심히 제약되어 있고 불완전하며, 그로 인해 많은 문제와 공포가 일어나므로 세상의 모든 것을 없애는 일은 충분히 정당할 뿐 아니라 도덕적으로 옳기 때문이다. 합리화는 그렇게 이루어진다.

이 말은 공허한 추상적 진술이 아니다. 사람들은 이런 생각과 치열하게 싸운다. 여자들은 임신을 고려할 때 스스로 이렇게 묻는다. '이런 세상에 아기를 낳아야 할까? 그게 도덕적인 결정일까?' 반출생주의antinatalism 철학을 주도하는 남아프리카공화국의 데이비드 베나타르David Benatar라면[5] 이 두 질문에 단호하게 아니라고 대답할 것이다. 몇 년 전에 나는 그와 토론을 했다.[6] 나도 그의 입장을 이해하지 못하는 건 아니다. 세계가 고통에 물들어 있다는 건 의심의 여지가 없다. 몇 년 후에 나는 슬라보예 지젝Slavoj Žižek과 토론했다. 지젝은 마르크스주의적 성향으로 널리 알려진 철학자다. 토론하는 중에 그는 신학적으로 논쟁의 여지가 있지만 내 관심을 강하게 끄는 발언을 했다. 그리스도교 전통에서는 예수의 형상을 한 하나님 자신도 십자가의 고통 속에서 인생의 의미와 선하신 주 하나님에게 절망한다. 죽기 직전 고통이 극에 달할 때 그는 이렇게 되뇐다. "나의 하나님, 나의 하나님, 어찌하여 나를 버리셨나이까?"(「마태복음」 27장 46절)[7] 이 말은 무슨 뜻일까? 부당함, 배신, 고통, 죽음으로 이어지는 참을 수 없는 현실에 직면해 인생의 짐이 너무 무겁게 느껴지면 하나님마저도 신념을 잃을 수 있다.

우리 인간에게 이보다 더 공감을 자아내는 이야기는 상상하기 어렵다. 하나님조차 스스로 부과한 고통 속에서 회의를 느낀다면, 죽음을 면할 수 없는 우리 인간이 어떻게 그와 똑같은 나약함을 보이지 않을 수 있겠는가? 게다가 베나타르가 반출생주의 입장에 서게 된 이유

질서 너머

는 연민이었을 것이다. 베나타르는 어떤 면에서도 적의를 보이지 않았다. 그는 인간의 의식·취약성·죽음, 이 세 가지의 조합이 너무나 두렵고 끔찍하니, 그걸 지속하는 행위는 도덕적으로 변명할 길이 없다고 진심으로 믿는 것 같았다. 그의 논리는 괴테의 메피스토펠레스를 연상시켰다. 하지만 메피스토펠레스의 견해는 믿을 만한 것이 절대 아니다. 그는 곧 사탄이기 때문에 그의 적대적인 입장을 정당화하기 위해 내놓는 주장이 유효하고, 심지어 그가 진심으로 그렇게 생각한다고 가정할 이유는 없다. 똑같은 말이 베나타르에게도 적용될 수 있다. 그는 분명 그때나 지금이나 우리 모두에게 주어진 취약성에 사로잡혀 있다(물론 그와 반대되는 입장이긴 하지만, 나 역시 거기에 포함된다). 하지만 나는 그때나 지금이나 자기 존재를 부정하는 입장은 끔찍한 결과를 가져온다고 믿는다. 그런 입장은 생명, 심지어 존재에 반하는 허무주의와 직접적으로 아주 깊이 연결되어 있어서 그런 주장을 공공연하게 펼치는 사람은 어쩔 수 없이 실존의 파괴를 강조하고 증폭하는 데 영향을 끼친다. 반출생주의자들의 동정심이 그 문제들을 확대 재생산하는 것이다(나는 그들이 틀렸다고 확신하지만, 그 동정심에 대해 빈정대거나 냉소하는 건 아니다).

베나타르의 이론을 들여다보자. 그에 따르면, 인생은 고통으로 가득 차서 새로운 의식적 존재가 생겨나게 하는 것은 의도가 아무리 좋아도 사실상 죄악이며, 인간이 도덕적으로 취할 수 있는 가장 올바른 행동은 우리가 자발적으로 멸종의 길에 들어서는 것이다. 그런 관점은 생각보다 널리 퍼져 있다. 인생의 불행 앞에서 굴욕을 당할 때마다 꿈이 산산이 깨지거나, 자식이나 사랑하는 사람들이 크게 다칠 때마

다 우리는 다음과 같은 생각에 쉽게 빠져든다. '이 모든 게 영원히 멈 춰버린다면 좋을 텐데.'

이는 분명 사람들이 자살을 고려할 때 하는 생각이다. 연쇄살인범, 고등학교 총기 난사범 등 일반적으로 모든 살인범과 대량 학살범은 이런 생각을 극단까지 밀어붙인다. 범죄자들은 마음껏 적대적인 태도를 드러내 보인다. 그들은 적개심에 철저히 사로잡혀 결국 인생은 참을 수 없고 인간의 악의는 변명할 수 없으며, 더 나아가 모든 것이 단지 존재한다는 죄목으로 벌을 받아야 한다고 결론 내린다. 만일 우리가 악의 존재를 줄이기 위해 노력하면서 실제로 성공할 수 있다는 희망을 품으려면, 그 같은 충동들을 이해해야 한다. 사람들이 적개심을 품는 것은 고통과 적의를 의식하기 때문이다. 확신하건대 반출생주의의 입장을 취하는 사람은 반드시 방향을 잃고 표류하게 된다. 반출생주의는 단지 출산을 거부하는 입장에서 그치지 않는다. 나는 새로운 생명을 낳지 않으려는 충동이 머지않아 지금 존재하는 생명들을 파괴하려는 충동으로 발전한다고 생각한다. 너무도 큰 동정심에 휩싸여 어떤 삶들은 너무나 끔찍하니 그 고통을 끝내주는 것이 자비로운 일이라고 판단을 내리는 것이다. 나치즘 초기에 그런 철학이 출현했다. 인생에 의해 참을 수 없이 망가진 듯 보이는 사람들을 '도덕적으로 자비로운' 목적을 위해 안락사시킨 것이다. 이 사고방식은 다음과 같은 질문을 던지게 한다. 우리는 그런 '자비'를 어느 선에서 멈춰야 하는가? 사람이 얼마나 병들고 늙고 지적 장애가 있고 다리를 절고 불행하고 비생산적이고 정치적으로 부적절해야 그런 명령을 시행할 수 있는가? 그렇게 박멸하거나 생명을 끝내는 것이 도덕적 길잡

질서 너머

이가 되고 나면, 당신이 그 길잡이를 따라 주변을 지옥처럼 만들 때까지 계속 나아가지 않으리라고 어떻게 믿을 수 있는가?

내가 보기에, 콜럼바인고등학교 살인범들의 글은 이 점에서 특별히 교훈적이다. 낙서처럼 휘갈겨 쓴 글들은 부주의하고 앞뒤가 맞지 않고 자기도취적이지만, 그 저변에는 분명 어떤 철학이 있다. 바로 세상 모든 것은 존재한다는 죄목만으로 고통받아 마땅하다는 것이다. 그 믿음의 결과는 두 사람이 창의적으로 공조하여 그 고통을 확대시키는 것으로 나타났다. 살인범 중 한 명은 자신이 존재하는 모든 것의 심판관으로, 특히 인간이라는 존재는 부족하기 짝이 없기 때문에 인류 전체를 말살하는 게 차라리 나을 거라고 썼다. 그 문장은 무시무시한 망상을 정확히 보여주었다. 사실 학교에서 친구들을 총으로 쏴 죽인 일은 그들이 계획한 것의 극히 일부분이었다. 그들은 동네 전체에 불을 지를 장비를 이미 준비해놓았으며, 도시 전체를 파괴하겠다는 꿈을 키우고 있었다. 대량 학살이라는 궁극적인 망상의 전 단계였다.

그런 무시무시한 망상을 하려면 적대자의 정신과 매우 흡사한 것에 깊이 빠져야 한다. 메피스토펠레스는 적대자의 정신을 다음과 같이 표현한다. "이 모든 한계와 악의를 볼 때 인생은 아주 끔찍해서 아예 존재하지 않는 편이 더 낫다." 적대자 정신의 핵심 교의가 바로 이것이다. 적대자 정신은 특히 위기의 순간에 정말 그럴듯해 보인다. 하지만 나는 그 정신이 완전히 틀렸다고 생각한다. 그 이유 중 하나는 정말로 실현되었을 때 이미 충분히 나쁜 상황이 더 나빠지기만 하기 때문이다. 상황은 악화시키고자 하면 실제로 더 나빠지는 경향이 있다. 애초에 우리의 실존적 상황이 근본적으로 끔찍하기 때문에 삶에 반대해야 한다면, 생명 제거로 어떻게 상황이 개선될 수 있는지 의심스럽다. 감사의 마음을 조금이라도 가지고 있는 의식 있는 생명체가 걸어갈 길은 아닐 듯하다. 이런 정신에는 논리적으로 결함이 있어 겉만 번지르르하게 느껴진다. 듣는 사람은 즉시 이런 생각을 하게 된다. '겉보기엔 그럴싸하지만, 그 이면에는 입에 담지 못할 것들이 숨어 있어.'

적대자의 논리에 결함이 있다 해서 반대 논리를 세우기가 쉬운 건 아니다. 가장 쉽게 접근하는 방법은 존재에 대한 반대와 복수심에 물든 환상을 확인하는 것이다. 그림에서 여백이 색칠된 부분을 돋보이게 하는 것과 같은 이치다. 최초의 형태는 모호할지라도 선은 악에 해당하는 모든 것의 반대라고 개념화할 수 있다. 이 세계에서는 대체로 선보다 악을 더 쉽게 확인할 수 있다. 나는 선이 어떤 것인지 사람들에게 보여주기 위해 악과 반대되는 좁은 길에서 시금석들을 발견하고자 노력해왔다. 그중 어떤 것들은 어렵지만 대단히 실용적이다. 예를 들어 나는 독자와 시청자들, 특히 죽을병에 걸린 부모를 돌보는 사람들에게 다음과 같이 조언한다. 사랑하는 사람의 장례를 치르는 동안 당신은 비통한 시간을 보낼 테지만 그럼에도 가장 믿을 수 있는 사람이 되기 위해 책임을 다하고 슬픔에 빠진 가족들을 잘 보살피라고. 이렇게 하는 것은 당신 안에 있는 잠재력을 부른다. 당신 안에 있는 절대자의 힘, 신성한 힘을 깨워 드러나게 한다. 인류는 아주 오랜 시간 죽음과 상실을 다뤄왔다. 우리는 그 일을 용케 해낸 자들의 후손이다. 우리에게는 암울한 일이지만 죽음과 상실을 다룰 능력이 있다.

진심으로 사랑하는 이가 병들거나 죽어 없어졌을 때 멀쩡하고 건

질서 너머

강하게 지내는 건 괘씸한 일이라고 생각할 수도 있다. 그렇다면 소중한 사람의 죽음과 상실을 다루는 능력은 진정한 사랑과 어떤 관련이 있는가? 당신이 그의 죽음을 끝까지 지키고 그의 부재를 극복해낸다면, 둘의 사랑이 얄팍하고 일시적이었으며 얼마든지 대체 가능한 것이라는 의미일까? 그가 죽었을 때 당신도 무너져내리려야 진정한 사랑일까? 하지만 불가피하게 찾아오는 모든 상실 때문에 세상이 무너져내리길 바랄 수는 없다. 우리도 지금 당장은 아니지만 때가 되면 죽을 운명이니 말이다. 그리고 죽음을 앞에 둔 사람의 마지막 소원이 사랑하는 사람의 끝없는 고통일 리 없다. 오히려 많은 사람은 임종의 순간에 죄책감을 느낀다(자신이 지금 당장 쓸모가 없고 짐이 되기 때문이기도 하지만, 그보다 훨씬 더 큰 이유는 남은 자들의 슬픔과 괴로움을 염려하기 때문이다). 그들의 가장 큰 소망은 사랑하는 사람들이 적당히 애도한 후에 다시 일어나 행복하게 살아가는 것이리라.

따라서 안타까운 상실의 여파로 당신의 삶이 무너지는 건 사랑의 표시가 아니라 떠난 사람에 대한 배신이라고 보는 게 더 정확하다. 죽어가는 마당에 사랑하는 사람들이 끝없이 슬퍼해주길 바라는 것은 자기도취에 빠진 이기적인 행동이다. 죽음 앞에서 강인해지는 것이 죽어가는 사람과 살아남은 사람 모두에게 더 낫다. 가족 중에 상실에 고통스러워하는 사람, 연로하고 허약해서 그 상황을 잘 견디지 못하는 사람이 있을 수 있다. 이때 강인한 사람이 나서서 죽음마저도 우리가 마주하고 극복해야 할 어떤 것으로 바꾸는 가혹한 권위를 행사해야 한다. 우리에게는 최악의 상황에서 역경에 굴하지 않고 강인함을 드러낼 도덕적 의무가 있으며, 실제로도 정면으로 맞서 의연하게 이겨낼 힘과 위엄이 있다. 장례식에서 필요한 것은 그런 용감하고 강인한 태도다. 죽음 앞에서는 솔직히 할 말이 거의 없다. 인간은 찰나의 순간을 살다가 무한한 공허로 되돌아간다는 사실에 다들 말이 없어진다. 그런 상황에서 올곧고 용감한 태도를 보이는 사람은 우리에게 큰 힘이 되고 의지가 된다.

나는 온·오프라인 강연을 통해 사랑하는 사람의 장례식에서 강인함을 유지하는 건 가치가 있다고 여러 차례 이야기했다. 적지 않은 사람이 그 말을 듣고 절망적인 시기에 용기를 낼 수 있었다고 내게 알려왔다. 그들은 인생의 고비에서 믿음직함과 강인함을 의식적인 목표로 삼고 그 목표에 전념했으며, 절망에 빠진 다른 사람들에게 의지할 수 있는 본보기가 되었다. 그 결과 나쁜 상황이 적어도 더 끔찍해지지는 않았다. 여기에는 더 중요한 의미가 있다. 누군가 재앙·상실·원한·절망을 딛고 일어서는 모습은 당신 또한 그럴 수 있다는 증거가 된다. 당신은 아주 절박한 상황에서 그 사람의 강인함을 모방할 수 있다. 비극 앞에서 용기와 고결함을 보이는 것은 바로 그 상황에서 사람들이 흔히 정당화하는 파괴적이고 허무주의적인 냉소와 정반대로 나아간다는 의미다.

다시 한번 말하지만 나는 그런 부정적인 태도, 그 허무주의적인 냉소를 이해한다. 지금까지 임상 경험을 수천 시간 했다. 나 또한 한 인간으로서 개인적인 아픔을 겪었으며, 임상심리학자로서 다른 사람들의 힘든 상황에 깊숙이 개입해 그들의 아픔을 듣고 문제를 해결하기 위해 노력해왔다. 모든 사람의 인생이 쉽지 않다. 당신은 사는 게 힘들다고 생각하며, 실제로 종종 힘든 상황에 처한다. 그때 당신보다 어려운 상황에 처한 사람을 만나면 힘들다고 생각한 당신의 삶이 훨씬 좋아보인다. 당신은 어떻게 그런 일을 견디고 사는지 모르겠다고 생각한다. 그 사람은 자기보다 더 불행한 사람을 보며 당신과 똑같이 느낀다. 삶이 얼마나 더 나빠질 수 있는지 깨달은 그는 자신이 가장 불행하다고 믿었던 것에 죄책감마저 느낀다.

고통과 배신 등 삶의 재앙은 비통함을 끌어들이는 중력 비슷한 힘을 갖고 있는 것 같다. 하지만 비통해하기로 선택하면 좋을 게 하나도 없으며, 그 결과는 분명 나쁘다. 그렇다면 무엇이 대안일까? 나는 미국 순회강연을 하던 2018년 추수감사절 직전에 이 문제를 주제로 진지하게 생각하기 시작했다. 추수감사절은 미국에서 가장 큰 국가 명절이다(캐나다에서도 약 한 달 전에 큰 행사를 치른다). 부활절이 크게 쇠퇴하고 있기 때문에 유일한 경쟁자는 크리스마스인데, 이날도 어떤 의미에서는 감사의 축제로, 한겨울의 어둠과 추위 속에서 영원한 구세주가 태어난 것을 기림으로써 희망의 영원한 탄생과 부활을 축하하는 날이다. **감사는 원망의 대안이며, 어쩌면 유일한 대안일지 모른다.** 미국 공휴일들을 보면(나는 7년 동안 미국에서 살았고, 그 밖에도 수많은 일 때문에 미국에서 시간을 보냈다) 축제일 중에 추수감사절이 가장 큰 명절인 것은 현실적으로나 상징적으로 좋은 일이라는 생각이 든다. 한 나라의 최고 축제일이 '감사하는' 날이라는 사실은 그 나라의 근본 윤리가 긍정적이라는 의미다. 다시 말해서 개인은 바른 마음을 갖기 위해 노력하고 있으며, 집단은 그 노력을 지지하고 격려하고 있다는 뜻이다. 인생의 온갖 문제에도 불구하고 어떻게 감사하는 마음을 가질 수 있을까? 당신은 용기를 낼 수 있다. 정신을 바짝 차리고 문제들에 신경을 집중할 수 있다. 인생이 얼마나 고되며 앞으로 더 힘들어질 수 있다는 사실을 분명히 깨달을 수 있다. 감사는 삶의 어려움에 용감무쌍하게 맞서는 태도다. 당신이 감사한 마음을 잃지 않는 것은 바보같이 순진해서가 아니다. 삶이 고통스럽지 않기 때문은 더더욱 아니다. 자기 자신과 세계에 가장 좋은 것을 주고, 당신이 현재 무엇을 가지고 있고 앞으로 무엇을 획득할 수 있는지를 잊지 않기로 용감하게 결심했기에 감사할 수 있다. 모든 존재와 가능성에 대한 감사는 세상의 변덕스러움에 대처하는 가장 좋은 태도다.

가족에게 감사한 마음을 가지는 것은 그들에게 더 잘하겠다는 다짐을 불러일으킨다. 그들은 언제라도 세상을 떠날 수 있다. 친구에게 고마움을 잃지 않는 것도 마찬가지다. 진정한 우정은 얻기 힘들기 때문에 그만큼 소중하다. 사회에도 감사해야 할 이유가 있다. 이 세상에 먼저 다녀간 사람들이 땀 흘려 노력해 사회구조·의례·문화·예술·기술·전기·상하수도 같은 경이로운 기반을 남긴 덕분에 우리는 과거보다 나은 삶을 영위하고 있다.

원망하고 싶은 유혹은 강하고 실질적이다. 당신이 더 이상 순진하지 않다고 가정할 때, 그 길에 발을 들이지 않으려면 도덕적으로 성실하게 노력해야 한다. 순진한 감사는 무지와 경험 부족에서 나온다. 순진한 감사는 미덕이 아니다. 비통함과 분개는 당신을 향해 끊임없이 손짓한다. 그럴 때 '그냥 저 어두운 길로 가는 게 어때?'라는 생각이 고개를 들 것이다. 그 길로 빠지고 싶지 않다면 당신은 용기를 내야 한다. '난 사양하겠어. 나는 유한한 존재지만, 그래도 세상을 위해 노력하겠어'라고 결심하는 건 용기 있는 일이다.

용기의 포괄어, 사랑

그런 결심은 용기가 사랑이라는 더 큰 원리 안에 있음을 보여준다. 만일 살아 있는 모든 것을 괴롭히고 파괴하라고 우리를 유혹하는 감정이 분개와 비통함과 증오라면, 고통스러운 현실을 어떻게든 개선하겠다는 결심은 사랑에서 나온다. 사랑하기로 결심하는 것은 생명체가 할 수 있는 가장 근본적인 행동이며, 적어도 중요한 면에서 자유의지에 의한 행동으로 보는 것이 정확하다. 당신을 원망, 노여움, 분개, 적의에 빠뜨리는 이유는 차고 넘친다. 따라서 당신의 목표와 행동에 따라 존재가 강인해지고 굳건해지기 위해서는 믿음의 도약이 필요하다. 어려운 시기에는 뚜렷한 증거가 없어도 바람직한 존재 양식이란 무엇인가에 대해 단호한 결정이 필요하다. 그것은 바로 "나의 하나님, 나의 하나님, 어찌하여 나를 버리셨나이까?"라는 원망에도 불구하고 깊은 차원에서 "이 모든 것에 굴하지 않고, **어떤 일이 닥치든** 계속 나아가리라"라고 외치는 일이다. 그 일은 세계가 타락하여 지옥에 떨어지지 않도록 우리 각자가 완수해야 하는 험난한 도덕적 과업이다.

사랑하겠다는 어려운 결심이 서야 아무리 힘들더라도 선하게 행동할 용기를 낼 수 있다. 만일 당신이 사랑과 용기라는 두 가지 덕목을 보여주겠노라고 마음을 정했다면, 당신은 세상을 더 나쁘게 만들지 않고 나 자신을 위해서라도 좋은 쪽으로 이끌겠다고 결심한 것이다. 그 모든 실수와 태만으로 인해 오랫동안 길을 잃었을지라도 말이다.

당신은 스스로를 도울 책임이 있는 양 자신을 위해 세상을 더 좋게 만들려 노력할 것이다. 가족과 공동체를 위해서도 그럴 것이다. 세상의 하부구조가 망가지고 잘못된 것이 빤히 보이고 그것이 당신의 비전을 망가뜨린다 해도, 당신은 그 모든 차원에서 빛을 발할 조화를 위해 노력할 것이다. 그것이 올바르고 용감한 길이다. 어쩌면 그것이 바로 감사의 정의일 것이다. 나는 이것이 곧 용기와 사랑이라고 생각한다.

당신은 이렇게 생각할지 모른다. '사람들이 실제로 그렇게 느끼고 행동할까?' 더 나아가 '그게 가능할까?' 내가 그럴 수 있다고 믿는 가장 확실한 증거는 가까운 사람을 잃었을 때 느끼는 슬픔의 감정이다. 당신이 인생 그 자체에 애증을 느끼고, 심지어 죽은 사람에게도 어느 정도 애증을 느끼더라도 죽음에 대한 당신의 반응은 애도일 것이다. 이때 애도는 의식적인 반응이 아니다. 애도는 낯선 경험이다. 애도는 당신을 불시에 사로잡아 충격과 혼란에 빠뜨린다. 당신은 어떻게 대응해야 할지 전혀 모른다. 도대체 어떻게 해야 하는 거지? 슬픔이 적절하다고 생각해 자기 의지로 하는 애도는 자연스럽게 젖어드는 진정한 애도가 아니다. 당신은 이런 생각이 들 것이다. '이건 올바른 느낌이 아냐. 눈물이 나지 않고 슬픔에 압도되지 않아. 아무렇지도 않게 일상에 복귀할 것 같아.' 특히 먼 곳에서 부고가 날아왔을 때 그럴 가능성이 크다. 하지만 아무 일도 없는 듯 사소한 일에 몰두하고 있을 때, 갑자기 큰 슬픔이 파도처럼 밀려온다. 그런 일이 얼마나 반복되고, 얼마나 오래갈지 아무도 모른다. 그런 감정은 심연에서 발원하여 당신을 옴짝달싹 못 하게 움켜쥔다.

애도는 사랑을 반영한다. 어쩌면 애도는 사랑의 궁극적 증거일지 모른다. 애도는 떠난 사람이 비록 한계가 있고 결함이 있었더라도, 더 나아가 모든 인생이 그 자체로 한계가 있고 결함이 있을지라도, 그의 삶이 가치 있었다는 믿음을 저도 모르게 드러내는 증거다. 그렇지 않으면 왜 저도 모르게 비통함과 상실감(자기기만으로는 도달할 수 없는 깊은 곳에서 나오는 느낌)을 느끼겠는가? 당신이 애도하는 이유는 당신에게 소중한 것이 더 이상 존재하지 않기 때문이다. 따라서 애도한다는 것은 떠난 사람이 당신을 얼마나 골치 아프게 했든 간에 그의 삶이 당신에게 나름대로 가치 있었다고 결론지은 것이다. 그런 일은 심지어 괴물 같은 사람이 죽었을 때도 일어난다. 죽어도 전혀 슬프지 않을 정도로 인생이 완전히 잘못된 사람은 찾아보기 힘들다.

우리 마음 깊은 곳에는 떠난 사람을 애도하며 그 사람의 존재가 모든 한계에도 불구하고 가치 있었다고 결정하는 부분이 있다. 그 결정에는 분명 훨씬 더 근본적인 것이 반영되어 있다. 어찌 됐든 존재는 그 자체로 가치 있다는 것이다. 따라서 감사는 인생의 재난에 직면하여 의식적으로, 용감하게 고마워하는 과정이다. 우리가 명절이나 결혼식, 장례식에서 가족을 만나서 겪어내는 것이 이 과정일지 모른다. 종종 다툼이 벌어지고 일이 꼬인다. 우리는 역설적이고 까다로운 긴장에 직면한다. 우리는 사랑하는 사람들을 곁으로 불러 모으고, 그들이 존재하고 가까이 있음에 기뻐하고, 그들이 더 잘되기를 바란다. 한편 그들 각자에게 그리고 우리 자신에게 어쩔 수 없이 실망하기도 한다.

어느 가족 모임에서나 우리는 따뜻함·추억·함께했던 경험을 나누지만, 또한 어쩔 수 없는 슬픔이 불안한 긴장을 형성한다. 어떤 친척은 실직 상태에 있거나 좋지 않은 길에서 방황한다. 어떤 친척은 나이가 들어 활력과 건강을 잃는다(그 모습을 보면 힘세고 젊었던 그들에 대한 기억이 일그러지고 흐릿해진다. 그러면 현재와 과거를 동시에 잃어버리는 느낌이 든다). 이 모든 게 고통스럽다. 그럼에도 기본적인 결론은 다음과 같다. '우리가 한자리에 모여 식사를 하고, 서로 보면서 이야기를 나눌 수 있고, 이 기쁨이나 슬픔을 함께할 수 있으니 얼마나 좋은가.' 그리고 모든 사람이 이렇게 소망한다. '우린 함께 모여서 문제를 적절히 해결할 수 있어.' 그래서 당신은 사랑하는 사람을 떠나보냈을 때도 가족과 한자리에 모여 기본적으로 똑같은 결론을 내린다. '이 모든 시련에도 불구하고 함께 모여 서로 의지하는 건 좋은 일이야.' 이는 정말로 긍정적인 일이다.

자녀들과의 관계도 똑같다. 지난 몇십 년 동안 나는 딸을 보면서 견디기 어려운 슬픔을 겪었다. 미카일라는 어릴 때부터 청소년기를 지나 성년 초기에 들어설 때까지 몹시 아팠다. 아이는 잠재력이 엄청나서, 자율성과 능력이 경이롭고 생산적으로 발달할 수 있는 존재다. 하지만 그 때문에 세 살, 네 살, 다섯 살이 되어도, 심지어 열다섯 살, 스물다섯 살이 되어도 정말 부서지기 쉽다(어린 자식을 보살피다 보면 누구나 그 취약함을 깊이 경험하게 되며, 아이가 자라도 걱정은 절대 사그라들지 않는다). 그래서 아이를 가졌다는 건 기쁨의 원천인 동시에 고통의 원천이기도 하다. 고통은 아이의 부서지기 쉬운 면이 부당하게 이용될 거라는 절대적 확신에서 나온다. 하지만 내 아이들의 취약성을 뿌리 뽑기 위해 내가 취한 모든 조치가 오히려 내가 감사하게 여겼던 것을 파괴할 수 있다고 생각했다. 아들이 세 살일 때 나는 그런 생각을 했다. 아이는 너무나 귀엽고 재미있었다. 하지만 겨우 세 살이고, 작았다. 아이는 넘어지고, 탁자에 머리를 부딪치고, 계단에서 구르고, 다른 아이들과 싸움을 벌였다. 또한 슈퍼마켓 주차장에서 정신없이 놀다가 순간적으로 뛰쳐나왔는데, 차들이 다니는 공간에서는 위험한 행동이었다. 아이들에게는 분명히 부서지기 쉬운 면이 있어서 부모라면 항상 긴장을 늦출 수 없고 보호 욕구를 느낀다. 하지만 그와 동시에 자율성을 키워주고 세상에 내놓고 싶은 욕구도 느끼게 되는데, 그렇게 해야 아이가 강해질 수 있기 때문이다. 그런 취약성도 당신이 인생에 분개하는 원인일 수 있다. 쉽게 부서지는 삶을 보면서 그 운명을 저주하는 것이다.

나는 부모님에 대해서도 똑같은 생각을 한다. 부모님은 늙어가고 있다. 사람이 늙어가면 성격이 더 완고해진다. 50대였을 때도 아버지와 어머니 두 분 다 성격이 대쪽 같았는데 지금은 훨씬 심하다. 그들은 한계와 장점을 동시에 갖고 있다(장점이 한계와 필연적으로 얽힌 경우도 적지 않다). 두 분은 현재 80대인데, 말할 수 없이 까다롭다. 까다로운 두 분을 대하다 보면 맥이 탁 풀리며 이런 생각이 들 때가 있다. '좀 다르게 행동하면 얼마나 좋을까?' 나는 특별히 우리 부모님에 대해 그런 생각을 더 많이 한다거나 두 분을 비난하려는 게 아니다. 내 부모님이나 다른 사람들도 내가 조금 달라졌으면 하고 생각할 것이다. 하지만 부모의 모난 성격, 취약함, 한계 또한 모두 당신이 사랑하는 것의 일부임을 이해해야 한다.

따라서 우리는 상대방의 한계에도 불구하고 그들을 사랑할 수 있지만, 또한 **상대방의 한계 때문에 그들을 사랑할 수도 있다.** 이는 이해할 가치가 매우 높은 말이다. 이 말을 이해할 때 당신은 우리가 어떻게 계속 감사할 수 있는지를 알게 된다. 이 세상은 아주 어두운 곳이고, 모든 사람의 영혼에는 검은 성분이 들어 있지만, 우리는 서로에게서 실재하는 것과 기적을 일으킬 수 있는 가능성이 독특하게 섞여 있는 것을 본다. 우리가 신뢰와 사랑에 기초한 관계를 만들고 유지할 때 그 가능성은 정말로 기적을 일으킨다. 우리가 용기를 낸다면 상대방의 한계는 충분히 감사할 수 있는 일이 될 수 있다. 그렇게 기적을 만들어내는 과정에서 우리는 심연과 어둠의 해독제를 발견할 수 있다.

고통스러울지라도 감사하라.

감사의 글

　서문에서 밝혔듯이 나는 이 책의 많은 부분을 병원에서 힘들고 지루한 몇 달을 보내면서 썼다. 먼저 딸 미카일라가 통원 치료를 받거나 입원했고, 그보다 더 오랫동안 아내 태미가 그랬으며, 마지막으로 내가 필요에 따라 수차례 입원한 기간이었다. 나는 개인적인 시련에 대해 서문에서 이미 설명한 것보다 더 자세히 묘사하는 건 적절치 않다고 생각한다. 코로나19로 인해 모든 이의 삶이 상상하기조차 힘든 비극으로 바뀐 상황에서 가족이나 개인의 고통을 자세히 이야기하기가 부담스러운 탓이다. 또한 이 책은 내 딸이나 아내, 또는 나의 문제에 관한 것이 아니라 인간의 심리 전반에 걸친 주제를 다루고 있기 때문이다. 하지만 힘든 시기에 우리를 도와주고 격려해준 모든 분께 진심으로 감사하다는 말을 꼭 전하고 싶고, 그러기 위해 우리의 투병에 관해 조금 더 설명해야 할 것 같다.

　나는 수많은 독자로부터 호의적인 메시지를 받았다. 그중 일부는 공공장소에서 직접 전달받았고, 일부는 이메일과 소셜미디어로 보내왔으며, 일부는 내 유튜브 영상에 댓글로 달렸다. 메시지들은 아주 큰 힘이 되었다. 내 여동생 보니는 전 세계에서 태미에게 보내온 특별히 감동적인 메시지들을 모아 알록달록한 색종이에 인쇄한 뒤, 잘 볼 수 있도록 병실 벽에 붙여놓았다. 나 역시 그런 메시지들 덕분에 어려움을 견딜 수 있었으며 의지가 흔들릴 때마다 위로와 도움받았다. 한 걸음 더 나아가, 전 세계를 공포에 빠뜨린 팬데믹 시대에도 이 책이 필요하리라는 확신을 얻을 수 있었다. 우리는 낙관적이고 세심하고 능숙한 첨단 의학의 수혜자였다. 태미의 이중 암 수술은 프린세스마거릿암센터의 네이선 펄리스 박사가 용감하게 집도했고, 이후에 발생한 합병증이 너무 심해졌을 때는 필라델피아 펜림프질환센터의 소장 맥심 이트킨 박사가 치료해주었다.

가족과 친구들이 태미와 내가 함께 있을 때와 따로 있을 때를 가리지 않고 끊임없이 격려하고 지원해주었다. 우리가 시련을 견디고 있을 때 그들은 며칠이나 몇 주 또는 몇 달씩 우리 곁에 있어주었다. 병에 대해 심각한 회의가 들었을 때 내가 바랄 수 있는 것은, 상황이 역전된다면 그들이 했던 것처럼 나도 내 시간과 정성을 아낌없이 나눠주리라는 것뿐이었다. 우리 가족에게 특별한 감사를 표하고 싶다. 딸 미카일라 피터슨과 사위 안드레이 코리코프, 아들 줄리언 피터슨과 며느리 질리언 바디, 여동생 보니 켈러와 매부 짐 켈러, 남동생 조엘 피터슨과 제수 캐슬린 피터슨, 우리 부모님 비벌리 피터슨과 월터 피터슨, 누나 부부 모린 로버츠와 데일 로버츠, 그들의 딸 타샤, 처제 델라 로버츠와 그녀의 남편 대니얼 그랜트가 그들이다. 또한 친구들이 있다. 웨인 메레츠키, 미리엄 몽그레인, 퀴니 유, 모건 애봇과 애바 애봇, 워텍 젬버그와 에스테라 베키어, 윌 커닝엄과 쇼나 트리트, 짐 발실리와 니브 페릭, 노먼 도이지 박사와 캐런 도이지, 그레그 허위츠와 델리나 허위츠 박사(그레그 허위츠는 『12가지 인생의 법칙: 혼돈의 해독제』를 편집하고 내용을 보강하는 데 근본적인 도움을 주었다), 코리 박사와 네이딘 토거슨, 소니아 툴리와 마셜 툴리, 로버트 O. 박사와 샌드라 필, 대니얼 히긴스 박사와 앨리스 리 박사, 메흐메트 박사와 리사 오즈, 스티븐 박사와 니콜 블랙우드 박사. 이 모든 친구가 지난 2년 동안 우리에게 과분한 관심을 보여주었다. 마지막으로 에릭 니콜라이 신부, 프레드 돌런 신부, 월터 해넘 신부가 특히 태미에게 큰 도움이 되었다.

내가 벤조디아제핀 의존증으로 고생할 때 우리 가족은 모스크바에서 나를 치료하기로 계획했다. 2019~2020년 크리스마스와 새해를 긴 휴가 시즌이었음에도 그 일이 아주 순조롭게 진행될 수 있었던 것은 러시아 연방 국가의 토론토 총영사 키릴 세르기비치 미하일로프와 영사관 직원들이 며칠 안에 긴급 비자를 내준 덕분이었다. 켈리 크래프트와 조 크래프트, 아니시 드위베디, 자밀 자바니, 자크 란, 크리스 핼버슨, 메트로폴리탄 조나, 빅토르 포타포프와 디미티르 이바노프를 포함한 많은 사람이 도와준 덕분에 아주 복잡한 절차들이 신속히 처리될 수 있었다. 러시아에 있을 때는 알렉산더 우소프가 내 안전을 보장해주었으며, 딸 미카일라와 사위 안드레이가 매일 찾아온 덕분에 고립감을 덜 느낄 수 있었다. 그들에게 느끼는 고마움은 말로 표현하기 힘들다. 러시아 의료진에게 감사를 표한다. 로만 IMC 중독 팀의 로만 유차폴스키는 너무 위험하다는 주변의 만류에 굴하지 않고 치료를 지휘하기로 했다. 그의 팀원들, 헤르만 스테프노프, 행정부장들, 치료사 알렉산드르에게 감사한다. 알렉산드르는 옷도 갈아입지 못하고 2주 동안 끊임없이 나에게 러시아어를 번역해주었다. 러시아의학아카데미 팀은 긴장병과 섬망 증세까지 보이는 데다 진단이 확정되지 않은 폐렴이 있는 나를 받아주고, 걷는 능력을 회복시켜주었다. 소생 병동 부소장 마리나 페트로바 박사와 소장 미하일 박사가 특히 잊을 수 없는 도움을 주었다. 손녀 엘리자베스 스칼릿의 유모 울리아나 에프로스는 러시아·플로리다·세르비아를 우리와 함께 여행하면서 8개월 동안 우리를 보살펴주었고, 도중에 우리와 함께 한 달 동안 격리 생활을 했다. 울리의 딸 리자 로마노바에게도 감사드린다. 러시아에서 그녀가 스칼릿을 돌봐준 덕분에 내 딸과 사위는 나를 보러올 수 있었다. 마지막으로 러시아 출국을 앞두고 긴급한 순간에 나에게 다양한 약을 주고 의약 정보를 번역해준 미하일 아브데프에게 감사드린다.

그 후 2020년 6월에 나는 베오그라드에 있는 IM내과클리닉에 입원을 신청했다. 벤조디아제핀 금단 현상을 전문으로 치료하는 곳이었다. 이고르 볼부크 박사와 그의 직원들이 유능하고 친절하게 나를 직접 치료했다. IM에 문의하기 전에 볼부크 박사는 러시아로 날아와서 향후 수개월 동안의 치료 과정을 안내해주었으며, 내가 세르비아에 도착했을 때 더욱 안정된 조건을 마련해주고 계속 내 치료를 관리했다. IM내과클리닉은 니콜라이 보로비에프 박사가 설립한 병원으로 그의 직원들은 아주 참을성이 있었고, 한 번도 화를 내지 않았다.

질서 너머

사흘 전에 코로나19가 발발하여 갑작스럽고 불가피하게 격리 상태에 들어간 상황에서 쉽게 할 수 없는 훌륭한 행동이었다.

출판과 관련해서도 진심으로 감사와 찬사를 바치고 싶은 사람들이 있다. 나의 에이전트 크리에이티브아티스츠에이전시의 몰리 글릭, 쿠크맥더미드(캐나다)의 샐리 하딩, 그녀의 두 동료인 수잰 브랜드레스와 해나 엘 니와이리에게 감사드린다. 『12가지 인생의 법칙: 혼돈의 해독제』를 편집하고 출판한 분들에게 감사드린다. 펭귄랜덤하우스캐나다의 편집자 크레이그 피에트는 품질 관리 및 향상에 큰 공을 들였으며, 전 CEO 브래드 마틴, 현 CEO 크리스틴 코크란, 크노프랜덤하우스캐나다 출판그룹의 사장 앤 콜린스, 부사장이자 마케팅전략 팀장인 스콧 셀러스, 펭귄랜덤하우스UK의 편집자 로라 스티크니, 그녀의 동료 페넬로프 보글러와 CEO 톰 웰던, 펭귄랜덤하우스인터내셔널의 CEO 마커스 돌 등도 빼놓을 수 없다. 이 책을 편집하고 출판해준 분들께 감사드린다. 방금 언급한 분들 외에도 포트폴리오앤드센티널 임프린트의 사장 에이드리언 자크하임과 편집자 헬렌 힐리에게 감사드린다. 마지막으로 브루스 파디 교수와 재러드 브라운 변호사에게 감사드린다. 두 사람은 전문인으로서 평판과 안전이 위험해질 수 있는 시기에 내 생각을 적극 지지해주었다.

『질서 너머』를 구상하고 사전 준비를 하는 기간에 태미와 나는 전 세계 160개 도시를 순회했다. 크리에이티브아티스츠에이전시의 공동 대표인 저스틴 에드브룩(그리고 그를 보조한 대니얼 스미스)과 아리 레빈(그리고 그를 보조한 콜레트 실버)이 특별한 능력과 성품을 발휘해 그 여행을 조직했고, 라이브네이션의 앤드루 리빗도 그 일을 함께했다. 오스트레일리아와 뉴질랜드 순회강연이 잘 이루어진 데에는 오스트레일리아 기획사 TEG 데인티의 브래드 드러먼드, 순회강연 매니저 사이먼 크리스티안, 보안요원 스콧 니컬슨의 공이 컸다. 군로거 욘슨과 그의 팀원은 태미와 나에게도 친절했지만 아이슬란드에서 우리와 함께 며칠 보낸 내 어머니와 이모에게도 더없이 친절했다. 순회강연 매니저로 일한 존 오코넬은 대단히 전문적이었고, 모든 문제를 척척 해결했으며, 여행과 강연이 계속되는 몇 개월 동안 내내 경쾌하고 친절했다.

온라인 정치 토크쇼 '루빈리포트'의 사회자이자 정치 평론가인 데이브 루빈은 우리와 함께 여행하면서 내 강연들을 소개하고, 강연에 이은 질의응답 시간에 사회를 봤으며, 자칫 너무 진지할 수도 있었던 시간에 활력을 불어넣었다. 로저스앤드코원의 롭 그린월드는 미디어 취재가 적절히 이루어질 수 있게 했다. 조 로건, 벤 샤피로, 더글러스 머리, 개드 사드, 스티븐 크로우더는 우리와 친해지고 자주 나타나 우리를 취재했다. 재커리 란은 필요할 때마다 자주 왔고, 제프 샌디퍼는 그의 폭넓은 연결망을 개방해주었다. 북아메리카에서 우리가 이동 주택 차를 이용할 때 빌 바디, 데니스 티그펜, 던컨 메이셀스, 멜라니 파케트는 각 도시로 운전해주었다. 태미와 나는 또한 건축디자이너 셸리 커시와 그의 건축 회사 직원들에게 감사드린다. 그들은 어려운 시기에 우리의 감독을 최소화하면서 집을 멋지게 개조해놓았다. 지난 3년 동안 아주 많은 일이 있었으니 내가 빠뜨린 중요한 분들이 분명 있을 것이다. 그에 대해 진심으로 사과드린다.

내 책들을 읽은 분들 그리고 내 유튜브 영상과 팟캐스트에 접속한 모든 분께 감사드린다. 지난 5년 동안 사람들이 나에게 다가와 특별한 신의와 배려를 보여준 것에 나는 깊이 감동해왔다. 이 책을 읽는 여러분 모두가 어려운 시기를 잘 헤쳐나가길 기원한다. 여러분이 사랑하고 또 여러분을 사랑하는 사람이 여러분 곁에 부족하지 않기를 바란다. 여러분이 현재 상황에 도전할 수 있기를 바라고, 행운의 바람이 불어와 마침내 이 재난이 끝났을 때 세계를 다시 건설하는 일에 관심을 기울이기를 진심으로 바란다.

주

서문

1. 철학자 데이비드 흄(David Hume)의 유명한 '귀납의 스캔들'이다. 자세한 내용
   은 다음을 보라. D. Hum, *An Enquiry Concerning Human Understanding*, ed. P.
   Millican (New York: Oxford University Press, 1748/2008).

2. J. B. Peterson, *12 Rules for Life: An Antidote to Chaos* (Toronto: Random House
   Canada, 2018); 강주헌 옮김, 『12가지 인생의 법칙』(메이븐).

3. 내 유튜브 채널은 다음 주소에서 찾을 수 있다. https://www.youtube.com/user/
   JordanPetersonVideos. 내 팟캐스트와 블로그는 jordanbpeterson.com에서 볼 수
   있다.

법칙 1.

1. S. Hughes and T. Celikel, "Prominent Inhibitory Projections Guide Sensorimotor
   Communication: An Invertebrate Perspective," *BioEssays* 41 (2019): 190088.

2. L. W. Swanson, "Cerebral Hemisphere Regulation of Motivated Behavior," *Brain
   Research* 886 (2000): 113-64.

3. F. B. M. de Waal and M. Suchak, "Prosocial Primates: Selfish and Unselfish
   Motivations," *Philosophical Transactions of the Royal Society of London: Biological
   Science* 365 (2010): 2711-22.

4. J. B. Peterson and J. Flanders, "Play and the Regulation of Aggression," in
   Developmental Origins of Aggression, eds. R. E. Tremblay, W. H. Hartup, and J.

질서 너머

Archer (New York: Guilford Press, 2005), 133 - 57.

5. J. Piaget, *Play, Dreams and Imitation in Childhood* (New York: W. W. Norton & Company, 1962).

6. F. de Waal, *Good Natured: The Origins of Right and Wrong in Humans and Other Animals* (Cambridge, Mass.: Harvard University Press, 1997).

7. 심지어 쥐들도 이런 게임의 규칙을 안다. 자크 판크세프(Jaak Panksepp)는 정동신경과학(affective neuroscience)이라는 심리학 분과를 공동 창립한 사람이자 대단히 창의적이고 용감하고 재능 있는 과학자로, 여러 해에 걸쳐 쥐의 발달과 사회화에 놀이가 어떤 역할을 하는지를 분석했다(다음을 보라. J. Panksepp, *Affective neuroscience: The foundations of human and animal emotions* (New York: Oxford University Press [1998] 특히 놀이에 관한 장, pp. 280-299). 쥐들은 놀이를 좋아하며, 특히 청소년기 수컷들은 거친 신체놀이를 좋아한다. 쥐들은 다른 어린 쥐가 기다리고 있는 경기장에 들어갈 기회를 얻으려고 자발적으로 일(가령, 레버를 반복해서 당기는 일)을 한다. 이런 상황에서 서로 모르는 청소년 쥐 두 마리가 처음 만날 때는 서로 크기를 재서 우열을 가린다. 만일 한 녀석이 상대방보다 10퍼센트 이상 크면, 그 녀석은 모든 신체적 경쟁, 모든 레슬링 시합에서 승리할 수 있다. 실제로 두 녀석이 승부를 가리기 위해 레슬링을 하면, 큰 녀석이 거의 틀림없이 작은 녀석을 메다꽂는다. 만일 당신이 위계 확립을 힘을 통한 우위 확보와 같은 것으로 본다면, 게임은 끝이다. 크고 강한 녀석이 승자가 되고, 이야기는 끝난다. 하지만 이야기는 절대 여기서 끝나지 않는다. 쥐는 사회적 환경에서 살고, 같은 개체들과 반복해서 상호작용한다. 따라서 어떤 게임이 일단 시작되면 계속 반복되고, 그 규칙은 단 한 번이 아니라 반복해서 유효하다. 일단 우열이 확립되면 쥐들은 놀이를 할 수 있는데, 그 방식이 진짜 싸움과는 아주 다르다(반려견과 재미로 싸우는 놀이와 개의 진짜 공격이 다른 것처럼). 이제 큰 녀석이 작은 녀석을 매번 메다꽂을 수 있다. 하지만 그러면 규칙(사실은 반복되는 게임 과정에서 우리가 볼 수 있는 규칙들)이 깨진다. 반복되는 게임의 목적은 우열 확보가 아니라 놀이를 계속하는 것이다. 그렇다고 해서 최초의 우열이 중요하지 않다는 말은 아니다. 적어도 다음과 같은 방식으로는 여전히 중요하다. 쥐 두 마리가 두 번째로 만나면 각자 독특한 역할을 수행한다. 작은 녀석은 이제 큰 친구를 놀이에 끌어들일 의무가 있고, 큰 녀석은 초대에 응할 의무가 있다. 작은 녀석은 장난스럽게 이리저리 점프를 해서 자신의 의도를 알린다. 큰 녀석은 선뜻 반응하기보다는 침착하고 거만하게(자신의 특권을 만

끽하며) 행동한다. 하지만 큰 녀석이 제대로 된 녀석이라면 내심 진짜 놀고 싶었던 것처럼 놀이에 참여한다. 하지만 (이 점이 결정적으로 중요하다) 큰 녀석이 반복되는 레슬링 시합들 중 일부를 작은 녀석에게 져주지 않으면(판크세프는 30~40퍼센트로 추정한다), 작은 녀석은 초대하는 몸짓을 중단한다. 작은 녀석으로서는 아무 재미가 없으니 그럴 만도 하다. 따라서 큰 녀석이 자기 능력을 다 발휘해 힘으로 지배하면(골목대장처럼) 졸개들에게 더 많이 '이기기'는 하겠지만, 가장 높은 차원(재미가 되도록 오래 지속되는 차원)에서는 패자가 될 것이다. 이건 무엇을 의미할까? 무엇보다도 반복적인 상호작용이 가장 잘 이루어지는 위계 구조의 안정된 기초로서 힘은 결코 유효하지 않다는 점이다. 쥐만 그런 게 아니다. 최소한 일부 영장류 집단의 우두머리 수컷은 부하들보다 훨씬 더 친사회적이다. 부하들에게 힘이 통하지 않기 때문이다. 다음을 보라. F. B. M. de Waal, & M. Suchak, "Prosocial primates: selfish and unselfish motivations," *Philosophical Transactions of the Royal Society of London: Biological Science* (2010): 365, 2711-2722. 또한 다음을 보라. F. de Waal, *The surprising science of alpha males* (2017). http://bit.ly/primate_ethic.

8. K. S. Sakyi et al., "Childhood Friendships and Psychological Difficulties in Young Adulthood: An 18-Year Follow-Up Study," *European Child & Adolescent Psychiatry* 24 (2012): 815 – 26.

9. Y. M. Almquist, "Childhood Friendships and Adult Health: Findings from the Aberdeen Children of the 1950s Cohort Study," *European Journal of Public Health* 22 (2012): 378 – 83.

10. 2019년 7월 30일 YouGov의 여론조사. 밀레니얼은 가장 외로운 세대(Millennials are the Loneliest Generation)(http://bit.ly/2TVVMLn)로, 지인이 없는 사람이 25퍼센트이고 친구가 없는 사람이 22퍼센트라고 발표했는데, 사실이라면 대단히 불길하다.

11. 여기에 있는 성인 데이터는 모두 다음에서 인용했다. M. Reblin and B. N. Uchino, "Social and Emotional Support and Its Implications for Health," *Current Opinions in Psychiatry* 21 (2009): 201 – 2.

12. R. Burns, "To a Louse: On Seeing One on a Lady's Bonnet at Church," *The Collected Poems of Robert Burns* (Hertfordshire, UK: Wordsworth Poetry Library, 1786 /1988), 138.

13. J. B. Hirsh et al., "Compassionate Liberals and Polite Conservatives: Associations

of Agreeableness with Political Ideology and Moral Values," *Personality and Social Psychology Bulletin* 36 (2010): 655–64.

14. 특별한 주석이 없을 경우, 모든 성경 구절은 『킹제임스성경(King James Version)』에서 인용했다.

15. 사본(codex)이란 양가죽이나 파피루스 또는 가장 흔하게는 종이를 엮어 만든 책이다. 오늘날 이 단어는 대개 손으로 쓴 원고에만 쓰이는데, 『베자 사본』도 그런 경우다. 『베자 사본』에는 사도행전과 복음서 4권의 내용 대부분이 담겨 있는데, 이 복음서들은 추가로 포함된 내용, 빠진 내용, 쓰인 문체 면에서 독특하다.

16. F. Fenlon, "Bible Encyclopedias, The Catholic Encyclopedia, Codex Bezae," Study Light.org, www.studylight.org/encyclopedias/tce/c/codex-bezae.html. 또한 다음을 보라. *The Catholic Encyclopedia*, "Codex Bezae" (New York: Robert Appleton Company, 1913).

법칙 2.

1. 예를 들어 최근에 밝혀진 바로는, 새로운 경험이 새로운 유전자를 켜면 새로운 단백질이 만들어져서 몸과 마음에 새로운 구조가 형성된다. 따라서 새로운 요구는 생물학적 스위치를 활성화해 잠재된 생각과 행동을 드러낸다. 다음을 보라. D. J. Sweatt, "The Emerging Field of Neuroepigenetics," *Neuron* 80 (2013): 624–32.

2. 흉내를 잘 내는 전문 연예인을 생각해보자. 그는 대상의 모든 동작을 따라 하면서 정확한 행동을 모사하는 게 아니라 대상의 모든 행동을 관통하는 것을 모사한다. 아이들이 어른 흉내를 내면서 놀이를 할 때도 마찬가지다. 아이들이 따라 하는 것은 개별 행동이 아니라 정신이다.

3. 연금술사는 '철학자의 돌'을 찾는데, 이 돌은 값싼 물질을 금으로 변화시킬 뿐 아니라 소유한 사람에게 건강과 불멸을 안겨준다고 하는 인공물이다. 연금술은 수천 년 동안 사회 부적응자·신비주의자·마술사·전(前)과학자들이 실행했으며, 그들이 내디딘 이 최초의 발걸음은 후에 과학의 초석이 되었다. 하지만 연금술이 발전하고 연금술사들이 금보다 정신의 발달이 더 중요하다고 깨우침에 따라 그 '돌'은 어떤 물체라기보다는 인격에 가까운 것으로 개념화되었다. 나는 이것을 주제로 다음의 책을 썼다. J. B. Peterson, *Maps of meaning: The architecture of belief* (New York: Routledge, 1999). 이 책은 카를 융과 그의 학생들의 연금술 연구를 참고했다.

4. 나는 각각의 요소가 밑에서 위로 떠오르는 듯 아래에서부터 그림에 접근할 것이다.

이런 종류의 그림들은 주로 심리적·영적 발달이나 성장을 나타내는데, 기본적으로 식물이나 나무가 위로 뻗어 올라가면서 성장하는 모습을 상징적으로 보여준다. 이와 비슷한 것을 동양의 부처상에서도 볼 수 있다. 부처는 연꽃 위에 앉아 있고, 연꽃은 잔잔한 수면에 떠 있으며, 그 줄기는 탁하고 깊은 물속으로 뻗어 내려가고, 뿌리는 가장 깊은 진흙 바닥에 박혀 있다.

5. C. G. Jung, *Psychology and Alchemy*, vol. 12 of *Collected Works of C. G. Jung* (Princeton, N.J.: Princeton University Press, 1968), 323.

6. 다른 선수에게는 경기장의 경계가 중요하지만, 추격꾼만큼은 경기장 안팎에서 스니치를 추적한다는 사실이 흥미롭다(이는 특히 법칙 1에서 얘기한 창의성의 위험과 관련 있다). 경기장 밖에 있을 때 추격꾼은 경기장의 기둥 사이를 날아다닌다. 이것이 문제가 될 수 있는 이유는, 그 와중에 추격꾼이 블러저(선수를 향해 돌진하는 육중한 공)에 부딪혀 빗자루에서 떨어질 수 있을 뿐 아니라 블러저가 기둥에 부딪쳐 경기장이 심하게 손상될 수 있기 때문이다. 앞서 언급했듯이 추격꾼이 스니치를 잡는 데 성공하면 그 팀은 보통 승리를 획득한다. 하지만 그러는 중에 게임의 토대를 와해시킬 위험이 있다는 점은 창의적인 사람이 혁신적이지만 파괴적인 비전을 추구할 때와 똑같다.

7. 금속인 수은이 금 채굴과 정련에 쓰인다는 사실도 매우 흥미롭다. 금은 수은에 용해되는데, 그래서 수은은 일반적으로 광석에 섞여 있는 소량의 귀금속을 뽑아내는 데 쓰인다. 나중에 수은을 끓여 증발시키면(끓는점이 낮다) 금만 남는다. 이런 성질 때문에 이 액체 금속은 가장 귀중한 것에 '친화성'이 있다는 상징적 개념을 탄생시켰다. 수은은 고상하고 순수하고 더럽힐 수 없는 것(금)을 추구하고 그것을 우리가 사용할 수 있는 양으로 농축해낸다는 것이다. 따라서 그 기초에는 신들의 사자 헤르메스(현대인의 관점에서는 무의식)의 인도를 받아 의미를 추구하는 사람은 금처럼 가장 가치 있는 것을 모을 수 있다는 생각이 놓여 있다. 우리가 분석하고 있는 것과 같은 종류의 그림을 그리는 연금술사들에게 최고의 가치는 영혼, 정신 또는 인성의 궁극적 발달이었다.

8. 이는 종교와 제의가 출현하고 오랜 시간이 흐른 뒤에 발생한 이성 과학(reason science)의 일부분이다.

9. 객관적·논리적 세계와 달리 신화의 세계에서는 모든 것이 하나인 동시에 반대의 것일 수 있다. 그리고 객관적 세계보다 신화의 세계에서 이 표현이 더 정확한 것은 앞에서 설명한 경험의 방식 때문이다. 예를 들어 자연은 창조자이자 파괴자이고,

질서 너머

마찬가지로 문화는 보호자이자 독재자다. 여기서 다음과 같이 이의를 제기할 수 있다. 자연과 문화는 별개의 것이 아니다. 우리가 이 둘을 구분하는 것은 그래야 모순되는 요소들을 분리하고 이해하고 다룰 수 있기 때문이다. 하지만 실제로 우리는 그 모순되는 요소들을 종종 동시에 경험하고, 그래서 하나로 통합한다. 이런 일은 예를 들어 사랑에서 배신당했을 때 일어난다. 야수와 남자, 메두사와 사랑하는 여자가 경험적으로는 그렇게 가상의 통일된 인물로 통합되는 경우가 종종 발생한다. 실생활에서 이런 일이 일어나면 끔찍할 것이다.

10. 도교의 우주론에도 이와 비슷한 개념이 있다. 음과 양이 다섯 요소(나무, 불, 흙, 쇠, 물)로 분화된다. 이와 비슷하게 고대 그리스인들은 땅과 하늘(가이아와 우라노스)이 자연 요소를 대표하는 거인 신들, 즉 티탄족을 낳았다고 믿었다.

11. 나는 이 개념들을 메소포타미아의 창세 신화와 함께 첫 번째 저서에서 자세히 설명했다. J. B. Peterson, *Maps of Meaning: The Architecture of Belief* (New York: Routledge, 1999).

12. Tablet 7:112, 7:115; A. Heidel, *The Babylonian Genesis* (Chicago: Chicago University Press, Phoenix Books, 1965), 58.

13. I. H. Pidoplichko, *Upper Palaeolithic Dwellings of Mammoth Bones in the Ukraine: Kiev-Kirillovskii, Gontsy, Dobranichevka, Mezin and Mezhirich* trans. P. Allsworth-Jones (Oxford: J. and E. Hedges, 1998).

14. 에아는 티아마트의 괴물 중 가장 무시무시한 킨구의 피로 인간을 만든다. 나중에 나의 동료가 된 한 영특한 대학원생에 따르면, 그 이유는 신의 모든 피조물 중에서 오직 인간만이 남을 속일 수 있고, 오직 인간만이 자의로 악과 불화를 세계에 들일 수 있기 때문이다.

15. J. R. R. Tolkien, H. Carpenter, and C. Tolkien, *The Letters of J. R. R. Tolkien* (Boston: Houghton Mifflin, 1981), letter 25.

16. 이 상징의 세계와 그 다양한 등가물의 이유에 관한 확장된 논의는 다음을 보라. J. B. Peterson, *Maps of Meaning: The Architecture of Belief* (1999).

17. 무서운 것이나 미지의 것과 자발적으로 맞서는 데 치유력이 있다는 사실은 오래전부터 명백하게(그리고 암묵적으로) 알려져왔다. 공포증과 불안의 표준 치료법은 그 대상에 노출되는 것이다. 이 치료법이 효과가 있으려면 노출이 자발적이어야 한다. 마치 뇌의 불안 체계는 앞에 놓인 것이 포식자가 아니라고(또는 포식자라고 해도 옆구리를 발로 차서 쉽게 물리칠 수 있는 종류라고) 가정하는 듯하다. 스트

레스를 우연히 만날 때와 자발적으로 대면할 때 감정과 몸의 반응이 완전히 다르다는 것을 우리는 알고 있다. 우연히 마주칠 때 위험에 처한 사람은 잔뜩 긴장해서 방어 준비를 한다(다음을 보라. M. D. Seery, "Challenge or threat? Cardiovascular indexes of resilience and vulnerability to potential stress in humans," *Neuroscience & Biobehavioral Reviews* 35 [2011] 1603-1610). 이때 돌이 된 사람처럼 만성적으로 건강하지 못한 자세가 될 수 있다. 하지만 자발적으로 대면하는 사람은 승리를 향해 곧바로 전진한다. 밤의 공포(그리고 인간의 마음에 도사린 악)에서 인간을 구한 것도 그런 행동이다. 수천 년 동안 이 사실을 관찰한 덕분에 우리는 그것을 위대한 종교적 이야기에 추상적으로 표현하고, 우리의 하나밖에 없는 특별한 삶 속에서 모방할 수 있었다.

18. 그 이유 중 하나는, 우리는 이미 둘러본 곳을 다시 둘러보는 것이 유용할지라도 거의 그러지 않기 때문이다.

19. 이 대목에서 더 명확히 해야 할 것이 있다. 나는 서문과 법칙 1 그리고 『12가지 인생의 법칙』과 나의 첫 책 『의미의 지도』에서 혼돈은 여성적인 형태로 상징화되는 경향이 있다고 말했지만, 지금 여기에서는 뱀 형태를 취한 혼돈에 관해 이야기하고 있다. 앞에서 제시한 연금술 그림에 관한 설명을 구체적으로 풀면 이 점을 설명할 수 있다. 하지만 이번에는 하향식이다. 위협이 근본적일수록(혼돈이 깊을수록) 그 위협은 인류의 가장 오래된 적인 뱀의 형태로 나타날 가능성이 커진다. 이것을 다음과 같이 생각할 수도 있다. 알려지지 않은 미지의 것들(상상을 초월할 정도로 이상하고 위험한 존재의 요소들, 심리적으로 죽이거나 파괴할 수 있는 현상들)은 뱀의 형태로 나타날 가능성이 가장 높다. 어떤 면에서 성(性) 그 자체보다 더 근원적인 이 영역에서 태초의 여성성과 남성성이 출현하지만, 그럼에도 여성성이 그 근원적인 미지와 더 근본적으로 관련된 듯 보인다. 나는 이것이 기본적으로 출산이라는 절대적 신비와 관계가 있다고 생각한다. 새로운 형태들이 여성성에서 출현하는 것과 새로운 형태들이 완전한 미지에서 출현하는 것이 서로 관련된 것이다. 에덴동산의 뱀과 아담의 관계보다는 뱀과 이브의 관계가 주요하다고 보는 것도 같은 맥락에서다. 또한(지금 나는 과감한 추정에 기대, 내 무지를 넘어서서, 어디에나 존재하는 명확한 상징적 관계를 설명하고 있다) 특히 여성이 어린 자식을 돌보고 있을 때 여성이 뱀(그리고 그 밖의 위험한 맹수)을 끌어들인다는 것, 그리고 그로 인해 여성이 직면하는 그 위험 때문에 여성이 위험하게도 뱀과 관계가 있을지 모른다는 상상이 피어오른 것은 시대를 불문하고 사실이었다. 여성과 관계를 맺고자 하면 무

서운 미지의 것에 노출될 가능성이 커지며(아이들이 마주치는 그 모든 위험을 생
각할 때 이는 분명한 사실이다), 본인이 여성일 때도 마찬가지다. 오늘날 여성은 또
한 거부하는 주체가 되었다. 특히 남성에게 여성이 아주 까다로운 경우에 관해서는
다음을 보라. Y. Bokek Cohen, & S. Kanazawa, "Rational choice and evolutionary
psychology as explanations for mate selectivity," *Journal of Social, Evolutionary, and
Cultural Psychology* 2 (2018): 42-55. 최종적인 거부권은 아주 잔인한 본성(그리고
분명 지혜)이다. 아마 이것도 여성과 뱀을 연결짓는 작지 않은 이유일 것이다.

20. 나는 다음의 책에서 이 주제를 훨씬 자세히 다루었다. J. B. Peterson, *12 Rules for
Life: An Antidote to Chaos* (2018), "Rule 2: Treat yourself like someone you are
responsible for helping."

21. 이 오래된 포식자-탐지 체계가 탈억제되면 투쟁-도피 반응··두려움··공황이 발
생하는데, 그 신경심리학적 과정에 관해서는 다음 책에서 자세히 설명했다. J. B.
Peterson, *Maps of Meaning: The Architecture of Belief* (1999)

법칙 3.

1. J. Habermas, *Discourse Ethics: Notes on a Program of Philosophical Justification*, in
Moral Consciousness and Communicative Action, ed. J. Habermas, trans. C. Lenhardt
and S. W. Nicholsen (Cambridge, Mass.: MIT Press, 1990).

2. 바로 이것들이 하나님이 질서를 만들기 이전의 혼돈, 즉 토후 와-보후(tohu wa-
bohu)의 다양한 의미임을 지적하는 것도 흥미로울 듯하다. 다음 책의 맨 앞에 나
오는 시를 참고하라. Rabbi Dr. H. Freedman and M. Simon, eds., *The Midrash
Rabbah: Genesis*, vol. 1 (London: Soncino Press, 1983), 15.

법칙 4.

1. 주당 40시간 일하는 사람보다 45시간(13퍼센트 더) 일하는 사람이 평균 44퍼센트
더 많은 돈을 번다. W. Farrell, *Why men earn more* (New York: AMACOM Books,
2005), xviii.

2. J. Feldman, J. Miyamoto, & E. B. Loftus, "Are actions regretted more than
inactions?," *Organizational Behavior and Human Decision Processes* 78 (1999),
232-55.

3. 3막: http://gutenberg.net.au/ebooks03/0300081h.html.

4. 5막 2장(마지막 단락): http://gutenberg.net.au/ebooks03/0300081h.html.

5. 나는 첫 책에서 이 주제를 폭넓게 분석했고, 『12가지 인생의 법칙』의 「법칙 7. 쉬운 길이 아니라 의미 있는 길을 선택하라」에서도 그에 관해 언급했다.

6. 무엇보다도 이런 이유로, 그리스도교에서 악 그 자체를 대표하는 사탄은 사실 세트 라는 인물이 나중에 발전한 형태다. 다음을 보라. J. B. Peterson, *Maps of Meaning: The Architecture of Belief* (1999).

7. J. B. Hirsh, D. Morisano, and J. B. Peterson, "Delay Discounting: Interactions Between Personality and Cognitive Ability," *Journal of Research in Personality* 42 (2018): 1646-50.

8. J. Gray, *The Neuropsychology of Anxiety: An Enquiry into the Functions of the Septal-Hippocampal System* (New York: Oxford University Press, 1982).

9. N. M. White, "Reward or Reinforcement: What's the Difference?," *Neuroscience & Biobehavioral Reviews* 13 (1989), 181-86.

법칙 5.

1. W. G. Clark and W. A. Wright, eds., *Hamlet: Prince of Denmark* (Oxford: Clarendon Press, 1880): 1.3.78, 17.

2. 비판적 검토로는 다음을 보라. H. Pahler, et al., "Learning Styles: Concepts and Evidence," *Psychological Science in the Public Interest* 9 (2008), 105-99.

3. M. Papadatou-Pastou, M. Gritzali, and A. Barrable, "The Learning Styles Educational Neuromyth: Lack of Agreement Between Teachers' Judgements, Self-Assessment, and Students' Intelligence," article 105, *Frontiers in Education* 3 (2018).

4. V. Tejwani, "Observations: Public Speaking Anxiety in Graduate Medical Education—A Matter of Interpersonal and Communication Skills?," *Journal of Graduate Medical Education* 8 (2016), 111.

법칙 6.

1. F. Nietzsche, *The Gay Science*, trans. W. Kaufmann, section 125 (New York: Vintage Books, 1880/1974), 181.

2. F. Nietzsche, *The Will to Power*, trans. W. Kaufmann and R. J. Hollingdale (New

질서 너머

York: Vintage, 1880/2011).

3. F. Dostoevsky, *The Devils (The Possessed)*, trans. D. Magarshack (New York: Penguin Classics, 1872/1954).

4. F. Nietzsche, *The Will to Power: An Attempted Transvaluation of All Values*, trans. A. M. Ludovici, vol. 14 of *The Complete Works of Friedrich Nietzsche*, ed. Oscar Levy (London: T. N. Foulis, 1914), 102‒3.

5. 다음을 보라. J. Panksepp, *Affective Neuroscience* (New York: Oxford University Press, 1998).

6. 파레토 법칙의 매우 흥미로운 형태가 프라이스(D. J. de Solla Price)에 의해 확인되었다. *Little Science, Big Science* (New York: Columbia University Press, 1963). 프라이스는 전체 생산량의 절반은 그 생산에 참여한 사람 수의 제곱근에 해당하는 수가 만들어낸다고 지적했다.

7. T. A. Hirschel and M. R. Rank, "The Life Course Dynamics of Affluence," *PLoS One* 10, no. 1 (2015): e0116370, doi:10.1371/journal.pone.0116370. eCollection 2015.

8. F. Nietzsche, *On the Genealogy of Morals*, trans. W. Kaufmann and R. J. Hollingdale, and *Ecce Homo*, trans. W. Kaufmann, ed. W. Kaufmann (New York: Vintage, 1989), 36‒39.

9. 예를 들어 소련에서 부모나 조부모가 부유하다는 이유로 많은 사람이 '계급의 적(class enemy)'으로 분류되어 핍박을 받았다. 다음을 보라. A. Solzhenitsyn, *The Gulag Archipelago*, abridged ed. (New York: Vintage, 1973/2018).

10. 이 게임은 반대 방향으로도 이루어진다. 예를 들어 세계 곳곳에서 여성성에 대해 같은 일이 벌어진다. 예컨대 아라비아어로 아우라(awrah)는 옷으로 반드시 가려야 하는 몸의 은밀한 부위를 가리킨다. 이 단어의 어근인 awr는 '약함' '불완전함' '결함' 비슷한 것을 의미한다. 영어로는 대개 '벌거벗음'으로 번역한다. 다른 의미로는 '잘못' '인위성' '맹목성'이 있다. 페르시아 문학과 이란학을 연구하는 유명한 이란학자, 모함마드 모인(Mohammad Moin)이 편찬한 사전에 따르면, 아우라는 '벌거벗음' 또는 '부끄러움'과 '젊은 여자'를 모두 의미한다. 아우라의 이 의미에서 파생한 단어 아우랏(awrat)은 아랍권에서 '여자'를 의미하는 말로 널리 쓰인다. 그런 이유로, 이슬람 와하브파(극보수주의자들로 구성된 엄격하고 금욕주의적인 분파)는 여성을 세상의 악과 유혹의 근원으로 본다. 그래서 여성의 움직임을 철저히, 엄격

하게 제한하고, 심지어 여성이 공적인 장소에 나타나는 것을 금지한다.

11 Monty Python's Flying Circus, season 3, episode 2, "How to Play the Flute," October 26, 1972, BBC.

법칙 7.

1. B. E. Leonard, "The Concept of Depression as a Dysfunction of the Immune System," *Current Immunology Reviews* 6 (2010): 205-12; B. E. Cohen, D. Edmonson, and I. M. Kronish, "State of the Art Review: Depression, Stress, Anxiety and the Cardiovascular System," *American Journal of Hypertension* 28 (2015): 1295-1302; P. Karling et al., "Hypothalamus-Pituitary-Adrenal Axis Hypersuppression Is Associated with Castrointestinal Symptoms in Major Depression," *Journal of Neurogastroenterology and Motility* 22 (April 2016): 292-303.

2. 공격성을 적절히 조절하지 못하는 아동의 비율은 약 15퍼센트에 이른다. S. M. Côté et al., "The Development of Physical Aggression from Toddlerhood to Pre-Adolescence: A Nation Wide Longitudinal Study of Canadian Children," *Journal of Abnormal Child Psychology* 34 (2006): 71-85.

법칙 8.

1. N. F. Stang, "Kant's Transcendental Idealism," *Stanford Encyclopedia of Philosophy* (Winter 2018), ed. E. N. Zalta, plato.stanford.edu/archives/win2018/entries/kant-transcendental-idealism.

2. E. Comoli et al., "Segregated Anatomical Input to Sub-Regions of the Rodent Superior Colliculus Associated with Approach and Defense," *Frontiers in Neuroanatomy* 6 (2012): 9, doi.org/10.3389/fnana.2012.00009.

3. D. C. Fowles, "Motivation Effects on Heart Rate and Electrodermal Activity: Implications for Research on Personality and Psychopathology," *Journal of Research in Personality* 17 (1983): 48-71. 심장은 보상에 뛰지만, 다가오는 포식자를 피하라고 손짓하는 안전이 바로 그런 보상이라고 정확히 지적했다.

4. E. Coldberg, and K. Podell, "Lateralization in the Frontal Lobes," in *Epilepsy and the Functional Anatomy of the Frontal Lobe*, vol. 66 of *Advances in Neurology*, eds.

H. H. Jasper, S. Riggio, and P. S. Goldman-Rakic (Newark, Del.: Raven Press/ University of Delaware, 1995), 85-96.

5. R. Sapolsky, 저자와의 개인적 대화, 2019년 9월 11일. 나는 청중 앞에서 이 이야기를 몇 번 했는데, 누를 얼룩말이라고 잘못 말했다. 기억의 변덕이란 그런 것이다. 누가 정확한 이름이다.

법칙 9.

1. J. B. Peterson and M. Djikic, "You Can Neither Remember nor Forget What You Do Not Understand," *Religion and Public Life* 33 (2017): 85-118.

2. 대도시의 큰 병원에 있는 정신과를 방문하려거든 다음을 기억하길 바란다. 그런 곳에서는 정신과 의사가 당신의 인생을 15분 만에 평가하고 진단할 수 있으며, 이 때문에 당신은 병원에 간 걸 후회할 수 있다. 과부하에 시달리는 정신의료 체계에서는 별것 아닌 것으로 조현병 진단을 내리는데, 일단 진단이 확정되면 바뀌기가 무척 어렵다. 의료 처방전을 무시하거나 자격이 있는 의사를 불신하기란 생각보다 어렵고(어쨌든 그들은 전문가로서 자기가 말하는 것에 관해서는 잘 알 테니까), 특히 이상한 증상을 겪고 있으면 더욱 그렇다. 또한 일단 조현병 진단이 의료 기록에 남게 되면 수정하기가 현실적으로 어렵다. 그때부터 정상에서 벗어난 행동은 모두 부당한 관심을 끌고(스스로도 자신의 행동에 지나치게 신경 쓴다), 정상임을 보여주는 어떤 언행도 제대로 인정받지 못한다. 이상한 신앙을 가진 사람 중에 실제로 조현병을 앓는 사람이 있다는 걸 나도 잘 안다. 하지만 보통 조현병 진단을 내리기 위해서는 상당히 깊게 파고들어야 하는데, 공공 병원에서 바쁘게 일하는 정신과 의사들은 그럴 시간이 거의 없다.

3. P. L. Brooks and J. H. Peever, "Identification of the Transmitter and Receptor Mechanisms Responsible for REM Sleep Paralysis," *Journal of Neuroscience* 32 (2012): 9785-95.

4. J. E. Mack, *Abduction: Human Encounters with Aliens* (New York: Scribner, 2007).

5. R. E. McNally and S. A. Clancy, "Sleep Paralysis, Sexual Abuse and Space Alien Abduction," *Transcultural Psychiatry* 42 (2005): 113-22.

6. D. J. Hufford, *The Terror that Comes in the Night: An Experience-centered Study of Supernatural Assault Traditions* (Philadelphia: University of Pennsylvania Press, 1989).

7. C. Browning, *Ordinary Men: Reserve Police Battalion 101 and the Final Solution in Poland* (New York: Harper Perennial, 1998).

8. I. Chang, *The Rape of Nanking* (New York: Basic Books, 1990).

9. H. Ellenberger, *The Discovery of the Unconscious: The History and Evolution of Dynamic Psychiatry* (New York: Basic Books, 1981).

10. H. Speigel and D. Speigel, *Trance and Treatment* (New York: Basic Books, 1978).

11. www.selfauthoring.com의 과거 저술 프로그램(Past Authoring Program). 오스틴 소재 텍사스대학교의 제임스 W. 페니베이커(James W. Pennebaker) 박사와 그의 팀에서 또는 독립적으로 일하는 많은 동료가 글쓰기가 불안을 줄이고, 정신건강을 개선하고, 면역 기능을 끌어올린다는 사실을 밝혀냈다. 이 모든 효과는 글쓰기를 통해 삶의 불확실성과 복잡성이 유발하는 스트레스 및 그로 인해 생성되는 호르몬들(과다하면 해로운 호르몬들)이 전반적으로 감소하기 때문으로 보인다. 페니베이커는 인생 최악의 사건들에 관해 사흘 동안 계속해서 글을 쓴 학생들은 처음에는 기분이 안 좋았지만(분명 안 좋은 기억이 그런 기분을 유발했을 것이다) 다음 몇 달에 걸쳐 자신의 운명에 대한 생각이 크게 개선된다는 점을 입증했다. 다른 연구자들도 학생들이 자신의 미래에 대해 글을 쓸 때 비슷한 효과가 나타난다는 점을 입증했다. 처음에 페니베이커는 프로이트 이론에 기초해 이 긍정적인 효과(분노나 후회나 슬픔을 표출할 기회)를 만들어내는 것이 감정의 표현, 즉 카타르시스와 비슷한 어떤 것이라고 가정했다. 그러나 의미 분석을 신중하게 수행한 결과, 그런 치료 효과가 나온 것은 그 사건의 이유와 의의에 대한 인식과 인과적 이해가 성장했기 때문임이 밝혀졌다. 미래를 글로 쓰는 것도 비슷한 효과를 나타냈다. 글쓰기를 통해 계획이 세워지면 불확실성이 줄어들고, 막연하고 불안하게 남을 수 있는 향후 몇 주와 몇 달이 더 단순하고 체계적으로 변하기 때문이다. 이에 관한 개관으로는 다음을 보라. J. W. Pennebaker and J. F. Evans, *Expressive Writing: Words That Heal* (Enumclaw, Wash: Idyll Arbor Inc., 2014).

12. J. B. Peterson, *Maps of Meaning: The Architecture of Belief* (1999).

13. M. Eliade, *A History of Religions Ideas*, trans. W. Trask, vols. 1-3 (Chicago: University of Chicago Press, 1981).

14. 스트롱(Strong)의 킹제임스성경 색인을 보면, 주어진 단어의 모든 출현을 일목요연하게 보여주는데, 토후의 경우 19절에 걸쳐 20번 나온다.

15. H. Zimmern, the Ancient East., vol. 3 of *The Babylonian and Hebrew Genesis*, trans. J.

Hutchison (London: David Nutt, 1901).

16. E. Neumann, *The Great Mother: An Analysis of the Archetype*, trans. R. Manheim (New York: Pantheon Books, 1955); E. Neumann, *The Origins and History of Consciousness*, trans. R. F. C. Hull (Princeton, N.J.: Princeton University Press/Bollingen, 1969).

17. D. E. Jones, *An Instinct for Dragons* (New York: Psychology Press, 2002).

18. 이때의 지배력이나 통제력은 육체적 힘을 의미하지 않는다. 그것은 (신이 인간에게 또는 인간을 위해 행사하는) 책임, 책무, 봉사를 의미한다. (Cambridge Bible for Schools and Colleges)

법칙 10.

1. J. Gottman, *What Predicts Divorce? The Relationship Between Marital Processes and Marital Outcomes* (Hillsdale, N.J.: Erlbaum, 1994).

2. C. G. Jung, *Mysterium Coniunctionis, vol. 14 of Collected Works of C. G. Jung*, trans. G. Adler and R. F. C. Hull (Princeton, N.J.: Princeton University Press, 1970), 407, doi:10.2307/j.ctt5hhr0d.

3. M. Eliade, *Shamanism: Archaic Techniques of Ecstasy*, trans. W. R. Trask (Princeton, N.J.: Princeton University Press, 1951).

4. C. G. Jung, "The Philosophical Tree" in *Alchemical Studies*, vol. 13 of *The Collected Works of C. G. Jung*, trans. G. Adler and R. F. C. Hull (Princeton, N. J.: Princeton University Press, 1954/1967), 251–349.

5. C. G. Jung, "Gnosticism as Dealing with the Feminine," in *The Gnostic Jung: Including Seven Sermons to the Dead*, ed. S. A. Hoeller (New York: Quest Books, 1982), 114–18.

6. 시도한 지 1년 이내에 임신하지 못한다. W. Himmel et al., "Voluntary Childlessness and Being Childfree," *British Journal of General Practice* 47 (1997): 111–18.

7. Statistics Canada, "Common-Law Couples Are More Likely to Break Up," www150.statcan.gc.ca/n1/pub/11-402-x/2011000/chap/fam/fam02-eng.htm.

8. 아마 첫 해는 예외일 것이다. M. J. Rosenfeld and K. Roesler, "Cohabitation Experience and Cohanitation's Association with Marital Dissolution," *Journal of Marriage and Family* 81 (2018): 42–58.

9. US Census Bureau, 2017. 친아버지, 의붓아버지, 양아버지 없이 사는 아이들의 데이터. 또한 다음을 보라. E. Leah, D. Jackson, and L. O'Brien, "Father Absence and Adolescent Development: A Review of the Literature," *Journal of Child Health Care* 10 (2006): 283-95.

법칙 11.

1. J. L. Barrett, *Why Would Anyone Believe in God?* (Lanham, Md.: AltaMira Press, 2004).

2. P. Ekman, *Emotions Revealed*, 2nd ed. (New York: Hold Paperback, 2007).

3. A. Öhman and S. Mineka, "The Malicious Serpent: Snakes as a Prototypical Stimulus for an Evolved Module of Fear," *Current Directions in Psychological Science* 12 (2003): 5-9.

4. J. Gray and N. McNaughton, *The Neuropsychology of Anxiety: An Enquiry into the Function of the Septo-Hippocampal System* (New York: Oxford University Press, 2000).

5. L. W. Swanson, "Cerebral Hemisphere Regulation of Motivated Behavior," *Brain Research* 886 (2000): 113-64.

6. 암컷 고양이의 뇌에서 시상하부와 척수만 남겨두고 나머지는 전부 제거한 뒤 환경을 적절히 제한하면 고양이는 비교적 정상적으로 행동한다. 게다가 과잉 탐구 행동까지 보인다. 참으로 충격적인 사실이다. 생각해보라. 뇌의 95퍼센트를 수술로 제거해도 고양이는 탐구 행동을 멈추지 않는다니. 기본적으로 뇌가 없는 고양이는 가만히 앉아 있을 것 같지만 그렇지 않다. 뇌에는 아직 풀리지 않은 수수께끼가 가득하다.

7. 다음 책에서 이 모든 생각이 경험적으로 입증되어 있다. J. B. Hirsh et al., "Compassionate Liberals and Polite Conservatives: Associations of Agreeableness with Political Ideoloty and Moral Values," *Personality and Social Psychology Bulletin* 36 (December 2010): 655-64.

8. 물론 보수주의자들은 큰 정부에 반대하는 경향이 있으며, 이 사실은 내 말과 모순되는 것처럼 보일 수 있다. 하지만 그들이 큰 정부를 반대하는 이유는 현재 선출된 사람(보수주의자든 진보주의자든)의 변화무쌍하고 예측할 수 없는 변덕보다 헌법의 영원한 진리들과 정치의 불변 요소들(문화)을 더 많이 믿기 때문이다. 마찬가지

로 진보주의자들은 정부에 문제를 맡기는 경향이 있지만, 이는 그들이 기본 구조의 영원한 진리들을 믿어서라기보다는 현재 선출된 정치인들(반드시 그 때문만은 아니지만, 특히 그들이 진보주의자일 때)을 믿기 때문이다.

9. 구조물들을 세우는 동안 우리가 '인위적인' 혼란을 만들어낸다는 생각(자연이 우리의 약탈과 탐욕에 희생당하고 있다는 일면적인 관점에 기초한 또 다른 이데올로기적인 개념)은 물론 맞지만, 우리는 사소한 이유로 그렇게 하는 게 아니다. 이런 까닭에 나는 인류에 공감하면서도 한편으로는 인류를 구성하는 개인에게도 공감하며, "인간이 사라지면 지구는 더 좋아질 것"이라고 어리석게 말하는 사람들을 도저히 용서할 수가 없다. 그런 정신은 급진적인 환경주의 윤리에 숨어 있는 집단 학살의 요소이며, 적대자·권위주의적인 폭군·자비로운 어머니만을 존재의 행위 주체로 보는 이데올로기의 결과물이다. 깊고 신중하게 생각한다면 너무 끔찍해서 바라보기조차 힘든 풍경일 것이다.

법칙 12.

1. 이에 관해서는 『12가지 인생의 법칙』의 「법칙 8. 언제나 진실만을 말하라, 적어도 거짓말은 하지 말라」에서 자세히 다루었다.

2. 나는 이 작품에 대해 전에 이야기한 적이 있다. J. B. Peterson, *Maps of Meaning: The Architecture of Belief* (1999), 319-20, and Peterson, *12 Rules for Life*, 148.

3. J. J. Muehlenkamp et al., "International Prevalence of Adolescent Non-Suicidal Self-Injury and Deliberate Self-harm," *Child and Adolescent Psychiatry and Mental Health* 6 (2012): 10-18.

4. J. W. von Goethe, *Faust*, trans. George Madison Priest (1806).

5. D. Benatar, *Better Never to Have Been: The Harm of Coming into Existence* (New York: Oxford University Press, 2008).

6. Jordan B. Peterson and David Benatar, *The Renegade Report* (January 9, 2018); podtail.com/en/podcast/the-renegade-report/jordan-b-peterson-david-benatar.

7. "Eli Eli lama sabachthani," Jesus, on the Cross, quoting the opening words of Psalm 22.

도판 목록

Illustrated by Juliette Fogra

법칙 1.

The Fool: Inspired by Pamela Colman Smith, *The Fool*, from the Rider–Waite Tarot card deck, Rider & Son (1910).

법칙 2.

Materia Prima: Inspired by Hermes Trismegistus, *Occulta philosophia* (1613). Also from H. Nollius, *Theoria philosophiae hermeticae* (Hanoviae: Apud P. Antonium, 1617).

법칙 3.

St. George and the Dragon: Inspired by Paolo Uccello, *Saint George and the Dragon* (ca. 1458).

법칙 4.

Atlas and the Hesperides: Inspired by John Singer Sargent, *Atlas and the Hesperides* (ca. 1922–1925).

질서 너머

법칙 5.

Fallen Angel: Inspired by Alexandre Cabanel, *Fallen Angel* (1847).

법칙 6.

In our Communal Farm: Inspired by B. Deykin, *In Our Communal Farm, There Is No Place for Priests and Kulaks* (1932).

법칙 7.

Apprentice: Inspired by Louis-Emile Adan, *Apprentice* (1914).

법칙 8.

Irises: Inspired by Vincent Van Gogh, *Irises* (1890).

법칙 9.

The Temptation of St. Anthony: Inspired by Martin Schongauer, *The Temptation of Saint Anthony* (ca. 1470-1475).

법칙 10.

The Love Drink: Inspired by Aubrey Beardsley, *How Sir Tristram Drank of the Love Drink* (1893).

법칙 11.

Satan: Inspired by Gustave Doré, *Satan*, from John Milton, *Milton's Paradise Lost*, with illustrations by Gustave Doré (London: Cassell & Company, Ltd., 1905).

법칙 12.

St. Sebastian: Inspired by Martin Schongauer, *Saint Sebastian* (ca. 1480).

옮긴이 김한영

서울대학교 미학과를 졸업하고 서울예술대학교에서 문예창작을 공부했다. 그 후 오랫동안 전문
번역가로 활동하며 문학과 예술의 곁자리를 지키고 있다. 『빈 서판』『본성과 양육』『마음은 어떻게
작동하는가』『헨리 데이비드 소로』『무엇이 예술인가』『진화심리학 핸드북』『하워드 가드너 심리
학 총서』『알랭 드 보통의 영혼의 미술관』『이것이 우리의 마지막 팬데믹이 되려면』 등을 우리말
로 옮겼다. 제45회 한국백상출판문화상 번역부문을 수상했다.

질서 너머

초판 1쇄 발행 2021년 3월 22일
초판 22쇄 발행 2024년 9월 19일

지은이 조던 피터슨 **옮긴이** 김한영

발행인 이봉주 **단행본사업본부장** 신동해
편집장 김경림 **책임편집** 이민경
표지디자인 오필민 **본문디자인 및 교정교열** P.E.N.
마케팅 최혜진 이은미 **홍보** 반여진 허지호 송임선
국제업무 김은정 김지민 **제작** 정석훈

브랜드 웅진지식하우스
주소 경기도 파주시 회동길 20
문의전화 031-956-7430(편집) 02-3670-1123(마케팅)
홈페이지 www.wjbooks.co.kr
인스타그램 www.instagram.com/woongjin_readers
페이스북 https://www.facebook.com/woongjinreaders
블로그 blog.naver.com/wj_booking

발행처 ㈜웅진씽크빅
출판신고 1980년 3월 29일 제406-2007-000046호

한국어판 출판권 © ㈜웅진씽크빅, 2021
ISBN 978-89-01-24959-9 (03180)

웅진지식하우스는 ㈜웅진씽크빅 단행본사업본부의 브랜드입니다.